N&K

Edward Dolnick

Die Entschlüsselung der Hieroglyphen

Zwei rivalisierende Genies, das Alte Ägypten und der Stein von Rosette

Aus dem amerikanischen Englisch von Hans Peter Remmler

NAGEL UND KIMCHE

Die amerikanische Originalausgabe erschien 2021 unter dem Titel *The Writing of the Gods. The Race to Decode the Rosetta Stone*
bei Scribner, An Imprint of Simon & Schuster, Inc. New York

2. Auflage 2023

Gesetzt aus der Centennial
von GGP Media GmbH, Pößneck
Druck und Bindung von CPI Books GmbH, Leck
Printed in Germany
ISBN 978-3-7556-0014-5
www.nagel-kimche.ch

Für Lynn, Sam und Ben

»Da sind wir nun in Ägypten, dem Land der Pharaonen, dem Land der Ptolemäer, der Heimat der Cleopatra … wir sind da und leben da, und der Kopf ist kahler als ein Knie, und wir rauchen aus langen Pfeifen und trinken auf Diwanen Kaffee. Was soll ich darüber sagen? Was wollen Sie, dass ich Ihnen davon schreibe? Ich habe mich kaum erst vom ersten Taumel erholt.«

– Gustave Flaubert, 1850[1]

INHALT

Zeittafel 13

Prolog 15

1
Der Einsatz 17

2
Der Fund 30

3
Die Herausforderung 38

4
Stimmen aus dem Staub 46

5
So nah und doch so fern 60

6
Der große Eroberer 82

7
Feuer an Deck 94

8
Der diskrete Abschieddes Monsieur Smith 106

9
Eine Berühmtheit aus Stein 117

10
Erste Deutungsversuche 127

11
Die Rivalen 141

12
Thomas Young ist beinahe überrascht *159*

13
Archimedes in seiner Wanne, Thomas Young in seinem Landhaus *172*

14
Der Konkurrenz voraus 186

15
Verloren im Labyrinth *196*

16
Alte Weisheit *210*

17
»Eine Chiffre und eine Geheimschrift« 228

18
Exil 240

19
Hier kommt Champollion *256*

20
»Ein veritables Chaos« *266*

21
Die Geburt der Schrift *274*

22
Der Gigant aus Padua *287*

23
Abu Simbel *297*

24
Heureka! *311*

25
Die Enthüllung *326*

26
Eine Ente könnte jemandes Mutter sein *336*

27
Hört, hört! *350*

28
Statistische Häufung *365*

29
Ein Paar gehender Beine *376*

30
Saubere Kleidung und weiche Hände *384*

31
Arbeitslos *401*

32

Der verlorene Pharao *408*

Epilog *419*

Anmerkungen *427*

Dank *459*

Bibliographie *463*

Bildnachweis *475*

ZEITTAFEL

3100 v. Chr. – Früheste Hieroglyphen
2686–2181 v. Chr. – Altes Reich
2600 v. Chr. – Sphinx; Cheopspyramide
2040–1782 v. Chr. – Mittleres Reich (goldenes Zeitalter der ägyptischen Literatur)
1570–1070 v. Chr. – Neues Reich (die reichste Ära in der Geschichte Ägyptens)
1334–1325 v. Chr. – Herrschaft von König Tut
1279–1213 v. Chr. – Herrschaft von Ramses II. (der mächtigste Pharao Ägyptens)
332 v. Chr. – Alexander der Große erobert Ägypten
196 v. Chr. – Der Stein von Rosette wird beschriftet
30 v. Chr. – Rom erobert Ägypten; Cleopatra begeht Selbstmord
394 n. Chr. – Niederschrift der letzten Hieroglyphen
642 – Die Araber erobern Ägypten
1773 – Thomas Young wird geboren
1790 – Jean-Francois Champollion wird geboren
1798 – Napoleon fällt in Ägypten ein
1799 – Der Stein von Rosette wird entdeckt

(Sämtliche Zeitangaben zur Antike basieren auf begründeten Vermutungen von Historikern und Archäologen)

PROLOG

Stellen Sie sich einen Archäologen in ein paar tausend Jahren vor, wie er mit seinem Spatel auf etwas Festes, Hartes trifft, das in der Erde verborgen liegt. In diesen fernen Zeiten weiß niemand mit Sicherheit zu sagen, ob es die Vereinigten Staaten wirklich gab, oder ob es vielleicht bloß der Name eines legendären Ortes ist, wie Atlantis etwa. Niemand spricht Englisch. Ein paar kümmerliche Reste von Schrift sind erhalten geblieben, aber es gibt niemanden, der sie lesen kann.

Der Stein unter dem Spatel des Archäologen ist auf einer Seite ganz glatt, aber es ist auf den ersten Blick erkennbar, dass es sich um ein Fragment eines möglicherweise einst viel größeren Blocks handeln kann. Dennoch genügt schon diese Glätte der Oberfläche, um den Puls des Forschers höher schlagen zu lassen: Die Natur arbeitet nur selten derart makellos. Ein genauerer Blick verspricht noch einiges mehr. *Diese Linien und Kurven, die da in den Stein gemeißelt sind – könnte es sich um eine Art Inschrift handeln?*

Über Wochen und Monate begeben sich ganze Forscherteams auf die Spur dieser eingeritzten, verwitterten Zeichen. Endlos wägen sie die zahllosen Möglichkeiten ab, auf der Suche nach irgendeiner Bedeutung in den mysteriösen Symbolen. Manche davon sind zu stark beschädigt oder verblasst, um etwas darin zu erkennen, andere fehlen sogar völlig.

OUR SC E AN SEV

Manche Gelehrten meinen gar, die Botschaft wäre von rechts nach links zu lesen:

VES NA E CS RUO

Wie sollten unsere Detektive der fernen Zukunft nun weiter vorgehen? Würden sie, des Englischen nicht mächtig und ohne Kenntnis von der Geschichte Amerikas, jemals in der Lage sein, zu erkennen, dass einst ein steinerner Tempel eine Botschaft verkündet hatte, die mit folgenden Worten begann: »Four score and seven years ago«? (Die ersten Worte von Lincolns berühmter Rede in Gettysburg am 19. November 1863: »Vor 87 Jahren...«, Anm. d. Übers.)

I

Der Einsatz

Im Jahr 1799, als der Stein von Rosette entdeckt wurde, war Ägypten ein brütend heißer, verarmter Flecken Erde. Aber was heißt das schon? Es war das *Alte* Ägypten, das den Westen in seinen Bann zog, und es hatte seinen Zauber niemals verloren.

Herodot, der »Vater der Geschichtsschreibung«, beschrieb als erster Fremder überhaupt die Wunder Ägyptens. Im Jahr 440 vor unserer Zeitrechnung verzückte er seine Leser mit Geschichten aus einem Land, das für diese Leser in jeder Hinsicht fremdartig war. Die Ägypter hatten neben »dem Himmel, der bei ihnen besonders ist«, auch diesen Fluss, »der eine andere Natur aufweist als die übrigen Flüsse«. Vor allem aber hatten sich die Ägypter selbst als Volk »in fast allen Dingen Gewohnheiten und Sitten zugelegt, die denen anderer Menschen entgegengesetzt sind.«[1]

Ägypten war anders als andere Länder, weil es ein schmaler Streifen Grün war, zu beiden Seiten umgeben von Tausenden Meilen Wüste. Der Nil war anders als andere Flüsse, weil er von Süden nach Norden floss, scheinbar der natürlichen Ordnung zuwiderlaufend, und vor allem, weil er jedes Jahr über die Ufer trat, obwohl es in Ägypten selbst fast niemals regnete. Wenn die Fluten wieder zurückwichen, ließen sie fruchtbaren, schwarzen Schlamm zurück, ideal für den Ackerbau.

In der Welt der Antike drehte sich alles um die Landwirtschaft, aber überall in der Welt – mit Ausnahme von Ägypten – war der Ackerbau ein unsicheres Geschäft. Anderswo konnte durchaus Regen fallen und den Menschen für eine Jahreszeit Blüte und Wohlstand bringen; er konnte aber auch ausbleiben, mit der Folge, dass die Feldfrüchte verdorrten und Familien Hunger litten.

Ägypten, von den Göttern gesegnet, hatte kaum derlei Sorgen. Trotz des stets wolkenlosen Himmels war die Flut fast immer gekommen, und sie würde *auch in Zukunft* immer wieder kommen, dieses Jahr und nächstes Jahr und für alle Zeit. Es war ein Geschenk, wie man es nur ganz selten findet, ein Wunder mit Ewigkeitsgarantie. Ägypten lag geschützt vor Feinden durch Wüsten im Osten und Westen, durch das Meer im Norden und durch wilde Stromschnellen und Wasserfälle im Süden, wohlbehütet in seinem gedeihenden Wohlstand, beneidet vom Rest der Welt.

Und vor allem war Ägypten unermesslich reich. »Gold gibt es wie Dreck [in Ägypten]«, bemerkte ein König im benachbarten Assyrien neidvoll zu Zeiten des Königs Tut.[2] Und das stimmte sogar fast. Tut selbst war eigentlich ein Niemand, und doch versetzen die Reichtümer, die mit ihm begraben wurden, die Museumsbesucher bis zum heutigen Tag in Erstaunen. Er wurde bestattet in einem Sarg innerhalb eines zweiten Sargs innerhalb eines dritten Sargs, der innere der drei bestand aus massivem Gold und wog an die 100 Kilogramm. Darin lag

Tuts in Leinentuch eingewickelte Mumie, das Haupt und die Schultern bedeckt mit einer eleganten, glitzernden Maske aus Gold, die dreitausend Jahre lang kein Mensch zu Gesicht bekam.

Ägypten war die bekannteste und die langlebigste aller antiken Kulturen. Die Zeitspanne ist schier unvorstellbar. Die Pharaonen herrschten von ca. 3100 v. Chr. bis 30 v. Chr., dem Jahr von Cleopatras Selbstmord. Die Geschichte der USA reicht noch nicht einmal drei Jahrhunderte zurück. Das Reich der alten Ägypter überdauerte *dreißig* Jahrhunderte.

Wollte man Markierungen an einer Zeitachse der Ägypter setzen, könnte es einem beinahe schwindlig werden. Die Cheopspyramide und die Sphinx, Ägyptens berühmteste Monumente, sind älter als Stonehenge. Beide stammen etwa aus dem Jahr 2600 v. Chr. (zum Vergleich: Die Entstehung von Stonehenge wird etwa auf 2400 v. Chr. datiert.) Als die Sphinx und die Pyramide errichtet wurden, war Ägypten bereits fünfhundert Jahre alt.*

Zwischen den Pyramiden und der Herrschaft Cleopatras liegt eine größere Zeitspanne als zwischen Cleopatra und den Gebrüdern Wright. Und während nahezu dieser ganzen, enorm langen Zeit thronte Ägypten über dem Rest der Welt.

In den folgenden zweitausend Jahren, von den Zeiten

* Eine Zeitachse der bekanntesten Gebäude der Welt würde z. B. folgende Bauwerke umfassen: das Parthenon (erbaut ca. 450 v. Chr.); das Kolosseum in Rom (ca. 100 n. Chr.); Angkor Wat (ca. 1100); die Chinesische Mauer (ca. 1400); der Petersdom (ca. 1600); das Taj Mahal (ca. 1650).

Cleopatras und Cäsars bis heute, sollte der Mythos Ägypten niemals verblassen. In jenem wunderbaren Land, schrieb ein Reisender aus der Türkei im Jahr 1671, hatte er »wundersame und fremdartige Dinge zu Hunderttausenden gesehen. ... Im Angesicht jedes einzelnen davon blieb uns nichts als ungläubiges Staunen.«[3]

Heute verschwendet kaum mehr jemand einen Gedanken auf einst mächtige Königreiche wie Assyrien oder Babylon, Ägypten jedoch hat seinen machtvollen Glanz niemals eingebüßt. So ist es seit jeher, und am hellsten erstrahlte dieser Glanz in den letzten Jahren des 18. Jahrhunderts, als Napoleon eine Armee nach Ägypten führte.

Neben den diplomatischen Überlegungen hinter dieser Invasion gab es ein Motiv eher schlichter Natur – Napoleons Helden, Alexander der Große und Julius Cäsar, hatten Ägypten erobert, also würde er es ihnen gleichtun. Mit ihm kamen auch Kader von Forschern und Künstlern, die die Aufgabe hatten, Ägypten zu studieren und dem Land die Segnungen der französischen Zivilisation zu bringen. Ihre atemlosen Berichte von den dortigen Wundern lösten einen regelrechten Rausch aus – das Schlagwort dafür lautete Ägyptomanie.

In den Augen der Europäer beschwor Ägypten ein Potpourri aus Schönheit *(Cleopatra!)*, Großartigkeit (*die Pyramiden!*) und Mysterium (*die Sphinx!*) herauf. All dies wurde noch gewürzt durch eine Portion Gänsehaut und Horror (*Mumien!*), was die Erregung nur noch steigerte. (Bei seiner Rückkehr nach Frankreich brachte Napoleon seiner Gemahlin, Kaiserin Joséphine, den Kopf einer Mumie als Geschenk mit.)[4]

Von Anfang an hatten sich nur besonders wagemutige Europäer in dieses entlegene Land aufgemacht. Sie bestaunten den Anblick dessen, was nach örtlichen Maßstäben so alltäglich war wie das Aufgehen und Untergehen der Sonne. »Ich sah den Nil bei meiner ersten Reise bei hohem Wasserstand, aber nicht überflutend«,[5] schrieb ein englischer Reisender namens William Bankes anno 1815. »Einen Monat später sah ich, wie er sich gleich einem See über die gesamte Fläche Ägyptens erstreckte, die Dörfer schienen auf der Wasseroberfläche zu treiben, die Menschen und das Vieh wateten von einem Ort zum anderen.«

Für westliche Augen war einfach alles erstaunlich – das schmale grüne Band des Nil, kontrastierend zum riesigen, ockerfarbenen Hintergrund der Wüste, aber natürlich auch Palmen, Luftspiegelungen, Heuschrecken, die endlose Ausdehnung des Wüstensands. »Für einen Europäer«, schrieb Bankes, »ist es nicht bloß ein anderes Klima, es ist eine ganz andere Natur, die er da vor sich hat.«

Diese Ehrfurcht galt auch den Hieroglyphen, dem ebenso altertümlichen wie eindrucksvollen Schriftsystem der Ägypter.* In der ganzen riesigen Zeitspanne, die verging, bis der Stein von Rosette seine Geheimnisse preisgab, stach das Mysterium der Hieroglyphen jedem Fremden

* Die Symbole sind *Hieroglyphen*, es gibt aber keine Sprache namens *Hieroglyphisch*. Ägyptologen verdrehen die Augen bei dieser fehlerhaften Verwendung. *Hieroglyphisch* ist ein einfaches Adjektiv, betonen sie immer wieder, wie *artistisch* oder *majestätisch*.

der nach Ägypten kam, regelrecht ins Auge. Verlockend, geradezu quälend waren Ägyptens Monumente und Gräber über und über mit filigraner Bildschrift überzogen – eine »Unendlichkeit an Hieroglyphen« in den Worten eines frühen Forschers –, und niemand wusste, wie diese zu deuten waren.[6]

Tempelmauern trugen lange Botschaften, dasselbe galt für jede Säule, jeden Balken in diesen Tempeln (ebenso wie für jede Oberfläche, einschließlich Decken und der Unterseite von Balken), sowie für Obelisken und zahllose Papyrusblätter; auch die Särge, in denen die Mumien lagen, und selbst die Tücher, in die die Mumien eingewickelt waren, konnten beschriftet sein. »Es gibt kaum eine Fläche auch nur von der Größe eines Nadelöhrs«, schrieb ein Reisender aus Bagdad im Jahr 1183, »die nicht irgendein Bild oder eine Gravur oder eine unverständliche Schrift trug.«[7]

Hieroglyphen aus dem Tempel der Isis, Philae

Herodot hatte ratlos auf jene Inschriften gestarrt. Geschlagene zwei Jahrtausende lang zerbrachen sich Gelehrte, die nach ihm kamen, die Köpfe über in Obelisken eingeritzte Inschriften, die Eroberer in ihre Heimat mitgebracht oder Reisende sorgfältig kopiert hatten. Am Ende standen sie mit leeren Händen da und konnten die mysteriösen Zickzacklinien und Vögel und Schlangen und Halbkreise nur bestaunen.

Konfrontiert mit Symbolen, die zu entziffern sie nicht in der Lage waren, hätten sie die geheimnisvollen Zeichen auch als bloße Verzierungen abtun können. Sie taten jedoch genau das Gegenteil.

Europas größte Denker erklärten die Hieroglyphen zu einer mystischen Form von Schrift, die allen anderen überlegen war. Hieroglyphen standen nicht für Buchstaben oder Laute wie die Zeichen gewöhnlicher Schriften, ließen diese Gelehrten wissen, sie standen für *Ideen*. Es ging nicht nur darum, dass die Hieroglyphensymbole Bedeutung ohne Worte vermittelten, wie das Zeichen für »*Rauchen verboten!*«, eine rot durchgestrichene Zigarette. Für die Gelehrten stand fest, dass Hieroglyphen keinesfalls bloß banale Botschaften transportierten, sondern tiefe, universell gültige Wahrheiten.

Sprachwissenschaftler und Historiker waren fest überzeugt, diese seltsamen Symbole hätten nichts mit den Alphabeten gemein, die man von anderen Kulturen kannte. Diese alltäglichen Alphabete wie diejenigen der Griechen und Römer mögen für Liebesbriefe oder Steuerbelege ausreichen, Hieroglyphen jedoch dienten einem höheren Zweck. Im Grunde verwarfen die Gelehrten die Vorstellung, Hieroglyphen könnten für gewöhnliche Botschaften oder Listen genutzt worden sein – *Milch, Butter, etwas zu essen für die Kinder* – in der festen Überzeugung, jeder hieroglyphische Text wäre eine Meditation über das Wesen von Raum und Zeit.

Die Schönheit der Hieroglyphen mag wohl manches von dieser falsch verstandenen Verehrung erklären. Vor allem die Tiersymbole wirken eher wie kleine Kunstwerke denn wie eine Schrift; die schönsten Beispiele machen den Eindruck, als stammten sie geradewegs aus den Feldnotizen eines Naturforschers.

Wenn die Linguisten zunächst andere, weniger eindrucksvolle Schriften studierten, begingen sie tendenziell den genau umgekehrten Fehler – diese Kritzeleien *können doch gewiss nicht die Bedeutung von Buchstaben oder Wörtern haben.* Der Wissenschaftler, der für eine der langlebigsten und bedeutendsten aller frühen Schriften den Begriff »Keilschrift« prägte, glaubte beispielsweise niemals, dass es sich dabei überhaupt um eine Schrift handelte. Thomas Hyde war eine Autorität auf dem Gebiet der Alten Sprachen – er war Professor für Hebräisch und Arabisch in Oxford – und veröffentlichte im Jahr 1700 ein dickes Buch über das antike Persien. Von den kunstvollen keilförmigen Markierungen, die man auf zahllosen Tontafeln in ganz Persien gefunden hatte, wollte er gar nichts wissen. Das war keine Schrift, erläuterte Hyde gegen die Überzeugung anderer Gelehrter, sondern lediglich eine ausgefeilte Anordnung dekorativer Keile und Pfeile.

Wie sich herausstellte, wurde die Keilschrift in unterschiedlichen Formen 3000 Jahre lang zum Schreiben einer Vielzahl von Sprachen im Nahen Osten verwendet. Hydes einziger bleibender Beitrag zur Wissenschaft bestand nach Einschätzung eines heutigen Experten darin, »ein hervorragendes Beispiel dafür [zu liefern], wie sehr ein Professor, in diesem Fall sogar ein zweifacher, sich irren kann.«[8] (Die Keilschrift war nach Ansicht der meisten Fachleute die erste aller Schriften überhaupt. Sie tauchte erstmals um das Jahr 3100 v. Chr. auf. Das war noch ein wenig vor den frühesten ägyptischen Hieroglyphen, die auf die Zeit um 3000 v. Chr. datiert werden. Die frühesten chinesischen Schriften stammen ungefähr aus der Zeit um 1200 v. Chr.)

Ein weiterer enorm bedeutender archäologischer Fund traf zunächst auf eine ganz ähnliche verächtliche Ablehnung, und zwar aus fast dem gleichen Grund. Die sogenannte Linearschrift B, ein Vorläufer des Griechischen, wurde in den 1880er-Jahren auf Kreta entdeckt, eingeritzt in riesige Steinblöcke. Kreta war ein Land voller Geschichte und Mythen. Es war die Insel Kreta, auf der der König Ikarus und Dädalus in einen Turm einsperrte und wo Vater und Sohn aus der Gefangenschaft flohen, indem sie sich auf aus Federn gefertigten Schwingen in die Lüfte erhoben.

Die Linearschrift B, die etwa auf das Jahr 1450 v. Chr. datiert wird, sollte sich als früheste Schrift erweisen, die jemals in Europa niedergeschrieben wurde. Es wäre verzeihlich gewesen, hätten die Archäologen, verblüfft durch die sich bietende Gelegenheit, mehr Bedeutung in jene Symbole hineininterpretiert, als diesen letztendlich zukam. Aber das taten sie nicht. Als die Experten erstmals Inschriften in Linear B untersuchten, kamen sie zu dem Schluss, es handle sich um »Zeichen eines Steinmetzes«.[9]

Kaum jemand aber begegnete den Hieroglyphen mit derlei Geringschätzung. Eingeritzt in Tempelmauern und Obelisken wurden sie gepriesen, als würden sie tiefe Einblicke mitten ins Herz der Natur gewähren.

In den Worten des Philosophen Plotinus aus dem 3. Jahrhundert: »[Ägyptens Weise] wandten … nicht das vieldeutige und missverständliche Instrumentarium von Buchstaben, Wörtern und Sätzen an.« Die gelehrten Männer Ägyptens hatten einen viel besseren Weg gefunden – sie vermittelten Ideen anhand von Zeichen. »Stattdessen benutzten sie die Zeichen ihrer heiligen Schriften, ein eigenes Zeichen für jede Idee mit dem sie deren ganze Bedeutung auf einmal ausdrückten. Jedes einzelne Zeichen ist für sich schon ein Stück Weisheit, ein Stück unmittelbar gegenwärtiger Wirklichkeit.«[10]

Aber das war schlicht geraten, da kein Mensch die Bedeutung auch nur einer einzigen Hieroglyphe kannte.

Ägypten war übersät mit zahllosen Botschaften, und sie alle waren stumm.

Das Aufkommen des Christentums führte den Niedergang der Hieroglyphen herbei. Anfang des 4. Jahrhunderts konvertierte der römische Kaiser Konstantin zum Christentum. Dieser eine Schritt löste einen der bedeutendsten Kurswechsel der Weltgeschichte aus. Noch im gleichen Jahrhundert wurde das Christentum zur offiziellen Religion Roms. Und am Ende des Jahrhunderts war der einst marginale neue Glaube so mächtig geworden, dass er seine Konkurrenten an den Rand drängen konnte.

Im Jahr 391 n.Chr. befahl der römische Kaiser Theodosius der Große, sämtliche Tempel Ägyptens niederzureißen, weil sie das Christentum beleidigen würden. (Das Anbeten der alten heidnischen Götter war, selbst wenn es im eigenen Heim geschah, bei Todesstrafe verboten.)[11] Der letzte Mensch, der eine Nachricht in Hieroglyphen schrieb, ritzte diese im Jahr 394 in die Mauer eines Tempels in Philae, einer Insel weit im Oberlauf des Nil.

Edikte wie dasjenige des Theodosius waren etwas Neues. Krieg und Verfolgung waren so alt wie die Menschheit, aber es ging dabei nur selten darum, dass eine der Kriegsparteien an die falschen Götter glaubte. In den Zeiten des mehr oder weniger omnipräsenten Polytheismus neigten Eroberer dazu, zusammen mit dem Territorium, das sie sich aneigneten, die örtlichen Götter gleich mit zu übernehmen. Wer bereits mehrere Dutzend Götter anbetete, hatte kaum ein Problem damit, noch ein paar mehr davon unterzubringen.

Dann kam der Monotheismus, der Glaube an einen einzigen, wahren Gott, und alles veränderte sich. »Die Griechen und Römer hatten die alten Götter noch respektiert [vor Konstantins Konvertierung] ...«, schreibt die Ägyptologin Barbara Mertz, »aber der Monotheismus ist schon seinem Wesen nach intolerant.«[12] Speziell die Hieroglyphen als Embleme der schlechten alten Gewohnheiten wurden zum Gegenstand der Verdammnis. Und nachdem sie verboten waren, gerieten sie auch bald in Vergessenheit.

In Ägypten war dem jedenfalls so. In Europa und der arabischen Welt hörten die Versuche einer Entzifferung niemals ganz auf, kamen aber auch nicht wirklich vom Fleck. Man denke nur, wie lange dieser Schleier der Unkenntnis Bestand hatte. Rom erlebte Aufstieg und Niedergang, und dennoch behielt die »Unendlichkeit der Hieroglyphen« ihre Geheimnisse für sich. (Rom war so besessen von Ägypten, dass die römischen Eroberer *dreizehn* riesige mit Hieroglyphen verzierte Obelisken in ihr Reich schafften. Bis auf den heutigen Tag stehen mehr ägyptische Obelisken in Rom als in Ägypten.) Es kam das Mittelalter, und gewaltige Kathedralen wuchsen in den Himmel Europas – die ersten von Menschen errichteten Bauwerke seit viertausend Jahren, die höher waren als die Pyramiden –, und in all den Jahren stellte sich bei der Entschlüsselung der Hieroglyphen nicht der geringste Fortschritt ein. Es kam die Renaissance und mit ihr das Zeitalter der Wissenschaft, die Geburtsstunde der neuen Welt, und noch immer ... nichts, keine Spur.

Der Redewendung zufolge ist ein unbekanntes Objekt wie ein geschlossenes Buch, aber in Ägypten lagen die

Dinge anders. Ägypten war ein offenes Buch, mit Abbildungen auf jeder Seite, nur dass es eben kein Mensch lesen konnte.

2

Der Fund

Niemals hat sich jemand auf die Suche nach dem Stein von Rosette gemacht. Niemand wusste, dass es ihn gab, wenngleich Reisende und Gelehrte schon lange davon geträumt hatten, dass es dergleichen geben könnte. Der Stein hatte unbemerkt fast zweitausend Jahre lang verborgen gelegen. Er hätte ohne Weiteres auch für immer verschollen bleiben können.

Dann aber tauchte er auf, in einem Haufen Schutt in einer wohlhabenden, jedoch abgelegenen Stadt Raschid, an einem schwülheißen Tag im Juli 1799. Frankreichs Armee war im Jahr davor in Ägypten eingefallen, angeführt von einem jungen General namens Napoleon Bonaparte, dessen Aufstieg zum Ruhm gerade erst begann. Schon bald aber würde ihn die ganze Welt kennen, sein Name erweckte größte Ehrfurcht oder wurde aus Angst oft nur geflüstert. (In England warnte man die kleinen Kinder, wenn sie nicht brav ins Bett gingen, würde »Boney« kommen, sie aus dem Bett holen und auffressen.)[1]

Einem Trupp französischer Soldaten war befohlen worden, eine verfallene Befestigung in Raschid wieder aufzubauen. (Die Franzosen nannten die Stadt *Rosette*.) Die Festung hatte einstmals dort kompakt, aber eindrucksvoll gestanden, ein quadratischer Bau mit gut siebzig Meter Seitenlänge, mit mehreren kleinen Zinnen und einem größeren Turm in der Mitte. Sie war über Jahrhunderte vernachlässigt worden, und als die Franzosen dort eintrafen, bedurfte sie dringender Reparaturen. »Ich rechne jeden Moment damit, attackiert zu werden«, schrieb der örtliche Kommandeur an Napoleon und schickte seine Männer sogleich an die Arbeit, damit aus dieser Ruine wieder ein anständiges Fort wurde, mit Soldatenunterkünften und festen Mauern.[2]

Wer genau den Stein von Rosette entdeckte, werden wir niemals erfahren. Der eigentliche Finder war mit einiger Wahrscheinlichkeit ein ägyptischer Arbeiter, aber wenn es so war, hat niemand seinen Namen festgehalten. Der Mann, dem die Entdeckung zugeschrieben wurde, war Leutnant Pierre-François Bouchard, der für den Wiederaufbau verantwortliche Offizier. Jemand machte Bouchard auf ein Bruchstück einer großen Steinplatte inmitten eines ganzen Haufens ähnlicher Steine aufmerksam. Unter dem Staub und Schmutz waren auf der dunklen Oberfläche des Steins einige seltsame Markierungen auszumachen. *Konnte dies vielleicht etwas Besonderes sein?*

Bouchard, der nicht nur Soldat, sondern auch Forscher war, erkannte sofort, dass der schwere Stein auf einer Seite über und über mit Schriftzeichen bedeckt war. Zeile um Zeile eingeritzter Symbole erstreckten sich über die ganze Breite des Steins. Das war schon überraschend genug, aber was sein Herz wirklich höherschlagen ließ, war dies: Es waren drei verschiedenartige Inschriften.

Oben standen vierzehn Zeilen mit Hieroglyphen – Zeichnungen von Kreisen und Sternen und Löwen und knienden Menschen. Dieser Abschnitt war unvollständig.

Irgendwann in früheren Zeiten war das obere Ende des Steins und Teile der Ecken oben links und rechts verloren gegangen, und mit ihnen verschwanden viele Zeilen mit Hieroglyphen.

Mehrere Zeilen mit Hieroglyphen auf dem Stein von Rosette, in Großaufnahme

Im mittleren Teil befand sich ein längerer Abschnitt mit einfachen Kurven und Schnörkeln, insgesamt 32 Zeilen. Diese sahen wie Buchstaben irgendeiner unbekannten Schrift aus, vielleicht auch wie Symbole eines Geheimcodes, jedenfalls ganz anders als die Bilder im Teil mit den Hieroglyphen. Sollten diese ganzen Striche und Linien eine Schrift sein, war diese nicht lesbar; sollten sie nur Verzierungen sein, wirkten sie merkwürdig systematisch und zweckgerichtet.

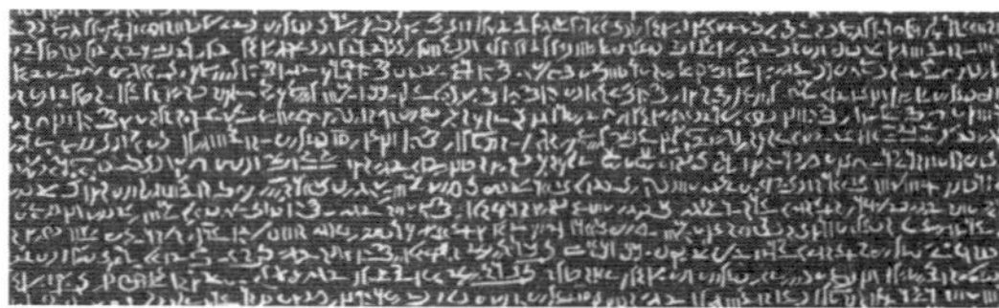

Ein Abschnitt der mysteriösen Schrift in der Mitte in Großaufnahme. Niemand vermochte die Schrift zu erkennen oder zu sagen, welche Sprache sie abbildete.

Der dritte Teil der Zeichen, unter den beiden anderen, gab keinerlei Rätsel auf. Das war Griechisch, genau 54 Zeilen (ein kleines Stück unten rechts war abgebrochen), es war auf Anhieb zu erkennen. Es war nicht ganz *einfach* zu lesen, da es eher nach einem amtlichen Dokument aussah als nach Alltäglichem, aber es war doch auch nicht sehr schwierig.

Zeilen des griechischen Teils, den die Gelehrten problemlos lesen konnten, in Großaufnahme

Der Stein selbst war 112,3 cm hoch und 75,7 cm breit und wog 762 Kilogramm. Der gezackte obere Rand ließ darauf schließen, dass es sich um ein Fragment eines ursprünglich größeren Stücks handelte. In Ägypten, wo Bäume Mangelware sind, waren bedeutende Gebäude stets aus Stein errichtet worden. Seit alter Zeit stellten sie so eine Art Recycling in Zeitlupe dar: Die Steinblöcke eines Gebäudes wurden für ein anderes wiederverwendet, mitunter auch für zahlreiche andere im Verlauf vieler Jahrhunderte. (Selbst die Pyramiden wurden geplündert und ihre Steine wiederverwendet – deshalb sind sie nicht mehr glatt an den Seiten.)[3]

Genau dies schien auch hier der Fall gewesen zu sein. Der Stein von Rosette hatte ursprünglich an prominenter Stelle in einem Tempel gestanden, zu einer Zeit, die dem Jahr 196 v. Chr. entsprach. Soviel ging aus dem griechischen Text hervor. Mehrere Jahrhunderte später, der Tempel war inzwischen abgerissen worden, lag der Stein von Rosette vermutlich unbemerkt in einem Haufen Schutt.

Vielleicht lag er da unberührt über viele Generationen. Vielleicht wurde er in einem oder mehreren anderen Gebäuden »recycelt«. Niemand weiß das. Im Jahr 1470 – inzwischen gab es seit tausend Jahren auf der Welt niemanden mehr, der Hieroglyphen hätte lesen können – begann ein arabischer Herrscher mit dem Bau einer Befestigung nicht weit von der Stelle, wo einst der Tempel gestanden hatte.

Zu den Baustoffen für des Sultans neue Festung zählte auch ein Haufen Steine, die von irgendwoher herbeigeschafft worden waren. Die Arbeiter, die die Steine an die richtige Stelle zu schleppen hatten, haben die Inschriften auf dem Stein von Rosette vielleicht überhaupt nicht beachtet. Vielleicht haben sie sie noch nicht einmal bemerkt. Jedenfalls setzten sie den Stein an seine Position, zusammen mit zahllosen anderen, ein namenloser Steinblock in einer namenlosen Wand in einer namenlosen Festung. Es ist ungefähr so, als würde man eine Gutenberg-Bibel als Türstopper benutzen.

Der Stein von Rosette mit seinen drei verschiedenen Schriftformen. Die Hieroglyphen befinden sich oben, eine unbekannte Schrift liegt in der Mitte, der untere Teil ist Griechisch. Die Gelehrten konnten das Griechische lesen, hatten aber keine Vorstellung davon, was sie mit den beiden anderen Inschriften anfangen sollten.

Zuerst dachte man, es wäre eine Frage von wenigen Wochen, vielleicht nur Tagen, bis die Inschriften auf dem Stein von Rosette entziffert wären.[4] Daraus wurden am Ende *zwanzig Jahre*. Die ersten Linguisten und Gelehrten, die die Inschriften zu Gesicht bekamen, machten sich eifrig ans Werk, getragen von der Überzeugung, wenn sie sich tüchtig ins Zeug legten, würde ihnen gewiss schon bald der verdiente Lohn zufallen. Bald jedoch wurden sie nacheinander von Verwunderung, dann Frustration und schließlich Verzweiflung gepackt – das Einzige, was sie der Nachwelt zurücklassen konnten, war die Warnung, hier hätte man es mit einem unlösbaren Rätsel zu tun.

Zwei rivalisierende Genies, ein Franzose und ein Engländer, trugen den Löwenanteil zum Knacken des Codes bei. Beide waren Wunderkinder gewesen, beide besaßen eine schier unheimliche Begabung für Sprachen, ansonsten jedoch waren sie denkbar gegensätzliche Charaktere. Der Engländer, Thomas Young, war eines der vielseitigsten Genies aller Zeiten. Der Franzose, Jean-François Champollion, war jemand, für den es immer nur um eine einzige Sache ging: Ihm lag Ägypten am Herzen, und nichts sonst außer Ägypten. Young war gelassen und von weltmännischer Höflichkeit. Champollion sprühte nur so vor Ungeduld und Empörung, wenn ihm etwas nicht passte. Young machte sich lustig über den »Aberglauben« und die »Verderbtheit« des Alten Ägypten.[5] Champollion staunte über Glanz und Gloria des mächtigsten Imperiums, das die antike Welt je gesehen hatte.

Selten stand bei solchen intellektuellen Gefechten so viel auf dem Spiel wie hier. Die Nationen der beiden Forscher waren seit jeher verfeindet und führten Kriege gegeneinander, deshalb ging es für den Franzosen wie für den Engländer nicht allein darum, den anderen zu besiegen, sondern auch um Ruhm und Ehre fürs jeweilige Vaterland. Denn Ägypten, das war das größte aller Mysterien und der erste Mensch, der herausfände, wie diese Mysterien zu lesen waren, würde ein Rätsel lösen, das die Welt seit über tausend Jahren zum Narren gehalten hatte.

Jeder, der den griechischen Text auf dem Stein von Rosette sah, verstand sofort, worum es bei der Sache ging. Wenn die drei Inschriften eine einzige Botschaft auf drei unterschiedliche Arten vermittelten – und warum sonst hätte man sie auf den gleichen Stein platzieren sollen? –, dann könnten auf einen Schlag die Hieroglyphen ihre ganzen Geheimnisse verraten. Eine Schatzkammer, bei der der Schlüssel im Schloss steckte, hätte nicht einladender sein können.

3

Die Herausforderung

In den Tagen Napoleons stellten die über Ägypten verstreuten Pyramiden, Monumente und Tempel schon Jahrtausende alte Berühmtheiten dar, aber kaum jemand wusste, wer sie gebaut hatte, oder wann, oder warum. Man wusste nur, dass, während ein Großteil der Menschheit in Höhlen fror und im Dreck nach Schnecken und anderen Leckereien wühlte, Ägyptens Pharaonen in Saus und Braus lebten und herrschten.

Zur Zeit der Entdeckung des Steins von Rosette gab es in der Welt zwei große, den ganzen Globus umspannende Supermächte: Frankreich und England. Zu der Zeit, als der Stein von Rosette *beschriftet* wurde, also im Jahr 196 v. Chr., hießen Frankreich und England noch Gallien und Britannien, und die Aktivitäten der wilden Stämme, die durch diese Regionen zogen, erstreckten sich im Wesentlichen auf Plünderungen, Raubzüge und Vergewaltigungen. Das Bild hatte sich bis zum Jahr 54 v. Chr. nur unwesentlich gewandelt, als Cäsar sich Gallien unter den Nagel riss und in Britannien einfiel. Dort traf er auf ebenso mutige wie brutale Widersacher, die sich blau anmalten und in Tierfelle kleideten. In jenem fernen Land teilten die Männer ihre Frauen untereinander, lästerte Cäsar, »Brüder mit Brüdern, und Väter mit Söhnen.«[1]

Zur Zeit Cäsars – seine Affäre mit Cleopatra begann im Jahr 48 v. Chr. – hatte Ägypten seine Glanzzeiten schon lange hinter sich. Dennoch blieb Cäsars Rom deutlich hinter dem in Ägypten zelebrierten Luxus zurück, und dasselbe gilt für Athen und jede andere Metropole jener Zeit.

In der Ära Cäsars und Cleopatras war Ägyptens Hauptstadt Alexandria die größte und prachtvollste Stadt der Welt.[2] Mit ihren zahllosen Statuen, schmucken Parks und Besuchern, die zum Einkaufen oder zum Sightseeing kamen, war es gewissermaßen das Paris der Antike für die Provinzler aus dem Römischen Reich. Die größte Avenue der Stadt war fast dreißig Meter breit, genug für acht Streitwagen nebeneinander. Die Bibliothek von Alexandria nannte zehntausende Papyrusrollen ihr Eigen, bei Weitem der größte derartige Schatz, der sich jemals angesammelt hatte, und das in einer Zeit, als noch jedes einzelne Manuskript von Hand kopiert werden musste. Zu ihrer größten Zeit hatte die Bibliothek die bedeutendsten Gelehrten der Antike angezogen, darunter solche Titanen wie Euklid und Archimedes, die mit lebenslangen Anstellungen und fürstlichen Honoraren gelockt wurden.

Aber der Name *Ägypten* stand eher für Pomp und Prunk denn für seriöse Wissenschaft. Als Cleopatra den Nil hinauf reiste, glitt sie in einem güldenen Schiff dahin, mit purpurnen Segeln und silbernen Rudern. Weihrauch waberte durch die Luft, zu sanften Flötenklängen und jungen Burschen an der Seite der Königin, die ihr mit Fächern ein leichtes Lüftchen verschafften.

Und Cleopatra markierte wohlgemerkt das absolute *Ende* der Ära von Ägyptens Herrschern, dreizehn

Jahrhunderte nach König Tut, zwanzig Jahrhunderte nach dem goldenen Zeitalter der ägyptischen Literatur, 26 Jahrhunderte nach der großen Pyramide.

Heute kennen wir diese Zeitachse, und wir kennen zahllose Einzelheiten über den Glauben der alten Ägypter, über ihr Alltagsleben, ihre Ängste und Hoffnungen. Dennoch ist hier Vorsicht angebracht. Wenn wir von »Ägypten« sprechen, betrifft jedwede Verallgemeinerung nur einen winzigen Bruchteil der Bevölkerung. Die Ägypter waren größtenteils Bauern ohne jede Bildung, die ein hartes, brutales, anonymes Leben führen mussten. »Sie kämpften sich durch ein von Armut, Entbehrung und Plackerei geprägtes Dasein, und wenn sie starben, hinterließen sie keinerlei Spuren in der Nachwelt«, in den Worten des argentinischen Ägyptologen Ricardo Caminos. »Ihre Leichen legte man einfach am Rand der Wüste ab, bestenfalls wurden sie in flachen Gruben im Sand verscharrt, ohne auch nur den einfachsten Grabstein, auf dem ihre Namen verewigt gewesen wären.«[3]

Doch selbst unter diesem großen Vorbehalt, was die völlige Unsichtbarkeit der Armen angeht, wissen wir weit mehr über Ägypten als über jede andere Kultur des Altertums. Wir haben Kenntnis davon, weil es die Ägypter selbst uns erzählt haben – sie schrieben es nieder –, und wir können ihre Inschriften und Briefe und Geschichten lesen. All dies wissen wir, weil uns der Stein von Rosette den Weg gewiesen hat.

Die meisten Menschen verstehen nicht, worum es beim Stein von Rosette geht. Sie verstehen zwar, dass die Sache mit Texten in verschiedenen Sprachen zu tun hat, und sie haben so etwas wie eine Speisekarte in einem Restaurant vor Augen, das seine Spezialitäten für internationale Touristen präsentiert: *roast chicken with French fries; poulet rôti avec frites; Brathähnchen mit Pommes frites.* Bewaffnet mit dieser Speisekarte könnte sich jemand mit englischer Muttersprache durchaus daran machen, Französisch oder Deutsch zu entschlüsseln.

Dies war denn auch die Erwartungshaltung der ersten Menschen, die den Stein von Rosette zu Gesicht bekamen. Und damit lagen sie gründlich daneben. Stattdessen fanden sich die Forscher in einem Labyrinth wieder, verführt von verlockenden Anreizen, die sie aber nur in Sackgassen führten und jeder Hoffnung beraubten, dann aber fanden sie wieder neue Wegweiser und machten sich ein weiteres Mal jubelnd auf.

Ein Grund für ihre Schwierigkeiten – hätten sie etwas geahnt, sie wären vielleicht gar nicht erst aufgebrochen – lag in der Tatsache, dass sich die drei Inschriften keineswegs als wörtliche Übersetzungen der jeweils anderen herausstellten. Sie entsprechen einander zwar sehr wohl, aber auf eine ungenaue, verschwommene Art und Weise – es ist eher wie bei drei Menschen, die ihnen eine Beschreibung ein und desselben Films geben, den sie im Kino gesehen haben.

Dabei war das nur ein Hindernis von vielen. Um uns vorstellen zu können, vor welcher Aufgabe unsere Sprachdetektive standen, denken wir noch einmal an die Speisekarte mit *roast chicken* und *poulet rôti*. Selbst wenn wir kein Wort Französisch sprechen – selbst wenn wir noch nicht einmal wüssten, dass es eine Sprache namens Französisch gibt –, hätten wir dennoch einige Vorteile, die diesen frühen Forschern fehlten.

Zunächst einmal erkennen wir das Alphabet, in dem unsere Speisekarte geschrieben ist. Das bedeutet, dass wir uns dem Klang der Worte zumindest annähern können. Mit den Inschriften auf dem Stein von Rosette vor Augen konnten die frühen Sprachforscher hingegen nur verdattert staunen. Woher hätten die ersten Ägyptologen wissen sollen, ob Geier und Zaunkönige, oder vertikale und diagonale Striche, für Buchstaben, Silben, Wörter oder Gedanken stehen? Und selbst wenn wir noch nicht einmal sicher sein konnten, ob wir unsere Speisekarte von links nach rechts oder von rechts nach links lesen müssen, hätten wir zumindest erraten können, dass *poulet rôti* irgendwie plausibler klingt als *itôr teluop*.

Unsere Forscher hingegen hatten gar keine Anhaltspunkte. Schriften können von links nach rechts zu lesen sein wie im Englischen und Deutschen, oder von rechts nach links wie das Hebräische und Arabische, oder von oben nach unten wie Chinesisch und Japanisch. Und es gab noch weitere raffinierte Möglichkeiten in Erwägung zu ziehen. Einige antike griechische Texte verliefen in abwechselnder Richtung, vor und wieder zurück, wie ein Bauer, der sein Feld pflügt. Eine Zeile verlief von links nach rechts, die nächste von rechts nach links, und immer so weiter (und in jeder neuen Zeile veränderten auch die einzelnen Buchstaben ihre Richtung). Die Schriftzeichen der Azteken »wanden sich über die Seite wie ein Gebilde aus Schlangen und Leitern, wobei die jeweilige Richtung durch Punkte oder Linien angezeigt wurde« – so beschreibt es der Schriftsteller und Sachbuchautor Alberto Manguel.[4]

Unsere Speisekarte hätte im Vergleich dazu noch mehr Anhaltspunkte zu bieten. Wenn ein Engländer versucht, *poulet* auszusprechen, könnte das zumindest vage Erinnerungen wecken. *Ein »pullet« ist doch ein Huhn oder Hahn, jedenfalls irgendein Geflügel, oder nicht?* So könnte es weitergehen. Das kleine Hütchen auf dem *o* in *rôti* springt ins Auge, zumal *rôti* zumindest irgendwie ähnlich aussieht wie roast (*rösten*) oder roasted (*geröstet*). Und schließlich könnten wir auf einen ganzen Stapel Texte und Inschriften aus dem Land des *poulet* stoßen (immerhin wollen wir eine ganze Sprache entschlüsseln und nicht bloß eine Speisekarte lesen). Dort würden wir noch weitere *O*s mit einem solchen Hütchen finden, und auch *E*s und *I*s, die ein Dach über dem Kopf haben. Wir würden *forêt* finden, und *bête* und *côte* und *île*, und vielleicht könnten wir aus dem Kontext oder aus Bildern zum Text am Ende an so etwas denken wie *Forst* oder *Biest* oder *Küste* oder *Insel.* Irgendwann könnten wir erraten, dass dieses Hütchen über dem Vokal etwas mit der Auslassung des Buchstabens *S* zu tun hat.

So würden wir Schritt für Schritt immer weiter vorankommen. Und jetzt denken wir wieder an die Not unserer armen Sprachdetektive, wie sie auf den Stein von Rosette starren.

Die Symbole entsprachen keiner bekannten Schrift, und es gab keine Möglichkeit, sich ein Lautbild zurechtzulegen und irgendwelche akustischen Anhaltspunkte zu nutzen. Die grundlegendste aller Fragen schien, dem Wissensdurstigen gleichsam Hohn lachend, außerhalb jeder Reichweite zu bleiben. Die Symbole waren beispielsweise ohne jede Unterbrechung aneinandergereiht, eines neben dem anderen. Wie sollte man herausfinden, wo ein Wort endete und das nächste anfing (sofern es überhaupt Wörter waren)?

Und noch schlimmer – viel schlimmer – war Folgendes: Der letzte aktive Sprecher des Altägyptischen war seit Jahrtausenden tot. (Die Ägypter sprechen seit dem 7. Jahrhundert unserer Zeitrechnung Arabisch.) Wenn Sie einen aktuellen Vergleich haben möchten, stellen Sie sich vor, sie wollten versuchen, die chinesische Schrift zu lesen, ohne die Sprache zu sprechen. Und nun stellen Sie sich vor, sie wollten die chinesische Schrift lesen, ohne dass es *irgendjemanden* gäbe, der die Sprache spricht.

Angenommen, Sie haben irgendwie eine Möglichkeit gefunden, die Hieroglyphen zu lesen. Da stehen sie nun und lassen den Klang von Worten erklingen, die seit der Zeit der Pharaonen niemand mehr gesprochen hat. Was nun? Was würden Ihnen diese Klänge verraten?

Angenommen, der letzte Sprecher des Englischen wäre vor 2000 Jahren gestorben. Wie sollte irgendjemand auf die Idee kommen, dass die den Buchstaben *c-a-t* zugeordneten Phoneme, kurz nacheinander ausgesprochen, ein »pelziges Tier mit Schnurrhaaren« bezeichnen?

Was dieses Rätsel so kompliziert machte, ist ein wichtiger Teil unserer Geschichte. Aber ein anderer Aspekt ist nicht minder wichtig – dies war ein Rätsel, das verlockend *aussah*, wie etwas, das jeder ambitionierte Amateur mit genug Grips wohl würde lösen können. Da ergibt sich ein scharfer Kontrast zu den meisten berühmten Codes, wie Enigma beispielsweise. Ein Laie könnte ewig auf die geheimen, mit der Enigma-Maschine verschlüsselten Botschaften der Nazis starren, er würde nie etwas anderes erkennen als einen völlig beliebigen Buchstabensalat, eine Zeile wäre für ihn von der nächsten nicht zu unterscheiden. Für alle, mit Ausnahme von Mathematikern, ist Enigma so abweisend wie eine Felswand.

Eine Seite mit Hieroglyphen hingegen besteht aus Vögeln und Schlangen und Ovalen und Quadraten, sie lädt uns geradezu zum Raten ein. *War die Eule für die Ägypter ein Symbol für Weisheit, genau wie für uns? Im griechischen Text auf dem Stein von Rosette ist von Königen die Rede; wo steckt der König in den Hieroglyphen?*

Hieroglyphen sind Bilder, und diese fundamentale Beobachtung weist in zwei verschiedene Richtungen zugleich. Die erste ist entmutigend – wir sehen uns mit einer Schriftform konfrontiert, die anders ist als praktisch alle, die in unserer Zeit in Gebrauch sind. Die zweite Richtung dagegen ist optimistischer und wichtiger – eben *weil* die Hieroglyphen Bilder *sind*, stellen sie eine Schriftform dar, die weniger abstrakt und eher zugänglich wirkt als alle anderen.

Unsere Aufgabe ist somit nicht ganz so beängstigend wie die Dechiffrierung von Enigma. Diesmal können wir uns auch als Amateure sehr wohl an der Suche nach Anhaltspunkten in den gleichen Puzzleteilen beteiligen, die Young und Champollion und alle ihre Nachfolger gleichermaßen anlockte und zum Narren hielt.

4

Stimmen aus dem Staub

Die Rätsel der Sprache und der Entschlüsselung sind lebende Mysterien – es gibt Texte in fremdartigen Schriften, die bis heute kein Mensch entziffert hat, darunter auch ein Text aus dem antiken Italien* und ein weiterer von den Osterinseln –, und sie sprechen grundlegende Aspekte der Zivilisation und Kultur an. Sprechen und Schreiben erscheinen uns als zwei Seiten derselben Medaille, doch das Schreiben ist wesentlich schwieriger. Jedes Baby lernt sprechen, ganz automatisch, es saugt die Laute in seiner Umgebung geradezu in sich auf. Kein Baby lernt dagegen automatisch lesen oder schreiben, obwohl es ebenso von gedruckten Wörtern umgeben ist wie von gesprochener Sprache.

Warum das so ist, kann niemand sagen. Vielleicht ergibt es einfach Sinn, dass das Lesen schwierig ist. Aber ist es nicht erstaunlich, dass Sprechen lernen eben *nicht* schwie-

---

* Wissenschaftler haben gelernt, die Schrift der Etrusker zu *lesen*, die in Italien schon Jahrhunderte vor den Römern eine blühende Kultur entwickelten. Aber sie wissen nicht, was die Klänge bedeuteten. Tatsächlich können sie die Schrift laut vorlesen, aber sie wissen nicht, ob das, was sie vorgelesen haben, *Sein oder Nichtsein* bedeutet oder vielleicht doch eher *Katzen würden Whiskas kaufen.*

rig ist? Lassen Sie ein Baby in eine Quelle voller Wörtern hüpfen, und es wird sich von alleine darin zurechtfinden, gewissermaßen Schwimmen lernen. Der Schriftsteller Nicholson Baker beschreibt besser als jeder Sprachwissenschaftler, wie viel im Kopf dieses winzigen, brabbelnden Forschers vor sich geht. »Allmählich dämmert uns, dass diese ganzen Laute – mgu, merrp, plurk –, die wir erzeugen können und die wir vernehmen, sich ordnen lassen. Wir sind weiter nichts als ein neugeborenes Gehirn, wir sind gerade erst aus der Einzelhaft des Uterus entlassen, und doch mit einem Schlag Bletchley-Park-Kryptoanalytiker. Wir sichten bereits, gleichen ab, suchen Muster, suchen Anfang und Ende und die Spuren der Bedeutung.«[1]

Was auf jeden Einzelnen zutrifft, trifft hier auch auf die gesamte Menschheit zu: Unsere Vorfahren begannen vor ungefähr 50 000 Jahren zu sprechen, doch erst vor etwa vor 5000 Jahren – ließ sich irgendein unbekanntes Genie einfallen, wie sich die vielfältigen Klänge der Sprache in einer Handvoll Kritzeleien abbilden und festhalten ließen. Beziehungsweise waren es mehrere Genies nacheinander, und jedes einzelne trug neue Erkenntnisse oder Verbesserungen bei.

Das Entscheidende ist, dass sich das Sprechen auf ganz natürliche Weise entwickelt, das Schreiben hingegen musste erst erfunden werden. Die Sprache ist Teil unseres biologischen Erbes, wie das Krabbeln oder das Gehen. Schreiben ist ein Produkt menschlichen Einfallsreichtums, wie das Telefon oder das Flugzeug. (Die Geschichte dieses kolossalen Durchbruchs in der menschlichen Entwicklung ist für immer verloren. Ironischerweise hat sie niemand jemals aufgeschrieben.)

Lesen zu lernen ist demnach mit Arbeit verbunden. Und damit sind wir, jede und jeder Einzelne von uns, schon mitten in der Geschichte um den Stein von Rosette, denn wir alle haben fast genau die gleiche Art von Entschlüsselung durchgemacht, die am Ende auch den Code der Ägypter knackte – jeder neue Leser, der sich daran abgearbeitet hat, die Kringel in *Der Kater mit Hut* mit Leben und Sinn zu erfüllen, ist ein kleinformatiges Gegenstück zu den brillanten Ermittlern, die sich als Erste mit den Hieroglyphen herumschlugen. Lesen *ist* Entschlüsseln, und wir alle sind linguistische Detektive. Jeder von uns hat irgendwann einmal in Bletchley Park gearbeitet.

Der Lohn, den wir aus dieser Entzifferungstätigkeit beziehen, ist enorm. Der Autor Alberto Manguel erinnert sich an seinen eigenen Heureka-Moment, was das Lesen angeht. Er war etwa vier Jahre alt und kannte die Bezeichnung der Buchstaben, da sah er zufällig ein Plakat vom Autofenster aus. »Welches Wort ich da auf jener Plakatfläche entziffert hatte, weiß ich nicht mehr … aber das Erlebnis, plötzlich verstehen zu können, statt nur auf inhaltsleere Formen zu starren, ist mir heute noch so gegenwärtig wie damals.«[2]

Manguel findet einen bemerkenswerten Vergleich: »Es war wie die plötzliche Entdeckung eines neuen Sinnesorgans.«

Die Erfindung der Schrift wird oft als größte aller geistigen Errungenschaften eingeordnet. »Ohne die Schrift«, bemerkte der Anthropologe Loren Eiseley einmal, »verkommen die Geschichten aus der Vergangenheit rasch zu einem Tasten durch Mythen und Fabeln. Das größte

Epos der Menschheit, seine vier langen Kämpfe mit dem heranrückenden Eis der großen Kontinentalgletscher, ist spurlos aus dem Gedächtnis der Menschheit verschwunden. Ebenso verschwanden unsere des Lesens und Schreibens unkundigen Vorfahren, und innerhalb einiger weniger Generationen starb damit auch eine der großen Geschichten, die die Zeit zu erzählen gehabt hätte.«[3]

Zahllose kleinere Geschichten verschwinden ebenfalls im Nichts, wenn sie niemand aufschreibt. »Wenn die Menschheit nur einen Tag alt wäre«, bemerkt der Linguist John McWhorter, »dann wäre das Schreiben etwa eine Stunde vor Mitternacht erfunden worden.«[4] Ob also vor 23 Uhr auf der Uhr der Geschichte Stämme ihre Kriege ausgefochten oder Liebende im Verborgenen ihre Schwüre geflüstert haben, wird nie jemand erfahren.

Die Erinnerungen, die wir im Kopf behalten, reichen vielleicht zwei, höchstens drei Generationen zurück. Mein Großvater wurde über neunzig Jahre alt. Als ich klein war, besuchten wir ihn oft, glaube ich. Aber heute, da niemand mehr da ist, der seine Geschichte erzählen könnte, keine Briefe oder Tagebücher, in denen man nachlesen könnte, sind für mich alle Geschehnisse aus diesen neun Jahrzehnten dahingeschmolzen. Alles, woran ich mich erinnere, sind die kratzigen, schlecht rasierten Wangen eines alten Mannes (ich mochte es überhaupt nicht, ihm zum Abschied einen Kuss zu geben) und die knochigen Handgelenke, die aus seinen langen, schlabbrigen Ärmeln herausragten.

Die Erinnerung an Kultur und Wissen vergangener Zeiten kann sich fast genauso schnell verflüchtigen. Der Dichter und Historiker Amadou Hampâté Bâ widmete eine Menge Zeit der Sammlung mündlicher Überlieferungen aus seiner Heimat Mali. »Wenn in Afrika ein alter Mann stirbt, verbrennt eine ganze Bibliothek«, beklagte er.[5]

Und so ist die Geschichte des uralten Kampfs der Menschheit gegen das Vergessen in hohem Maße auch die Geschichte der Schrift. Das bedeutet, dass die Saga des Steins von Rosette denkbar weit entfernt ist von einer Erzählung über obskure Forschungen in muffigen Bibliotheken. Ganz im Gegenteil: unsere Forschungsreise wird uns in erstaunliche Täler und kreuz und quer über unbekanntes Terrain führen. Um nicht die Orientierung zu verlieren, werden wir dennoch versuchen, uns nicht allzu weit vom eigentlichen Forschungsobjekt, dem Stein von Rosette, zu entfernen. Aber wir sind hinter einer großen Beute her – Geschichten archäologischer Abenteurer, die durch uralte Grabstätten taumeln; wir werfen einen Blick auf die allerersten Versuche, Worte in Schriftform festzuhalten; wir begeben uns auf Exkursionen in große Themen wie den Kampf gegen Tod und Vergessen – und es wäre ein Fehler, auf diese Abenteuer zu verzichten und sich stattdessen ausschließlich an die Hieroglyphen zu halten.

Es wäre ein Fehler, denn wenn wir den Blick ausschließlich auf den Stein von Rosette gerichtet halten, entgeht uns die größere Geschichte, die ihn umgibt. Denn der Stein von Rosette ist ein denkbar unwahrscheinliches Objekt: ein Fenster aus massivem Stein. Und der Blick durch dieses Fenster verrät uns nicht nur etwas über die Details der Detektivarbeit und Schriftentschlüsselung, er erzählt auch etwas über das Wesen der Sprache, die Seitenpfade der Geschichte und die Evolution der menschlichen Kultur.

Einen entscheidenden Punkt verliert man leicht aus dem Blick – die Erfindung der Schrift war nicht nur eine der größten menschlichen Errungenschaften überhaupt, sondern auch eine der schwierigsten. Man denke nur, wie lange es dafür brauchte. Zehntausende von Jahren lang zeichneten unsere Vorfahren überaus gekonnt Bilder von verblüffender Detailgenauigkeit an Höhlenwände; sie fertigten Steinmesser, die so dünn sind, dass das Sonnenlicht durch die Klinge scheint, und so scharf, dass selbst moderne Skalpelle nicht mithalten können.[6] Niemand hat seinen Namenszug unter diese Meisterwerke gesetzt – wie denn auch? Über tausende von Generationen hatte niemand einen Weg gefunden, den Klang der Stimme in Symbole und Zeichen zu übersetzen.

Ausgehend von unserem heutigen Wissen ist es mitunter schwer, die Hürden zu erkennen, die unsere geistigen Vorfahren überwinden mussten. Ein gelöstes Rätsel erscheint uns oft so, als hätte es eigentlich gar nicht erst zum Mysterium werden müssen. Aber ein solcher zeitlich-historischer Provinzialismus ist ebenso unangebracht wie Provinzialismus im herkömmlichen Sinn. Auch die »simpelsten« Fragen können uns vor gewaltige Rätsel stellen, bis die Antworten wirklich gefunden sind.

Als irgendein vergessenes Genie zu der Einsicht gelangte, dass zwei Fische, zwei Tage und zwei Stöcke eine abstrakte Gemeinsamkeit besitzen, nämlich die Eigenschaft der Anzahl zwei, vollzog dieses Genie, in den Worten des Philosophen Alfred North Whitehead, »einen beachtlichen Schritt in der Geschichte des Denkens«.[7] Über zahllose Generationen hatte das niemand bemerkt. Diese bescheidene Einsicht zeitigte gewaltige Folgen. Sobald einmal erkannt war, dass das Entscheidende der Begriff »2« war, und nicht etwa die zwei Fische, die man vor Augen hat, war man bereits auf einem guten Weg zu universell gültigen Gesetzen wie $2 + 2 = 4$. Der Anfang auf dem Weg zur Wissenschaft war gemacht.

Alle Geschichten der Entschlüsselung liegen in einem Dickicht solcher Fragen verborgen, die hinterher ganz simpel, aber zunächst vollkommen mysteriös sind. Das trifft ganz besonders auf den Stein von Rosette zu, da die auffällige Erscheinung der Hieroglyphen alle in die Irre führte. Allerdings erfordert *jede* Geschichte, die mit Entschlüsselung zu tun hat, ein tiefes Eintauchen in die Geheimnisse der Sprache, und Sprachen sind nun einmal enervierend vielfältig und endlos komplex. Zweifellos weisen Sprachen zahlreiche gemeinsame Merkmale auf, schließlich beschreiben sie alle unsere eine, gemeinsame Welt, mit Müttern und Brüdern und Sonne und Mond und rauschenden Flüssen und krabbelnden Babys. Aber in Aussehen und Klang unterscheiden sie sich eben erstaunlich stark.

Wer in Peking aus dem Flugzeug steigt oder einen Hörsaal in Gallaudet (eine Universität speziell für gehörlose und hörgeschädigte Studierende – Anm. d. Ü.) betritt, dem bleibt kaum etwas anderes als hilfloses Staunen. Kein Wunder, sind Sprachen doch konstruiert aus Luftstößen (oder Gesten), und eine Architektur aus Wörtern kann weitaus fantastischere Formen annehmen als jedes Gebäude aus Stein oder Holz.

Im Ergebnis ist die Aufgabe der Entschlüsselung einerseits enorm schwierig, andererseits aber auch enorm wichtig. Einmal niedergeschrieben, haben die kleinsten Begebenheiten und die gewaltigsten Sagen eine Chance auf Unsterblichkeit. Liebesbriefe sind nach tausenden Jahren wieder ans Licht gekommen, ebenso wie Quittungen über den Kauf von einem Dutzend Fußschemeln und epische Erzählungen von Helden und Ungeheuern im Kampf auf Leben und Tod.

Im Fall Ägyptens verlieh die Entschlüsselung der Hieroglyphen Pharaonen und Schuljungen ebenso eine Stimme wie Händlern und Reisenden, die seit dreitausend Jahren tot sind. In anderen, feuchteren Regionen der Welt wären derartige Botschaften längst verwittert, aber Ägyptens heißes, trockenes Klima dient als eine Art zufällige Zeitkapsel. Botschaften, die vor langer Zeit in Monumente geritzt oder auf Tempelmauern gezeichnet wurden, bleiben bis auf den heutigen Tag klar und deutlich sicht- und lesbar. Zahllose auf Papyrus geschriebene Texte sind erhalten, manche tragen den Abdruck des tintenverschmierten Fingers eines Schreibers oder gekritzelte Korrekturen eines Lehrers auf der Arbeit eines Schülers.[8]

Die Details und Farben an den Wänden von Ägyptens Grabstätten sind noch heute so lebendig wie vor vielen tausend Jahren, als diese Gräber versiegelt wurden.

Besucher aus regenreichen Klimazonen wundern sich immer wieder über die extreme Trockenheit Ägyptens. In der schillernden Stadt Luxor liegt der durchschnittliche jährliche Niederschlag bei null. So ist das schon seit jeher. »Die Zeichnungen an den Grabstätten zeigen weder Regen, noch auch nur das kleinste Anzeichen für Regen«, stellte der englische Archäologe Flinders Petrie vor einem Jahrhundert fest. »Keine breiten Hüte, keine Schirme, kein vom Regenwasser tropfendes Vieh, nichts dergleichen ist irgendwo abgebildet.«[9]

In Ägypten kommt unser Wort »vergänglich« kaum jemals zur Geltung. Eine Blume aus einem Kranz, der vor dreitausend Jahren für ein Begräbnis geflochten wurde, könnte durchaus noch zu erkennen sein. Auf einem Laib Brot, der älter ist als das antike Griechenland oder Rom, sind vielleicht noch immer Abdrücke von der Hand des Bäckers zu erkennen.[10] Ägyptens Hitze und Trockenheit vermochten auch Leichname zu mumifizieren, ohne dass dafür zeitaufwendige und schwierige Prozeduren vonnöten wären. Der ganze komplizierte Prozess der Einbalsamierung, den wir so eng mit dem alten Ägypten verbinden, ist eigentlich in dieser Region unnötig.

Die Ägypter glaubten an ein Leben nach dem Tod. Die Mumifizierung war wichtig, weil man ja einen funktionstüchtigen Körper brauchte, um im Jenseits weiterleben zu können. Die Einbalsamierung war eine schwierige, zeitraubende Kunst. Man brauchte Haken, um das Gehirn des Verstorbenen durch die Nase aus dem Schädel zu ziehen, und spezielle Messer zum Aufschneiden des Bauchs, damit man die inneren Organe entfernen konnte, sowie spezielle Verfahren zum Trocknen menschlichen Gewebes. Und dennoch: Wenn ein Leichnam einfach in eine flache Grube im Sand gelegt wurde, was traditionell das Schicksal der Armen war, dann mumifizierten der heiße Sand und die sengende Sonne den Körper auf ganz natürliche Weise.

Die Reichen bestanden allerdings auf einer stilvolleren Reise ins Jenseits. Aber gerade der Akt, Leichname in Särgen in völliger Stille und Dunkelheit einzuschließen, machte eine ganze Bandbreite von Maßnahmen notwendig, um den Körper vor Verwesung und Verfall zu bewahren.

Im alten Ägypten war das Überdauern von Artefakten somit quasi die Regel. In einer Kultur, die geradezu besessen war von Kontinuität, war dies von entscheidender Bedeutung, und es war die Fähigkeit zur Überwindung der Zeit, die dem Schreiben gegenüber allen anderen Künsten eine so spezielle Bedeutung verlieh. Hieroglyphen waren die Handschrift der Götter, postulierten Texte aus alter Zeit, und die Götter hatten der Menschheit dieses wunderbare Geschenk zuteilwerden lassen. Von seinen frühesten Tagen an hatte Ägypten die Möglichkeiten erkannt, die darin lagen.

Eine Tempelinschrift aus etwa der gleichen Ära, auf die auch der Stein von Rosette zurückgeht, pries die Götter, die »die Schrift im Anfang erschufen« und damit »die Erinnerung beginnen ließen«. Dank dieser göttlichen Gabe »spricht der Erbe mit seinen Vorfahren« und »Freunde können kommunizieren, auch wenn ein ganzes Meer zwischen ihnen liegt, und ein Mensch kann einen anderen hören, ohne ihn zu sehen.«[11]

In Stein gravierte Inschriften bezogen sich zumeist auf Könige und Götter, aber Botschaften auf Papyrus hatten tendenziell eher Profanes und Praktisches zum Gegenstand. »Bitte mach mir ein neues Paar Sandalen« lautete eine Mitteilung etwa aus dem Jahr 1200 v. Chr.[12] Ein weiterer Text aus der gleichen Zeit besagt: »Warum hast du nicht auf meine Nachricht geantwortet? Ich habe dir vor einer Woche geschrieben!«

Ein junger Schreiber beklagte sich bei seinem Aufseher etwa um das Jahr 1240 v. Chr., er wäre schlecht behandelt und ausgenutzt worden. »Ich bin wie ein Esel für euch. Wenn es Arbeit gibt, holt den Esel. …Wenn es Bier gibt, interessiert ihr euch nicht für mich, aber wenn es Arbeit gibt, sucht ihr nach mir.«[13]

Eine betrübte Mutter schimpfte über ihre undankbaren Kinder, aus ihrer Klage spricht über die seitdem vergangenen Äonen unverhüllte Verbitterung zu uns. »Ich bin eine freie Frau im Land des Pharao«, erklärte sie in ihrem letzten Willen um das Jahr 1140 v.Chr. »Ich habe acht Kinder großgezogen und gab ihnen alles, was ihrem Stand gebührt. Aber ich bin alt geworden, und sie haben sich nicht um mich gekümmert. Denen, die mir geholfen haben, werde ich mein Eigentum hinterlassen. Aber denen, die mich vernachlässigten, werde auch ich nicht helfen.«[14]

1897 kam es zum vielleicht größten Einzelfund antiker Schriftstücke, als zwei englische Archäologen in der Wüste südlich von Kairo mehrere fast zehn Meter hohe Hügel mit Papyrusfetzen unter dem Sand entdeckten (vermischt mit anderen zufälligen Bruchstücken). Die Fetzen stammten ursprünglich aus Abfallhaufen in der einst blühenden Stadt Oxyrhynchos. (Der Name bezeichnet heute eine in der Region vorkommende Fischart, deshalb ließe sich der Städtename auch übersetzen mit »Stadt des Spitznasennilhechts.«) Geschützt durch die Trockenheit der Wüste hatte die Tinte über 2000 Jahre kaum etwas von ihrer Schwärze verloren.

Eine halbe Million Fragmente sind erhalten geblieben, manche nicht größer als eine Briefmarke, andere groß wie ein Tischtuch. Die meisten geben uns Einblicke in das Alltagsleben. Ein wohlhabendes Paar schickte 1000 Rosen und 4000 Narzissen für die Hochzeit des Sohnes einer befreundeten Familie.[15] Ein Mann namens Juda fiel vom Pferd und brauchte die Hilfe zweier Pfleger, nur um sich umdrehen zu können. Bruchstücke von Eheverträgen, Horoskopen und schwülstigen Erzählungen tauchten auf, ebenso ein unbekanntes Stück von Sophokles und Teile von Gedichten von Sappho.[16]

Viele alte ägyptische Texte sind von irgendwie verstörender Beschaffenheit: als wären einem die Umstände fast vertraut, aber eben doch nicht so ganz. Die Schreiber beschreiben Gefühle, die wir sofort erkennen, aber sie bringen ihre Inhalte in Form von Bildern vor, die uns schlagartig daran erinnern, dass wir hier, in diesen Schriftstücken, weit weg von daheim sind. Ein Gedicht aus der Ära des Königs Tut um 1300 v. Chr. beschrieb die Hindernisse, vor denen ein junges Liebespaar steht: »Die geliebte Schwester weilt auf der anderen Seite, / und breites Wasser trennt uns. / Ein Krokodil wartet auf der Sandbank.«[17]

Bisweilen enthüllen uns die Schriften eine ganz und gar fremdartige Welt. Die Ägypter glaubten beispielsweise, wenn ein Mensch starb, legten die Götter das Herz des Verblichenen in eine Waagschale und eine Feder, die die Wahrheit symbolisiert, in die andere. Waren Herz und Feder im Gleichgewicht, hatte der Mensch ein ehrliches Leben geführt und damit die Chance, in eine Art Himmel zu kommen. Fiel der Test jedoch negativ aus, war das Ergebnis nicht etwa das Gegenstück zu Hölle und ewiger Verdammnis, die Person verschwand einfach! Das verräterische Herz wurde einer Kreatur, halb Nilpferd, halb Krokodil zum Fraß vorgeworfen, und *Schwupp!* – weg war er (oder sie).

Die Zeremonie »Das Wiegen des Herzens«. Der ibisköpfige Gott des Schreibens, Toth, steht rechts bereit, die Ergebnisse des Tests festzuhalten.

Die eindringlichsten Stimmen wirken, als wären sie erst gestern erklungen. Ein ägyptischer Schreiber kritzelte sich seinen Ärger auf einem Stück Papyrus von der Seele, das erhalten blieb und seinen Weg ins British Museum fand. »Ach hätte ich doch Sätze, die niemand kennt«, schrieb er, »in einer neuen Sprache, die noch nie gesprochen wurde, keinen längst verbrauchten Ausdruck, gesprochen von Menschen in alter Zeit.«[18] Dieses Lamento wurde ca. 2000 v. Chr. verfasst, also rund tausend Jahre vor Homer.

Aber wie sieht es aus, wenn zwar die Schrift überlebt, nicht jedoch das Wissen, wie diese Schrift zu lesen ist?

5

So nah und doch so fern

Wenn man mit der Kamera weit genug Abstand hält, sehen alle Kulturen gleich aus. Menschen begegnen sich, verlieben sich; sie geben an, tun sich groß; sie verspotten ihre Rivalen; sie beten zu ihrem Gott, oder zu jeder Menge Göttern; sie haben Angst vor dem Tod. Die Details machen den Unterschied aus. Die Azteken rissen den Kriegern des Gegners, die sie in der Schlacht gefangen nahmen, das noch schlagende Herz aus der Brust, um ihre Götter zu besänftigen; die Jains in Indien kehren den Gehweg sauber, um Käfer zu retten, auf die sie sonst treten könnten.

Zeichnung eines aztekischen Künstlers von einem Priester, der einem Menschen das Herz für eine Opferzeremonie herausschneidet.

Wir wissen eine Menge über die alten Ägypter, weil sie so viele Texte hinterlassen haben. Das führt allerdings zu der Versuchung zu glauben, wir wüssten viel mehr, als wir tatsächlich wissen. »Die Bier zechenden Handwerker, die peniblen Briefeschreiber, die eleganten Damen, die ehrgeizigen Bürokraten und die leidenschaftlichen Jäger – alle haben ihren Auftritt (machen wir uns jedenfalls vor) als die Sorte Leute, die wir kennen, und die wir auch selbst hätten getroffen haben können«, schreibt der britische Historiker Peter Green.[1]

Dies jedoch war, wie sich Green selbst korrigiert, eine »exotische (um nicht zu sagen: sonderbare) Kultur.«

Allein dieser Zwiespalt – *sie waren Menschen wie wir; sie waren bizarre Fremdlinge* – erklärt schon eine ganze Menge über die Faszination des alten Ägypten. Ägypten stellt so etwas wie ein Ideal in unserer Vorstellung von der Geschichte dar: nahe genug, um uns hineinzuziehen, und doch weit genug weg, um Faszination auszuüben.

Wir können uns vorstellen, in die ägyptische Vergangenheit einzutauchen, und wenn wir es tun, dann schieben wir, wie alle Zeitreisenden auf der bequemen Couch, die düstere Wirklichkeit beiseite. Gefahr und Mühsal lassen wir als Erstes verschwinden. Niemand, der oder die sich tagträumerisch in die Anfänge der Zeit zurückversetzt, malt sich aus, hilflos zwischen den Zähnen eines Tyrannosaurus zu zappeln; niemand versetzt sich in seiner Vorstellung in das Leben eines sich zu Tode schuftenden Arbeiters im Bautrupp eines Pharaos, wie er Steinblöcke eine Rampe hochschleppt.

Wie sollte Ägyptens andauernde Faszination zu erklären sein, wenn wir sämtliche anderen antiken Kulturen als zu angestaubt und langweilig abtun, als dass sie der Rede wert wären? Wer sagt, Ägyptens berühmteste Bilder wären zu Ikonen geworden, argumentiert eigentlich bloß im Kreis.

Die Antwort hat vielleicht zum Teil schlicht mit dem Aspekt der Größe zu tun. Wir entwachsen niemals ganz unserem sechsjährigen Selbst, und schiere Größe verliert offenbar niemals ihre Faszination. Damit sind wir wieder bei den Dinosauriern. Jedes naturgeschichtliche Museum auf der Welt zieht die Massen an, die diese riesigen, den Saal füllenden und an die Decke stoßenden Skelette bestaunen. Bei den Pyramiden ist es genauso, ihre kolossale Größe (und das schlichte Design) sind der ganze Witz bei der Sache. Die Sphinx ist sogar noch besser, sie ist nicht bloß riesig (jede einzelne ihrer Löwenpranken ist größer als ein Schulbus), sondern auch noch mysteriös.

Mysteriös zweifellos, aber nicht gänzlich außerhalb unserer Verständnisses. Wir wissen eine ganze Menge über das Alltagsleben der Ägypter, weit mehr als über den Alltag in anderen antiken Kulturen. Das liegt merkwürdigerweise vor allem daran, dass wir so viel über die Vorstellung der Ägypter vom Leben nach dem Tod wissen. Die Ägypter hielten es für eine ausgemachte Sache, dass man das Leben mit hinübernehmen *konnte*. Man lebte ewig weiter, in seinem gewohnten Körper, würde weiter essen und trinken und sich des Lebens erfreuen. Und so liefert uns die Vorstellung der Ägypter vom Tod ein sehr plastisches Bild davon, wie die Ägypter lebten.

Gräber wurden ausstaffiert mit Stühlen und Betten, Brotlaiben, Weinkelchen, Bratenstücken, Kleidung, Spielsachen, Make-up und Schmuck. »Man könnte den Eindruck gewinnen«, wie es ein Historiker schildert, »sie hätten für eine Reise an einen Ort gepackt, den sie noch nie besucht hatten; und da sie nicht wussten, was sie im Einzelnen brauchen könnten, nahmen sie eben alles mit«.[2]

Die Kultur Ägyptens war in erstaunlichem Ausmaß geradezu fixiert auf den Tod. Alles, was wir mit Ägypten assoziieren – Pyramiden, Mumien, die Gräber, die Götter, das Buch der Toten – hatte damit zu tun, den Tod fernzuhalten, oder ihn zu besiegen, oder sich im Leben nach dem Tod zurechtzufinden. Gebete sowie Aberhunderte von Sprüchen widmen sich obsessiv dem Thema »Der Tod ist nicht das Ende«. Pharaonen wurden mit einer magischen Beschwörungsformel in das Leben danach entlassen: »Du bist wieder jung, du lebst wieder, du bist wieder jung, du lebst wieder, auf ewig«.[3]

Die Ägypter befassten sich so intensiv mit dem Thema Tod und dem Leben nach dem Tod, dass Ägyptologen sich bis heute streiten, was das alles wohl zu bedeuten hatte. Warum waren die Ägypter so besessen davon, ewig zu leben? Fanden sie den Tod zu furchterregend, um ihn als Möglichkeit in Erwägung zu ziehen, oder lag ihnen einfach so viel am Leben, dass sie es nicht über sich brachten zu akzeptieren, dass es irgendwann zu Ende ist? Der Ägyptologe John Wilson fasst die vielleicht vorherrschende Ansicht zusammen. »Die Ägypter genossen ihr Leben. Sie hingen am Leben, nicht mit der Verzweiflung, die aus der Angst vor dem Tod hervorgeht, sondern mit der freudigen Zuversicht, noch immer siegreich geblieben zu sein und deshalb auch den Wandel zum Tod überwinden zu können«.[4]*

Das Leben danach war in der Vorstellung der Ägypter so sachlich, wie es ein Himmel nur sein konnte. Die Mumifizierung hatte nur einen einzigen Zweck: Man brauchte schließlich seinen Körper noch, im Leben danach. Beim Vorgang der Mumifizierung ging es darum, das körperliche Selbst des Verblichenen zu bewahren, damit dieser einfach weiter tun konnte, was er schon immer getan hatte.**

Der Himmel der Christen war da weitaus karger, kein Platz für Speise, Trank oder Sex. (Stattdessen wurden, wie der heilige Augustinus erläutert, Hymnen gesungen.

---

* Manche Archäologen sind der Ansicht, wir überschätzen die Bedeutung, die die Ägypter dem Tod beimaßen. Im alten Ägypten wuchsen Städte in der Regel auf feuchtem, fruchtbarem Boden nahe des Nils, während Gräber und Friedhöfe an den Rand der Wüste verlegt wurden. Im Ergebnis sind die zahlreichsten und besonders gut erhaltenen Relikte diejenigen, die mit dem Tod zu tun haben. »Das vermittelt uns ein stark verzerrtes Bild von der Kultur«, schreibt der Ägyptologe Richard Parkinson. »Stellen Sie sich vor, vom viktorianischen Britannien wäre nichts erhalten geblieben außer städtischen Friedhöfen«. (Historische Begriffe wie *Steinzeit* reflektieren möglicherweise eine ähnliche Fehlinterpretation. Wir reden von der »Steinzeit«, weil steinerne Relikte aus der Zeit die einzigen sind, die bis heute erhalten blieben. Nach allem, was wir wissen, machten unsere Vorfahren in der Steinzeit sehr wohl auch täglich Gebrauch von Schüsseln aus Holz und Schuhen aus Leder.)

** Trotz allem, was uns die populäre Literatur glauben macht, glaubten die Ägypter nicht an Reinkarnation. Wenn sie geglaubt hätten, die Seele würde in einem neuen Körper ein Zuhause finden können, welchen Sinn hätte es dann gehabt, den alten zu mumifizieren?

»Unser sämtliches Handeln«, schrieb er, »besteht aus dem Gesang von Amen und Halleluja.«)[5] Dennoch weicht die westliche Vorstellung vom himmlischen Alltag, in dem wir vor langer Zeit verlorene Freunde wieder in die Arme schließen und für unsere geliebten Hunde Stöckchen werfen, gar nicht so sehr von der ägyptischen Version ab.

Wir könnten Dutzende derartiger kultureller Ähnlichkeiten anführen. Eine antike Papyrusschrift, die Schutz vor grauem Haar, Glatzenbildung und Impotenz verspricht, liegt nicht allzu weit weg von dem ganzen Spam, der weltweit die E-Mail-Postfächer zumüllt.[6] Ein anno 2400 v. Chr. verfasster Text gab detaillierte und bis heute gültige Ratschläge zum Thema »Wie man mit seinem Boss klarkommt«. »Wenn du bei jemandem zu Gast bist, der über dir steht, lache, wenn er lacht. Das wird sein Herz erfreuen, und was du tust, wird als statthaft gelten«.[7]

In Ägyptens Volksmärchen gab es in Türmen eingesperrte Prinzessinnen, es gab Helden, die drei Wünsche frei hatten, es fehlte noch nicht einmal der verzweifelte König, der seine Boten kreuz und quer durchs Land schickte, weil er die Frau zu finden begehrte, deren hübschen Schuh er zufällig gefunden hatte.[8] »Von den frühesten Jahrhunderten der christlichen Epoche bis zur Mitte des 19. Jahrhunderts gab es keinen einzigen Menschen auf der Erde«, der diese Geschichten hätte lesen können, wundert sich die amerikanische Ägyptologin Barbara Mertz, und doch schafften es, wie sie anmerkt, einige der zentralen Elemente der Geschichte am Ende in Märchen wie »Rapunzel« und »Aschenputtel«.[9]

Wir teilen noch andere Überzeugungen und Handlungen über die Kluft der Zeit hinweg. Demonstranten verbrennen zum Beispiel noch heute Bildnisse ihrer Feinde, und Sportfans verbrennen die Trikots von Superstars, weil diese ihrem Lieblingsverein untreu wurden und in eine andere Stadt weiterzogen. König Tut hätte das hundertprozentig verstanden. »Tuts Sandalen sind geschmückt mit Abbildungen von Gefangenen«, beobachtet der amerikanische Ägyptologe Robert Ritner, »Die Griffe seiner Stöcke verziert mit gefesselten Feinden, seine Schilde zieren besiegte Widersacher, seine Fußschemel Gefangene in Ketten. Schon durch sein öffentliches Auftreten und ohne jedes besondere Ritual zertrampelt der König die potenziellen Feinde des Staates bildlich unter seinen Füßen«.[10]

Die anhaltende Faszination für Ägypten hat indes noch andere Quellen. Die Geschichte Ägyptens scheint in einer Weise weiterzugehen, wie dies bei anderen antiken Zivilisationen nicht der Fall ist. Viele der erstaunlichsten archäologischen Entdeckungen datieren aus relativ jüngerer Zeit. Die vielleicht am meisten bewunderte Statue von allen, die Büste der Königin Nofretete, kam erst im Jahr 1912 zum Vorschein. Sie lag im Atelier eines Bildhauers auf der Erde, das Gesicht nach unten und zur Hälfte bedeckt mit Schutt. Das Grab von König Tut wurde erst 1922 entdeckt, vor gerade einmal einem Jahrhundert. Einer der glanzvollsten Schätze Ägyptens, das rund 43 Meter lange Holzschiff, gebaut für den Pharao der Cheopspyramide, wurde no+ 1 Leerzeilech später entdeckt. Das Khufu-Schiff, wie es bisweilen genannt wird, war möglicherweise dazu gedacht, ihn ins nächste Leben im Jenseits zu tragen. Archäologen fanden das Schiff 1954 in einer Kammer unter der Erde, ganz in der Nähe der Cheopspyramide.

Viele Ägyptologen sind überzeugt, dass das noch längst nicht alles ist. Um nur eine von zahllosen Möglichkeiten zu erwähnen: Kaum etwas weiß man über den vielleicht angesehensten aller Künstler Ägyptens – ein bedeutender Historiker nannte ihn gar den »Michelangelo vom Nil«.[11] Bekannt ist er vor allem durch die Grabmalereien, die er für einen Beamten mit Namen Nebamun schuf. Sie zeigen Tänzer, Festessen und Jagdszenen in geschmeidiger, naturgetreuer Detailgenauigkeit und in leuchtenden Farben.

Tänzer und Musiker in einem Wandgemälde aus Nebamuns Grabmal

Nebamun war eine vollkommen unbedeutende Figur, und alles, was mit seinem Grab zu tun hat, ist ein reines Mysterium. Niemand kennt den Namen des Malers. Niemand weiß, wieso einem mittleren Beamten eine solche Ehre zuteilwurde. Niemand weiß, wo sich das Grab befand. (Ein griechischer Grabräuber fand es in den 1830er-Jahren und machte sich mit den bemalten Tafeln davon. Er verkaufte sie an einen Sammler, fand aber hinterher, dass er zu wenig dafür bekommen hatte. Er starb zwei Jahrzehnte danach, noch immer verbittert, ohne jemals sein Geheimnis gelüftet zu haben.) Bis heute kann niemand sagen, ob Nebamuns Grabstätte, deren Ort man nicht kennt, vielleicht noch weitere Schätze birgt.

Wäre Europa so voller unbekannter Wunder, wie es Ägypten sehr wahrscheinlich ist, dann lägen noch immer mehrere Sixtinische Kapellen verborgen unter Sand und Schlamm und würden darauf warten, dass irgendein Junge, der gerade seinem Hund hinterherjagt, der sich in einem Erdloch versteckt hatte, sie zufällig entdeckt.

Die Schönheit der Halsketten aus Lapislazuli und der goldenen Armreifen in antiken Gräbern, die bildhauerische Eleganz der Nofretete-Büste, das heimelige Flair von Brettspielen und Kreiseln, alles spricht zu uns über alle Zeiten und scheint uns magisch anzuziehen.

Ägyptens größte Attraktionen haben wir ständig vor Augen, sie sind uns derart vertraut, dass wir sie gar nicht mehr als unheimlich wahrnehmen. Die Cheopspramide ist ein Monument absoluter Macht, das man durchaus mit Versailles gleichsetzen könnte; jeder der Pharaonen könnte genauso gut Louis XIV sein, in antikem Gewand und Sandalen; Mumien sind das klassische Horrorfilm-Klischee.

Doch selbst die vertrautesten Merkmale der antiken Landschaften wirken arg merkwürdig, je näher man hinschaut. Wir reden uns ein, wir könnten mit dem Begriff von Königen und Alleinherrschern und Despoten etwas anfangen, die Monumente für sich selbst errichten. Aber die Cheopspyramide ist ein auf der Welt einzigartiges Monument von absurder Anmaßung, ein Berg aus Stein, der in den Himmel ragt.

Vierzig Stockwerke hoch besteht die Pyramide aus über zwei Millionen Steinquadern, so beschreibt es der britische Ägyptologe Toby Wilkinson.[12] Jeder einzelne davon wiegt durchschnittlich zwei Tonnen, ist ungefähr hüfthoch und misst mehrere Fuß im Durchmesser. Die Quader passen so perfekt zusammen, dass man nicht einmal eine Messerschneide in die Ritze dazwischen bekommen würde.

Der Bau dieses Berges kostete zwei volle Jahrzehnte brutaler Schwerstarbeit. Ein paar Zahlen verraten uns, wie viel Arbeit für die Pyramiden notwendig war – im Durchschnitt mussten die Arbeiter alle fünf Minuten einen solchen Zwei-Tonnen-Klotz an Ort und Stelle schleppen, Tag und Nacht, zwanzig Jahre lang.

Vielleicht 10000 Männer arbeiteten jeweils gleichzeitig, spielten die Rolle von Arbeitsameisen, die endlos unter gewaltigen Lasten taumelten.* Die Arbeit war nicht nur endlos, sie war auch gefährlich. Die Steinblöcke mussten dutzende Meter hoch über dem Boden an ihren Platz gehievt werden. Wenn Blöcke abrutschten, brachen sie Arme und Beine, zerschmetterten Schädel. Selbst unter den besten Voraussetzungen forderte die unablässige Schwerstarbeit ihren Tribut. Archäologen haben die Skelette von Arbeitern ausgegraben und stellten deformierte Knochen und verrenkte Wirbelsäulen fest.

All diese Arbeit wurde fast ausschließlich mit Muskelkraft bewältigt, so gut wie ohne jede Technik. Die Ägypter bauten die Pyramiden, ohne auch nur so etwas wie das Rad zu nutzen – sie hatten keine Karren, keine Wagen, noch nicht einmal Kräne oder Flaschenzüge. Die Pyramiden waren ein Triumph des *Social Engineering* – schon die Organisation dieser Arbeitskräfte war eine kolossale Leistung –, aber es fehlte an allem, was wir üblicherweise unter Ingenieurskunst verstehen.

---

* Die Arbeiter waren freie Männer. Im Gegensatz zum »allgemein bekannten Wissen« wurden die Pyramiden nicht von Sklaven erbaut. Und die Pyramiden wurden 1000 Jahre vor der Zeit des Moses erbaut, vor den Plagen und der Teilung des Roten Meers – wenn wir annehmen wollen, dass diese biblischen Geschichten der historischen Wahrheit entsprechen. Die Annahme, hebräische Sklaven hätten die Pyramiden unter der Knute eines Vorarbeiters erbaut, ist sozusagen gleich in doppelter Hinsicht falsch. Der Fehler geht teilweise auf verstaubte Hollywoodstreifen wie Cecil B. DeMilles *Die Zehn Gebote* zurück, teilweise auch auf zahllose verirrte Einzelheiten unserer gängigen Kultur. Beim jährlichen Passahfest erinnern beispielsweise die Juden daran, dass »wir alle Sklaven des Pharao in Ägypten waren«. Vielleicht waren sie das auch, zu einer anderen Zeit. Aber was immer sie in Ägypten gemacht haben: Die Pyramiden haben sie nicht gebaut.

Das war keine Frage der Ignoranz, es war eine Frage des Konservatismus. Die Ägypter kannten das Rad, in benachbarten Reichen war es seit fünf Jahrhunderten in Gebrauch.[13] Sie entschieden sich bewusst dagegen, es zu nutzen. (Rund tausend Jahre nach der Ära der Pyramiden begannen sie mit dem Bau von Streitwagen.) Wir sind der Ansicht, dass wir den Reiz der Tradition und die Angst vor Veränderung verstehen, doch die ägyptische Kultur war in einem Ausmaß konservativ, wie wir es uns kaum vorstellen können.

Die Kunst unterstreicht den entscheidenden Punkt. Die gleichen Bilder tauchen immer wieder auf, in Tempeln, die im Abstand von 2000 Jahren erbaut wurden. Hier packt der Pharao mit einer Hand die Feinde an den Haaren, die andere hebt er, um ihnen einen mächtigen Schlag zu versetzen, und dort – tausend Meilen und tausend Jahre weit entfernt – erscheint das absolut identische Bildnis.

Unweit von Ägyptens südlicher Grenze zeigt eine Gravur den Pharao, wie er eine Reihe unglücklicher Gefangener begutachtet, die am Hals zusammengebunden und mit auf dem Rücken gefesselten Händen vor ihm stehen. Übers ganze Land verteilt finden wir an zahllosen Wänden und Mauern immer wieder dasselbe Bild. Das war Kunst als Propaganda, wie eine Zeichnung von Uncle Sam mit hochgekrempelten Ärmeln und einer Flinte in der sehnigen Hand. Es verhält sich damit aber so, als sollte ein und dasselbe Bild nicht nur die Soldaten in George Washingtons Armee und denen, die in Vietnam kämpften, inspirieren, sondern auch noch die Soldaten zwanzig Jahrhunderte danach.

»Sie haben einfach ein und dasselbe Bild dreitausend Jahre lang unablässig wiederholt«, sagt der amerikanische Ägyptologe Bob Brier. »Es galt nicht viel, ein Erneuerer in der Kunst zu sein. Was noch funktioniert, braucht auch nicht repariert zu werden. Wenn du eine Statue eines Gottes haben wolltest, brauchte es keinen Bildhauer, der sich eine neue Idee einfallen ließ. Man holte einfach die alte Statue hervor und sagte dem Bildhauer, er solle sie kopieren.

Wenn man in ein Museum geht«, fährt Brier fort, »blickt man auf eine Statue von 2500 v. Chr., eine von 1500 v. Chr. und eine von 500 v. Chr., und sie unterscheiden sich kaum. Deshalb ist die Kunst des alten Ägypten auf den ersten Blick zu erkennen: *Sie veränderte sich überhaupt nicht*«.[14]

Wir glauben vielleicht, alles über Mumien zu wissen, aber auch diese Geschichte ist zutiefst merkwürdig. Die Ägypter mumifizierten nicht nur Menschen, sondern auch Tiere, und sogar viele Millionen mehr Tiere als Menschen. Katzen und Hunde wurden mumifiziert, ebenso Gazellen und Schlangen und Affen, ganz zu schweigen von Ibissen, Spitzmäusen, Mäusen und sogar Mistkäfern.

Einige dieser Tiere waren liebgewonnene Haustiere, die mumifiziert wurden, damit sie an der Seite ihrer Besitzer weiter durchs Leben danach tollen konnten. Normalerweise jedoch handelte es sich um heilige Tiere; was genau ihr Zweck war, bleibt unklar. »Diese Tiere hatten die gleiche Funktion wie eine Kerze, die man in der Kirche anzündet«, schreibt die pakistanische Ägyptologin

Salima Ikram. »Sie dienten als physische Manifestation eines Gebets, das der Pilger für die Ewigkeit an die Gottheit richtet«.[15]

Die Nachfrage nach Tiermumien war nahezu unstillbar. In modernen Zeiten haben Wissenschaftler riesige Tierfriedhöfe ausgegraben. Auf einem solchen Gelände mit Namen Saqqara kamen auf einem einzigen Friedhofabschnitt vier Millionen Ibismumien zum Vorschein. Ein Friedhof in der Nähe barg sieben Millionen Hundemumien. Im Jahr 1888 stieß ein ägyptischer Bauer auf einen Friedhof mit zahllosen antiken, mumifizierten, in Leintücher gewickelten Katzen. »Nicht eine oder zwei hier und da«, berichtete das *English Illustrated Magazine*, »sondern Dutzende, Hunderte, Hunderttausende, eine ganze Schicht davon, eine Erdschicht, die dicker war als die meisten Kohleflöze, zehn oder zwanzig Lagen Katzen übereinander.«[16] Der moderne Handel und die altertümliche Doktrin arbeiteten quasi Hand in Hand: Schon bald nach diesem Zufallsfund machte sich ein Dampfschiff mit einer Fracht von neunzehn Tonnen Katzenmumien auf den Weg nach Liverpool, wo Händler gedachten, die getrockneten Tierleichen als Dünger feilzubieten.

Die Anbetung von Tieren nahm »groteske« Ausmaße an, wie der niederländische Ägyptologe Henri Frankfort meint; es war das »verblüffendste, dauerhafteste und für uns fremdartigste Merkmal« des religiösen Glaubens in Ägypten. Es wäre das eine gewesen, führt Frankfort weiter aus, wenn die Ägypter beschlossen hätten, den mächtigen Löwen oder den eindrucksvollen Adler zu verherrlichen, aber die Ägypter hatten sich nur zu oft entschieden,

»ziemlich unbedeutendes Getier wie den Tausendfüßler oder die Kröte« zu verehren.[17]

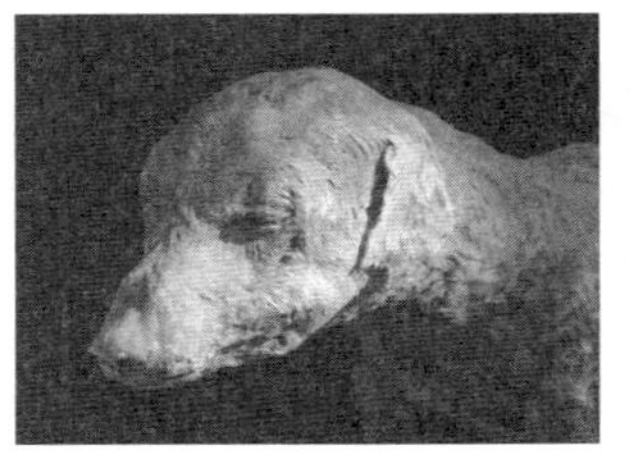

Der Hund (die Tücher, in die er eingewickelt war, sind nicht erhalten) war ein königliches Haustier, bestattet in einem Grab im Tal der Könige. Die Zahl der Mumien von Katzen und Ibissen ging in die Millionen. Das Kästchen zeigt eine winzige Statue einer Spitzmaus (der Schwanz fehlt größtenteils, aber man sieht, dass die Nasenspitze gerade über den Rand des Kästchens hinausragt). Im Innern ruhte eine mumifizierte Spitzmaus.

Darin unterschieden sich die Ägypter nun wahrlich von uns. Andererseits waren sie uns aber auch wieder sehr ähnlich. Von dem Moment an, da klar war, dass es einen Markt für mumifizierte Kreaturen gab, begannen Betrüger, Tücher mit Stoff und Knochenstücken vollzustopfen, formten die Pakete wie Katzen oder Falken und verlangten sodann der leichtgläubigen Kundschaft Wucherpreise für diese gefälschten Begleiter in die Ewigkeit ab.

Auch die Grabräuberei geht zurück bis auf die frühesten Tage der Geschichte Ägyptens. Kaum hatten die Ägypter begonnen, Gräber mit Gold und Edelsteinen zu befüllen, begannen Diebe, sich an den Schätzen zu bedienen. Und schlimmer noch: Je aufwendiger und luxuriöser die Vorbereitungen auf das Leben nach dem Tod, desto wahrscheinlicher kam den Dieben die Nachricht über Schätze zu Ohren, die nur darauf warteten, von ihnen geplündert zu werden. »Dass Menschen, die gläubig waren wie die Ägypter, bereit waren, ein Mitgeschöpf des ewigen Lebens zu berauben, um seinen Schmuck zu stehlen«, beklagt die britische Historikerin und Schriftstellerin Mary Renault, »wirft ein deprimierendes Licht auf die menschliche Natur.«[18]*

Aber es ist gerade die menschliche Natur, gleichzeitig so formbar, so festgelegt und so endlos vielfältig, die uns fasziniert. Die »Poesie der Geschichte«, bemerkte der britische Historiker Simon Schama einmal, liegt darin, dass »es dabei um Menschen geht, die in vielerlei Hinsicht genauso sind wie wir, und doch könnten sie nicht verschiedener sein.«[19]

Die entscheidende Erkenntnis für uns lautet, dass die Aufgabe der Entschlüssler sogar noch schwieriger war, als sie auf den ersten Blick erscheinen mag. Es ging nicht

---

* Warum stehlen? Ägypten war eine Gesellschaft ohne Bargeld, die Wirtschaft beruhte auf Tauschhandel, nicht auf Münzen oder Papiergeld. Diebe gab es in der Geschichte aber schon lange vor der Erfindung des Geldes. Der Schwarzmarkt blühte auch in der Tauschwirtschaft. Alles, was es brauchte, war eine Person, die etwas für wertvoll erachtete, das eine andere Person besaß.

allein darum, aus einem Wust seltsamer Symbole und einer toten Sprache einen Sinn herauszulesen, man musste sich auch in einer fremden und verwirrenden Kultur zurechtfinden. Hätte der Stein von Rosette deutlich mehr Text enthalten als es tatsächlich der Fall war, dann wären die Entschlüssler vielleicht in der Lage gewesen, den Inhalt zu decodieren, ohne auf Hinweise aus der ägyptischen Kultur zurückzugreifen. So wie die Dinge lagen, brauchten sie aber noch mehr Material als Grundlage für ihre Arbeit.

Die hohe Relevanz von Kultur und Geschichte bei dieser Entschlüsselung unterscheidet die Aufgabe von Champollion und Young von derjenigen, vor die ihre Pendants in Bletchley Park gestellt worden waren, die Detektive, die dem Code der Nazis auf die Schliche kamen. Die Kryptographen standen in Kriegszeiten unter einem kolossalen Druck, aber immerhin hatten sie ein klar definiertes Problem vor sich. Ihre Mission ist dem Lösen eines überdimensionalen Rubik-Würfels vergleichbar – wohlgemerkt, während die Uhr tickte und die Welt brannte. Die Aufgabe der Entschlüssler ähnelt eher einer Zeitreise zur Seidenstraße anno 700 unserer Zeitrechnung, oder nach Ägypten im Jahr 2600 v.Chr., verbunden mit dem Versuch, sich unter die örtliche Bevölkerung zu mischen.

Anders ausgedrückt: Codes zu Kriegszeiten waren eine Art Rätsel, basierend auf bestimmten Tricks und mechanischen Prozeduren. Sobald der Trick gefunden ist, ist man auf gutem Weg, den Code zu knacken. Die Entschlüssler standen dagegen vor der Aufgabe, hinter ein

Mysterium zu kommen, das sich allmählich entwickelt hatte und wie ein Organismus gewachsen war.

Beides waren gewaltige Herausforderungen, aber die Aufgabe der Codeknacker war doch nicht ganz so beängstigend. Codes sind mit Absicht auf Schwierigkeit angelegt; Sprachen sind nur zufällig schwierig (und natürlich noch viel schwieriger, wenn alle, die sie einst sprachen oder zu lesen vermochten, längst tot sind). Im einen Fall werden Informationen bewusst verborgen, im anderen wurden sie sozusagen verlegt.

Wie sich herausstellt, schaffen zufällige Umstände mehr Probleme als ein noch so ausgefeilter Plan. Zufällige Verluste können weitreichende Folgen haben – Götter, bei denen schon der bloße Name die Herzen der zitternden Untertanen mit Angst und Schrecken erfüllte, sind später vielleicht vollkommen in Vergessenheit geraten. Doch selbst ein winziges Stück vergessener Überlieferung kann uns vor verwirrende Rätsel stellen. Werden Archäologen in Tausenden von Jahren erraten können, dass *blau* einst auch die Bedeutung *betrunken* hatte, oder was es mit den *Schmetterlingen im Bauch* genau auf sich hatte (ganz zu schweigen von *Flugzeugen im Bauch*)? Werden künftige Gelehrte sich ausmalen können, dass die Zungen von Katzen auch aus Schokolade sein konnten? Oder warum Schultern kalt waren, oder eine kalte Ente ein Getränk?

Entschlüssler wie Young und Champollion mussten sich praktisch von Anfang an aufs Improvisieren verlegen. Ein antiker Text konnte alles sein – ein Steuerbescheid, ein Gebet, ein Gedicht. Für die Entschlüssler bedeuteten diese unendlichen Möglichkeiten eine zusätzliche Schwierigkeit, bargen aber zugleich eine zusätzliche Faszination. »Es wird immer den Reiz der Jagd geben«, sagt der britische Gräzist und Papyrologe Peter Parsons, eine der großen Autoritäten auf dem Gebiet der Papyrusschnipsel, die man in Oxyrhynchus angehäuft vorgefunden hatte. »[Es] wird immer aufregend bleiben, eine Blechkiste zu öffnen und nicht zu wissen, [was] man darin findet… Ein neuer Papyrus kann eine ganze Welt von unbekannter griechischer Poesie erschließen, aber ebenso gut einen einzigartigen Nachweis für eine Inflation der Eselpreise in der Blütezeit des Römischen Reiches liefern.«[20]

Militärische Botschaften sind vergleichsweise einfach. Die Codebrecher im Krieg spielen ihr Spiel auf einem eng begrenzten Spielfeld. Sie können sicher sein, dass es sich bei der von ihnen abgefangenen Nachricht nicht um ein Sonett oder einen Kaufbeleg handelt. *Angriff im Morgengrauen* mag es da heißen, oder *sofortiger Rückzug*. Und es dürfte auch kaum Zweifel geben, in welcher Sprache eine Botschaft verfasst wurde – die Nazis kommunizierten auf Deutsch, die Japaner auf Japanisch. (Überlegen Sie einmal, um wie viel schwieriger Kreuzworträtsel wären, wenn die Lösungen in beliebigen Sprachen geschrieben sein könnten, tote Sprachen inklusive.)

Selbst mit der Hilfe solch massiver Hinweise wie diesen ist das Knacken von Codes eine gewaltige Aufgabe. Der Zodiac-Serienmörder – das Pseudonym hatte er sich selbst zugelegt – verhöhnte die Polizei im Jahr 1969 mit einer verschlüsselten Nachricht, und es vergingen 51 Jahre, bis ein Team von Computerexperten den Code im Jahr 2020 knacken konnte.[21] Alle, die versuchten, die Zodiac-Chiffre zu entziffern – die Zeitungen brachten die Nachricht auf der ersten Seite –, wussten in jedem Fall, dass sie nach Wörtern in englischer Sprache zu suchen hatten, und sie hatten auf der Basis anderer unheilvoller Botschaften zumindest eine gewisse Vorstellung davon, nach welcher Art von Wörtern sie suchen mussten. Und viele Möchtegern-Kryptologen konnten auch noch zahllose Computer in die Jagd einspannen.

Die Aufgabe erwies sich dennoch als verblüffend schwierig, da niemand sagen konnte, wie der Zodiac seine Botschaft unkenntlich gemacht hatte (*War sie rückwärts zu lesen? Verlief der Text diagonal und ließ jeden zweiten Buchstaben aus?*) oder wie die Zuordnung zwischen Symbolen und Buchstaben aussah (*Stand das ausgefüllte Quadrat für ein A? War es nur beim ersten Vorkommen ein A und von da an ein J?*). Die Experten, die letztendlich Erfolg hatten, verbrachten endlose Stunden damit, ihren Computerprogrammen gut zuzureden, um immer neue Anordnungen der in der Nachricht enthaltenen Symbole und immer neue Zuordnungen zwischen Symbolen und Buchstaben durchzutesten. Nichts. Wieder nichts. Hunderttausende von Versuchen, und noch immer hatten sie nichts in der Hand. Und schließlich, an einem Dezembermorgen im Jahr 2020, rasteten zwei Wortfolgen – *Versuch, mich zu kriegen* und *die Gaskammer* – passend ein, wie die Rädchen bei einem Zahlenschloss.

Das war nicht mehr als ein Anfang, aber es schien klar zu sein, dass die Kryptographen auf einem guten Weg waren. Und tatsächlich war der Code nach weiteren zwei Tagen geknackt, wenngleich der Zodiac selbst niemals gefasst wurde.

Der entschlüsselte Anfang des Zodiac-Codes lautete:
»Ich hoffe, ihr habt viel Spaß beim Versuch, mich zu kriegen.«

Trotz aller Widrigkeiten haben die Codeknacker noch einen weiteren Vorteil gegenüber den Entschlüsslern. Sie wissen es sofort, wenn sie auf der falschen Spur sind. Wenn ihre Decodierung nichts als sinnlosen Buchstabensalat produziert, wissen sie, dass sie von vorne anfangen müssen. Aber eine frühe Übersetzung eines ägyptischen Obelisken, aus den Zeiten vor dem Stein von Rosette, begann mit den Worten: »Der höchste Geist und Archetyp flößt seine Werte und Gaben der Seele der siderischen Welt ein.«[22] Jedes einzelne Wort dieser angeblichen Übersetzung stellte sich als pure Fantasie heraus – die Hieroglyphen geben schlicht und einfach den Namen eines Pharaos an –, aber das wusste eben 150 Jahre lang kein Mensch.

Die beste Beschreibung des Unterschieds zwischen Codeknackern und literarischen Entschlüsslern stammt von einem amerikanischen Autorenpaar, das für unser Thema wie geschaffen ist. Whitfield Diffie ist Kryptoanalytiker, seine Ehefrau Mary Fischer ist Ägyptologin. Die Aufgabe des Entschlüsslers ist nach beider Überzeugung weitaus schwieriger. »Es ist nicht schwer, mit den Fingerspitzen die in den Stein von Rosette gravierten Symbole nachzuverfolgen«, schreiben sie, »aber es ist etwas ganz anderes, das Denken dahinter zu verstehen.«[23]

Das Problem liegt darin, dass wir dieses Denken durchdringen müssen, zumindest bis zu einem gewissen Grad, wenn wir auch nur irgendeine Hoffnung haben wollen, ihre Schriften zu verstehen.

6

Der große Eroberer

Bei einer großen Feier in Paris am 10. Dezember 1797 versammelte sich eine tobende Menge, um Napoleons jüngste Triumphe zu würdigen. Er hatte gerade erst eine Reihe militärischer Siege in Italien errungen und kehrte als Superstar nach Frankreich zurück. Dicht gedrängt jubelten ihm die Zuschauermassen zu. Redner überschütteten Napoleon mit Lobpreisungen. »Die Natur hat alle ihre Kräfte bei der Erschaffung Bonapartes verausgabt«, proklamierte ein Würdenträger und fuhr fort, die einzige Frage sei, ob Napoleon eher Sokrates oder doch eher Caesar gleichzusetzen wäre.[1]

Diese Sichtweise deckte sich gänzlich mit Napoleons eigenem Denken. Er war ein Eroberer, er war ein Held, und er war ehrgeizig bis zur Besessenheit. Er zählte erst 28 Jahre, und dennoch quälte es ihn, dass Alexander der Große *sein* Riesenreich schon im Alter von 30 Jahren erobert hatte. Die Uhr tickte. Was kam als Nächstes?

Dieses Gemälde zeigt Napoleon im Alter von 27 Jahren, wie er seine Truppen zum Sieg über Österreichs Armee führt. Das war 1796, zwei Jahre vor seiner Invasion in Ägypten.

Wie wär's mit einer Invasion in England? Napoleon verbrachte im Februar 1798 zwei Wochen in französischen Hafenstädten und erkundigte sich persönlich bei Seeleuten, Schmugglern und Fischern, um seine Chancen abschätzen zu können. Widerwillig beschloss er, anderswo sein Glück zu versuchen.[2]

Bald hatte er seine Entscheidung getroffen. »Das winzige Europa hat nicht genug zu bieten«, verkündete er. »Wir müssen uns in Richtung Orient aufmachen. Nur dort ist der größte Ruhm zu erlangen.«[3]

Jede archäologische Entdeckung setzt sich zusammen aus abenteuerlichen Zufällen, Glücksfunden und verpassten Chancen. Die Schriftrollen vom Toten Meer kamen beispielsweise im Jahr 1947 an einem Tag wie jedem anderen zum Vorschein, als ein beduinischer Hirtenjunge einer verirrten Ziege auf der Spur war und zufällig ein Loch in einer Felswand erblickte.[4] Die Wand war von Höhlen durchsetzt, die meisten Eingänge lagen allerdings auf Bodenhöhe. Diese Öffnung war kleiner als die anderen und befand sich höher in der Felswand. Der Junge warf einen Stein in die Dunkelheit der Höhle. Als nächstes vernahm er nicht etwa, was man eigentlich erwarten würde, das dumpfe Aufschlagen des Steins beim Auftreffen an einer Wand, sondern ein helleres, höheres Klirren, als wäre der Felsbrocken auf ein Tongefäß getroffen.

Und genau so war es, wie sich herausstellte. Im Innern der Höhle fand der junge Hirte eine ganze Reihe großer Tongefäße, und in einigen davon befanden sich geheimnisvolle Schriftrollen. Sie stellten sich als hebräische Handschriften heraus, die tausend Jahre älter waren als sämtliche bekannten biblischen Texte. Die Tongefäße mit den antiken Schriften darin hatten zweitausend Jahre im Dunkeln gelegen, unberührt und ungelesen.

Die Entdeckung des Grabs von König Tut, vielleicht der spektakulärste Fund in der Geschichte der Archäologie, war ein vergleichbarer Glückstreffer. Vielleicht wäre es niemals dazu gekommen, hätte nicht ein englischer Adliger namens Lord Carnarvon (der übrigens in Highclere Castle residierte, heute bekannt als Drehort von Downton Abbey) von seinen Ärzten den Hinweis bekommen, der raue englische Winter wäre gar nicht gut für seine schwachen Lungen. Sie empfahlen eine Reise nach Ägypten, zu jener Zeit ein beliebtes Ziel für die Wohlhabenden mit angeschlagener Gesundheit.[5]

Carnarvon hörte auf seine Ärzte. Aber die Jagdgesellschaften und Galadiners reizten ihn schon bald nicht mehr. Carnarvon zog durchs Land, auf der Suche nach neuen Ablenkungen. Sein Weg kreuzte den von Howard Carter, ein renommierter, aber vom Pech verfolgter Archäologe, der versuchte, mit dem Verkauf von Wasserfarben und als Reiseführer für Touristen über die Runden zu kommen. Die beiden schlossen sich zusammen, Carnarvon als Mäzen, Carter als Forscher. An einem Novembertag im Jahr 1922 fiel ihr staunender Blick auf eine mit Gold angefüllte Grabkammer, die dreißig Jahrhunderte zuvor versiegelt worden war.

Im Fall des Steins von Rosette lagen die unvorhersehbaren Umstände, die die ganze Geschichte ins Rollen brachten, in Napoleons Verlangen nach Ruhm und Ehre begründet.

Für Möchtegern-Reichsgründer gab Ägypten schon seit langer Zeit ein verlockendes Ziel ab. Das Land war schwach, und es lag günstig zwischen Europa, Afrika und dem Nahen Osten. 1798 steckten Frankreich und England inmitten einer ganzen Reihe von Konfrontationen, die sich über den halben Erdball zogen. »Der Erste Weltkrieg begann im Jahr 1793«, bemerkte der Historiker John Ray, »und dauerte bis zur Schlacht von Waterloo 1815.«[6]

England hatte sich bereits Indien gesichert. Vielleicht konnte sich Frankreich Ägypten unter den Nagel reißen, als Gegengewicht? Niemand wusste zwar so recht, was Frankreich mit einem solchen Besitz wohl anfangen könnte. Konnte Ägypten als Basis für einen Angriff auf die Briten in Indien dienen? Vielleicht würde es zur wertvollsten Kolonie in einem Imperium jenseits des Mittelmeers werden? Oder zu einem internationalen Handelszentrum, das die Taschen der Franzosen würde füllen können?

Solche Fragen spielten keine große Rolle, wie sich herausstellte. Am besten ergreift man die Chance, wenn sie sich bietet, und kümmert sich später um die Details, vor allem, wenn der persönliche Ehrgeiz bei der Geschichte genauso Teil der Geschichte ist wie die Weltpolitik. Für Napoleon, in dessen Träumen der Vorteil für die Nation stets mit Ruhm für sich selbst zusammenspielte, erwies sich Ägypten als unwiderstehliche Verlockung. Indien war ein glitzernder Siegerpokal gewesen; Napoleon sah in Ägypten ein ähnlich edles Juwel, das er sich für die eigene Krone schnappen konnte.

Am 20. Mai 1798 stach er an der Spitze der damals größten Flotte aller Zeiten in See, um Ägypten zu erobern.

Ganz wichtig für unsere Geschichte ist, dass Napoleons Pläne in Sachen Ägypten über das bloße Erobern neuer Territorien hinausgingen. Zu seinem Gefolge gehörten auch rund 160 enorm begabte Wissenschaftler, Künstler und Gelehrte; diese hatten natürlich nicht die Aufgabe, zu kämpfen, sie sollten jede Besonderheit oder Auffälligkeit, derer sie ansichtig wurden, studieren und zeichnen und aufschreiben und vermessen (die Fotografie war ja noch nicht erfunden). Aber diese *Savants*, wie sie genannt wurden, sollten mehr tun, als nur Ägyptens antike Wunder zu dokumentieren. Ebenso wichtig war Napoleon ihre zivilisatorische Mission: Sie sollten dem rückständigen, unwissenden Ägypten all die modernen Segnungen der fortschrittlichsten Kultur der Welt bringen – der französischen, versteht sich.

Als sie von Frankreich aufbrachen, hatten weder die *Savants* noch die Soldaten irgendeine Ahnung, dass Ägypten das Ziel ihrer Reise sein sollte. Napoleon hatte diese Information nur einigen wenigen Auserwählten zuteilwerden lassen. (Er hatte noch nicht einmal den Kriegsminister Frankreichs in seine Pläne eingeweiht.) Die *Savants* wussten nur, dass sie zur Teilnahme an etwas Neuem und Geheimem und ohne Zweifel Glanzvollen auserkoren waren. Voller Aufregung setzten sie darauf, dass eine Exkursion mit Napoleon gewiss Größe und Ruhm mit sich bringen würde.

Napoleon hatte ein ehrliches Interesse an Wissenschaft und Technik, und die *Savants* waren seine Lieblinge. Einige der bedeutendsten dieser Weisen waren ausgewählt worden, mit ihm gemeinsam an Bord der *L'Orient* zu fahren, dem Flaggschiff der Flotte und größten Kriegsschiff der Welt. An den Abenden, an denen die Reisenden nicht seekrank waren (auch Napoleon hatte zu leiden, und sein Bett war auf Rollen montiert, weil dies angeblich Hilfe und Linderung bringen sollte), speisten die Weisen am Tisch zusammen mit Napoleon und seinen Offizieren. Napoleon präsentierte an jedem Abend ein bestimmtes Thema – *Was bedeuten Träume? Welches ist die ideale Regierungsform? Gibt es Lebewesen auf anderen Planeten?* –, und er übernahm die führende Rolle in diesem *Salon zur See*, zugleich Wert auf die Feststellung legend, auch er wäre bloß ein Philosoph wie viele andere. Getränke wurden gereicht, Laternen flackerten auf den Tischen, und die Gespräche dauerten bis tief in die Nacht.

Derweil waren die Engländer nicht geneigt, Spalier zu stehen und dem energiegeladenen Napoleon zu applaudieren. Die Royal Navy, die mächtigste Seestreitmacht der Welt, hatte die Absicht, die französische abzufangen und zu besiegen, bevor diese Ägypten überhaupt erreichte. Beide marinen Supermächte standen unter dem Kommando einer beinahe legendären Figur. Der Anführer der Briten war Horatio Nelson, einäugig, einarmig und unbezwingbar, die Franzosen standen unter Napoleon, noch immer gerade einmal 28 Jahre jung, noch nie auf dem Schlachtfeld besiegt und ein militärisches Genie, dessen Talent seinem Ehrgeiz in nichts nachstand.

Das Aufeinandertreffen der Franzosen und der Engländer begann aufregend, mit einem Versteckspiel auf Leben und Tod, das sich auf dem gesamten Mittelmeer zutrug. Napoleon hatte vorgehabt, von Toulon an der Südküste Frankreichs nach Ägypten in See zu stechen, am Morgen des 13. Mai 1798. (Auf See sollten dann weitere Kräfte dazustoßen, die aus anderen Häfen ausgelaufen waren.) Trotz der großen Geheimhaltung, unter der die Mission stand, hatten die Franzosen eine riesige Flotte zusammengestellt, mit 180 Schiffen und mehr 40 000 Soldaten.

Was Napoleon nicht wusste: Dank Spionen und ein wenig Spekulation auf gut Glück lag Nelson ein Dutzend Meilen vor Toulon bereits auf der Lauer. In der Nacht des 12. Mai kam jedoch ein Sturm auf und verstreute Nelsons Schiffe über hunderte Meilen auf dem offenen Meer. Eine Woche lang saßen die Franzosen im Hafen fest und warteten, bis sich der Sturm legte. Als das Wetter dann endlich aufklarte, stachen die Franzosen voller Ungeduld in See, ohne zu wissen, dass der Sturm ihnen Nelson vom Hals geschafft hatte.

Die beiden Flotten verpassten sich noch zwei weitere Male um Haaresbreite. Am nächsten kamen sie sich im dichten Nebel vor der Küste Kretas, in einer dunklen Juni-Nacht. In der trüben Finsternis feuerten Nelsons Schiffe in regelmäßigen Abständen ihre Kanonen ab, als Signal an die Nachbarschiffe, damit sie sich nicht verloren. Die Franzosen segelten im Schutz der Dunkelheit still vorüber und konnten das gedämpfte Donnern der englischen Kanonen hören.

Im Morgengrauen des nächsten Tages fanden sich beide Flotten wieder allein auf offener und leerer See. Nelson tippte darauf, dass Napoleon eine Invasion in Ägypten plante – bis zu diesem Moment war sich niemand sicher, was genau er im Sinn hatte –, und setzte ihm eilig nach. Aber er war *zu* schnell unterwegs. Als die Engländer Alexandria erreichten, waren die Franzosen noch nicht eingetroffen. Verwundert und ungehalten stach Nelson wieder in See, um sich erneut auf die Suche zu begeben. Die Briten verließen Alexandria am 30. Juni 1798. Die Franzosen trafen am Tag darauf ein.

So mächtig Ägypten einst gewesen war, war diese Ära seit langer Zeit vorbei. Inzwischen war das Land arm und unbeachtet, nominell unter der Herrschaft der Türkei, in Wirklichkeit jedoch stand es seit 500 Jahren unter der Kontrolle einer wilden Sekte muslimischer Krieger, der sogenannten Mamelucken. Dieses Arrangement kam sowohl den Mamelucken bestens zupass, die die ägyptische Landbevölkerung gnadenlos ausbeuteten, als auch dem Sultan der Türkei, der einen Teil dieser »Steuern« in die eigene Tasche steckte. Für Ägypten selbst jedoch, phasenweise ausgebeutet, dann im Stich gelassen, waren die Folgen verheerend. »Das Land hatte einst die Pyramiden gebaut«, beklagt der schottisch-irische Autor und Dozent Paul Strathern, »dabei hatte es noch nicht einmal die Einführung der Schubkarre erlebt.«[7]*

Vor diesem düsteren Hintergrund ragten die Mamelucken heraus wie glanzvolle Figuren aus einer anderen Epoche. Als brillante Reiter zogen sie hoch zu Ross in farbenfrohen Seidengewändern in Rot, Blau und Gelb in die Schlacht, Turbane mit Reiherfedern auf dem Haupt, oder mit Helmen, die in der Sonne glitzerten. Jeder Reiter führte ein kleines Waffenarsenal mit sich, insgesamt ein halbes Dutzend: Gewehre, Pistolen mit juwelenbesetzten Griffen, Speere, Äxte, Dolche mit Griffen aus Elfenbein und Krummsäbel.

Wenn die Mamelucken auf einen Feind einstürmten, zogen sie diese Waffen eine nach der anderen aus den Holstern und Säbelscheiden. Sie feuerten zuerst aus ihren Gewehren, wenn die Gegner in Reichweite waren, beim Näherkommen zogen sie die Pistolen, dann flog der Speer oder eine Axt, schließlich hieben sie mit dem Krummsäbel – oder gar zweien auf einmal – auf den Feind ein, die Zügel des Pferdes dabei zwischen den Zähnen.

---

* Wie die reichste Nation der antiken Welt so tief sinken konnte, ist eine lange und komplizierte Geschichte. Fremde Eroberungen und die Pest Mitte des 14. Jahrhunderts (durch den vielleicht vierzig Prozent aller Ägypter zu Tode kamen) spielten jedenfalls eine bedeutende Rolle.

Seit den Kreuzzügen sind sie bekannt für ihren Mut und ihren unwiderstehlichen, wilden Kampfgeist. »Lasst die Franken nur kommen«, drohte einer der Anführer der Mamelucken, womit natürlich die Franzosen gemeint waren.[8] »Wir werden sie unter den Hufen unserer Pferde vernichten.« Die Selbstüberschätzung der Mamelucken war so grell wie die Farben ihrer Gewänder. »Ich werde durch sie hindurchreiten«, verkündete derselbe Krieger, »und ihnen die Köpfe vom Rumpf abschlagen, als wären es Wassermelonen.«

Doch die Mamelucken hatten nie zuvor gegen einen modernen Feind gekämpft. Am 21. Juli 1798 trafen sie wenige Kilometer entfernt von den Pyramiden auf die Franzosen. 25 000 französische Soldaten standen einer Armee von vielleicht 30 000 Mamelucken gegenüber – die Franzosen schwitzten in ihren Wolluniformen, die Mamelucken funkelten in ihren wirbelnden Seidengewändern.

»Soldaten, vierzig Jahrhunderte Geschichte blicken auf euch herab«, schwor Napoleon seine Truppen ein. Zeitlich passte das in etwa – vierzig Jahrhunderte waren sogar eher vorsichtig geschätzt –, mit dem Ort des Geschehens nahm es der General offenbar nicht so genau. Wenn ein Soldat in Richtung Horizont blinzelte, konnte er die Pyramiden in der Ferne vielleicht gerade so ausmachen. Dennoch ist, wie ein Ägyptologe anmerkt, Präzision nicht alles; *Schlacht am Melonenfeld*, das klingt dann doch irgendwie unpassend.

Die *Schlacht bei den Pyramiden*, wie man sie stattdessen kennt, erwies sich als extrem einseitige Angelegenheit. Die Mamelucken stürmten auf die französischen Linien ein, kreischten ihre Kriegsrufe, mit fliegenden

Fahnen, wallenden Umhängen, funkelnden Säbeln und den stampfenden Hufen ihrer Pferde. Spektakulär, chaotisch – und zum Scheitern verurteilt: Dies war »die letzte große Kavallerieattacke des Mittelalters«, wie es ein Historiker ausdrückte.[9]

Die Franzosen hatten sich in Schlachtgevierten aufgestellt, Verteidigungsformationen, in denen mit Gewehren bewaffnete Soldaten in sechs Reihen hintereinander ein hohles Quadrat bildeten, an den Ecken jeweils mit Artillerie bestückt. (Die Bildung dieser Quadrate war militärisch dringend geboten, hatte aber auch einen amüsanten Aspekt: Die Soldaten, die stets ihr Vergnügen daran hatten, sich über die vermeintlich nutzlosen Gelehrten lustig zu machen, erfreuten sich am Befehl »Esel und *Savants* in die Mitte!«)[10]

Für die Verteidiger kam es vor allem darauf an, nicht die Nerven zu verlieren. Feuerten sie zu früh, würden sie die Welle der Angreifer kaum bremsen können; feuerten sie zu spät, würden die verwundeten Pferde der Feinde in Panik auf die Reihen der Verteidiger stürzen und für nachfolgende Angreifer Lücken in die Verteidigungslinien reißen.

Die Mamelucken rückten näher, und die Franzosen hielten ihr Feuer zurück, die Reihen ihrer Bajonette bildeten eine stählerne Hecke. Die Mamelucken gaben ihren Pferden die Sporen, und *jetzt* eröffneten die Franzosen das Feuer in Salven, die die Angreifer niedermähten wie die Sense das hohe Gras. Es war ein einziges Gemetzel, während Kanonen donnerten, Pferde in Panik wieherten und verwundete Männer im Nahkampf mit Dolchen und Bajonetten aufeinander losgingen.

Nach zwei Stunden war alles vorbei. Vielleicht zwanzig französische Soldaten waren gefallen, aber rund 2000 Mamelucken. Heldenmut war gut und schön, aber Taktik und Technik waren eben noch besser.

Die Franzosen bejubelten ihren Triumph (wenngleich die meisten Mamelucken davongeritten waren und den Kampf später erneut aufnahmen, diesmal allerdings nicht mit Frontalangriffen, sondern mit Guerillataktik und raschen Positionswechseln). Napoleon war erst drei Wochen zuvor in Ägypten eingetroffen, und alles lief wie am Schnürchen.

Zehn Tage später kam die Katastrophe.

7

Feuer an Deck

Die Franzosen hatten ihre gesamte Schlachtschiffflotte in der Bucht von Abukir geankert zurückgelassen, unmittelbar vor Alexandria. Die dreizehn Schiffe schmiegten sich an die Küste, ideal positioniert, um es mit jedem Feind aufzunehmen. Zu nahe an der Küste, als dass jemand sich auf der Küstenseite hätte anschleichen können, richteten die Franzosen ihre Kanonen auf die der See zugewandte Seite und warteten ab.

Aber die Franzosen hatten sich verrechnet, und dieser Fehler sollte tödliche Folgen haben. Am 1. August 1798 lief Nelson in Alexandria ein. Die Briten attackierten die Franzosen fast augenblicklich, und zwar ebenso waghalsig wie verblüffend von beiden Seiten zugleich. In einer spontanen Improvisation hatten die Briten darauf gesetzt, ausreichend tiefes Wasser auf der *küstenseitigen* und damit ungeschützten Flanke der Franzosenschiffe vorzufinden. Diese Spekulation ging auf, und die Franzosen fanden sich unversehens dem Kreuzfeuer eines Feindes ausgesetzt, der von zwei Seiten gleichzeitig angriff.

In brutalem Nahkampf inmitten brennender Schiffe, donnernder Kanonen und aufs Deck stürzender Masten kämpften beide Seiten bis in die Nacht. Alle Kriege sind grauenvoll, aber ein Nahkampf auf hölzernen Schiffen hielt noch weitere, besondere Schrecken bereit.[1] Wenn sich Feinde auf offener See begegneten, hatten sie Platz zum Manövrieren, vielleicht sogar zur Flucht.

Nicht hier. Auf der französischen *L'Orient* war Feuer ausgebrochen, und der Kommandeur, Admiral Brueys, hatte nach dem Einschlag einer Kanonenkugel seine Beine verloren. Brueys war an Deck geblieben und erteilte mit abgebundenen Beinstümpfen Befehle aus einem Stuhl, als ihn eine weitere Kanonenkugel traf und in tausend Stücke zerfetzte. Derweil wurde Nelson von einem umherfliegenden Metallstück in die Stirn getroffen. Ein Stück Haut legte sich über sein gesundes Auge und blendete ihn. »Ich bin tödlich getroffen«, flüsterte er, während man ihn zum Schiffsarzt trug.[2]

Inzwischen war das Feuer auf der *L'Orient* außer Kontrolle und tobte so heftig, dass selbst die Seeleute an Bord der *englischen* Schiffe die Flammen spürten.*

---

* Als die *L'Orient* brannte, sprangen die französischen Seeleute über Bord und schwammen um ihr Leben. Einer, der zurückblieb, war ein neun Jahre alter Schiffsjunge, dessen Vater verwundet und ins Schiffslazarett gebracht worden war. Der Sohn weigerte sich, ohne Anweisung durch den Vater das brennende Deck zu verlassen. Bis vor einer oder zwei Generationen lernten alle Schulkinder in Großbritannien und den USA diese Geschichte – »The boy stood on the burning deck / Whence all but he had fled; / The flame that lit the battle's wreck / Shone round him o'er the dead« (»Der Junge stand im Flammenschein / An Deck der L'Orient / Inmitten Toter nun allein / Nach heft'gem Bombardement«). Die arglos vorgetragenen Reime schaffen eine Distanz zu dem, was sich als grauenvolles Horrorszenario darstellte, mit vor Schmerzen und Angst schreienden Männern und blutgetränkten Decks und einem rettungslos in Flammen stehenden Schiff.

Das Feuer erfasste das Munitionsdepot an Bord des Schiffs, in dem tausende Tonnen Schießpulver gelagert waren. Die Explosion, die die riesige *L'Orient* unter einem ohrenbetäubenden Dröhnen zerriss, war noch in zwanzig Meilen Entfernung zu hören.* Minutenlang regnete es zerfetzte Körper, geborstene Masten, brennende Segel und Fragmente von Kanonen vom Himmel. Von den 1000 Mann Besatzung der *L'Orient* kamen 800 ums Leben.

Frankreich hatte den Tag mit dreizehn Kriegsschiffen begonnen. Bis zum nächsten Morgen waren elf davon entweder erobert oder zerstört worden. »Solch ein Geschehen bloß einen Sieg zu nennen wird der Sache nicht gerecht«, verkündete Nelson im Anblick dieses Gemetzels.[3] Napoleon, der bei der Schlacht nicht vor Ort gewesen war, erhielt erst zwei Wochen später Nachricht über die verheerende Niederlage der Franzosen. Er nahm die Meldung äußerst gefasst entgegen. »Wie es scheint, gefällt euch dieses Land«, sagte er seinen Offizieren am 15. August 1798. »Das ist ein glücklicher Umstand, denn wir haben keine Flotte mehr, die uns zurück nach Europa bringen könnte.«[4]

Die Franzosen saßen fest. Nelson jubelte. »Die französische Armee liegt am Boden«, schrieb er. »Sie sind nilaufwärts geflohen, ohne Nachschub und Vorräte«, und Entsatz würde es keinen geben.[5] Die Royal Navy beherrschte das Mittelmeer, was bedeutete, dass auf dem Seeweg weder Nahrung noch Waffen zu den Franzosen

---

* Im Jahr 1998 fanden französische Meeresarchäologen Fragmente des Mastes der *L'Orient* und von deren 36 Fuß langem Ruder.

kommen konnten. Die Natur und die feindseligen Einheimischen würden den Rest erledigen. »Ihre Armee wird von der Ruhr hinweggerafft«, fuhr Nelson fort, »keine tausend Männer werden jemals nach Europa zurückkehren.«

Aber just als die militärische Lage am aussichtslosesten schien, wendete sich das Leben der *Savants* zum Besseren. Am 23. August 1798 – nur drei Wochen, nachdem Nelson die französische Flotte zerstört hatte – führte Napoleon den Vorsitz über das erste formelle Treffen der Gelehrten. Sie versammelten sich in einem weitläufigen Gebäude in Kairo, das einst ein Palast der Mamelucken gewesen war. Napoleon gab dem neuen Hauptquartier der Gelehrten den Namen »Institut d'Égypte«, als Hommage an das Institut de France in Paris.

Das Original hatte lange mit an der Spitze des Geisteslebens in Frankreich gestanden. Es diente als Ehrenwohnsitz der führenden Künstler, Schriftsteller und Wissenschaftler des Landes; die Aufnahme in diesen erlauchten Kreis war mit die größte Ehre, die einem Franzosen zuteilwerden konnte. Napoleon war 1797 als Mitglied auserwählt worden, und er genoss die Ehrung. (Oftmals unterschrieb er offizielle Verlautbarungen mit »Bonaparte, Mitglied des Instituts, befehlshabender General.)[6]

Der umgestaltete Palast sollte zum Hauptquartier der Gelehrten werden, mit Bibliothek, Werkstätten, einer Druckerpresse, einem Zoo, einem Museum sowie eigenen Abteilungen für Mathematik, Physik, die bildenden Künste und Wirtschaft. (Die Mathematiker trafen sich im einstigen Harem des Palasts.)[7] Hier lauschten die Gelehrten eifrig Berichten über Mumien und den wissenschaftlichen Hintergrund von Fata Morganas (jeder, der sich in die Wüste aufmachte, war von diesen Sinnestäuschungen, die dem Betrachter glitzernde Seen vorspiegelten, schon gepeinigt worden) und die Bedeutung der Hieroglyphen, sowie über Sinn und Zweck der viel zu kleinen Flügel des Vogel Strauß.

In der Rückschau sticht ein Thema besonders hervor. Beim ersten Treffen des Instituts war ein brillanter Mathematiker namens Gaspar Monge zum Präsidenten gewählt worden. (Erstaunlicherweise hatte sich Napoleon für den Posten des Vizepräsidenten entschieden.) Monge hielt einen kurzen Vortrag, in dem er die Mission der Wissenschaftler aus seiner Sicht darlegte. Bei der Untersuchung des Lebens der Ägypter in seinen verschiedenen Aspekten, ließ Monge seine Gelehrtenkollegen wissen, sollten sie sich insbesondere »dem Studium antiker Monumente [widmen], um jene mysteriösen Zeichen zu erkunden, diese granitenen Seiten, auf denen eine rätselhafte Geschichte niedergeschrieben ist.«[8]

Militärisch betrachtet verfinsterten sich derweil die Aussichten. Da seine Flotte vernichtet war, fasste Napoleon den Kampf zu Lande ins Auge. Ein weiteres Mal schien er seine Pläne am Vorbild Alexanders des Großen ausgerichtet zu haben – er wollte gen Indien marschieren, ganz wie sein großer Vorgänger. Das war schon atemberaubend ambitioniert (zunächst einmal lag Indien fast fünftausend Kilometer weiter östlich), aber genau das könnte für Napoleon einen Pluspunkt dargestellt haben. Der Ansturm der Franzosen begann mit einem Vordringen tief nach Syrien, Ägyptens unmittelbaren Nachbarn im Osten. Die Franzosen gerieten vom Regen in die Traufe. In Akkon, einer Festung der Türken, ließ Napoleon Angriff auf Angriff folgen. Sein Gegenspieler war ein Kriegsherr mit dem Beinamen »der Schlächter«, den er sich mit Grausamkeiten gemacht hatte wie dem Einzementieren von Gefangenen in die Festungsmauern, sodass nur noch der Kopf hervorlugte, gemacht hatte, »um sich an ihren Qualen ergötzen zu können.«[9] Irgendwann starben die Gefangenen, wie sich ein entsetzter Augenzeuge erinnerte, ihre Schädel verblieben als stumme Warnung an Ort und Stelle. (Selbst Verbündete des Schlächters schwebten in ständiger Gefahr. Sein eigener Stabschef hatte, als Strafe für diverse Verfehlungen, im Lauf der Jahre seine Nase, ein Auge und ein Ohr eingebüßt.)[10]

Akkon war eine von Festungsmauern umgebene und direkt am Meer gelegene Stadt und wurde nun Schauplatz eines Belagerungskriegs der schlimmsten Sorte. Die Franzosen erschütterten die dicken Mauern mit Kanonenfeuer, während die Türken und ihre britischen Verbündeten in Schiffen vor der Küste zurückschossen. Als das Kanonenfeuer eine Bresche in die Mauern geschlagen hatte, erteilten die Franzosen den Befehl zum Angriff. Die Truppen stürmten voran, manche mit Leitern, während die Verteidiger auf sie feuerten sowie Granaten und siedendes Öl auf sie niederregnen ließen.

Nach 62 erfolglosen Tagen, die 2000 Gefallene und Verwundete gekostet hatten, gaben die Franzosen die Belagerung auf und zogen wieder ab. Akkon war Schauplatz der ersten Niederlage Napoleons in einer Schlacht zu Lande.

Die Armee taumelte quer durch die Wüste zurück nach Kairo, gepeinigt von Durst und der sengenden Sonne, dazu noch von Krankheiten wie Ruhr und Beulenpest heimgesucht (fünf von sechs französischen Soldaten, die die Beulenpest bekamen, überlebten diese nicht). Napoleon hatte genug gesehen. Er verbrachte den Sommer damit, nach einer Begründung zu suchen, mit der er sich aus Ägypten zurückziehen konnte.

In jenem Sommer 1799 passierte alles zugleich. Während Napoleon sein Bestes gab, um das Fiasko in Syrien in einen glanzvollen Sieg umzudeuten – er organisierte eine Siegesparade in Kairo, komplett mit Militärkapellen und brandneuen Uniformen für die Truppen –, beeilten sich Pierre-François Bouchard und seine Männer, das Fort in Rosette wieder instand zu setzen.

Anfang Juli berichtete jemand Bouchard von jenem merkwürdigen Stein, den sie gefunden hatten. Ein herkömmlicher Offizier hätte vielleicht kaum einen Gedanken auf einen seltsam beschrifteten Felsklotz verschwendet, zumal zu einer Zeit, in der alle Welt hektisch damit beschäftigt war, sich gegen einen Überfall des Feindes zu wappnen. Aber der junge Bouchard war ganz entschieden kein Militär wie jeder andere. Mit seinen nur 28 Jahren besaß er zweifache Referenzen – er war einer von Napoleons Gelehrten, und zugleich war er Soldat. Beide Gruppen misstrauten einander von Herzen. Mit seinen makellosen militärischen *und* wissenschaftlichen Referenzen war Bouchard einer der wenigen, die in beiden Lagern zu Hause waren.

Schon seit seiner Schulzeit hatte ihn die Technik fasziniert. Vor Ägypten hatte Bouchard in Europa mit einer brandneuen Abteilung der französischen Armee gekämpft, dem Balloncorps. Dieses hatte die Aufgabe, hoch über dem Schlachtfeld zu schweben und (mithilfe von Signalflaggen) Meldungen über Truppenbewegungen des Feindes zu übermitteln.[11] Er hatte außerdem Mathematik und Technik studiert und die Zeit gefunden, an der Seite von einigen der herausragendsten Wissenschaftler Frankreichs zu arbeiten.* Er war das genaue Gegenteil eines Bauleiters im Stil von »Mund halten und weitergraben«.

Auch wenn es reiner Zufall war, dass der Stein von Rosette überhaupt jemals zum Vorschein kam, war es unter den Umständen so gut wie sicher, dass, wenn denn eine solche Preziose je gefunden *wurde*, man sich voller Freude und Faszination auf sie stürzen würde. Bouchard erkannte sofort, dass er einen Schatz gehoben hatte.

Bouchard sandte die Nachricht von dem Fund an seinen befehlshabenden General, Jacques Menou, der den Stein unverzüglich in sein Zelt bringen ließ.[12] Soldaten und Gelehrte traten eilig in Aktion, reinigten den Stein, wühlten im Boden nach fehlenden Fragmenten und nahmen sich das Studium der griechischen Passagen vor.

---

* Es ging aber nicht immer alles gut. Noch in Frankreich hatten Bouchard und Nicolas Conté, ein brillanter Erfinder, gemeinsam an der Entwicklung einer neuen Beschichtung für Militärballons gearbeitet. Versehentlich lösten sie eine Explosion aus, die Bouchard um ein Haar sein rechtes Auge gekostet hatte und die Contés linkes Auge in der Tat komplett zerstörte. Die beiden Männer setzten ihre Arbeit unbeirrt fort. Noch danach machte Conté mit einem dunklen Tuch quer über die Stirn, das sein linkes Auge bedeckte, eine ausgesprochen schneidige Figur.

Die fehlenden Stücke des Steins von Rosette hat bis heute niemand gefunden. Aber die griechische Inschrift war nahezu unversehrt, und die Übersetzer begaben sich eifrig an die Arbeit, in der Hoffnung auf großartige, klangvolle Worte und Trompeten und Fanfaren. Allerdings konnten sie nichts dergleichen entdecken.

Die Inschrift war, wie die ersten Zeilen des Texts besagen, zu einer Zeit angebracht worden, die dem Jahr 196 vor unserer Zeitrechnung entspricht. Die Botschaft war banal, vollgepackt mit Huldigungen an den »jugendlichen König, erschienen an der Stelle seines Vaters.«[13] Dabei handelte es sich um Ptolemaios V., der acht Jahre zuvor im Alter von sechs Jahren zum König ernannt worden war.

Sein Vater war ein einziger Albtraum gewesen, nach Einschätzung eines modernen Historikers ein »in jungen Jahren Degenerierter«,[14] der ein mächtiges Königreich übernommen und seine Macht vergeudet hatte. In einer Herrschaftszeit von nicht ganz zwanzig Jahren, gekennzeichnet durch »Leichtlebigkeit, Wein, Laszivität und literarischen Dilettantismus« waren auf Befehl Ptolemaios' IV. sein Onkel, sein Bruder und seine Mutter ermordet worden. Sein kleiner Sohn überlebte diese Säuberungsaktionen, aber der Stein von Rosette gibt keinerlei Hinweise auf diesen düsteren Hintergrund. Stattdessen pries die Inschrift den jugendlichen Herrscher, »dessen Macht groß ist, der Ägypten beschützt hat und gedeihen ließ, dessen Herz fromm ist zu den Göttern, der den Feind bezwingt, der das Leben seines Volkes bereichert.«[15]

In Wahrheit war Ptolemaios' Macht ausgesprochen instabil. Feindliche Armeen hatten Ägypten von außen angegriffen, Rebellen von innen. Die Tempelpriester, stets ein bedeutender Machtfaktor, hatten zuletzt angedeutet, die Zeit könnte reif sein, um den Status quo zu überdenken. Historiker bezeichneten diese Ära später als die »Große Revolte«.[16] Ägypten war noch nicht schwach, aber es war in Schwierigkeiten.

Der Großteil dieser Schwierigkeiten erwuchs aus einer einzigen Ursache: Die Herrscherfamilie waren Außenseiter. Sie waren keine Ägypter, sondern Griechen. Alexander der Große hatte Ägypten im Jahr 332 v.Chr. erobert; nach seinem Tod wurde einer seiner Generale zum Pharao, und Ptolemaios war ein Nachkomme dieses Generals. »Eine dünne Schicht griechischer Beamten, Kaufleute und Soldaten gab den Ton an«, bemerkt ein Historiker, »während die ägyptische Landbevölkerung die Felder bestellte, wie sie es immer getan hatte.«[17] Die königlichen Herrscher sprachen Griechisch und wickelten alle Amtsgeschäfte auf Griechisch ab. Sie heirateten Griechinnen, keine Ägypterinnen.[18] Keiner von ihnen konnte Ägyptisch lesen oder sprechen. Selbst die Hieroglyphen auf dem Stein von Rosette, die Ptolemaios' Tugenden über den grünen Klee lobten, wären ihm, wenn man so will, Spanisch vorgekommen.*[19]

Der eigentliche Grund für die Beschriftung des Steins war die Bekräftigung, dass im Lande Ägypten alles zum

---

* Keiner der Herrscher in der ptolemäischen Ahnenreihe machte sich die Mühe, die örtliche Sprache zu erlernen. Am Abend vor einer Schlacht hielt Ptolemaios IV. (der Vater des Ptolemaios, um den es auf dem Stein von Rosette geht) eine Rede, die die Truppen einschwören, motivieren und zusammenschweißen sollte. Aber die Rede verfehlte ihr Ziel, weil zuerst ein Dolmetscher die griechischen Worte des Pharaos ins Ägyptische übersetzen musste.

Besten stand. Der Pharao, wenngleich gewiss jung an Jahren, war ein mächtiger Herrscher und Nachkomme mächtiger Herrscher. Die Priester, so die Botschaft weiter, standen voll und ganz hinter ihm. Priester und Pharao zusammen zelebrierten auch weiterhin mit Leidenschaft und Hingabe die uralten religiösen Riten zu Ehren der Götter.

Der Stein von Rosette, so schwer, dass er sich kaum vom Fleck bewegen ließ, stellte eine Art an der Wand befestigtes Propagandaplakat dar. Der Ruch eines Deals umgibt den Text auf dem Stein. Zuerst werden die guten Taten des Pharaos rezitiert. Für amerikanische Ohren klingt diese Litanei ein wenig wie das Gegenstück zur Liste der Missetaten von König George in der Unabhängigkeitserklärung. Wir lesen hier nichts davon, der König habe »Steuern auf uns [erhoben] ohne unsere Zustimmung« oder »unsere wertvollsten Gesetze [abgeschafft]«, wir werden daran erinnert, wie der Pharao »Steuern und Abgaben vermindert oder erlassen [hat].«

Und das war noch längst nicht alles. »Die eingesperrten Leute und die, auf denen schon lange Zeit eine Klage lastete, hat er freigelassen.«[20] Und er hatte auf dem Schlachtfeld triumphiert. Er hatte die Kräfte der Rebellen unterworfen, die »[den Tempeln Schaden zugefügt] und den Weg der göttlichen Gebote verlassen hatten.« Und selbstverständlich: Anschließend »wurden sie [die Rebellen] auf dem Holz hingerichtet.«

Die Lobpreisungen nahmen kein Ende. Die Übersetzer machten sich allmählich Sorgen. Sie hatten auf eine kühne Erklärung gehofft – *Hier haben wir eine wundersame Proklamation in unterschiedlichen Schriften und in unterschiedlichen Sprachen!* Stattdessen fanden sie lediglich Schwulst und Prahlerei. Ein Satz nach dem anderen hatte nun seine Bedeutung offenbart, aber die Pointe fehlte. Was würde all diese angeberische Selbstüberschätzung mit den anderen Inschriften auf dem Stein zu tun haben?

Dann kam die Antwort. So großartig waren die Taten des Pharaos, hieß es in den letzten Zeilen, dass sie allen zur Kenntnis gelangen sollten. »Man soll den Erlass und die Befehle auf eine Stele von hartem Stein in der Schrift der Gottesworte [Hieroglyphen], in Briefschrift [damit war offenbar der mysteriöse Mittelabschnitt gemeint] und in griechischer Schrift schreiben. Die Stele soll man in den ersten, zweiten und dritten Tempeln neben dem Bild von Ptolemaios V. aufstellen.«

Eine einzige Botschaft, auf drei verschiedene Arten niedergeschrieben. (Und offenkundig hatte es ursprünglich zahlreiche Steine von »Rosette« gegeben, verstreut über ganz Ägypten.)

Der Wettlauf war eröffnet!

8

Der diskrete Abschied des Monsieur Smith

Zunächst galt es, die Nachricht von der Entdeckung zu verbreiten. In Rosette beauftragte Bouchard einen weiteren Gelehrten, den 25-jährigen Mathematiker Michel-Ange Lancret, mit der Verkündung der Botschaft an die Wissenschaftlerkollegen am Institut d'Égypte in Kairo. Lancret ging die Sache ziemlich entspannt an. Bürger Bouchard – im Gefolge der Revolution waren alle Titel verbannt und durch den *Bürger* ersetzt worden – hatte »in Rosette einige Inschriften entdeckt, die sich als sehr interessant erweisen könnten.«[1]

Am 29. Juli 1799 begann die morgendliche Sitzung am Institut mit der lauten Verlesung von Lancrets Brief. Es sind keine detaillierten Sitzungsprotokolle erhalten, allerdings umfassten die Präsentationen der Gelehrten wie üblich sämtliche Fachgebiete.[2] Der Zoologe Geoffroy Saint-Hilaire beschrieb einen Süßwasser-Kugelfisch, den er im Nil gefunden hatte. Der Mathematiker Gaspar Monge hielt einen kurzen Vortrag über ein Problem in der höheren Geometrie. Auch ein Botaniker, ein Architekt und ein Dichter kamen zu Wort.

Ein zu Besuch weilender Würdenträger lauschte alledem nur mäßig beeindruckt. Sein Dolmetscher flüsterte ihm während der Vorträge nach besten Kräften ins Ohr, aber der Ehrengast wollte vom Gesagten offenbar nicht viel wissen – immerhin wurde er bei der Erwähnung des Kugelfischs ein wenig hellhörig. Doch selbst da währte seine Begeisterung nicht lange. »Was? So viele Worte nur wegen eines einzelnen Fischs?«[3]

Die erste Erwähnung der Entdeckung in der Presse erschien im *Courier de l'Egypte*, einer Soldatenzeitung für die französische Armee in Ägypten, am 15. September 1799.[4] Der Stein war eine ansehnliche schwarze Granitplatte – »*une pierre d'un très beau granit noir*« – mit drei unterschiedlichen Beschriftungen darauf, in drei parallel verlaufenden Streifen, darunter auch vierzehn Zeilen mit Hieroglyphen. »Dieser Stein ist von großem Interesse für das Studium der hieroglyphischen Zeichen«, ließ der *Courier* mit lobenswerter Zurückhaltung wissen. »Vielleicht wird er am Ende den Schlüssel zur Lösung liefern.«

Die Geschichte stand auf Seite drei. Das hört sich nach mangelhaftem Urteilsvermögen der Zeitungsmacher an, aber der Stein von Rosette war nicht die einzige große Story in dieser Ausgabe. Auf Seite zwei druckte der *Courier* eine bemerkenswerte Botschaft in ganzen vier Sätzen, ohne Angabe weiterer Details. Napoleon hatte Ägypten verlassen und war nach Frankreich zurückgekehrt! »Seine Abwesenheit sollte weder für die Franzosen noch für die Ägypter Anlass zur Sorge bieten«, berichtete der *Courier* seiner Leserschaft im Bemühen, die erstaunliche Neuigkeit als ganz gewöhnlichen Vorgang erscheinen zu lassen. »Alle seine Maßnahmen zielen ausschließlich auf das Wohl beider Seiten ab.«

Zum Zeitpunkt, als die Nachricht in der Zeitung stand, war Napoleon schon fast in der Heimat angekommen. Am Abend des 23. August 1799 hatte er sich zu einem Treffpunkt in der Nähe von Alexandria davongemacht, ohne irgendeinen seiner Offiziere ins Vertrauen zu ziehen. Vor der Küste lag ein Schiff für ihn vor Anker. Erst in letzter Minute erfuhr Napoleons stellvertretender Kommandeur, General Jean-Baptiste Kléber – mittels einer Notiz übrigens –, dass der Anführer ihn und den Rest der Armee alleine zurückgelassen hatte.

Die Botschaft Napoleons an Kléber wirkte zwanglos und übereilt, weniger wie die Ankündigung eines Generals, eher schon wie eine Entschuldigung von jemandem, der eine Ausrede braucht, um eine Einladung zu einem Wochenende auf dem Lande ausschlagen zu können. »Die Nachrichten aus Europa veranlassen mich, mich auf den Weg nach Frankreich zu machen.«[5] Das war alles. Napoleon sollte nie wieder ägyptischen Boden betreten. (Die Abreise als solche war sorgfältig geplant. Napoleon hatte eine Geschichte für seine Mätresse erfunden, damit sie nicht herausfand, dass er ohne sie abzureisen gedachte. Außerdem hatte er eine Truhe voller Köstlichkeiten – Wein, Kaffee, Zucker und Likör – auf das Schiff bringen lassen, das ihn nach Frankreich bringen sollte. Die Truhe war mit einer unscheinbaren Beschriftung versehen, damit ihm irgendwelche Schnüffler nicht auf die Schliche kommen konnten: »*Für Monsieur Smith.*«)[6]

In Frankreich hatte man während der ganzen Zeit kaum Nachricht darüber erhalten, wie es um seine Armee in Ägypten stand. Gleich nach seiner Rückkehr gab Napoleon eine Serie von Medaillen zur Erinnerung an seinen »Sieg« in Ägypten in Auftrag. Eine zeigte ihn in einer römischen Toga, wie er über die Pyramiden dahinschwebt. Geprägt war sie mit den Worten: »Der Held kehrt in seine Heimat zurück.« Eine andere zeigte ihn in einem Streitwagen, gezogen von zwei Kamelen, darunter der Spruch: »Ägypten erobert«.

Das war dreist, aber es funktionierte. »Bonaparte traf triumphal aus Ägypten ein«, wunderte sich ein Historiker, »und niemand fragte, warum er seine Armee nicht mitgebracht hatte.«[7]

Den in Ägypten zurückgelassenen Soldaten blieb nichts als ohnmächtige Wut. Von Anfang an hatte Kléber das ganze ägyptische Abenteuer als ebenso sinnlos wie fahrlässig eingeschätzt. (Napoleon, schrieb er schon früh in sein Tagebuch, war »die Sorte General, die ein Einkommen von 10 000 Männern monatlich benötigte.«)[8] Nun ließ Kléber voller Wut auf die Feigheit, die »dieser korsische Wicht« – in seinen Augen – an den Tag gelegt hatte, seiner Verachtung freien Lauf. »Dieser Dreckskerl hat die Hosen gestrichen voll und hat uns einfach sitzen lassen. Wenn wir nach Europa zurückkommen, werden wir es ihm gehörig unter die Nase reiben.«[9]

So viel zu Glanz und Gloria.

Napoleon hatte drei der bedeutendsten *Savants* mit zurück nach Paris gebracht. Die Armee saß mitsamt der übrigen Gelehrtenschar allerdings noch immer in Ägypten fest. Für die Soldaten bedeutete Ägypten Exil; für die Gelehrten war es ebenfalls ein Exil, allerdings mit einem Schlupfloch. Auch sie waren unbestreitbar im Stich gelassen worden, aber sie hatten immerhin die – wenn auch nur spärliche – Entschädigung, in einem faszinierenden und nahezu unbekannten Land gestrandet zu sein, das es zu erkunden galt. Sie machten sich zwar widerwillig, aber verbissen an die Arbeit.

Im Unterschied zu den Soldaten waren die Gelehrten Freiwillige. (Napoleon hatte zur Empörung der Soldaten dafür Sorge getragen, dass die Wissenschaftler militärischen Sold erhielten, ohne irgendwelche militärischen Aufgaben wahrnehmen zu müssen.)[10] Sie waren Maler, Mathematiker, Kartographen, Ärzte, Astronomen, Naturkundler, Ingenieure, Architekten, und die Namen vieler von ihnen sind bis heute bekannt; es waren keine Ägyptologen dabei, weil dieses Spezialgebiet damals noch nicht existierte. Aber da war Joseph Fourier, der Mathematiker (heutige Physik- und Mathematikstudenten beschäftigen sich mit der Fourierreihe und der Fourier-Transformation); und da war Vivant Denon, ein Künstler und Schriftsteller, dessen Zeichnungen von Ägypten dereinst die Welt begeistern sollten; und Claude Louis Berthollet, einer der bedeutendsten Chemiker Frankreichs.* Und da war Nicolas Conté, ein derart brillanter und einfallsreicher Erfinder, dass Napoleon ihn für fähig erklärte »die Kunst Frankreichs in den Wüsten Arabiens neu erstehen zu lassen.«[11]

---

* *Der* bedeutendste von allen, Antoine Lavoisier, war ein paar Jahre zuvor auf der Guillotine hingerichtet worden, weil er sich gegen die Französische Revolution gestellt hatte. »Es kostete sie bloß einen Sekundenbruchteil, ihm den Kopf abzuschneiden«, beklagte ein anderer Wissenschaftler, »aber Frankreich wird vielleicht in den nächsten hundert Jahren keinen solch genialen Kopf mehr hervorbringen.«

Die bekanntesten Gelehrten waren in ihren Vierzigern oder Fünfzigern, die meisten waren allerdings deutlich jünger. Der typische *Savant* war durchschnittlich 25 Jahre alt, jungenhaft und eifrig – die jüngsten waren noch immer Studenten, Teenager, die aufgrund ihrer Brillanz auserkoren worden waren. Vom Moment des Eintreffens in Ägypten an hatten sie begonnen, wie Schuljungen durchs Land zu streifen – der beste Schulausflug, den die Welt zu bieten hatte.

Oft hatten die Gelehrten gar keine andere Wahl, als dorthin zu gehen, wo die Armee hinging, ähnlich wie die »embedded journalists« in unseren Tagen. Sie beugten sich über ihre Notizblöcke und vertieften sich in die Arbeit – ungeachtet der Gewehrkugeln, die ihnen um die Ohren zischten.

Napoleon hatte sich eine zweifache Mission für die Gelehrten ausgedacht. Sie sollten zum einen Ägyptens ltertümliche Wunder aufzeichnen und zum andern das Land ins moderne Zeitalter vorantreiben. In den Augen Napoleons hatte Ägypten, was die Entwicklung des Landes anging, noch jede Menge Luft nach oben. Die Ägypter waren »dumm, elend und geistig träge«, lamentierte er, und »in den Dörfern wissen sie noch nicht einmal, was eine Schere ist«.[12] Vor allem für die Soldaten war Ägypten eine Einöde, »ohne Wein, ohne Messer und Gabel, und ohne Komtessen, die man beschlafen konnte«.

Gegen den Komtessenmangel konnten die Gelehrten nicht viel ausrichten, aber Napoleon hatte sich ausgemalt, sie könnten eine Reihe technischer Projekte in Angriff nehmen – die Aufbereitung von Nilwasser beispielsweise, oder bessere Wege zu finden, um Bier zu brauen, Brücken zu bauen, Wassermühlen zu konstruieren und dergleichen. Nun aber, da Napoleon wieder daheim in Frankreich war, hatten die Gelehrten Spielraum zum Improvisieren, und sie wandten sich ab von technischen Fragen und der Dokumentation zu.

Sie kraxelten auf Pyramiden und durchstreiften alte Burghöfe, zeichneten Tempelruinen und kopierten Inschriften. Hunderte Meilen nilaufwärts erkundeten sie Grabstätten und Tempel, von denen die Europäer kaum jemals gehört hatten.

Gelehrte klettern über die Sphinx, um Messungen vorzunehmen. Die Zeichnung stammte von Vivant Denon, einem Künstler und Diplomaten, dessen Skizzen maßgeblich zu dem Ägypten-Hype beitrugen, der bald ganz Europa erfasste.

Das war keine glanzvolle Tätigkeit, denn die Ägypter jener Zeit hatten nicht die geringste Hochachtung vor diesen Relikten einer längst vergangenen, heidnischen Kultur. Ein einst prächtiger Tempel in Edfu diente beispielsweise als Mülldeponie. Abfälle und Sand reichten fast bis unter die Decke. »Jeden Morgen kippten die Bauern eimerweise Asche aus ihren Feuerstellen und den Mist ihrer Esel, Kamele und Pferde durch die Löcher in der Wand, die einst Fenster gewesen waren«, schreibt die Historikerin Nina

Burleigh, »und die Gelehrten standen daneben mit ihren Skizzenbüchern und Messgeräten.«[13]

Zeichnung von Edfu, von Vivant Denon

Anderswo waren die Verhältnisse noch schlimmer. In Grabstätten und Tempeln in ganz Ägypten »stolperten [die Gelehrten] über frische Leichen und Mumien und glitten auf Jahrhunderte dicken Schichten von Fledermausguano aus«, schreibt Burleigh, »in Räumen, die so stockdunkel waren, dass sie nicht einmal die Hand vor den Augen sehen konnten. Die Arbeit im Licht von Fackeln war für sich genommen schon gefährlich genug, da die über lange Zeit versiegelten Bereiche leicht entflammbar waren, vollgepackt mit Holz, uralter Farbe und dem Pech der Mumien.«[14]

Trotzdem ließen sie sich durch nichts von der Arbeit abbringen. Der leidenschaftlichste Forscher von allen war vielleicht Denon selbst, der Künstler, obwohl er mit seinen 51 Jahren zu den ältesten Gelehrten dort zählte. Als Aristokrat, der den Schrecken der Revolution irgendwie überlebt hatte, war Denon gutaussehend, geistreich und scheinbar unverwüstlich. Vor der Revolution war er der Chevalier de Non gewesen, dann Bürger Denon während der Wirren der 1790er, und schließlich Baron Denon nach Napoleons Aufstieg zur Macht.[15]

Denon besaß Talent und Charme ohne Ende, hatte sich aber irgendwie nie auf eine Karriere festlegen können. (Er war, wie es ein Historiker in einem Satz zusammenzufassen versuchte, »ein Diplomat, Künstler und Pornograph.«)[16] Außerdem war er ein enger Freund von Napoleons Gemahlin Joséphine, und er hatte es geschafft, diese Freundschaft in prominenter Rolle bei den Gelehrten zur Sprache zu bringen, als Napoleon seine Invasionsarmee zusammenstellte.

In Ägypten konnte der Amateur zeigen, was er draufhatte, und er riskierte mehr als einmal Kopf und Kragen, um Anblicke auf Papier zu bannen, die westlichen Augen bislang verschlossen gewesen waren. Sogar Veteranen unter den Soldaten bewunderten Denons Wagemut, wenn sie sahen, wie er selbst hoch zu Ross weiterzeichnete, das Zeichenbrett quer über den Sattel gelegt, des Gewehrfeuers nicht achtend, das ihn umgab. (Bald nach seiner Rückkehr nach Frankreich im Jahr 1802 veröffentlichte er einen dicken Band mit Zeichnungen. *Vivant Denon's Reise in Nieder- und Ober-Aegypten* vermittelte den Europäern einen ersten Blick auf die Wunder Ägyptens, und das Buch wurde ein Riesenerfolg.)

Denon legte großen Wert darauf, Napoleon mit Lob zu überhäufen, aber er verklärte nicht die Schrecken der Schlacht. »Krieg, wie glanzvoll erstrahlst du in der Geschichte! Aber wie grauenvoll wirst du von Nahem betrachtet, wenn die Geschichte nicht mehr die Schrecken deiner Einzelheiten verstellt.«[17]

Bei aller Courage, die Denon zweifellos besaß, war mitunter nicht allein Mut gefragt, sondern Sorgfalt. Und auch hier wusste Denon zu glänzen. Er zeichnete nicht nur Tempel und Mauern, er legte auch Wert darauf, die Schriften an ihren antiken Wänden zu kopieren. »Ich habe in mir die Willenskraft gefunden, derer es bedarf, um passiv zu bleiben, während ich einfach Hieroglyphen zeichnete«, schrieb er, als ob er über seine eigene Geduld verwundert war.[18] Er glaubte fest daran, dass diese Schriften eines Tages ihre Bedeutung enthüllen würden. Einstweilen kopierte er immer weiter, mit großer Sorgfalt, aber ohne jede Hoffnung, er selbst könnte derjenige sein, der das Mysterium würde enträtseln können. »An mir ist es, eifrige Frömmigkeit zu zeigen, eine blinde Leidenschaft, vergleichbar am Ende nur derjenigen der Vestalinnen von einst in ihren Gebeten, ihrem Glauben und ihrer Ehrerbietung in einer fremden Sprache, die sie selbst nicht verstanden.«[19]

Einer Zählung zufolge soll ein Viertel der Gelehrten in Ägypten ihr Leben gelassen haben; darunter waren fünf Männer, die auf dem Schlachtfeld zu Tode kamen (obwohl sie nicht an den Kampfhandlungen teilnahmen) und fünfzehn, die der Pest und der Ruhr zum Opfer fielen.[20] Dennoch war ihre Moral generell sehr hoch. Gewiss waren die Gelehrten jedenfalls besserer Stimmung als die Soldaten, die in ihnen, den *Savants*, die Schuldigen für die gesamte missratene Expedition sahen. Gute Männer starben in der Wüste, murrten die Soldaten, damit eine Handvoll nutzloser Intellektueller sich über Haufen steinerner Trümmer den Kopf zerbrechen konnten.

Aber es war diese Handvoll, die Geschichte schreiben sollte. Die Zeichnungen, die sie in diesen drei Jahren in Ägypten anfertigten, vor allem aber die Abschriften der Hieroglyphen, erwiesen sich als unschätzbar wertvoll. Napoleons Armee zählte 40 000 Mann, die Gelehrten waren nicht einmal 200. Die Armee ist heute vergessen. Die Gelehrten aber stießen ein Tor auf, das zweitausend Jahre verschlossen gewesen war.

9

Eine Berühmtheit aus Stein

Die Gelehrten beschäftigten sich mit dem Stein von Rosette, aber abgesehen von der Übersetzung des griechischen Teils kamen sie nicht voran. Die Hieroglyphen »umfassten 14 Zeilen«, meldete der *Courier*, »einige sind allerdings verloren gegangen, da der Stein zerbrochen ist.« Das war zutreffend, wenn auch nicht sehr hilfreich. Es war allerdings immerhin besser als die Beschreibung der mysteriösen Zeilen zwischen den Hieroglyphen und dem griechischen Teil: »Die Inschrift in der Mitte, in Schriftzeichen, die für Syrisch gehalten werden, umfassen 32 Zeilen.« Diese Vermutung erwies sich als falsch. Es sollte sich zeigen, dass dieser Mittelteil keineswegs auf Syrisch verfasst war, sondern auf Demotisch. Demotisch ist eine spätere Entwicklungsstufe der ägyptischen Sprache, zwischen Neuägyptisch und Koptisch.

Somit trug der Stein von Rosette *drei* Inschriften – Hieroglyphen, Demotisch und Griechisch – aber er trug Botschaften in nur *zwei* Sprachen – Ägyptisch (weil das Demotische eine Weiterentwicklung des Ägyptischen ist) und Griechisch. Eine grobe Entsprechung heutiger Zeit wäre eine dreiteilige Botschaft: zuerst einige Zeilen in eleganter, verschnörkelter Kalligraphie, auf Englisch; dann die gleiche Nachricht in eilig hingeschriebener

Handschrift, ebenfalls auf Englisch, aber in umgangssprachlicher Form; und schließlich die gleiche Nachricht ein weiteres Mal, diesmal jedoch in griechischen Buchstaben und griechischer Sprache.

Einigermaßen ratlos angesichts des Steins von Rosette, aber eifrig bemüht, mit ihren Zeichnungen und Kartierungen voranzukommen, machten die Gelehrten das Beste aus ihrem erzwungenen Exil. Recht bald gelangen ihnen zwei faszinierende Funde.[1] Im Herbst 1799 entdeckten zwei junge Ingenieure in einer Stadt namens Minuf im Nildelta einen weiteren Stein mit Inschriften in zwei Sprachen, ganz ähnlich wie der Stein von Rosette. Der erwies sich jedoch als so stark verwittert, dass sie nur die wenigen Worte kopierten, die sie zu erkennen vermochten (»vom jungen König, für immer«, auf Griechisch) und weiterzogen. Der Stein war eine schwarze Granitplatte, ca. dreißig Zentimeter hoch und knapp einen Meter lang; er befand sich vor einem gewöhnlichen Haus, die Bewohner nutzten ihn als Sitzbank.

Ein Jahr darauf fand ein weiterer Gelehrter noch einen weiteren Stein, der demjenigen von Rosette beinahe gleichkam. Es war wieder schwarzer Granit, und sogar etwas größer als der Stein von Rosette. Genau wie jener berühmte Stein trug er Inschriften in Hieroglyphen, auf Demotisch und auf Griechisch. Aber auch er war so stark verschlissen, dass er für die Wissenschaftler nutzlos war. Er war in einer Moschee in Kairo zum Vorschein gekommen – dort hatte er als Türschwelle gedient.

Derweil wollte die Armee Frankreichs nur noch eines: Ägypten hinter sich lassen. General Kléber, der anstelle Napoleons die Führung übernommen hatte, hatte versucht, mit den Türken und den Briten einen Friedensvertrag auszuhandeln. Kléber war beliebt bei der Truppe und ganz nebenbei ein verdienter Held des Militärs, aber er sah keinen Sinn in weiteren Kämpfen in Ägypten. Wenn es seine diplomatischen Verpflichtungen zuließ, verbrachte er seine Zeit damit, Napoleons Mätresse zu verführen. (Das war die junge Dame, vor der sich Napoleon einfach gedrückt hatte. Pauline Fourès war Französin und mit einem französischen Leutnant verheiratet. Sie war nach Ägypten gekommen, indem sie sich verkleidet in einer Soldatenuniform an Bord des Schiffes ihres Gemahls geschlichen hatte.)

Im Juni 1800 jedoch wurde Kléber in Kairo von einem Syrer mit Namen Suleiman al-Halabi ermordet. Der Attentäter war schnell gefasst, wurde vor ein ausschließlich aus Franzosen bestehendes Sondergericht gestellt und abgeurteilt.[2] Als es um die Festlegung des Strafmaßes ging, schlossen sich die Richter den örtlichen Gepflogenheiten an. Gemäß Urteil sollte Suleimans rechte Hand bis auf den Knochen verbrannt und der Delinquent anschließend gepfählt werden. Suleiman saß schweigend, während ein Beamter seine Hand über glühend heißen Kohlen röstete. (Er protestierte lediglich, als eine Kohle auf seinen Ellbogen kullerte – schließlich wäre im Urteil lediglich vom Verbrennen der Hand die Rede gewesen.)

Danach wurde ein fast drei Meter langer Spieß so tief in Suleimans Rektum getrieben, dass er am Brustbein anstieß, und der Spieß mit dem Gefangenen darauf in den Boden gepflanzt. Es dauerte vier Stunden, bis Suleiman endlich starb. Während der ganzen Tortur verharrte er schweigend, nur ein einziges Mal rief er aus: »Es gibt keinen Gott außer Allah, und Mohammed ist sein Prophet.«*

Klébers Nachfolger war ein General namens Jacques Menou, und das war keine glückliche Wahl. (Menou hatte zuerst die Aufsicht über den Stein von Rosette gehabt, in seiner Funktion als Kommandeur der Festung Rosette.) Für Menou sprach die Erfahrung seines Alters von 51 Jahren, aber sonst herzlich wenig. Im Gegensatz zum schneidigen Kléber – »Gott Mars in Uniform«, wie Napoleon ihn beschrieb – war Menou dick, kahlköpfig und ungepflegt, und er stolzierte wichtigtuerisch umher, was ihn bei Soldaten und Gelehrten gleichermaßen unbeliebt machte.[3]

Von Friedensverhandlungen wollte er nichts wissen. »Ich werde mich bis zum letzten Blutstropfen innerhalb der Mauern Alexandrias verteidigen«, schrieb er an Napoleon, als er gleichzeitig einen anderen Offizier wegen dessen mangelndem Diensteifer kritisierte.[4] »Ich weiß zu sterben, aber ich weiß nicht zu kapitulieren.« Er lernte schnell. Am 2. September 1801, gut ein Jahr nach seiner Übernahme der Befehlsgewalt, ergab sich Menou den Briten.

Nun war es an der Zeit, sich auf Friedensbedingungen zu einigen. Die Briten bestanden als Sieger darauf, dass

---

* Nach Suleimans Tod wurden seine Gebeine samt Schädel an das Anatomische Museum in Paris gesandt. Dort wurden die Knochen in einer Ausstellung zum Thema Phrenologie präsentiert; Museen jener Zeit sammelten die Schädel von Verbrechern und Verrätern, um an diesen Objekten verdächtige Beulen zu studieren, die angeblich Rückschlüsse auf eine Neigung zu Mord und Fanatismus erlaubten.

ihnen sämtliche von den Franzosen in Ägypten eingesammelte Kriegsbeute zustand. Von Beginn an hatte Menou den Stein von Rosette als sein Privateigentum betrachtet. Kaum war er Kléber in der Führung der Truppe nachgefolgt, da hatte er auch schon insistiert, der Stein hätte unter seinem Bett zu liegen.[5] (Nach anderen Berichten lag der Stein von Rosette nicht unter Menous Bett versteckt, sondern unter einem Stapel mit seinen Habseligkeiten in einem Lagerhaus, unter ein paar Matten verborgen.)

Die Briten verlangten von Menou, den Stein von Rosette auszuhändigen. Er tobte vor Wut. Von ihm die Herausgabe seines persönlichen Eigentums zu verlangen, war skandalös. »Nie zuvor wurde die Welt derart ausgeplündert!«[6]

Menous Tobsuchtsanfall »belustigte uns in hohem Maße«, schrieb einer von ihnen, »kam er doch von einem Anführer der Plünderung und Zerstörung.«[7] Menou ließ sich nicht erweichen und pochte auf seine Rechte in einer ganzen Serie empörter Briefe an Generalleutnant Sir John Hutchinson, den britischen Oberbefehlshaber.

Hutchinson reagierte mit boshafter Höflichkeit. »Wenn ich die Herausgabe der arabischen Handschriften, Statuen und mehrerer Sammlungen antiker Gegenstände verlange, folge ich nur dem noblen Beispiel, das Sie für Europa vorgegeben haben … In all den Ländern, gegen die Frankreich in den Krieg gezogen ist, haben Sie sich alles genommen, was Ihnen zu nehmen geeignet erschien.«[8]

Das war schroff, aber es stimmte. Um nur ein Beispiel von vielen zu erwähnen: Zwei der bekanntesten Gelehrten, Monge und Berthollet, hatten im Jahr 1797, nach der Eroberung Italiens durch die Franzosen, einige Zeit damit zugebracht, italienische Museen und Kirchen zu durchforsten und Gemälde für den Louvre auszuwählen. (Napoleon applaudierte ob der »guten Ernte« und bemerkte gutgelaunt, dass fast »alles Schöne in Italien« schon bald auf dem Weg nach Frankreich sein würde.)[9] Viel von dem, was die Gelehrten damals aussuchten, hängt bis heute in den Renaissance-Galerien des Louvre.

Aber die Gelehrten in Ägypten waren genauso wütend wie Menou. Sie hatten sich kreuz und quer durch ein feindseliges Land geschlagen, um ihre Karten und Zeichnungen anzufertigen; sie hatten vor Gewehrkugeln in Deckung gehen müssen; sie waren Leitern hinaufgekraxelt und in drückend heiße, garstige, von Fledermäusen verseuchte Grabstätten gekrochen, um Inschriften zu kopieren.

Die Gelehrten flehten Menou an, ihnen beizustehen. Er gab sich nicht übermäßig viel Mühe. Die Gelehrten konnten es nicht ertragen, ihre kostbaren Funde herauszugeben? Was hatten diese eingebildeten Intelligenzbestien denn je für ihn getan? »Ich wurde soeben informiert, dass mehrere unter unseren Sammlern den Wunsch haben, ihren Samen, Mineralien, Vögeln, Schmetterlingen oder Reptilien zu folgen, wohin auch immer Sie ihre Kisten verbringen mögen«, schrieb er an Hutchinson, den Kommandeur der Briten.[10] »Ich weiß nicht, ob sie zu diesem Zweck ausgestopft zu werden wünschen, aber ich kann Ihnen versichern, dass ich, sollten sie Gefallen an dem Gedanken finden, sie nicht aufhalten werde.«

Drei der Gelehrten suchten Hutchinson persönlich auf, um ihr Anliegen vorzubringen. »Sie nehmen uns unsere Sammlungen, unsere Zeichnungen, unsere Karten, unsere Abschriften der Hieroglyphen«, rief der Naturforscher Geoffroy Saint-Hilaire, »aber wer wird Ihnen den Schlüssel zu alledem geben? ... Ohne uns sind diese Dinge nichts als tote Sprache, aus der Sie nichts hören werden.«[11] Hutchinson lauschte ungerührt.

Die Gelehrten zogen wieder ab. Am Tag darauf war Geoffroy noch wütender geworden. »Wir werden unsere Reichtümer selbst verbrennen«, rief er dem Gesandten Hutchinsons entgegen.[12] »Sie wollen Ruhm. Nun gut, Sie können darauf zählen, dass sich die Geschichte daran erinnern wird: Auch Sie werden eine Bibliothek in Alexandria verbrannt haben.«

Die Briten zeigten sich am Ende kompromissbereit, zumindest ein wenig. Die Gelehrten durften ihre Zeichnungen und Karten behalten. Die Briten nahmen die großen Gegenstände mit, siebzehn Stücke insgesamt, mit einem Gewicht von zusammen immerhin 50 Tonnen. Unter den Eroberungen waren Götterstatuen[13] mit Tierköpfen sowie ein gewaltiger Sarkophag[14], angeblich von Alexander dem Großen, der in einer Moschee in Alexandria gefunden worden war, wo er als öffentliche Badewanne gedient hatte. Aber der Hauptpreis war der Stein von Rosette.

Ein britischer Offizier mit dem eindrucksvollen Namen Tomkyns Hilgrove Turner nahm den Stein in Besitz und eskortierte ihn an Bord der *HMS L'Égyptienne* nach England. (Das war ein französisches Schiff, wie der

Namen schon sagt, mit anderen Worten: Die erbeutete Trophäe segelte an Bord eines erbeuteten Schiffs in Richtung ihrer neuen Heimat.) Turner begeisterte sich an seiner Rolle als Nebendarsteller in diesem Drama. Der Stein von Rosette war »eine stolze Trophäe der britischen Armee«, verkündete er, »nicht etwa den wehrlosen Einheimischen entrissen, sondern ehrenvoll erworben durch die Geschicke des Krieges.«[15]

Und so ruht der Stein von Rosette nun feierlich im British Museum, und eben nicht im Louvre. In den Augen der Briten konnte es keinen geeigneteren Platz für das Stück geben. Das Museum hatte schon 1761, in seinem ersten Museumsführer überhaupt, damit geprahlt, seine Sammlung wäre »ein dauerhaftes Monument des Glanzes der Nation.«[16] Hier war eine wahrhaft passende Trophäe für diese edle Sammlung.

Wenn Sie sich den Stein von Rosette heute genau ansehen, können Sie an den Seiten gerade noch die darauf gemalten Großbuchstaben erkennen: »Erobert in Ägypten durch die britische Armee 1801«, steht links, und rechts: »Präsentiert durch König George III.«[17]

Von Anfang an forderten die Menschen lautstark, den Stein von Rosette sehen zu dürfen. (Und ihn berühren zu dürfen, wenn die Aufseher nicht hinschauten. »Es ist eine der größten Peinlichkeiten des Museums«, sagt ein Ägyptologe des British Museum, »dass wir jahrzehntelang Postkarten herausgegeben haben, auf denen von einem Stein aus schwarzem Basalt die Rede ist.«[18] Eine kürzlich erfolgte Reinigung ergab, dass der Stein von Rosette nicht schwarz ist, sondern grau, und schon gar nicht aus Basalt. Schwarz wurde er durch das bei der

Berührung von Fingern und Händen hinterlassene Fett, das sich mit einer inzwischen entfernten wächsernen Schutzschicht verbunden hatte. Und er ist aus Granodiorit, ein mit Granit verwandtes magmatisches Gestein.)

Wie ist die Faszination einer gewöhnlichen Steinplatte zu erklären? Gewiss nicht durch die von ihr vermittelte, ganz banale Botschaft. Anders als bei anderen berühmten Dokumenten der Geschichte – etwa der Magna Carta oder der amerikanischen Unabhängigkeitserklärung oder der Bill of Rights – liegt die Bedeutung des Steins von Rosette *nicht* im Inhalt des Texts. Was dem Stein von Rosette seinen überragenden historischen Wert verleiht, ist die Art und Weise, wie die Botschaft präsentiert wird.

Und vielleicht auch wegen der Art und Weise seiner Entdeckung. Der Stein von Rosette, das ist die ultimative Flaschenpost, angespült von den Wellen der Zeit, zweitausend Jahre, bevor er endlich gefunden wurde. Er war gar nicht *gedacht* als Botschaft an ein fernes Publikum; er sollte einfach sofort gelesen werden, dort, wo er stand. Aber seine Entdeckung so viele Jahre nach dem Verschwinden der ägyptischen Kultur lässt ihn beinahe wirken wie die allererste Kommunikation aus einer vollkommen fremden Welt.

Die Popularität des Steins von Rosette hat nie abgenommen, wie ein Blick in den Souvenirshop des British Museum augenblicklich belegt. Andenken mit dem Rosetta-Motiv verkaufen sich besser als alles andere, was dort feilgeboten wird. Die Besucher haben die Wahl zwischen Puzzlespielen, Kaffeetassen, Ohrringen, Manschettenknöpfen, iPhone-Hüllen, Krawatten, T-Shirts, Kochschürzen, Spielkarten, Schokolade, Geschirrtüchern, Mousepads, Regenschirmen, Gepäckanhängern, alles ziert das Motiv des Steins von Rosette. Seit vielen Jahrzehnten, solange sich irgendjemand der im Museum Beschäftigten zurückerinnern kann, ist die dazugehörige Ansichtskarte der absolute Bestseller im Museumsshop.

Unter den Millionen von Objekten in den Sammlungen des British Museum ist und bleibt der Stein das bei Weitem populärste. »Der Stein von Rosette ist der bedeutendste Besitz des British Museum«, schreibt die Altertumshistorikerin Mary Beard, »genau wie es die *Mona Lisa* für den Louvre ist.«[19]

Für Laien ist schon die Berühmtheit des Steins von Rosette ein Anziehungspunkt für sich – Ruhm zieht die Menschen an, ganz gleich, wovon er ausgeht. Bei den Entschlüsslern in spe zu Beginn des 19. Jahrhunderts war die Aufregung noch leichter zu erklären. Endlich würden die Hieroglyphen ihre Geheimnisse offenbaren.

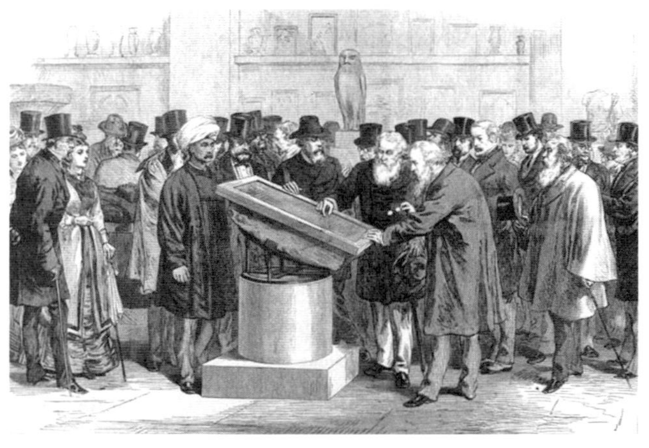

Wissenschaftler untersuchen den Stein von Rosette im Jahr 1874.

10

Erste Deutungsversuche

Selbst in den Jahren, bevor irgendwer vom Stein von Rosette gehört hatte, waren die Hieroglyphen ein derart verlockendes Ziel, dass Wissenschaftler Jahrzehnte ihres Lebens diesen Schriftzeichen widmeten. Dieses endlose Graben im Dunkel brachte immerhin von Zeit zu Zeit einen winzigen Lichtschein hervor.

1798 veröffentlichte einer der führenden europäischen Sprachwissenschaftler ein 700 Seiten starkes Buch, in dem er alles zusammenfasste, was er in seinem lebenslangen Studium der ägyptischen Schriften gelernt hatte. Georg Zoëga war eine Autorität in Sachen Ägypten und in Sachen Linguistik. In seinem Hauptwerk bemerkte er bestürzt, dass er allenfalls einen Anfang bei der Entschlüsselung der Hieroglyphen zuwege gebracht hatte. Mit Stolz fügte er hinzu, dass er damit immerhin mehr geleistet hatte, als irgendjemand sonst es hätte leisten können. Ein Jahr später stolperte ein französischer Soldat sozusagen über den Stein von Rosette.

Zoëga, ein Däne, war ein gewissenhafter Wissenschaftler. Von ihren frühesten Tagen an war die Ägyptologie ein Fachgebiet, in dem fast alles auf Spekulation und so gut wie nichts auf sicher belegten Fakten beruhte. Zoëga weigerte sich, bei diesem Ratespiel mitzumachen.

Nicht wissend, wie er die Hieroglyphen zu deuten hatte, tat er sein Möglichstes, und das war, sie zu klassifizieren.

Er zählte 958 verschiedene Symbole.[1] Hier gab es eine Gruppe von Vögeln, hier waren Insekten, und Menschen, und Zwitterwesen aus Mensch und Tier, und Pflanzen, und Werkzeuge, und abstrakte Formen. Das war eine heroische und mühselige Arbeit, aber sie war geradezu schmerzlich limitiert. Der hochgebildete Mann hatte keine Wahl, er musste in die Rolle eines Analphabeten schlüpfen, der versucht, in einer riesigen Sammlung von Briefmarken irgendeinen Sinn zu erkennen. Hier gab es rote und blaue, manche davon zeigten Porträts, andere bildeten Tiere ab. *Aber welchen Zweck hatten sie?*

Zoëga brachte durchaus einige wichtige Erkenntnisse zuwege. Er fand zum Beispiel heraus, dass Inschriften in Hieroglyphen zwar von rechts nach links oder von links nach rechts verlaufen konnten, man aber immerhin sagen konnte, ob eine bestimmte Zeile rechts oder links begann, wenn man sich ansah, ob Bilder darin nach der einen oder anderen Seite blickten. Wenn eine Figur im Profil zu sehen war (ein Vogel, eine Katze oder auch ein Mensch), blickte sie stets in Richtung des Zeilenanfangs. (Dechiffrierer können solche Vermutungen auf verschiedene Arten überprüfen. Wenn z.B. der linke Rand eines Texts glatt und gleichförmig ist, der rechte Rand dagegen zwischen kürzeren und längeren Zeilen scheinbar zufällig wechselt, dürfte der Text von links nach rechts zu lesen sein. Das ist nun keine besonders raffinierte Detektivarbeit, aber ohne diesen ersten Schritt konnte man noch nicht einmal sagen, ob man nun das Wort *sprechen* oder *nehcerps* zu entschlüsseln versuchte.)

Hieroglyphische Schrift konnte von links nach rechts verlaufen oder, wie in diesem Beispiel und auch auf dem Stein von Rosette, von rechts nach links. Gezeichnete Figuren im Profil blicken stets in Richtung des Zeilenanfangs.

Zoëga erkannte auch, dass seine aufgelisteten Hieroglyphen eine Geschichte erzählten. Welche Art von Schriftsystem verwendete 958 verschiedene Symbole? Wenn jedes Symbol für ein Wort stand, war die Anzahl viel zu *gering*. Keine Sprache kommt mit weniger als 1000 Wörtern aus. (Ein normales fünfjähriges Kind kennt bereits 10 000 Wörter.)[2] Steht hingegen jede Hieroglyphe für einen Buchstaben, dann war die Anzahl viel zu *groß*. Alphabete haben üblicherweise einige Dutzend Buchstaben, nicht mehrere hundert. Alles, was darüber hinausgeht, wäre nicht praktikabel.

Die einzige Erklärung, folgerte Zoëga, musste sein, dass die Hieroglyphen eine Art Mischsystem darstellten. Vielleicht stand eine Zeichnung mal für ein Wort und mal für einen Buchstaben, oder eine Silbe, oder einen Laut. Das war eine brillante Vermutung. Aber bei dieser klugen Erkenntnis beließ er es und gab die weitere Erforschung auf.

»Es erschien mir das Beste, weitergehende Ziele der Nachwelt zu überlassen«, schrieb Zoëga.[3] Eine schwache Hoffnung hielt er fest. Eines zukünftigen Tages, »wenn die zahlreichen in Ägypten noch zu sehenden antiken Überbleibsel akkurat erforscht und veröffentlicht sind, wird es vielleicht möglich sein, das Lesen der Hieroglyphen zu erlernen.«

Diese Zukunft begann schon ein Jahr danach, mit einer zufälligen Entdeckung in einem abgelegenen ägyptischen Festungsort. Zoëga kam nie dazu, die Inschriften auf dem Stein von Rosette mit eigenen Augen zu sehen, geschweige denn den Stein selbst. »Eine exakte Kopie davon würde ich sehr zu schätzen wissen«, schrieb er entmutigt einem Freund im Jahr 1800, »aber unter den derzeitigen Umständen wüsste ich nicht, wie ich an eine solche Kopie kommen sollte.«[4]

Das Problem war der Krieg. Europa war seit kurz nach der Französischen Revolution in hellem Aufruhr: Europas Monarchen hatten sich gegen Frankreich zusammengeschlossen. Wenn die Menschen in einem Land sich erheben und einem König den Kopf abschlagen konnten, dann, so die Befürchtung der Blaublütigen, konnte es vielleicht auch ihnen im wahrsten Sinn des Wortes an den Kragen gehen. Seit Beginn der 1790er-Jahre flackerten die Flammen des Krieges immer wieder auf und erstarben wieder, ein Vierteljahrhundert lang. Erst 1815 stellte sich Frieden ein, nach Napoleons Niederlage in Waterloo. Am Ende der Napoleonischen Kriege hatten vier Millionen Menschen ihr Leben verloren – drei Millionen Soldaten und eine Million Zivilisten.[5]

Vor diesem Hintergrund war schon das geringste Maß an internationaler Kooperation durchaus bemerkenswert. Das Ergebnis war überraschend gut. Einige Wissenschaftler, wie Zoëga, gingen leer aus, aber Kopien des Steins von Rosette erreichten viele andere. Die *Savants* wiesen den Weg. Sie hatten mehrere Verfahren entwickelt, um direkt vom Stein Abdrucke anfertigen zu können, sobald sie ihn in Händen hatten. Schon im Jahr 1800 hatten sich Wissenschaftler in Paris an die Arbeit gemacht und begonnen, die Schriften zu untersuchen.

Als der Stein von Rosette 1802 nach London kam, übernahm eine Gruppe namens »Society of Antiquaries« die Anfertigung von Kopien. Schon nach Monaten schickten sie Gipsabgüsse des Steins an Sprachwissenschaftler in Oxford, Cambridge, Edinburgh und Dublin, und sie verteilten Kopien der Inschriften auch nach Paris, Rom, Berlin, Holland, Schweden und sogar nach Philadelphia.[6]

In jenen frühen Jahren standen die Dechiffrierer in spe vor zwei Problemen. Das erste: Selbst wenn sie Zugang zum Stein von Rosette hatten, war es wenig wahrscheinlich, dass dessen vierzehn Zeilen Hieroglyphen alle Schlüssel enthalten würden, die sie zur Lösung des Rätsels benötigten. Dechiffrierer und Codeknacker benötigen Unmengen von Text, um verlässliche Muster von Zufälligkeiten unterscheiden zu können. Ein englischer Spion mag z.B. sehr wohl erraten, dass *xyyxjb* in einer Nachricht für *attack* stand (weil es im Englischen viele Wörter mit einem Doppel-*T* gibt und weil die beiden *X* an den passenden Stellen stehen), aber der Code könnte natürlich auch für *google* stehen, oder für *effect*. Man bräuchte viel mehr abgefangene Botschaften, um verlässliche Schlüsse ziehen zu können.

Die Werkzeuge der Dechiffrierer sind Intuition, Erfahrung und tiefgehendes Verständnis, aber sie kämen gar nicht erst aus den Startlöchern ohne die Archäologen und Forscher, die die Schriften aus modrigen Grabstätten und halb verschütteten Tempeln zu ihnen bringen. Das begründet seltsame Partnerschaften. *Will Shortz, darf ich vorstellen: Indiana Jones.* (Will Shortz war ein amerikanischer Rätselautor, Anm. d. Übers.)

Bei manchen Schriften kann schon die geringe Anzahl verfügbarer Beispiele zum Spielverderber für die Forschung werden. Bisher konnte noch niemand eine Schriftform entziffern, die ausschließlich auf der Osterinsel gefunden wurde, teils weil nur gut zwanzig »Texte« erhalten sind. Die Schrift namens Rongorongo (der Name bedeutet ungefähr »rezitieren« in der dort heimischen Sprache) ist ebenso attraktiv wie rätselhaft; die Zeichen sehen ein wenig wie Vögel und Blumen aus, die zwischen den Seiten eines Buchs plattgedrückt wurden.

Bis Anfang des 19. Jahrhunderts gab es zahlreiche Inschriften, normalerweise waren sie in Holzstücke geritzt. Dann aber kamen Plünderer auf der Suche nach Sklaven, und die Osterinsel wurde noch von anderen Katastrophen heimgesucht, die die Insel nahezu leerfegten, und sämtliches Wissen, wie Rongorongo zu lesen war, verschwand vom Erdball. Die meisten der ins Holz geritzten Texte endeten schlicht als Brennholz. Seitdem bleibt den verzweifelten Wissenschaftlern nichts anderes übrig, als über der winzigen Anzahl verbliebener Relikte zu brüten – etwa eine Tätowierung, die vor langer Zeit auf dem Rücken eines Mannes angebracht wurde, und einige in einen menschlichen Schädel geritzte Schriftzeichen.[7]

Eine Inschrift in Rongorongo

Der Stein von Rosette liefert nur wenige Hieroglyphen, weil er am oberen Ende abgebrochen ist. (Anhand der Länge der beiden anderen Inschriften kann man davon ausgehen, dass etwa die Hälfte der Hieroglyphen fehlt. Thomas Young schickte 1818 einen Brief an einen Ägypten-Forscher mit der flehentlichen Bitte, nach den fehlenden Bruchstücken zu suchen, »welche für einen Altertumsforscher in Ägypten ihr Gewicht in Diamanten wert wären.«[8] Die fehlenden Fragmente wurden nie gefunden.) In dem Moment kamen die Wirren des Napoleonischen Europas ins Spiel. Von jeder Möglichkeit des Reisens oder Kommunizierens abgeschnitten, hatten die Forscher keinen Zugang zu Papyrustexten in fernen Städten, oder zu von Reisenden aufgezeichneten Zeilen mit Hieroglyphen, oder zu Statuen und Skulpturen samt ihren Inschriften im Besitz von Sammlern. Ihnen blieb kaum etwas anderes übrig, als endlos auf die immer gleichen wenigen Zeilen unergründlicher Inschriften zu starren.

Die frühen Dechiffrierer standen noch vor einem zweiten Problem. Angesichts der beiden unbekannten Schriften auf dem Stein mussten sie sich für eine entscheiden, mit der sie anfangen wollten. Und aus Gründen, die in der damaligen Zeit vollkommen vernünftig erschienen, entschieden sich alle für die falsche.

Eine Inschrift war unvollständig und sah fremdartig aus – das waren die Hieroglyphen –, die andere war nahezu vollständig und wirkte wie eine gewöhnliche Schrift – das war der mittlere Abschnitt, das sogenannte Demotische. Also, sagten sich die Wissenschaftler, lassen wir die Hieroglyphen erst einmal beiseite und stürzen uns auf das Demotische!

Diese Entscheidung zog eine weitere unmittelbar nach sich. Da das Demotische wie eine gewöhnliche Schrift aussah, und da gewöhnliche Schriften auf Alphabeten basierten, galt es zuerst, das demotische Alphabet zu ergründen. Das schien eigentlich eine vernünftige Idee zu sein. In Wirklichkeit war es ein Sprung von der Startlinie geradewegs in den ersten Graben.

Demotisch sollte sich als der Teil erweisen, den man am Ende der Mission hätte in Angriff nehmen sollen, nicht am Anfang. Jahrelange harte Arbeit sollte schließlich zeigen, dass es sich um eine abgespeckte Version der Hieroglyphenschrift handelte, eine Art Kurzschrift, dabei aber weitaus abstrakter und schwerer fassbar als die Hieroglyphen selbst.

Hieroglyphische Zeichen waren Bilder, viele davon mit großer Akribie angefertigt. Diese Bilder hatten sich zu vereinfachten, aber immer noch erkennbaren Formen weiterentwickelt, und diese minimalistischen Zeichnungen hatten wiederum die Grundlage für die Linien und Striche der demotischen Schrift geliefert, die kaum noch Rückschlüsse auf ihre Originalversion zuließ. Auch wenn es damals niemand wissen konnte: die demotische Schrift war eben *kein* Alphabet.

Der erste versierte Linguist, der sich des Steins von Rosette annahm, war der französische Gelehrte Silvestre de Sacy, ein Professor für Arabisch in Paris. De Sacy begann damit, dass er nach Eigennamen in den demotischen Zeichen Ausschau hielt. Er wusste, dass im griechischen Teil immer wieder von *Ptolemaios* die Rede war, insgesamt elf Mal. Der erste Schritt war also, im Demotischen nach einer Zeichenfolge zu suchen, die mehrmals vorkam, und zwar möglichst an den halbwegs passenden Stellen. (Die Anzahl musste vielleicht nicht exakt übereinstimmen, vielleicht wurde Ptolemaios im Demotischen hier und da einfach als *der König* oder Ähnliches bezeichnet.) Dasselbe konnte man auch mit anderen Namen versuchen, wie etwa *Alexander*.

De Sacy fand die Entsprechungen, die er gesucht hatte. So weit, so gut. Aber dann beging er einen Fehler. Das Griechische basierte auf einem Alphabet, wie de Sacy wusste, und es war ihm gelungen, Namen im Griechischen mit Zeichenfolgen im Demotischen zu korrelieren. Die Anzahl der Zeichen in den beiden Namen stimmte überein, jedenfalls beinahe. Das war Zufall, aber das konnte de Sacy wiederum nicht wissen. Da war es doch eine völlig natürliche Schlussfolgerung – die de Sacy auch anstellte –, dass die alten Ägypter, ebenso wie die alten Griechen, sich eines Alphabets bedient hatten, oder etwa nicht?

Dann wandte er sich von Eigennamen ab und den Wörtern zu, die im Griechischen mehrfach vorkamen, etwa *Gott* oder *König*, und versuchte, zu diesen Wörtern

Entsprechungen zu finden, die im Demotischen mehrfach auftauchten. Versuchsweise konstruierte er sein Alphabet, in dem bestimmte Zeichen im Demotischen bestimmten Buchstaben im Griechischen entsprachen.

De Sacys Vorgehensweise war seriös und methodisch, aber da das Demotische eben keine rein alphabetische Struktur besaß, war sie zum Scheitern verurteilt. 1802 gab er auf. »Meine anfänglich gehegte Hoffnung«, schrieb er niedergeschlagen, »hat sich nicht erfüllt.«[9]

Ein schwedischer Diplomat namens Johan Åkerblad versuchte es als Nächster. Åkerblad war ein Schüler de Sacys gewesen und ein anerkannter Experte für alte Sprachen. Er folgte der gleichen Strategie wie sein ehemaliger Mentor und versuchte, griechischen Namen Zeichenfolgen im Demotischen zuzuordnen, und anschließend dasselbe mit gewöhnlichen Wörtern zu probieren. Vielleicht war es Hartnäckigkeit, vielleicht auch reines Glück, jedenfalls kam er zumindest weiter als de Sacy bei der Suche nach Übereinstimmungen.

Ironischerweise führten gerade Åkerblads Erfolge ihn auf die falsche Fährte, weil sie ihn in dem Irrglauben bestärkten, die demotische Schrift sei eine alphabetische. (Am Ende sollte sich das Demotische als Hybrid herausstellen, etwa wie »I ❤ NY«, aber viel komplexer. Manche Symbole standen in der Tat für Buchstaben, andere jedoch nicht. Der Fehler, der de Sacy und Åkerblad unterlief, war vergleichbar der Vermutung, das ❤ wäre ein Buchstabe, dem die Form halbwegs ähnelte, vielleicht ein *M* oder ein *V*.)

Bald gab auch Åkerblad auf. Und ein Dutzend Jahre lang ging es auch allen anderen nicht besser. Heimgesucht vom Krieg und ratlos vor dem Mysterium des Steins saßen Europas Linguisten da und wussten nicht mehr weiter. »Sieben Jahre sind nun seit dem letzten Austausch über das Thema vergangen«, schrieb ein Wissenschaftler verzweifelt im Jahr 1812, und er sah »kaum Anlass zur Hoffnung« auf weitere Fortschritte.[10]

Ironischerweise gab es gerade in den Jahren der Fehlstarts und der enttäuschten Hoffnungen eine große Faszination für alles, was mit Ägypten zu tun hatte. Das Schmollen frustrierter Akademiker konnte dieser Faszination nichts anhaben. Architektur, Mode, sogar Frisurenmode feierten mit dem neuen Hype eine erstaunliche Wiedergeburt. »Heute muss alles auf Ägyptisch getrimmt sein«, beklagte ein englischer Autor 1807.[11] »Die Damen tragen Schmuck aus Krokodilleder, man sitzt auf einer Sphinx in einem Raum, der voller Mumien hängt, und die schwarzen Hieroglyphenmänner mit schlanken Armen und langen Nasen jagen den Kindern Angst vor dem Zubettgehen ein.«

Napoleons Gelehrte hatten zu dieser Mode in nicht geringem Maße inspiriert, mit ihren Berichten und Zeichnungen und geplünderten Souvenirs. Die Besessenheit der Menschen wuchs in den frühen Jahrzehnten des 19. Jahrhunderts immer weiter an, getrieben zum Teil auch durch eine der aufwendigsten und am besten publik gemachten Buchreihen, die jemals veröffentlicht wurde. Die Reihe mit dem Titel *Description de l'Égypte*, produziert von den französischen Gelehrten selbst, stellte den Versuch dar, alles abzudecken, was diese Wissenschaftler in Erfahrung gebracht hatten. Wie andere Mammut-

Projekte verzögerte sich auch dieses um mehrere Jahre. Die letzten Bände erschienen erst 1828, mit rund 20 Jahren Verspätung. Frühere Bände waren unsystematisch erschienen, eben dann, wenn sie fertiggestellt waren.

Bis auf den heutigen Tag kommen nur wenige Werke der Aufgabenstellung und Ambitioniertheit dieser sehenswerten Bände gleich. (Napoleon hatte die Regierung autorisiert, die Herstellungskosten zu übernehmen.)* Tausende von Gravierungen erstreckten sich über gewaltig große Seiten, die knapp einen Meter breit und 60 Zentimeter hoch waren. Zwei Bände mit Karten dienten als Ergänzung zu zehn Bänden mit Text und Zeichnungen.

Die Käufer hatten die Option, eine speziell gefertigte Kommode zur Unterbringung des Werks zu erwerben, mit schmalen Fächern für die Bildbände, vertikalen Einschubfächern für die Textbände und einer verstellbaren Oberfläche, die als Präsentationsfläche diente.[12] Ein Bildhauer hatte in Zusammenarbeit mit einem Kunsttischler die Dekoration des edlen Möbelstücks mit Tempelsäulen und Lotosblüten im ägyptischen Stil angefertigt.

Was jedoch den Stein von Rosette betraf, mussten die Herausgeber der *Description de l'Égypte* einräumen, dass sie nicht wirklich vorangekommen waren. Sie hatten die Inschriften des Steins »mit religiöser Sorgfalt« reproduziert, aber ihre Bedeutung blieb dennoch außer-

---

* Napoleon behielt bestimmte Aspekte dieses Projekts genau im Auge. Im Vorwort, verfasst vom Gelehrten Fourier, stand zu lesen, dass alle Ägypter den Namen Bonaparte in ihrem Herzen tragen würden. Napoleon ergänzte den Text ein wenig, danach hieß es: »den unsterblichen Namen Bonaparte.«

halb ihrer Reichweite.[13] Die Herausgeber begnügten sich stattdessen mit einer Reihe präziser Maßangaben. »Der Stein besteht aus schwarzem Granit; er ist durchschnittlich 0,27 Meter dick, die Breite des unteren Teils beträgt 0,735 Meter.«[14] Das stimmte zwar, interessierte aber niemanden – es war, als würde ein Biograph zur historischen Einordnung der Bedeutung Abraham Lincolns dessen Konfektionsgröße angeben.

Åkerblad, der schwedische Linguist, der sich Jahre zuvor dem Stein von Rosette geschlagen gegeben hatte, meldete sich erneut zu Wort. Er sagte, ihm würden gleich zwei Mysterien Rätsel aufgeben. Das erste war der Stein von Rosette selbst; das zweite war die Frage, warum bisher jeder, der einen Versuch der Entschlüsselung unternommen hatte, am Ende hatte aufgeben müssen.

»Bei der ersten Entdeckung«, schrieb Åkerblad, »schien das Monument von Rosette die Aufmerksamkeit aller klugen Köpfe Europas auf sich zu ziehen.«[15] Seitdem war es »in unvorstellbarem Ausmaß vernachlässigt worden.«

Diese vorgebliche Verwunderung war, zumindest zu einem gewissen Teil, eher so etwas wie Höflichkeit. Åkerblad wusste ganz genau, dass sein eigenes Scheitern und dasjenige de Sacys auf andere, weniger bedeutende Forscher entmutigend gewirkt hatte. Schon ihrem Temperament nach stehen Wissenschaftler in der Regel ungern im Rampenlicht. Umso mehr gilt dies für Spezialisten, die sich entschlossen hatten, ihre Karrieren in der stillen Einsamkeit verstaubter Archive zu verbringen und tote Sprachen zu entschlüsseln.

Einen Durchbruch bei der Lösung des Rätsels um den Stein von Rosette zu verkünden, hätte jedoch dieses gemiedene Rampenlicht geradezu *gefordert*. Die meisten Wissenschaftler warfen einen kurzen Blick auf die Sache, schluckten ein paar Mal betroffen und ratlos, dann wandten sie sich eilends wieder zugänglicheren Themen zu.

Aber just 1814, dem Jahr von Åkerblads Lamento, sollte die Zeit der Vernachlässigung ein Ende haben. Nun, da die professionellen Sprachwissenschaftler ratlos am Rande standen, war die Bühne frei für Außenseiter. Von dieser Zeit an übernahmen zwei unwahrscheinliche Genies die Regie.

11

Die Rivalen

Die beiden Helden unserer Geschichte hatten fast nichts gemeinsam, abgesehen davon, dass sie beide Genies waren und ein Talent für Sprachen besaßen. Doch selbst ihre Genialität trat auf ganz verschiedene Weise in Erscheinung. Thomas Young war einer der vielseitigsten Denker aller Zeiten, stets bereit, jede nur denkbare Herausforderung anzunehmen, aus welcher Richtung sie auch kommen mochte. Jean-François Champollion war extrem zielstrebig und verspürte keinerlei Wunsch, sich irgendetwas anderem als der Erforschung Ägyptens zu widmen.

Young und Champollion hatten beide ihr sprachwissenschaftliches Talent schon früh bewiesen. (Champollion war um 17 Jahre jünger als sein Gegenspieler.) Schon im Teenageralter hatten beide bereits zu viele Sprachen abgehakt, als dass man sie auflisten mochte – zunächst einmal Griechisch und Latein, dazu kamen dann noch ausgiebige Beschäftigungen mit Arabisch, Hebräisch, Persisch, Chaldäisch und Syrisch.

Was für fast jeden anderen beschwerliche Arbeit gewesen wäre, ging diesen beiden bemerkenswerten Jungen offenbar ganz leicht von der Hand. Mit dreizehn Jahren fand Young ein Buch mit dem Vaterunser in einhundert verschiedenen Sprachen. Das Nachdenken darüber und das Vergleichen der fremdartigen Schleifen und Windungen, erinnerte er sich später als Erwachsener, erfüllte ihn mit »außerordentlicher Freude.«[1]* Champollion fand sich mit vierzehn Jahren eines Tages allein und rastlos; er bettelte seinen älteren Bruder an, ihm ein Buch über chinesische Grammatik zu schicken, zum Zeitvertreib.

Keiner der beiden entstammte besonders unbeschwerten Verhältnissen, und vor allem Champollions finanzielle Lage sollte während seines ganzen Lebens unsicher bleiben. Er war der Spross einer merkwürdigen Verbindung: Der Vater war Buchhändler, die Mutter konnte weder lesen noch schreiben.[2] Seine Heimatstadt Figeac war ein verschlafenes Nest im Südwesten Frankreichs. Während der Revolution hatten grölende Massen den Marktplatz der Stadt gefüllt und lautstark ihre Zustimmung kundgetan, wenn das Fallbeil der Guillotine wieder einmal auf den Hals eines Opfers niedersauste. Als kleiner Junge hatte Champollion nur wenige Schritte entfernt vom Hinrichtungsplatz gewohnt; der Klang der tobenden Menge drang an das Ohr des Kleinkinds.

Youngs Familie war nur unwesentlich besser dran. In einem autobiographischen Essay beschrieb er seine Eltern als »eher unterhalb als oberhalb der mittleren Lebensverhältnisse«, und er war das älteste von zehn Kindern.[3] Dann jedoch veränderte sich alles. Als Young an der Universität studierte, starb ein Onkel und hinterließ

---

* Schon als Schüler legte Young Notizen zu seiner Lektüre an. Oft schrieb er auf Lateinisch, wenn er allerdings griechische oder französische oder italienische Schriftsteller las, verfasste er auch seine Notizen in der jeweiligen Sprache.

ihm sein Haus in London und eine Erbschaft von 10000 Pfund (in heutiger Währung sind das ungefähr 1,5 Millionen Dollar).[4]* Dieses Vermögen befreite Young neben dem späteren Einkommen als Arzt für den Rest seines Lebens von allen finanziellen Sorgen.

Young und Champollion unterschieden sich im Charakter ebenso stark wie in den finanziellen Verhältnissen. Young war von solch bemerkenswerter Ausgeglichenheit, dass sich ein lebenslanger Freund nur wundern konnte, weil er ihn kein einziges Mal in Wut oder aus der Fassung geraten erlebt hatte. Champollion war der perfekte Held des romantischen Zeitalters. Anfällig für ekstatische Ausbrüche und depressive Anwandlungen und von Kindesbeinen an unter Ohnmachtsanfällen leidend, konnte ihn schon der kleinste Anflug einer bürokratischen Verzögerung enorm auf die Palme bringen. Je nach Stimmung changierten für ihn die Ereignisse jedes einzelnen Tages zwischen epochalem Triumph und totaler Katastrophe.

Young war ein Mann des trockenen Understatements, der hochgezogenen Augenbrauen und der listigen Sticheleien. Selten angeberisch, konnte er doch oftmals respektlos sein, als würden ihn die ernsthaften Bemühungen langsamerer, unbeholfenerer Denker geradezu amüsieren. Champollion pflegte einen deutlich kühneren Stil. »Enthusiasmus, das ist das einzige Leben«, proklamierte er, und er lebte sein Credo.[5] Young las die Be-

* Derselbe Onkel hatte Young wegen seiner »Zimperlichkeit« getadelt, als dieser im Teenageralter dem Zucker abschwor, weil der ein Produkt von Sklavenarbeit war.

richte der Gelehrten über Ägypten und schüttelte den Kopf über die »lächerlichen Gottheiten« und »abergläubischen Rituale.«[6] Champollion sinnierte über die mächtigen Werke der Pharaonen und erklärte, im Vergleich zu den alten Ägyptern »sind wir Europäer nichts als Liliputaner.«[7]

Champollion stand politisch eher links – Young interessierte sich weitaus weniger für Politik – und war ein leidenschaftlicher Gegner von Monarchie und Kirche. (Er stimmte mit Diderot darin überein, dass es ein glücklicher Tag wäre, wenn »der letzte König mit den Eingeweiden des letzten Priesters erwürgt ist.«) Dabei war kein König jemals so maßlos wie die Pharaonen, kein Priester jemals seines Zugriffs zur Macht so gewiss wie die Priester im alten Ägypten. Aber derlei Überlegungen vermochten Champollions Begeisterung nicht im mindesten zu bremsen. Ägypten war kein Modellstaat; es war ein Wunder. Es war, vor allem anderen, die natürliche Heimat von allem, was farbenfroh, fremdartig und exotisch war.

Von Kindesbeinen an hatte sich Champollion für Berichte wie diejenigen des Herodot begeistert, in denen dieser ein gleichsam auf dem Kopf stehendes Land beschrieb, wo die Bäcker Teig mit den Füßen kneten statt mit den Händen,[8] und Trauernde sich die Augenbrauen scherten,[9] wenn eine Katze starb, und wo zahme Krokodile als Haustiere gehalten[10] und mit Gehängen aus purem Gold geschmückt wurden.

Jean-François Champollion (links) und Thomas Young (rechts)

In ihren engsten persönlichen Beziehungen offenbarten Champollion und Young weitere Belege für ihre gegensätzlichen Charaktere. Champollion hatte einen älteren Bruder, der sein lebenslanger Vertrauter und schon früh sein intellektueller Mentor war. Die beiden wohnten fast immer unweit voneinander und schrieben sich, wenn sie einmal getrennt waren, Unmengen von Briefen. Champollions Liebe und Dankbarkeit kannten keine Grenzen. »Du hast mir schon vor langer Zeit bewiesen, dass wir beide eigentlich ein und dieselbe Person sind«, schrieb er seinem Bruder 1818, nach einem weiteren Missgeschick und einer weiteren Rettung.[11] »Mein Herz sagt mir, dass wir niemals zwei voneinander getrennte Menschen sein werden.«

Solche Schwärmerei war Young gänzlich fremd. Er war zwar beispielsweise seiner Frau zutiefst ergeben, aber als er seine Autobiographie schrieb (in der dritten Person!), widmete er seiner Ehe nur einen einzigen Satz. »1804 ehelichte er Miss Eliza Maxwell, zweite Tochter von J.P. Maxwell, Esq. of Cavendish Square.«[12]

Beide Männer erkannten schon früh, dass sie Berge von hieroglyphischen Texten benötigen würden, wenn ihre Bemühungen um Entschlüsselung Früchte tragen sollten, doch selbst in dieser Hinsicht gingen sie die Sache ganz unterschiedlich an. Champollion brannte darauf, nach Ägypten zu kommen, um die Wunder dieses außergewöhnlichen Landes mit eigenen Augen zu sehen. Was konnte besser sein, als Inschriften eigenhändig zu kopieren und eigene Texte zu sammeln? Young hatte keinen Sinn für derlei Mühen. Warum nicht stattdessen »einen armen Italiener oder Malteser anheuern, damit der sich durch Ägypten schlägt?«[13]

Champollion war immer in Eile, immer wütend auf die Dummköpfe, die im Leben nichts Besseres zu tun hatten, als ihm im Weg zu stehen. (Vielleicht war seine angeschlagene Gesundheit der Grund für diese lebenslange Ungeduld.) Er glaubte leidenschaftlich an die Maxime, was es wert ist, getan zu werden, ist es auch wert, bis zum Exzess getan zu werden. Trotz der bescheidenen dörflichen Herkunft als Kind von Eltern, die kaum selbst über die Runden kamen, wurde er schon mit neunzehn Jahren Universitätsprofessor. »Er kam aus dem Dunkel ins grelle Licht geschossen wie ein Pfeil«, schrieb ein Biograph voller Staunen.[14]

Young, wenngleich nicht minder ehrgeizig, vermittelte stets den Eindruck, alle Zeit der Welt zu haben. Vielleicht war es ja auch so. Young wandte sein Denken im Sommer 1814 erstmals Ägypten und den Hieroglyphen zu. Bis dahin hatte er eine atemberaubende Karriere in der Wissenschaft und der Medizin hingelegt. Er war 41 Jahre alt. Champollion *starb* mit 41 Jahren.

Hinter Thomas Youngs unterkühlter Fassade schlug ein heißes Herz. Er erhob nur selten die Stimme, aber das war eher eine Stilfrage denn eine Sache des Temperaments. »Wissenschaftliche Untersuchungen sind eine Art Krieg«, vertraute er einem Freund an, und die Feinde in diesem Krieg waren »alle Zeitgenossen und Vorgänger«.[15] Wenngleich als Quäker erzogen, gab Young zu, dass es ihm Freude bereitete, seine Widersacher zu besiegen. »All dies hält mich am Leben, müssen Sie wissen.«

Champollion ging ebenfalls keinem Wettstreit aus dem Weg, und er war nicht so schüchtern wie Young, was seine Kampfeslust anging. Er war »ein giftiger Polemiker« nach Einschätzung seines Biographen Jean Lacouture, »mitunter gehässig, ein unversöhnlicher Streiter, intolerant.«[16]

Zweifellos hätte Champollion auch *diesem* Urteil widersprochen. Nicht dass er streitlustig gewesen wäre, aber ein Mensch muss sich doch verteidigen. »Glücklicherweise war ich mit scharfem Schnabel und Krallen gesegnet«, erklärte er gerne, nach einem Zusammenstoß mit einem Rivalen.[17]

Schon im Alter von zehn oder elf Jahren fokussierte Champollion seine enormen Begabungen ausschließlich auf Ägypten. (Er folgte dem Vorbild seines großen Bruders, der selbst eifrig Sprachen studierte und eine Leidenschaft für Ägypten und den Stein von Rosette hegte.) Im Teenageralter war aus dem Interesse eine Obsession geworden. Champollion veröffentlichte seine erste Arbeit, über Ortsnamen im alten Ägypten, im Alter von sechzehn Jahren. Die Idee dahinter war, dass die Namen von Städten, Flüssen und anderen geografischen Merkmalen vielleicht Rückschlüsse auf die Sprache des alten Ägypten erlauben würden, da sich Namen oft nur sehr langsam verändern. (Champollions Strategie war derjenigen von Linguisten unserer Zeit verwandt, die in Namen wie *Massachusetts* oder *Minnesota* nach Einblicken in die Sprachen der amerikanischen Ureinwohner Ausschau halten.)

Der Teenager hielt einen Vortrag mit seinen Erkenntnissen vor einer Gesellschaft von Gelehrten und krönte seinen Auftritt mit der Information an das Publikum, er würde eines Tages das Rätsel der Hieroglyphen lösen.[18]

Mit achtzehn Jahren begann er ein ernsthaftes Studium der koptischen Sprache. Das war nicht die Sprache Ägyptens zu Zeiten der Pharaonen – diese Sprache war tot und längst vergessen –, das Koptische entwickelte sich erst später. Dem Koptischen war nur eine kurze Zeitspanne als Sprache Ägyptens beschieden gewesen, aber Champollion setzte darauf, dass die Sprache viele Eigenschaften ihrer Vorgängerin sozusagen geerbt hatte.

Die große Zeit des Koptischen dauerte ungefähr vom dritten Jahrhundert unserer Zeitrechnung bis kurz nach der Eroberung Ägyptens durch die Araber im Jahr 642. In den folgenden Jahrhunderten verdrängte der Islam das Christentum, und Arabisch verdrängte das Koptische. Um das 17. Jahrhundert war eine einst lebendige Sprache zu einem reinen Relikt geschrumpft. 1677 behauptete ein deutscher Reisender, er wäre dem letzten lebenden Muttersprachler des Koptischen begegnet, in einem Dorf irgendwo in Oberägypten.[19]*

Aber diese ausgestorbene Sprache wird eine bedeutende Rolle in unserer Geschichte spielen, und wir wollen einen Moment innehalten, um sie uns etwas näher anzusehen. Zu der Zeit, als der Stein von Rosette gefunden wurde, war Koptisch fast genauso vollständig verschwunden wie das alte Ägyptisch. Einige wenige Wissenschaftler konnten es noch lesen, und Koptisch blieb die offizielle Sprache der Christlich-Koptischen Kirche Ägyptens. (Bis heute ist die Sprache in koptischen Kirchen zu hören, ebenso wie Latein in katholischen Kirchen.) Für Entschlüssler, die verzweifelt nach irgendeinem Zugang zu Ägyptens Geheimnissen suchten, lautete die entscheidende Frage, ob das Koptische eine Weiterentwicklung des alten Ägyptisch war oder ein eigenständiger Nachfolger. Champollion setzt mit heißem Herzen auf die sprachliche *Verwandtschaft* und stürzte sich ins Studium dieser untergegangenen Sprache, in der leidenschaftlichen Überzeugung, damit würde er seinem eigentlichen Ziel, dem Ägyptischen, ein Stück näherkommen.

---

* Johann Vansleb kam in Ägypten sehr weit herum, aber es wäre falsch, sich allzu sehr auf seine Augenzeugenberichte zu stützen. Er beschrieb beispielsweise einen Vogel, »so stark, dass manche sagen, er konnte einen Mann in die Lüfte tragen«, und er beschrieb sehr detailliert, wie sich Krokodile Bauch an Bauch paaren. (Einmal auf dem Rücken liegend, sind sie vollkommen hilflos und kommen nicht wieder auf die Beine, schrieb Vensleb, aber noch wäre nicht alles verloren, da Krokodile ebenso ritterliche wie wilde Tiere wären. »Das Männchen kümmert sich, wenn er sich seiner Pflicht entledigt hat, das Weibchen wieder auf den Bauch zu drehen, aus Angst vor den Jägern.«)

Das Koptische besaß ein entscheidendes Merkmal, das es vom Ägyptischen unterschied. Geschrieben wurde es nicht in Hieroglyphen, sondern im griechischen Alphabet, erweitert durch ein halbes Dutzend Zeichen für Laute, die im Griechischen nicht vorkamen. Koptisch sah demnach aus wie Griechisch, und es enthielt überdies eine erkleckliche Anzahl griechischer Wörter. In der Folge nahmen die meisten Wissenschaftler an, Koptisch und Griechisch wären verwandte Sprachen, nicht aber Koptisch und Ägyptisch.[20] Champollion hatte wichtige Mitstreiter, die seine abweichende Ansicht teilten, darunter auch Åkerblad und de Sacy. Dennoch war er mit seiner Meinung eindeutig in der Minderheit.

Da das Koptische mit griechischen Buchstaben geschrieben wurde, ging das Wissen darüber, wie die Sprache zu lesen war, niemals verloren. Das war ganz entscheidend, da sich Champollions Vermutung als richtig erwies – Koptisch leitet sich *in der Tat* vom Ägyptischen ab, und es bot *in der Tat* eine Brücke, über die der Zugang zu jener antiken Sprache möglich war. Zu den Zeiten Youngs und Champollions verfügte der Westen allerdings nur über eine Handvoll koptischer Handschriften. Ohne einige wenige kühne Sammler und Reisenden hätte es vielleicht überhaupt keine gegeben.

Der vielleicht wichtigste Sammler war der italienische Adlige Pietro della Valle, der sich im Jahr 1614 auf eine Reise durch den Nahen Osten begab, um sich von seinem gebrochenen Herzen zu kurieren. Die Reise sollte mehrere Jahre dauern.[21] (Er hatte sich selbst nach der Trennung vor die Wahl gestellt, entweder auf Reisen zu gehen oder sich umzubringen.) Als gelernter Komponist führte della Valle ein seltsames, bemerkenswertes Leben. Er war der erste neuzeitliche Besucher, der die Ruinen von Babylon beschrieb, und der erste, der in Keilschrift beschriftete Tontafeln nach Europa brachte.[22]

1615 verliebte er sich in Bagdad in eine junge Frau mit Namen Sitti Maani. Bald darauf reiste das junge Paar nach Ägypten, wo della Valle zufällig mehrere Exemplare koptischer Schriften zu sehen bekam. Er zog den (falschen) Schluss, eine neue Sprache und Schrift entdeckt zu haben, und dass das koptische Alphabet so alt war wie die Hieroglyphen (was ebenfalls nicht stimmte). Diese falschen Hoffnungen regten ihn an, mehrere koptische Manuskripte zu erwerben.

Dann, im Jahr 1621 starb Sitti Maani bei der Geburt ihres Kindes. Der todunglückliche della Valle gelobte, ihren Leichnam zurück nach Rom zu begleiten, um sie in einer Grabstätte, für die er sich bereits entschieden hatte, zu bestatten. Er bestellte einen speziell angefertigten, luftdichten Sarg. Danach zog er über die Dauer der nächsten fünf Jahre zurück nach Hause, im Gepäck dabei stets die sterblichen Überreste seiner Frau, zwei in Ägypten erworbene Mumien und seine koptischen Manuskripte.[23]

Unter diesen Schriften befand sich auch ein Koptisch-Arabisches Wörterbuch sowie ein Buch (auf Arabisch) über die koptische Grammatik. Am Ende landete die Sammlung in der Bibliothek des Vatikans in Rom. Ohne die Informationen in diesen halbverwitterten Texten hätte der Stein von Rosette seine Geheimnisse vielleicht bis heute nicht offenbart.

Champollion scheint niemals Zweifel daran gehabt zu haben, dass das Koptische für seine Dechiffrierarbeit von entscheidender Bedeutung sein würde. Gerade einmal achtzehn Jahre alt, schrieb er aufgeregt seinem Bruder: »Ich gebe mich ganz und gar dem Koptischen hin … Ich möchte Ägyptisch so gut kennen wie mein eigenes Französisch, denn auf dieser Sprache wird meine große Arbeit über die ägyptischen Papyri gründen.«[24]

Er ließ fast unverzüglich einen weiteren Brief an seinen Bruder folgen. »Ich träume nur noch auf Koptisch … Ich bin so koptisch, dass ich zum Spaß alles ins Koptische übersetze, was mir in den Sinn kommt. Ich führe Selbstgespräche auf Koptisch (da mich ja ohnehin niemand anders verstehen würde).«[25]

Champollion freundete sich mit einem koptischen Priester an, der ihm beim Erlernen der Sprache half. Das Beste an alledem fand er den Besuch koptischer Gottesdienste, bei denen er den Klang des Koptischen auf sich wirken lassen konnte.[26] Freudig vermerkte er außerdem, dass er seinen Rivalen voraus wäre. Er wusste aus sicherer Quelle, dass »Åkerblad nicht viel über das Koptische wusste.«

Den Großteil seiner Arbeit an der koptischen Sprache verrichtete Champollion in der Nationalbibliothek in Paris. Dort vertiefte er sich in die Berge von Büchern, die Napoleon sich als Kriegsbeute aus der Bibliothek des Vatikans in Rom geschnappt hatte. Zu dem Stapel koptischer Bücher zählten auch diejenigen, die della Valle einst zusammen mit dem Leichnam seiner Gemahlin nach Hause geschleppt hatte.

Ein Jahrzehnt später, nachdem Napoleon besiegt war und die geplünderten Schriften wieder in den Vatikan zurückgebracht worden waren, fand ein Wissenschaftler

Champollions handschriftliche Notizen an den Seitenrändern. »Ich glaube, es gibt nur wenige koptische Bücher in Europa, die er nicht untersucht hat ... Es gibt im Vatikan kein einziges Buch in dieser Sprache, das nicht auf fast jeder Seite mit Anmerkungen Champollions versehen wäre. Diese Notizen wurden von ihm eingefügt, als die Schriften in Paris waren.«[27]

Youngs Herangehensweise war eine gänzlich andere. Champollion entschied sich für ein einziges Fachgebiet und dachte niemals daran, an etwas anderem zu arbeiten. Young wechselte mit der Leichtigkeit und Nonchalance einer Bergziege, die locker eine Klippe überspringt, von einem Thema zum nächsten. Sogar die Kollegen, die in seinem Umfeld arbeiteten, bewunderten seine Vielseitigkeit. »Er wusste so viel«, schrieb Sir Humphry Davy, der bekannteste britische Wissenschaftler des frühen 19. Jahrhunderts, »es war kaum zu sagen, was er nicht wusste.«[28]

Young hatte, wie es schien, schon von frühester Kindheit an alles gewusst. Im Alter von zwei Jahren, erinnerte er sich später, hatte er »recht flüssig Lesen gelernt.«[29] Mit sechs Jahren war seine Lektüre bereits breit gefächert. Er hatte die Bibel gelesen und *Gullivers Reisen* und *Robinson Crusoe*, aber auch Gedichte von Pope und Goldsmith, sowie ein Buch über ein Wunderkind mit Namen Tom Telescope. Das Buch hieß »The Newtonian System of Philosophy, Adapted to the Capacities of Young Gentlemen and Ladies«. In seinen Studententagen war er eine derart schillernde Gestalt, dass seine Kommilitonen ihn als das »Phänomen Young« titulierten.[30]

Jahrzehnte nach Youngs Tod stand der renommierte Physiker Hermann von Helmholtz ratlos vor der Frage, wie das Auge Farben sieht. Helmholtz suchte in der wissenschaftlichen Literatur nach Hinweisen und fand heraus, dass Young das Problem schon vor Jahren gelöst hatte. Zu jener Zeit hatte ihn bloß niemand verstanden. Young war von solchem Weitblick, schrieb Helmholtz, dass dies geradezu ein typisches Muster war – seine besten Ideen lagen begraben und vergessen in irgendwelchen wissenschaftlichen Journalen (ganz ähnlich wie die Hieroglyphen in einer Papyrusrolle) und warteten darauf, dass irgendwann eine neue Generation in der Lage sein würde, seine kryptischen Botschaften zu entziffern.[31]

Diese bahnbrechenden Erkenntnisse deckten viele Gebiete ab. Als gelernter Arzt entdeckte Young als Erster, wie das Auge je nach Entfernung des betrachteten Objekts seinen Brennpunkt veränderte.* Davon ausgehend arbeitete er an der Frage des Farbsehens, was dann Helmholtz später wiederentdeckte. (Beinahe im Vorübergehen sollte Young später die Erklärung dafür finden, dass Seifenblasen in bunten Farben schillern.) Er war der

* Young arbeitete immer am liebsten auf eigene Faust, auch wenn das hieß, dass er Experimente an seinen eigenen Augen durchführen musste. Bei der Lektüre seiner Berichte über seine Erforschung des Sehvermögens zuckt man unweigerlich zusammen. Um die Größe seiner Augen zu vermessen, stumpfte Young beispielsweise die beiden Enden einer Kompassnadel ab und praktizierte dann das eine Ende an die Rückseite des eigenen Auges, das andere an die Vorderseite. »Bei einem weniger hervorstehenden Auge«, notierte er, »hätte diese Methode möglicherweise nicht funktioniert.«

erste Mensch, der den Begriff »Energie« in dessen wissenschaftlicher Bedeutung verwendete, wie in »atomarer Energie«.[32] Aufgrund seiner Neugier in Fragen der Akustik schuf er eine neue Möglichkeit, Tasteninstrumente zu stimmen, und er entwickelte eine Theorie über die Gesamtzahl der Laute, die der Mensch mit Zunge und Kehlkopf erzeugen kann. (Er kam auf 47 Laute und erfand ein universelles Alphabet zur Darstellung dieser Laute.) Eines Tages war er abgelenkt durch ein paar Schwäne, die in einem Teich schwammen, und begann zu überlegen, wie sich kleine Wellen über das Wasser ausbreiten. Bald darauf gingen seine Überlegungen von Wellen auf dem Wasser über zu Wellen ganz allgemein. Es dauerte nicht lange, und Young hatte den Beweis erbracht, dass Licht sowohl eine Welle als auch ein Teilchen ist.

Das war nicht bloß für sich genommen eine große Erkenntnis, es widerlegte sogar Isaac Newton, der fest davon überzeugt gewesen war, Licht wäre ein Teilchen. Newton galt als schier gottgleiche Gestalt, und ihn in Frage zu stellen war schockierend. Und dennoch widersprach Young dem großen Mann (da war er 27 Jahre alt), als wäre es das Normalste von der Welt.

Diese Episode verdient einen Moment der Aufmerksamkeit, da sie Youngs intellektuelles Vermögen und zugleich seinen Wagemut belegt. Darüber hinaus bestärkte dieser Triumph Young in seiner Überzeugung, jedes Rätsel in Angriff nehmen und es durch die schiere Kraft des Intellekts lösen zu können.

Auch wenn ihm Selbstbeweihräucherung fern lag, erkannte Young durchaus seine Begabungen. Talente wie das seine, gab er in seiner Autobiographie zu, hatten

»eine natürliche Neigung, bei einem Menschen, der sich seiner eigenen Fähigkeiten einigermaßen bewusst ist, ein Gefühl zu erzeugen, das von Arroganz und Vermessenheit nicht sehr weit entfernt ist.«[33]

Was ihn zu seinen Erfolgen in der Medizin und Physik geführt hatte, würde sich gewiss auch auf Sprachen und deren Entschlüsselung übertragen lassen. Andere hätten es vielleicht erfolglos versucht, schrieb Young einem Freund, aber die gescheiterten Versuche anderer nahm er nicht als Warnung, sondern als Einladung. Die Hieroglyphen versetzen seit vierzehn Jahrhunderten die Welt in ratloses Staunen? *Nun gut, sehen wir uns die Sache doch einmal an.*

Der Disput um Welle und Teilchen, in den sich Young so ungeniert stürzte, hätte kaum grundsätzlicher sein können: Bei der Frage ging es auch um die grundlegende Struktur der Welt. Insbesondere ging es um die Frage, wie Licht funktioniert. Das Licht einer nur wenige Meter entfernten Kerze erkennt das menschliche Auge klar und deutlich; und wenn jemand das Zimmer betritt und sich vor den Betrachter stellt, verschwindet die Kerze aus dem Blickfeld. Klang funktioniert dagegen ganz anders. Wenn ein Pianist wenige Meter entfernt an seinem Instrument sitzt und »Happy Birthday« spielt, hören Sie das Lied klar und deutlich; und wenn jemand den Raum betritt und sich vor Sie hinstellt, hören Sie das Klavier noch immer klar und deutlich. In der Zeit vor Youngs Erkenntnissen schien der Grund für diesen Unterschied leicht erklärbar zu sein: Licht bewegt sich in geraden Linien, deshalb können Hindernisse das Licht blockieren; Klang bewegt sich wellenförmig fort, deshalb kann er

Hindernisse umgehen, ebenso wie Wasserwellen um ein Hindernis herumfließen können.

Newton hatte genau so argumentiert. Nehmen Sie eine Röhre aus Pappe und halten Sie sie ans Auge, hatte Newton gesagt, und Sie werden Licht durch die Röhre sehen. Machen Sie einen Knick in die Röhre, und Sie sehen nichts mehr. Durch eine geknickte oder gebogene Röhre können Sie jedoch fast genauso gut *hören* wie durch eine gerade Röhre. Dies war der Beweis, folgerte Newton, dass Licht aus Teilchen bestand und Klang aus Wellen. QED. Aber dann kam Young.

Young erklärte der staunenden Öffentlichkeit, dass Newtons Darlegungen nicht zeigten, was Newton zu zeigen geglaubt hatte. Licht und Klang unterscheiden sich gar nicht so grundlegend. Beides sind Wellen, aber Lichtwellen sind winzig, verglichen mit Klangwellen. Deshalb lässt sich zwar ein Lichtstrahl mit der bloßen Hand blockieren, aber ein Felsblock vor der Küste schafft es *nicht*, das Wasser vom Strand fernzuhalten. Allein schon dank dieser Demonstration sollte Young eine hohe Stufe im Pantheon der Physik einnehmen.

»Es gibt zwei Arten von Genies«, schrieb Mark Kac, ein Mathematiker des 20. Jahrhunderts, über Richard Feynman, »die ›gewöhnlichen‹ und die ›magischen‹. Ein gewöhnliches Genie ist jemand, dessen Leistung du und ich auch erreichen könnten – wir müssten eben nur um ein Vielfaches besser werden. Hinter der Funktionsweise seines Verstands liegt aber keinerlei Geheimnis. Sobald wir verstehen, was solche Genies geleistet haben, sind wir gewiss, dass wir das auch hätten bewerkstelligen können. Bei den magischen Genies liegen die Dinge anders.«[34]

Young zählte zweifellos zur magischen Kategorie, war offenbar in der Lage, seine Begabungen auf jedes Mysterium auszurichten, das ihm ins Auge fiel. Er wandte sich Ägypten zu, aber nicht aus einer Faszination heraus, die ihn von klein auf begleitet hätte, sondern weil er einfach das verlockendste Rätsel seiner Epoche lösen wollte. Champollion war »bloß« ein brillanter Geist, der sich seit Kindertagen auf alles gestürzt hatte, was mit Ägypten zu tun hatte. Young wollte die Lösung eines Rätsels finden. Champollion wollte eine ganze Kultur vom Schleier des Ungewissen befreien.

12

Thomas Young ist beinahe überrascht

1813 las Thomas Young etwas, das seine Aufmerksamkeit erregte. Wie so oft hatte er zum Zeitvertreib etwas angepackt, was den meisten anderen als Herkulesarbeit erschienen wäre – er verfasste eine Besprechung eines dreibändigen Opus über die Geschichte der Sprache, das auf Deutsch verfasst war. Darin ging es um Aspekte wie die Verbindungen zwischen Sanskrit und den europäischen Sprachen.

Eine kurze Passage stach besonders hervor. Die Schrift auf dem Stein von Rosette, hieß es dort, ließe sich »in ein Alphabet analysieren, das aus kaum mehr als dreißig Buchstaben besteht.«

Bis dahin war, auch wenn Young das nicht wusste, jeder Versuch, das Rätsel des Steins von Rosette in Angriff zu nehmen, ins Leere gelaufen. Dann, im Mai 1814, zeigte ein Freund Young zufällig einen Papyrus, den er auf einer Ägyptenreise erworben hatte. Der stark beschädigte Papyrus war voller mysteriöser Symbole. Gefunden hatte man ihn in einem Grab unweit der Stadt Luxor (in der Antike hieß der Ort Theben), im Sarg einer

Mumie.[1]* Fasziniert von der Vorstellung eines geheimnisvollen Alphabets und einer Schrift, die niemand zu lesen vermochte, beschloss Young, sich den Stein von Rosette einmal anzusehen.

Mit Vorliebe verbrachte er den Sommer in seinem Landhaus und beschäftigte sich mit Dingen, die zuletzt seine Aufmerksamkeit angeregt hatten. Ausgestattet mit einer Kopie der Inschriften auf dem Stein von Rosette sowie mit den Aufsätzen von de Sacy und Åkerblad, in denen sie ihre Arbeit beschreiben, machte er sich ans Werk. »Du sagst mir, ich könnte die Welt in Staunen versetzen, wenn ich die Inschrift entziffern würde«, schrieb er einem Freund namens Hudson Gurney.[2] Die beiden kannten sich bereits seit der Kindheit, und gegenüber Gurney legte Young inzwischen seine Zurückhaltung so weit ab wie gegenüber niemand sonst. Hatte Gurney bei der Größe der Herausforderung nicht ein wenig übertrieben? »Ich finde es ganz im Gegenteil erstaunlich, dass der Text nicht schon längst entziffert wurde.«

Young machte sich an die Arbeit und durchsuchte die ägyptischen Zeichen eingehend nach Mustern. Wie seine

---

* Youngs Freund William Rouse Boughton hatte den Papyrus einige Jahre zuvor gekauft, als er Ägypten bereiste. »Im Verlauf des Jahres 1811«, berichtet Rouse Boughton, »hatte ich das Glück, einer Mumie zu begegnen.« Bei der Mumie befand sich »etwas auf Papyrus Geschriebenes in perfektem Erhaltungszustand.« Rouse war so angetan von seinem Kauf, dass er sich zum Schutz des kostbaren Stücks eine Blechdose für den Papyrus anfertigen ließ und das Ganze per Schiff nach Hause schickte. Das ging allerdings nicht gut. Der wertvolle Text wurde »unglücklicherweise in Salzwasser getränkt«, aber immerhin hatten die Fragmente, wie Rouse Broughton hoffnungsvoll vermerkte, »nicht ihren ganzen Wert eingebüßt.«

Vorgänger begann auch er nicht mit den Hieroglyphen, sondern mit dem demotischen Text. Und wie seine Vorgänger hatte er damit eine Entscheidung getroffen, die sein Vorhaben von Anfang an zum Scheitern verurteilte.

Er ging methodisch und hochkonzentriert vor, wie bei allen seinen Unternehmungen. Eines der Symbole kam »29 oder 30 Mal« vor; das einzige griechische Wort, das ähnlich oft zu finden war, war *König* – 37 Mal nach Youngs Feststellungen.[3] Er fand außerdem vierzehn Vorkommen einer anderen Zeichenfolge im Ägyptischen vor; das passte einigermaßen zu den elf Erwähnungen des Namens *Ptolemaios* im Griechischen.

Young probierte es mit einem anderen Plan, der erneut seine methodische, beinahe wissenschaftliche Vorgehensweise belegte. Er begann, sich eingehend in den griechischen Text zu vertiefen. Der erste Schritt, erläuterte er, umfasste das »Markieren der Stellen, an denen die auffälligsten Wörter wie *Gott, König, Priester* und *Schrein* stehen, auf einem geraden Lineal.«[4] Ausgestattet mit der Information über den Abstand zwischen den Wörtern im Griechischen, oder dem Abstand dieser Wörter zum Anfang oder Ende des griechischen Texts, suchte Young nach Zeichenfolgen in den anderen Inschriften, die ungefähr an den zu erwartenden Stellen standen.

Diese Arbeit war ebenso mühselig wie unscharf hinsichtlich der Zielsetzung, da ja niemand wissen konnte, wie die ägyptische Grammatik konstruiert war. Vielleicht standen die wichtigsten Wörter in einem Satz am Anfang, oder auch am Ende, oder vielleicht gehorchte die Wortreihenfolge auch irgendeiner eher obskuren Regel. All dies wurde noch dadurch erschwert, dass vom Hieroglyphen-Text so viel fehlte. Man konnte experimentieren ohne Ende, aber es kam nichts wirklich Verlässliches dabei heraus.

Jedes Mal, wenn Young eine Vermutung anstellte, übertrug er die entsprechenden Zeichenfolgen auf ein großes Blatt Pergament. Direkt darüber schrieb er das entsprechende griechische Wort, in seiner winzigen und akkuraten Handschrift. Man meint fast, ihn zu hören, wie er dabei zufrieden vor sich hin summt. »Gewiss sollte das mit ein paar Tagen Arbeit« zu enträtseln sein, schrieb Young an Gurney.[5]

Dem war aber nicht so. »Ich bin jetzt schon einen Monat daran«, gestand er frustriert gegen Ende des Sommers, und er hatte als Früchte dieser Arbeit noch nicht viel vorzuweisen. Größtenteils hatte er nur das wiederentdeckt, was Åkerblad bereits vor ihm herausgefunden hatte. Das war, murrte Young, »unerträglich provozierend.«[6]

Für einen Mann, dessen Leistungsbilanz ausschließlich aus Triumphen bestanden hatte, war das nicht bloß irritierend, es war ihm fast unbegreiflich. Erstmals konfrontiert mit einem Mysterium, das er nicht enträtseln konnte, sinnierte Young am Ende über ein Metamysterium – wie war es möglich, dass seine Geisteskraft ihn im Stich gelassen hatte? »Die Schwierigkeiten erweisen sich als weit größer als erwartbar gewesen wäre«, berichtete er Gurney voller Bestürzung und Verwunderung, »und ich bin beinahe überrascht, dass die Arbeit, die ich diesen Problemen gewidmet habe, so wenig bewegen konnte.«[7]

Young schrieb an de Sacy, die anerkannte Autorität

für alte Sprachen. Er wusste, dass de Sacy und danach auch Åkerblad sich mit dem Stein von Rosette beschäftigt hatten, aber das war schon ein Dutzend Jahre her. Was war in der Zwischenzeit geschehen? »Ich möchte unbedingt wissen, ob Mr. Åkerblad seine Bemühungen um die Entschlüsselung der Schrift fortgesetzt hat.«[8]

De Sacy antwortete beschwichtigend. Er und Åkerblad hatten sich anderen Fragen zugewandt – das Geheimnis war noch immer nicht gelüftet –, und in jedem Fall hatte er »stets größte Zweifel gehegt« hinsichtlich Åkerblads Behauptung, die Grundlagen eines demotischen Alphabets gefunden zu haben.[9]

Aber dann, Young wollte vielleicht gerade einen Seufzer der Erleichterung von sich geben, kam dieser ominöse Zusatz – »Ich sollte hinzufügen, dass Monsieur Åkerblad nicht der Einzige ist, der von sich behauptet, den ägyptischen Text des Steins von Rosette gelesen zu haben. Monsieur Champollion, der gerade erst zwei Bände über die antike Geographie Ägyptens veröffentlicht hat und sich aktiv um das Studium der koptischen Sprache bemüht, gibt ebenfalls an, die Inschrift gelesen zu haben.«[10]

Möglicherweise hatte Young auf diesem Weg erstmals vom Namen Champollion gehört. Ob Champollion zu dem Zeitpunkt schon von Young gehört oder zumindest gerüchteweise davon erfahren hatte, dass auch Young sich auf die Spur des Steins von Rosette begeben hatte, weiß niemand zu sagen. In jedem Fall war de Sacys Neuigkeit nicht so ganz präzise. In Wirklichkeit war der Sommer 1814 für Champollion genauso frustrierend gewesen wie für Young. »Ich arbeite unablässig an der Inschrift aus Rosette«, schrieb er einem Freund, »und die Ergebnisse stellen sich nicht so rasch ein, wie ich es mir gewünscht hätte.«[11]

Dann ereignete sich ein bizarrer Zufall. Nahezu zu exakt der gleichen Zeit, als Young den Brief von de Sacy mit dessen Neuigkeit über einen französischen Entschlüssler erhielt, nahm Champollion erstmals Kontakt zu Young auf – aus Versehen! Champollion hatte einen Brief geschrieben und darin um Informationen über den Stein von Rosette gebeten. Aufgrund eines Missverständnisses schickte er den Brief jedoch an Young. Das war ein kompletter Glückstreffer – als hätte Sherlock Holmes Informationen über einen bestimmten Fall benötigt und seine Bitte um Hilfe zufällig an Professor Moriarty geschickt.

Champollion hatte seinen Brief über den Stein von Rosette in Wirklichkeit an den Präsidenten der Royal Society in London geschickt. Er hätte zwei Kopien der Inschriften, schrieb er, aber an ein paar Stellen würden diese Kopien nicht übereinstimmen. »Ich bin überzeugt, ich hätte das Lesen der gesamten Inschrift bereits abgeschlossen«, schrieb Champollion, »wenn ich einen direkt vom Original gefertigten Gipsabdruck vor Augen hätte.«[12] *Ob die Society ihm wohl aus dieser Schwierigkeit heraushelfen könnte?*

Aber die Royal Society hatte mit dem Stein von Rosette nicht das Geringste zu tun. Champollion hätte seinen Brief an die Society of Antiquaries richten müssen, eine gänzlich andere Organisation. Champollions Brief gelangte in die Hände des »Außenministers« der Royal

Society, der Person also, die für die Korrespondenz mit Wissenschaftlern im Ausland zuständig war. Dieser Außenminister war niemand anderer als Thomas Young.

Plötzlich schien Champollion überall aufzutauchen, wohin Young seinen Blick wendete. Er hatte zuerst die Warnung in de Sacys Brief bekommen und dann Champollions falsch adressierten Brief. Nun meldete sich sein Freund Gurney mit alarmierenden Neuigkeiten. Hatte Young schon davon gehört, dass ein Franzose, ein gewisser Champollion, die Erforschung des Steins von Rosette betrieb? Young antwortete ihm unverzüglich. »Dein erster Brief weckt mich aus meiner Ruhe und erfüllt mich mit Ungeduld, Champollions Arbeit zu sehen zu bekommen.«[13]

Young versicherte Gurney (oder auch sich selbst), dass er, Young, die Nase vorn hatte – er hatte viel mehr Wörter entziffert, als Sacy und Åkerblad es jemals vermocht hatten. Trotzdem bereitete Champollion Young Kopfschmerzen. Er schloss seinen Brief an Gurney mit der Bitte, er möge ihm Champollions Buch über die Geographie Ägyptens zusenden, und die Hervorhebung in seiner Bitte – im folgenden Zitat *kursiv* dargestellt – unterstreicht seine Nervosität. »Du kannst dir leicht vorstellen, dass ich einigermaßen begierig bin zu erfahren, was *er gemacht hat*.«[14]

Ausgebremst vom Stein von Rosette selbst, machte Young einen Schritt zurück. Anstatt sich ausschließlich mit den Inschriften auf dem Stein selbst zu beschäftigen, wollte er einen Blick auf ägyptische Schriften ganz allgemein werfen und nach Mustern oder irgendetwas Anderem Ausschau halten, das ihn auf die richtige Spur bringen könnte.

Youngs Vielseitigkeit sticht einem zuerst ins Auge, aber es war die Kombination aus Hartnäckigkeit und umfassender Brillanz, die ihn tatsächlich zum »Phänomen Young« werden ließ. Aus der Ferne betrachtet mag es dilettantisch gewirkt haben, wie er ständig in alle möglichen Richtungen voranpreschte. Seine Notizen und Dokumente stellen jedoch klar, wie falsch dieser Eindruck war.

Für sich alleine und außerhalb des Blicks der Öffentlichkeit, zwischen besagten Vorstößen, arbeitete Young unermüdlich. Wie viele Dechiffrierer besaß er eine unendliche Geduld und ein außergewöhnlich gutes visuelles Gedächtnis – er wäre ein genialer Puzzlespieler gewesen.* Young hatte sich schon vor dem Stein von Rosette Dechiffrierarbeiten vorgenommen, und viele dieser Bemühungen bedeuteten wochenlanges Grübeln über verblassten und beschädigten Texten in antiken Sprachen, verbunden mit dem Versuch, zu erraten, wohin wohl eine winzige Schleife an irgendeiner Stelle gehörte, oder welche Wörter im Verlauf von tausend Jahren mehr oder weniger verschwunden waren, weggenagt von Würmern und vom Zahn der Zeit.

Diese Art von Arbeit ist unendlich schwierig. In einem

---

* Ein Kollege des großen Dechiffrierers Michael Ventris – ihm werden wir in Kapitel 15 begegnen – staunte, Ventris hätte sich »derart vertraut mit den visuellen Aspekten von Texten gemacht, dass große Textabschnitte in seinem Kopf gleichsam als optische Muster abgedruckt waren, lange bevor die Entschlüsselung die Texte mit Sinn und Bedeutung erfüllte.«

berüchtigten Fall aus dem Jahr 1904 veröffentlichte ein britischer Wissenschaftler eine in den höchsten Tönen gelobte Übersetzung eines lateinischen Texts, den man gerade in der englischen Stadt Bath gefunden hatte. Die Schrift, eingeritzt in eine Bleitafel, war verblasst und unvollständig, und die Übersetzung galt als echter wissenschaftlicher Geniestreich. *Man stelle sich vor – aus ein paar spärlich erhaltenen Zeilen und Strichen diese ganzen Buchstaben und Wörter herausgelesen zu haben!*

Neunzig Jahre später sah sich ein Historiker in Oxford die Beweisstücke noch einmal genauer an.[15] Die ursprüngliche Übersetzung war, wie sich herausstellte, komplett falsch, ein Lehrstück in Selbsttäuschung auf der Basis hoffnungsfroher Vermutungen und zweifelhafter Annahmen. Der Dechiffrierer des Jahres 1904 hatte die Tafel verkehrt herum gehalten.

Young hatte einen zu scharfen Blick, als dass ihm ein solcher Fauxpas hätte passieren können. Aber bis auf den heutigen Tag gehört zur täglichen Arbeit des Dechiffrierens eine endlose Aneinanderreihung von Gewissensentscheidungen. Vor allem wenn es um handschriftliche Dokumente geht, sind die Anhaltspunkte oft so subtil, dass es fast unmöglich ist, sie zu entziffern. Deshalb müssen es die Computer erst noch schaffen, die menschlichen Codeknacker zu verdrängen.

(Nichtfachleute haben sich die Aufgabe gestellt, Dechiffrierern bei der Arbeit gewissermaßen über die Schulter zu schauen in der Hoffnung, deren Strategien erklären zu können. Meist geben sie wieder auf und sind am Ende eher verwirrt und keineswegs klüger als am Anfang. Ein bedeutender Pionier des Studiums der Keilschrift hatte beispielsweise ein Händchen dafür, Fragmente zerbrochener Tontafeln zusammenzufügen. »Eine solche Tafel kann in ein Dutzend oder mehr Stücke zerbrochen sein«, erzählt uns sein Biograph, »und kann inzwischen weit verstreut unter den hunderttausenden von Fragmenten in der Sammlung des Museums sein.«)[16]

Young hatte gelernt, zahllose Muster auf fast unbewusste Art und Weise in sich aufzunehmen. Als er seine Aufmerksamkeit dem alten Ägypten zuwandte, profitierte er von Fähigkeiten, die er ein Jahrzehnt zuvor erworben hatte. Damals hatte er an der Entschlüsselung von Papyrustexten gearbeitet, die im Jahr 79 n. Chr. beinahe zerstört worden waren, als der Vesuv ausbrach und Pompeji und Herculaneum unter Bergen von Lava begrub. Das war eine quälend langwierige Arbeit. Die Papyrusblätter hatten unter einer 40 Meter dicken Schicht aus Asche, Sand und Lava gelegen, und die gewaltige Hitze des Vulkanausbruchs hatte sie zu schwarzen Klumpen zusammengeklebt. Schon allein das Lösen der einzelnen Blätter voneinander war eine Meisterleistung.[17]

Young empfand das Kopieren der verblassten Schriftzeichen, das von Hand mit größter Langsamkeit und Sorgfalt vorgenommen werden musste, als irgendwie anregend für sein Gedächtnis. »Wer sich noch nie mit dem Korrigieren verstümmelter Passagen von Handschriften beschäftigt hat«, schrieb er, »vermag überhaupt nicht einzuschätzen, welch immenser Vorteil sich daraus ergibt, jeden einzelnen Buchstaben auf komplexe Weise zu sichten, was der menschliche Geist ganz automatisch durchführt, während die Hand mit dem Nachverfolgen des Schriftzeichens beschäftigt ist.«[18]

Nun wandte Young die gleiche Technik auf Stapel ägyptischer Inschriften an, vom Stein von Rosette selbst, aus Papyrusfetzen, die Sammler aus Ägypten nach Hause brachten, aus Abfolgen von in Statuen eingeritzten Symbolen, aus Schriften, die die *Savants* von Tempelwänden abgeschrieben hatten.

Diese Inschriften waren in verschiedenen Schriften gehalten (hieroglyphisch und demotisch), was Young seine Aufgabe zusätzlich erschwerte, aber abgesehen davon hatte die Aufgabe, die er sich selbst gestellt hatte, eine gewisse Ähnlichkeit damit, sich handschriftliche Eintragungen in einem Tagebuch und ein Foto von Neonlichtern auf dem Strip von Las Vegas sowie ein Stück aus einer Zeitung mit dem Schriftzug *New York Times* in riesigen Lettern darüber anzusehen und zu erraten, welche Symbole wohl übereinstimmten. Wenn jede Kenntnis von unserem Alphabet vor langer Zeit verschwunden wäre, wie lange würde es brauchen, bis man erkennt, dass ein kleines *t* der gleiche Buchstabe war wie ein *T*? Oder dass *Y* und Y identisch waren, *i* und *j* hingegen zwei verschiedene Buchstaben?

Eine Strategie half Young ganz erheblich. Oftmals erschienen die gleichen Zeichnungen an verschiedenen Stellen; wie wir bereits gesehen haben, war die Kultur Ägyptens so durch und durch konservativ, dass die beliebtesten Bilder über tausende von Jahren wieder und wieder verwendet wurden. In einigen glücklichen Fällen fand Young identische Bilder begleitet von Texten in unterschiedlichen Schriften. (Ein modernes Gegenstück wäre das Auffinden von Fotos ein und derselben Szene in einer amerikanischen und einer chinesischen Zeitung, jedes mit einer dazugehörigen Bildunterschrift.)

Hier trat Youngs Begabung für die Mustererkennung auf den Plan, und er zeigte auf, was bis dahin noch niemand erkannt hatte. Die demotischen Schriftzeichen – jedenfalls einige von ihnen – besaßen eine Ähnlichkeit mit den Hieroglyphen, die kein Zufall sein konnte. Das war eine bemerkenswerte Erkenntnis. Demotisch sieht aus wie »Zeile auf Zeile voller aufgeregter Kommas«, wie es Andrew Robinson, ein britischer Journalist und Autor, beschreibt. »Es ist wirklich furchtbar zu lesen.«[19]

Die äußerliche Ähnlichkeit von Hieroglyphen und der demotischen Schrift war ebenso real wie subtil. (In Youngs typischem Understatement beschrieb er sie stolz als »keine sehr ins Auge springende Analogie« zwischen den beiden Schriftformen).[20] Dennoch war Young der Wahrheit auf den Grund gekommen. Demotisch und die Hieroglyphen waren *keine* gänzlich verschiedenen Schriften (wie etwa das lateinische Alphabet mit dem bekannten *abc* und das griechische Alphabet mit seinem αβγ), es waren zwei Versionen ein und derselben Sache (vergleichbar dem lateinischen Alphabet und dem Stenografie-Alphabet).

»Four score and seven years ago« in Steno

Im Sommer 1815 schrieb Young ein weiteres Mal an de Sacy. De Sacy hatte vergeblich nach einem ägyptischen

Alphabet gesucht. Nun bot Young einen Vorschlag an, der erklären konnte, was schiefgelaufen war. »Ich bin nicht überrascht, dass man bei Betrachtung des allgemeinen Erscheinungsbilds der [demotischen] Inschrift schier verzweifeln möchte angesichts der Aussicht, ein Alphabet zu entdecken, das es uns ermöglicht, diese Schrift zu entziffern«, begann er seine Ausführungen.

Dann fügte er mit einem für ihn untypischen Überschwang hinzu: »Wenn Sie mein Geheimnis erfahren wollen, so liegt es einfach darin: Ein solches Alphabet hat es niemals gegeben.«[21]

Warum war diese Mitteilung so bedeutsam? Nun, wenn die demotische Schrift keine alphabetische war, dann beruhte sie auf einer merkwürdigen und ungeahnten Grundlage. Und wenn die demotische Schrift merkwürdig war – und wenn Hieroglyphen und das Demotische zwei Variationen ein und desselben Themas waren –, dann wiesen auch die Hieroglyphen irgendetwas Bizarres in ihrem Kern auf.

Aber jeder wusste doch, was Hieroglyphen waren – es waren zeitlose Wahrheiten, im wahrsten Sinn des Wortes in Stein gemeißelt. Doch wenn Thomas Young recht hatte, war vielleicht auch ebendiese Grundannahme falsch.

13

Archimedes in seiner Wanne, Thomas Young in seinem Landhaus

Jeder Diamantenraub, jeder Banküberfall, jeder Gefängnisausbruch beruht darauf, irgendeinen Schwachpunkt zu erspähen, so winzig er auch sein mag. Vielleicht ist irgendeine Ecke eines Flurs nicht im Blick der Überwachungskameras, oder einer der Wachleute hat ein Alkoholproblem.

Für Codeknacker, Dechiffrierer und Schnüffler jedweder Art beginnt das Spiel nicht notwendigerweise mit dem Aufspüren eines Schwachpunkts, sondern einer bestimmten Eigenart, eines Puzzleteils, das irgendwie anders ist als alle anderen. Jeder noch so harmlos erscheinende Hinweis kann sich als Goldader erweisen. Die Nazis hielten ihren Enigma-Code für absolut sicher; das war er auch – fast, bis auf einen einzigen Defekt. Enigma nahm die Buchstaben in einer Nachricht und ersetzte sie nach einem geheimen Rezept durch andere Buchstaben (sodass aus einem *a* beispielsweise ein *p* wird). Der Defekt lag darin, dass das Rezept in keinem Fall zuließ, dass ein Buchstabe unverändert blieb (ein *a* konnte nach der Codierung demnach niemals ein *a* bleiben). Dieses winzige Detail trug entscheidend zum Sieg über Hitler bei.

Bisweilen besteht der erste Schritt einfach darin, etwas Merkwürdiges zu erspähen. Watergate nahm seinen Anfang, als ein Wachposten ein Stück Klebeband über dem Riegel an einer Tür bemerkte, das verhinderte, dass sich die Tür schloss. Die Geschichte des Penicillins begann, als ein Wissenschaftler aus dem Urlaub zurückkam und sich die Petrischalen ansah, in denen er Bakterien kultiviert hatte. Mehrere der Schalen waren durch Hefe- und Schimmelpilze kontaminiert worden, die es von irgendwo ins Labor geweht hatte. Aber eine der kontaminierten Schalen wies eine Eigenart auf – um den neu entstandenen Schimmelfleck herum hatte sich ein klarer Bereich gebildet, in dem keine Bakterien überlebt hatten! Alexander Fleming, ein immer wieder unterschätzter Engländer, rief daraufhin nicht *Heureka!*, er murmelte einfach nur: »Das ist eigenartig.«[1]*

Entscheidende Hinweise können sogar noch winziger sein. Vor einem oder zwei Jahren kam ein Skandal über die Hochschulzulassung an die Öffentlichkeit, als jemand in einem angeblich von einem Highschool-Absolventen verfassten Essay bemerkte, dass hinter jedem Punkt am Satzende zwei Leerzeichen anstatt eines einzigen standen. Kein junger Mensch würde so etwas machen; zwei Leerzeichen nach dem Punkt waren ein siche-

---

* Ohne einen weiteren glücklichen Zufall wäre Alexander Flemings Forscherkarriere vielleicht niemals aus den Startlöchern gekommen. Fleming war zufällig ein sehr guter Gewehrschütze. Nach dem Medizinstudium hatte ihm eigentlich eine Karriere in der Chirurgie vorgeschwebt. Aber in einem Krankenhaus mit einem Forschungsprogramm gab es einen Schützenclub, und dieser Club rekrutierte den Meisterschützen Fleming, sich ihnen anzuschließen. Er verblieb über seine gesamte Karriere am St. Mary's Hospital in London.

res Anzeichen für übereifrige Eltern: Vater oder Mutter hatte das Tippen zur Zeit der Schreibmaschine gelernt. »Im scheinbar Nebensächlichen«, bemerkte einst der Autor und Regisseur Jonathan Miller, »findet sich das Hauptsächliche.«[2]

Aber das Entdecken eines Ansatzes, eines Ausgangspunkts, kann endlose und genaueste Überprüfungen verlangen. Jeder Kreuzworträtselfan kennt das elende Gefühl, immer wieder die gleichen Aufgabenstellungen zu lesen und nach auch nur einer einzigen plausiblen Lösung zu suchen. Auch Thomas Young geriet bei seiner Suche nach einem Ansatzpunkt für seinen Angriff auf die Hieroglyphen immer wieder ins Straucheln und Stolpern. Als sich dann endlich Fortschritte einstellten, taten sie dies unangekündigt und in kaum zu erwartendem Gewande.

Im Sommer 1816 las Young zufällig einen Artikel in einer Zeitschrift, in dem es um die Grundzüge der chinesischen Schrift ging. »Der Artikel über das Chinesische stammt von Barrow, dem Secretary of the Admiralty«, schrieb Young seinem Freund Hudson Gurney, und er war »extrem erfreut« über Barrows Bericht.[3] Er hatte sich noch nie Gedanken über diese »einzigartige Sprache« gemacht, und er hatte auch »zuvor keinerlei Vorstellung von ihrem Charakter« besessen.

Als lebenslänglicher Staatsbediensteter – Barrow gab seine Stellung erst im Alter von 81 Jahren auf und bekam anschließend seinen alten Schreibtisch als Geschenk für den Ruhestand überreicht – wirkte Barrow farblos und unbedeutend. Das war er aber keineswegs. Er war ein Mann von außergewöhnlicher Begabung, dessen Wissensdurst beinahe so vielseitig war wie derjenige Youngs. Offiziell war er Second Secretary to the British Admiralty, was bedeutete, dass er zur Strategie der Royal Navy beitrug, in Wirklichkeit jedoch war er ein findiger und innovativer Problemlöser, auf den man sich immer verlassen konnte, wenn alle anderen die Flinte ins Korn geworfen hatten.

Als die Briten zu entscheiden versuchten, wohin sie Napoleon nach Waterloo am sichersten verbannen konnten, war es Barrow, der als Ort des Exils St. Helena empfahl, eine der abgelegensten Inseln der Erde. Als einem Verleger die Ideen für eine neue Buchreihe über die Geschichte der Seefahrt ausgingen, war es Barrow, der die offiziellen Aufzeichnungen durchkämmte und eine wahre Geschichte zu Papier brachte, der er folgenden Titel gab: *The Mutiny and the Piratical Seizure of HMS Bounty*.

Er hatte als junger Mann Chinesisch gelernt, während eines Einsatzes als Tutor für ein Wunderkind, das fünf Sprachen sprach. (Als es dann zum Chinesischen kam, tauschten Lehrer und Schüler einfach die Rollen.) Ein Jahrzehnt später, im Jahr 1793, hatte Barrow den britischen Botschafter auf einer vom Pech verfolgten Chinareise als Dolmetscher begleitet. Der Botschafter kam an und brachte Geschenke mit, die den Kaiser mit den Wundern britischer Technologie beeindrucken sollten – Teleskope, kunstvoll verzierte Gewehre und Pistolen, einen Heißluftballon (samt einsatzbereitem Piloten) –, aber die Chinesen wollten weder von den Besuchern noch von den Geschenken etwas wissen.[4] »Wir haben noch nie Wert auf solcherlei ausgeklügelte Dinge gelegt«, ließen sie wissen, »und wir haben auch nicht den geringsten Bedarf an den handwerklichen Produkten Ihres Landes.«[5] Außerdem sah der Kaiser auch nicht den geringsten Bedarf an einem Botschafter. Ein solcher Besucher wäre »nicht im Einklang mit den Regeln und Vorschriften des »Himmlischen Reiches«.

Die Briten wurden dorthin zurückgeschickt, wo sie hergekommen waren, aber Barrows Faszination an allem Chinesischen fand zumindest einen dankbaren Abnehmer in Gestalt von Thomas Young. Als er Barrow las, wurde Young klar, dass das System der chinesischen Schrift mit ihren vielen tausend Zeichen perfekt mit jeder nur denkbaren Aufgabe umgehen konnte. Eine einzige ausgenommen.

Wie konnte man einen Namen aus einer fremden Sprache auf Chinesisch schreiben? Nehmen wir als Beispiel *Napoleon*. Es ist kein Problem, gewöhnliche Wörter ins Chinesische zu übersetzen und niederzuschreiben – schließlich hat die chinesische Sprache Wörter für *Haus* und *Ente* und *Korb*, also lassen sie sich auch einfach schreiben. Aber im Chinesischen gab es kein Wort für *Napoleon*. Warum sollte es auch?

Die chinesische Lösung war, wie Young erfuhr, verblüffend einfach. Um fremde Namen auf Chinesisch zu schreiben, nahm man einfach Schriftzeichen, die einen passenden, dem gesuchten Namen ähnlichen Klang hatten, und ignorierte die eigentliche Bedeutung. Das ist grob gesagt etwa das, was wir tun, wenn wir Namen im Funkalphabet mit »Buchstaben« wie *Ida, Nordpol, Anton* wiedergeben. Wenn z.B. ein Mensch mit dem Nachnamen »Mann« versucht, über eine knisternde Telefonleitung eine Bestellung aufzugeben, könnte er seinen Namen wie folgt angeben: »Ich heiße Mann. *Martha Anton Nordpol Nordpol.*« Dass das Ganze mit dem geografischen Punkt namens Nordpol nichts zu tun hat, stört niemanden.

Young hatte also zumindest seinen Ansatzpunkt gefunden. Er wusste, dass nichtägyptische Namen – an erster Stelle *Ptolemaios* – im griechischen Text auf dem Stein von Rosette immer wieder auftauchten. Und er wusste, dass die Inschrift in Hieroglyphen eine Übersetzung des griechischen Texts war. Das bedeutete, dass Namen wie *Ptolemaios* auch irgendwo in den Hieroglyphen verborgen sein mussten, wie Goldklumpen in einem Flussbett.

Wenn er diese fremden Namen finden konnte, und wenn die Ägypter auf die gleiche Lösung verfallen waren wie die Chinesen – was Young sehnlich hoffte –, dann würde er schon bald wissen, wie er eine Handvoll in Hieroglyphen geschriebene Namen lesen konnte. Das wären mithin die ersten Hieroglyphen, die nach 15 Jahrhunderten ihre Bedeutung offenbaren würden.

Und vor allem: Young hätte die ersten Schritte unternommen, um den *Klang* des Ägyptischen wieder aus der Versenkung zu holen, da *Ptolemaios* und *Alexander* in jeder Sprache zumindest einigermaßen ähnlich klingen sollten.

Young stürzte sich auf das neue Ziel. Wo sollte er nach Namen suchen? In den vierzehn Zeilen mit Hieroglyphen auf dem Stein von Rosette konzentrierte er sich auf ein halbes Dutzend Ovale, die jeweils mehrere Hieroglyphen einkreisten. *Vielleicht hatten diese Ovale eine besondere Bedeutung?* Den Gelehrten in Napoleons Armee waren sie ebenfalls aufgefallen – sie bezeichneten die Ovale als *Kartuschen*, weil ihre Form eine gewisse Ähnlichkeit mit Gewehrpatronen (französisch *cartouche*) hatten. Allerdings wussten die Gelehrten nicht, was sie von den Kartuschen halten sollten.

Drei der Kartuschen auf dem Stein von Rosette waren identisch, die drei anderen begannen mit genau den gleichen Zeichen, dann folgten allerdings noch einige weitere Symbole.*

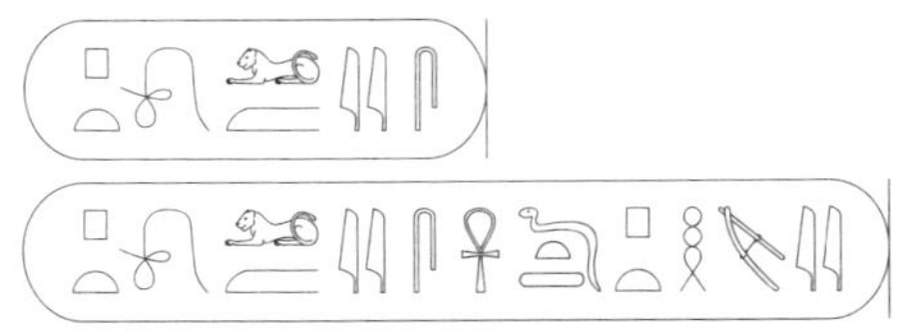

Young vermutete, dass die Kartuschen eine doppelte Funktion besaßen. Seiner Ansicht nach signalisierten sie zum einen, dass die darin eingeschlossenen Hieroglyphen auf irgendeine Weise außergewöhnlich waren (ähnlich wie Kursiv- oder Fettdruck uns zeigt, dass die betreffenden Wörter besonders zu beachten sind). Zum anderen trugen sie Anweisungen zur lautlichen Wiedergabe der darin enthaltenen Hieroglyphen.

Die Kartuschen waren das augenfälligste Merkmal

* Zur besseren Lesbarkeit werden hier die Kartuschen von links nach rechts geschrieben. Im Original verlaufen sie von rechts nach links, was aber den Vergleich mit dem Griechischen, Englischen oder Deutschen etwas erschweren würde.

des Hieroglyphenteils auf dem Stein von Rosette, und der Name des Königs war das herausragende Merkmal des griechischen Abschnitts. Was lag näher als darauf zu hoffen, dass die Hieroglyphen in den Kartuschen den griechischen Namen *Ptolemaios* phonetisch abbilden sollten?

Young fand den Namen Ptolemaios im Griechischen.
Beachten Sie die Zeichenfolge ΠΤΟΛΕΜΑΙΟΥ
(in der dritten Zeile, beginnend mit dem vierten Buchstaben).

Die Anzahl der Buchstaben in *Ptolemaios* stimmte – wenn man ein wenig nachhalf – mit der Anzahl der Hieroglyphen in der Kartusche überein. (Im Griechischen wird jeder Buchstabe separat ausgesprochen; stumme Buchstaben gibt es nicht. Griechische Muttersprachler sprechen also auch das *P* in *Ptolemaios* aus.) Aber die Hieroglyphen stellten ihn vor immer neue Rätsel: Wenn eine Hieroglyphe über einer anderen stand, waren das dann zwei separate Zeichen? Und wenn ja, welches war zuerst zu lesen? Oder waren es zwei Teile eines einzigen Symbols? Und wurden die Hieroglyphen von links nach rechts gelesen oder von rechts nach links? Young stellte die gleiche Vermutung an, die Zoëga, der dänische Sprachwissenschaftler, schon früher angeregt hatte: Die Figuren im Profil blickten zum Anfang der Zeile, als wollten sie dem Leser zeigen, wo er zu lesen beginnen soll.

Young konnte nur hoffen, mit seiner Vermutung richtig zu liegen, und machte sich an die Arbeit. Wenn *Ptolemaios* den Hieroglyphen in der ersten Kartusche oben entsprach, konnte man beginnen, eine Tabelle aufzustellen, in der bestimmte Laute (Phoneme) im Griechischen bestimmten Bildern im Ägyptischen gegenübergestellt wurden:

P = T = O = L = M = E = S =

Hier hatten wir also einen Namen, *Ptolemaios*, geschrieben in Hieroglyphen. Der Stein von Rosette hatte fast 2000 Jahre lang stumm vor uns gestanden. Thomas Young hielt sein Ohr ganz nahe heran und hörte ihn sprechen.

Die längere Zeichenfolge in der zweiten Kartusche oben, vermutete er, könnte Ptolemaios mit einem am Ende angefügten Ehrentitel bedeuten. Vielleicht hieß es »Ptolemaios der Erhabene« oder etwas in der Art.

So vielversprechend das alles aussah, hätte sich diese Vermutung aber genauso gut als Hirngespinst erweisen können. Youngs Weg zur Lösung hätte auch leichter sein können, wäre das Schicksal nur ein wenig gnädiger gewesen. Wäre der Stein von Rosette beispielsweise vollständig intakt gewesen, hätte er die Häufigkeit der Zeichenfolge *Ptolemaios* im griechischen Text und die Kartuschen in den Hieroglyphen einfach abzählen und die Zahlen vergleichen können. Der Stein war aber zerbrochen. Auf einem intakten Stein hätte Young vielleicht noch weitere Kartuschen mit anderen Namen als *Ptolemaios* gefunden.

Aber alle sechs vorhandenen Kartuschen waren nahezu identisch.

Wenn das ganze Wissen über Grammatik und Wortschatz des Ägyptischen nicht tausende Jahre vor seiner Zeit verloren gegangen wäre, hätte sich Young die ersten Worte eines griechischen Satzes ansehen und mit den entsprechenden Worten im Ägyptischen vergleichen können. Aber woher sollte man wissen, ob beide Sprachen die gleiche (oder eine ähnliche) Wortreihenfolge verwenden? Und überhaupt: Zwischen einzelnen Hieroglyphen gab es keinerlei Leerzeichen oder andere Unterbrechungen. Wie sollte man überhaupt einzelne Wörter herauspicken können, von Schlussfolgerungen über Struktur und Syntax ganz zu schweigen?

Dennoch war Youngs Ahnung, die Kartusche auf dem Stein von Rosette könnte den Namen *Ptolemaios* enthalten, zutreffender als er wissen konnte. Im alten Ägypten hatte die ovale Form der Kartusche eine ganz eigene Geschichte erzählt. Eine Kartusche bildete ein Seil mit zusammengeknoteten Enden ab. Diese Endlosschleife stellte die Sonne auf ihrem Weg am Himmel dar. Das Einschließen des Pharaonennamens in die Kartusche diente als Erinnerung, dass sich seine Herrschaft bis in die fernsten von der Sonne beschienenen Regionen erstreckte. Das Bild war für die alten Ägypter, wie die Historiker Lesley und Roy Adkins erläutern, in etwa das, was der Ausruf »Lang lebe der König!« bzw. »Lang lebe die Königin!« für die Engländer bedeutet.[6]

Wir wissen das, weil es den Ägyptologen letztendlich gelang, die Texte zu lesen, in denen dieser Sachverhalt beschrieben ist. Wir können uns künftige Generationen vorstellen, die gleichermaßen Symbole vergessen, die *wir* für selbstverständlich halten. Werden die Archäologen in ferner Zukunft erkennen, dass eine Glühbirne über dem Haupt einer Person einstmals *Heureka!* bedeutete?

In der Rückschau wirkt die Strategie, bei den ersten Versuchen der Entzifferung einer unbekannten Sprache mit fremden oder ausländischen Namen zu beginnen, beinahe offensichtlich. Das ist nicht selten das Schicksal guter Ideen, die (genau wie Zaubertricks) ihren Glanz und ihre Magie verlieren, sobald sie einmal erklärt wurden.

Heutzutage ist die Nutzung von Namen als Ausgangspunkt ein Standardverfahren von Entschlüsslern. Namen sind etwas Spezielles, ganz gleich, ob es Namen von Menschen oder von Orten sind. Wenn man von einer Sprache zur anderen wechselt, gibt es wenig Gründe anzunehmen, dass gewöhnliche Wörter mit der gleichen Bedeutung auch ähnlich aussehen sollten. *House* und *maison* und *casa* sehen ganz unterschiedlich aus, und das ist ja auch keine Überraschung. Aber Namen wie *Albert Einstein* und *Amsterdam* sollten ziemlich genau gleich aussehen, unabhängig davon, ob sie in der *New York Times*, in *Le Monde* oder in *El Mundo* stehen.

Selbst in Sprachen mit einer anderen Schrift könnte ein Name dem Entschlüssler bestimmte Hinweise liefern. *Albert Einstein* in der kyrillischen Schrift des Russischen ist Альберт Эйнштейн; *Leo Tolstoi* ist Лев Толстой. Youngs clevere Idee war, dass selbst bei der Arbeit mit Schriften, die nicht nur anders, sondern *vollkommen* anders sind, wie etwa Chinesisch oder Ägyptisch, Namen immerhin einen Ansatzpunkt liefern konnten.

Young schien ganz alleine auf die Idee gekommen zu sein, und er war zweifellos der Erste, der sie auf den Stein von Rosette anwandte, aber an diese Möglichkeit gedacht hatten auch schon andere vor ihm. Champollion hatte ein halbes Dutzend Jahre vor Young die besondere Bedeutung von Namen erkannt, im Jahr 1810, und ohne den Umweg über das Chinesische. Es war doch nur eine Frage der Logik, hatte er bemerkt: Wenn die Ägypter eine Möglichkeit hatten, fremde Namen in Hieroglyphen zu schreiben, dann *mussten zwangsläufig* bestimmte Hieroglyphen bestimmten Lauten entsprechen. Dann aber wandte er sich rasch wieder anderen Fragen zu.

Der Erste, der auf die Bedeutung von Namen für die Entschlüsselung antiker Sprachen hingewiesen hatte, war Gottfried Wilhelm Leibniz, eines der eindrucksvollsten Genies der Geschichte überhaupt (und der große Rivale Isaac Newtons). Das war im Jahr 1714, ein ganzes Jahrhundert vor Young, aber Leibniz war seiner Zeit und dem Rest der Welt seit jeher meilenweit voraus. Er war beispielsweise der Erste, der eine visionäre Vorstellung vom Computer hatte, obwohl er in einer Welt ohne Elektrizität lebte.

Jedenfalls war Leibniz so eine Art Young vor den Zeiten Youngs – beide Männer sind Gegenstand von Biographien mit dem Titel *Der letzte Mensch, der alles wusste* – und es trifft sich natürlich bestens, dass sie in eine ähnliche Richtung dachten.[7] (Leibniz war eine derart überragende Figur, dass selbst die fähigsten Denker verzagten, wenn sie über seine Fähigkeiten nachdachten. »Wenn man … die eigenen Talente mit denen eines Leibniz vergleicht«, schrieb Denis Diderot, der Philosoph und

Dichter, der eine Enzyklopädie allen menschlichen Wissens zusammengestellt hatte, »ist man versucht, die Bücher von sich zu werfen und in irgendeinem Winkel der Welt ruhig sterben zu gehen.«)[8]

Leibniz war über lange Zeit regelrecht besessen von dem Gedanken, eine universelle Sprache zu entwerfen. Das wollten viele Denker seiner Zeit, und alle waren inspiriert durch die Erkenntnisse der wissenschaftlichen Revolution der frühen Neuzeit. Ein Pfeil, der in China in die Luft geschossen wurde, beschrieb den gleichen Bogen wie einer in England. Das war nichts Neues; das Wunderbare war, dass ein chinesischer und ein englischer Mathematiker diesen Bogen mit derselben Gleichung beschreiben konnten, unter Verwendung derselben mathematischen Symbole. Und wenn eine neu erfundene mathematische Sprache die Myriaden von Wundern in der Welt der Natur zu beschreiben vermochte, dann konnte doch gewiss eine sparsame, auf Bildern beruhende Sprache die Kakophonie ersetzen, die die Welt seit Babel quälte.

Daher die Faszination über Ägyptens Hieroglyphen, welche nach der Einschätzung von Leibniz und seinen Zeitgenossen einen frühen Versuch darstellten, tiefe Wahrheiten in Form universeller Symbole zu erfassen. Bei seinen Überlegungen zum Charakter einer solchen Universalsprache gelangte Leibniz ganz zufällig zu der Erkenntnis, dass die Entzifferung fremdsprachiger Namen für die Entschlüsselung antiker Schriften von hoher Relevanz ist.

Aber Leibniz hatte keinen Stein von Rosette.

Young hatte ihn, und seine Interpretation von *Ptole-*

maios sollte sich als korrekt erweisen. Es war nur ein einziges Wort, aber fünfzehn Jahrhunderte lang hatte man überhaupt keine Kenntnis, was diese Schrift aussagt. Um von einem Wort zu einer kompletten Sprache zu kommen, gilt es eine gewaltige Strecke zurückzulegen. Aber von null Wörtern auf ein Wort zu kommen ist ein noch viel weiterer Weg, und diese riesige Kluft hatte Young tatsächlich überbrückt.

14

Der Konkurrenz voraus

In den Jahren von ca. 1814 bis etwa 1820 hatte Young den Stein von Rosette weitgehend für sich. Das waren keine guten Jahre für Champollion. Gesundheitliche Probleme hatten ihn schon immer begleitet – das ganze Leben litt er an plötzlichen und unerklärlichen Anfällen von Schwindel, Fieber, Ohnmacht und Husten, die ihm fast die Luft zum Atmen nahmen – und zuletzt war sein Gesundheitszustand noch schlimmer geworden. Derweil bedeutete der Sturz Napoleons die Rückkehr der französischen Monarchie, und neue Chancen für die Günstlinge des Regimes. Für Anti-Royalisten wie Champollion waren das keine guten Nachrichten.

Niedergeschlagen und mittellos beichtete er seine Ängste gegenüber seinem Bruder, in einem Brief aus dem Jahr 1814. »Mein Schicksal steht fest … Ich werde versuchen, eine Tonne zu kaufen [um darin zu wohnen] wie Diogenes … Ich glaube fest daran, zu einem schlechten Zeitpunkt geboren worden zu sein, und dass nichts von dem, was ich am sehnlichsten will, jemals gelingen wird.«[1]

1816 wurden beide Brüder aus ihren Fakultätsstellen an der Universität von Grenoble entlassen, wegen politischer Unzuverlässigkeit, und zu innerer Verbannung in ihrer Heimatstadt Figeac verurteilt. Verzweifelt erwog Champollion, das Dasein in der Wissenschaft gänzlich aufzugeben und stattdessen die Rechte zu studieren. »Du wirst mir sagen, das ist wie ein Priester, der zum Müller wird«, sagte er seinem Bruder, »aber was macht das schon, wenn der Priester nichts zu essen hat und es bei der Mühle Mehl gibt?«[2]

Dennoch behielt Champollion sein Ziel im Blick. In dieser ganzen trostlosen Zeitspanne konzentrierte er sich weiterhin auf das Studium der koptischen Sprache, in der festen Überzeugung, darin eines Tages den Schlüssel zu den Hieroglyphen zu finden. »Mein koptisches Wörterbuch wird täglich dicker«, schrieb er 1816. »Derweil wird der Autor desselben immer dünner.«[3]

Young schritt inzwischen weiter voran, wenngleich die Ptolemaios-Kartuschen die einzigen auf dem Stein von Rosette waren. Bei der weiteren Erforschung stützte er sich auf sein Talent zur Mustererkennung und suchte nach Hieroglyphenfolgen, die mehrfach vorkommenden Wörtern im Griechischen zu entsprechen schienen. Der griechische Text erwähnte immer wieder Wörter wie *König* und *Tag* und *Monat* und *Gott*, und Young fand Hieroglyphen, oder kurze Abfolgen mehrerer Hieroglyphen, an ungefähr den passenden Stellen.

Mit dem Ziel, die Hieroglyphen generell zu entschlüsseln, und nicht nur die wenigen auf dem Stein von Rosette, sammelte Young weiter Inschriften, wo immer er sie finden konnte. Er fand Symbole, die *eins* und *zwei* und *zehn* zu entsprechen schienen. Er bemerkte auch, dass einige Kartuschen das gleiche Hieroglyphenpaar am Ende aufwiesen – ein Halbkreis über einem Oval –, und er erklärte sich dies als Zeichen für *weiblich*, vielleicht ein Hinweis auf eine Königin oder Göttin.

Die meisten dieser Vermutungen erwiesen sich als richtig, es ist jedoch wichtig zu bedenken, dass das Finden von Übereinstimmungen noch nicht gleichbedeutend ist mit Lesen. Young hatte es geschafft, bestimmte Hieroglyphenfolgen zu identifizieren, aber das Prinzip hinter diesen Hieroglyphen hatte sich ihm noch nicht erschlossen. In gleicher Weise könnte ein Kleinkind von heute lernen, das Wort *Hund* zu erkennen (vielleicht weil es unter Hundebildern in Büchern steht, die die Eltern dem Kind vorlesen), auch wenn das Kind noch keine Beziehung zwischen Buchstaben und Lauten herstellen kann.

Young fand zum Beispiel das Wort *Pharao* in den Hieroglyphen, aber er wusste nicht, dass er es gefunden hatte. Er glaubte vielmehr, das Wort *Tempel* gefunden zu haben, oder vielleicht etwas wie *großes Haus*. Und genau das hatte er auch.

Aber er wusste nicht, dass das erste Symbol *groß* bedeutete, und er wusste schon gar nicht, dass es *per* ausgesprochen wurde. Ebenso wenig wusste er, dass das zweite Wort *Haus* bedeutete und in etwa *aa* gesprochen wurde. Und er konnte natürlich auch nicht wissen, dass die Ägypter den König als das *große Haus* titulierten – also *per-aa* oder *Pharao*. Das ist so ähnlich, wie wir heute zu sagen pflegen, »Das Weiße Haus teilte mit …« und damit eigentlich meinen, »Der Präsident teilte mit …«.

Young unterliefen mitunter auch Patzer. Bei einer Kartusche aus dem Tempel von Karnak in Theben war er sich sicher, den Namen einer Königin entdeckt zu haben, Berenike. In dem Tempel gab es Inschriften auf Griechisch und in Hieroglyphen, und Young hatte dort auch den Namen *Ptolemaios* auf Griechisch entdeckt. (Das war nicht der Ptolemaios, den wir vom Stein von Rosette kennen, also Ptolemaios V., sondern ein Vorfahre, Ptolemaios I.)*

Young erkannte auch zwei Kartuschen mit Hieroglyphen. Die Hieroglyphen in einer Kartusche stimmten mit den *Ptolemaios*-Hieroglyphen auf dem Stein von Rosette überein.

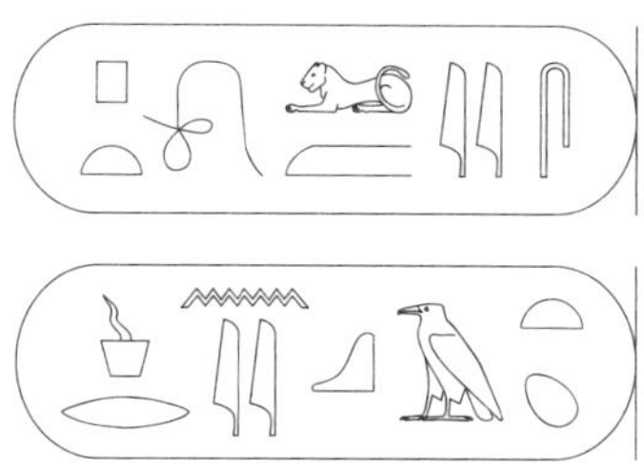

Genau das hatte Young gehofft und auch erwartet. Damit blieb die zweite Kartusche, in der eine Folge von ungefähr einem halben Dutzend Hieroglyphen enthalten war. Die letzten zwei Symbole darin waren der Halbkreis und das Oval, was Young bereits als Entsprechung für *Königin* identifiziert hatte.

---

* Ptolemaios I. spielt in einer der berühmtesten Anekdoten der Wissenschaftsgeschichte eine Rolle. Euklid, der Vater der Geometrie, lehrte während der Herrschaft des Ptolemaios Mathematik in Alexandria. Frustriert ob der Tatsache, dass er die Lehrsätze und Beweise in Euklids Meisterwerk, *Die Elemente*, einfach nicht begreifen konnte, fragte Ptolemaios, ob es denn eine einfachere Möglichkeit gäbe. »Es gibt keinen Königsweg zur Geometrie«, beschied Euklid seinem Herrscher.

Hier waren nun also zwei Kartuschen, eine für Ptolemaios und eine für seine Königin. Young wusste aus alten griechischen Texten, dass Ptolemaios I. eine makedonische Adlige namens Berenike (gelegentlich auch *Berenice* geschrieben) geheiratet hatte. Zwei Kartuschen, zwei adlige Namen – so gut passen Puzzleteile selten zusammen.

Berenike war keine Cleopatra, aber sie war nach den Maßstäben der Antike jedenfalls eine Prominente. Sie und Ptolemaios waren auf einer Münze verewigt worden, und der griechische Dichter Theokrit, der um die Zeit von 270 v. Chr. lebte, hatte das Loblied auf die »schöne Berenike« und die »berühmte Berenike« gesungen. Sie war, wie Theokrit geschrieben hatte, die beste Ehefrau, die man sich vorstellen konnte. »Drum ist die Sage, dass noch kein Weib so minnig dem Mann war, wie sich dem Ehegemahl Ptolemaios in Liebe geneigt hat.«[4]

Und das Beste von allem aus der Sicht Youngs war die Tatsache, dass *Berenike* ein fremdsprachiger Name war. Damit konnte er also seinen Trick mit der phonetischen Zuordnung von Hieroglyphen anbringen. (Young ging davon aus, dass auch die Namen einheimischer ägyptischer Pharaonen in Hieroglyphen geschrieben waren, nahm aber an, dass *diese* Hieroglyphen keine Laute, sondern bestimmte Ideen repräsentierten. Nach seiner Vorstellung besaßen die Ideen-Hieroglyphen eine bestimmte Bedeutung, aber keinen Zusammenhang mit der Phonetik eines Worts – in etwa die kommunikative Funktion also, die ein Smiley oder ein Totenkopf mit überkreuzten Knochen darunter für uns haben.)

Young hatte bereits einen königlichen Namen gelesen, *Ptolemaios*. Nun würde er einen weiteren Namen in seine Sammlung aufnehmen können, und ein paar neue Hieroglyphen noch dazu.

Dummerweise enthielt *Berenike* fast keinen Laut, den es auch in *Ptolemaios* gab, deshalb musste Young sozusagen wieder bei null anfangen – vergleichbar dem Lösen eines Worts in einem Kreuzworträtsel an einer Stelle, an der noch kein Buchstabe aus einem anderen Wort verwertet werden kann.

Die erste Hieroglyphe in der *Berenike*-Kartusche sah aus wie eine Art Behälter. Youngs Herz schlug höher, denn das koptische Wort für »Korb« war *bir,* und das hörte sich an wie der Anfang von Berenikes Namen. *Vielleicht stellten die Hieroglyphen eine Art Bilderrätsel dar?* Eine Hieroglyphe fast am Ende der Zeichenfolge, direkt vor dem Halbkreis über dem Oval, war ein Vogel. Young hielt es für eine Gans, und er bemerkte, dass manchen Quellen zufolge das koptische Wort für »Gans« mit einem *K* begann.

Nun hatte Young also die ersten und letzten Laute von *Berenike* in der Hand und arbeitete sich weiter voran. Den Hieroglyphen dazwischen in der fraglichen Kartusche ordnete er die Buchstaben zu, die auch in Berenikes Namen dazwischen vorkamen (einen Buchstaben, der gar nicht passen wollte, ließ er als »überflüssig« einfach aus).[5]

Das war zwar nicht wirklich geschummelt, aber Wunschdenken war es schon. »Auch die großzügigsten Fürsprecher von Dr. Young«, schrieb ein Biograph des 19. Jahrhunderts, »müssen zugeben, dass diese Analyse … eher seinem Einfallsreichtum als seinem Urteilsvermögen zuzuschreiben war.«[6]

Das Problem war, dass der Korb sich am Ende als Weihrauchgefäß herausstellte, und die Gans war in Wirklichkeit ein Adler. (Die Verwirrung wegen der Vögel war nicht Youngs Fehler. Er war einer Art Tippfehler zum Opfer gefallen; die Person, die die Inschrift kopiert hatte, hatte an einer Stelle eine Gans gezeichnet, an der ursprünglich ein Adler gestanden hatte.)

Young war zufällig auf die richtige Antwort gestoßen – der Name in der Kartusche war in der Tat *Berenike* –, aber das war ungefähr so, als ob ein Detektiv einen Verdächtigen in einem roten Lieferwagen verfolgt, dann einen gelben Sportwagen stoppt und durch puren Zufall in diesem Sportwagen den Gesuchten vorfindet.

Einen Fehler zu begehen war kein Skandal. Jeder Dechiffrierer irrt sich unzählige Male. (Auch die Löser von Kreuzworträtseln wissen genau, warum sie lieber mit Bleistift als mit einem Kugelschreiber arbeiten.) Und Young konnte jedenfalls deutlich mehr Volltreffer als Fehltritte verzeichnen.

Viele waren derart versteckt, man muss eigentlich beeindruckt sein, dass er sie überhaupt gefunden hat, einmal davon abgesehen, dass er gerade erst am Anfang seiner Karriere als Entschlüssler stand. Young erkannte beispielsweise nicht nur, dass die Hieroglyphe mit Halbkreis und Oval eine bestimmte Information vermittelte – *dass es sich um den Namen einer Frau handelt* –, sondern dass das Ägyptische diese Frage ganz anders anging als das englische bei alten Begriffen wie *actress* und *poetess.*

Im Ägyptischen waren die Symbole kein Bestandteil des vorangestellten Worts, und sie wurden nicht gesprochen. (Und es gab auch keinerlei Hinweis, etwa eine Unterstreichung oder einen Akzent, der sie von gewöhnlichen Hieroglyphen unterschied.) Der Leser nahm die in diesen Symbolen kommunizierte Information schlicht zur Kenntnis, ungefähr so, wie ein heutiger Leser die Kursivschrift in *Chicago* wahrnimmt und daraus schließt, dass es sich um einen Verweis auf den gleichnamigen Film handelt und nicht auf die Stadt.

Youngs Herangehensweise an die Dechiffrierung war nicht minder wichtig als die Fortschritte als solche. Bei all seiner Vorgänger war das »Übersetzen« mehr oder weniger ein Glücksspiel, bei dem eine beliebige Hieroglyphenfolge so ziemlich jede beliebige Bedeutung haben konnte. Das Entschlüsseln der Hieroglyphen war eine Übung ohne Regeln und ohne Grenzen, wie das Suchen nach bestimmten Formen in Wolken. (»Seht Ihr die Wolke dort, beinah in Gestalt eines Kamels?« fragt Hamlet Polonius, bevor er ihm die Bestätigung abringt, bei näherem Hinsehen sähe sie vielleicht doch eher ganz anders aus: »Mich dünkt, sie sieht aus wie ein Wiesel«, und dann: »Oder wie ein Walfisch?«) Aber Youngs Rätselstrategie beruhte auf spezifischen Vermutungen, die überprüfbar waren und nicht allein auf Glauben und Überzeugung beruhten.

Vor allem aber war Young ein konzeptioneller Durchbruch gelungen. Mit der Entschlüsselung von *Ptolemaios* auf dem Stein von Rosette hatte er gezeigt, dass Hieroglyphen manchmal Laute repräsentierten.

Diese schlichte Feststellung hatte enorme Auswirkungen. Wenn Hieroglyphen Laute waren, dann waren sie keine Ideen. Und das bedeutete, dass sämtliche Autoritäten der vergangenen fünfzehn Jahrhunderte auf dem falschen Dampfer gewesen waren.

Das war ein riesiger Schritt nach vorne, doch Young konzentrierte sich weiterhin ausschließlich auf Namen – und nicht auf die gewöhnlichen Wörter –, genauer gesagt: Namen aus fremden Sprachen. Denn noch immer musste er eine wesentlich weiter gefasste Möglichkeit im Auge behalten: Vielleicht hatten die alten Ägypter mit ihren Hieroglyphen auch ganz normale Wörter der ägyptischen Sprache wiedergegeben? Das würde bedeuten, dass die Löwen und Vögel und Schlangen als alltägliche Hilfsmittel zum Niederschreiben alltäglicher Wörter gedient haben, nicht bloß als exotischer Kunstgriff, der nur in seltenen Fällen zur Anwendung kommt, eben für die Wiedergabe der ungewohnten Namen fremder Herrscher.

In der Rückschau wirkt der Schritt von Namen zu Wörtern nur wie ein winziges Trippelschrittchen. Zu jener Zeit erforderte er jedoch einen gewaltigen Gedankensprung. Weder Young noch Champollion erkannten ihre Chance, so genial beide auch gewesen waren. Keiner der beiden konnte bereits erkennen, wie nahe er der lautlichen Wiedergabe von Wörtern im Ägyptischen gekommen war. Wenn es einem heute gelingt, ein Wort lautlich nachzubilden, vielleicht schafft man dann morgen schon ein paar mehr. Und schließlich, wenn alles gut geht, noch sehr viel mehr. Dann lässt sich eine tote Sprache wieder zum Leben erwecken.

Sie waren beinahe zufällig über den Hauptgewinn gestolpert, nur hatte es zu jenem Zeitpunkt keiner erkannt.

Im Dezember 1819 brachte Young seine Erkenntnisse in einem großen Artikel für die *Encyclopedia Britannica* zu Papier, unter dem schlichten Titel »Egypt«. Die *Britannica* jener Zeit war das Beste vom Besten, mit berühmten Autoren wie Sir Walter Scott (der einen Eintrag über »Chivalry« – Ritterlichkeit – verfasst hatte) und John Stuart Mill (»Government« – Regierung). Young schrieb anonym, wie er es bevorzugte, aber er erzählte seinem Freund Gurney, »jeder, dessen Anerkennung etwas wert ist, wird wissen, wer der Verfasser ist.«[7]

Er schrieb über den Stein von Rosette und erläuterte, was Kartuschen waren, er beschrieb die Bedeutung fremdsprachiger Namen, und er erzählte, wie er *Ptolemaios* und *Berenike* auf die Spur gekommen war, und er listete die Hieroglyphen auf, denen er Laute hatte zuordnen können.

Der Eintrag in der *Britannica* stellte eine Art Markstein dar, und damit war Young sämtlichen Rivalen einen guten Schritt voraus. »Young hatte bei weitem alles übertroffen, was Champollion jemals zu Hieroglyphen veröffentlicht hatte (das war so gut wie nichts)«, bemerkten die Ägyptologen Lesley und Roy Adkins, »und mit einem solchen Vorsprung vor dem Rest der Welt schien er gleichsam uneinholbar zu sein.«[8]

15

Verloren im Labyrinth

Thomas Young machte stets den Eindruck, mühelos voranzuschreiten – ein befreundeter Kollege staunte, dass »bei ihm nie Bücher am Boden aufgestapelt waren, keine Papiere auf dem Tisch verteilt, sein Arbeitszimmer machte jederzeit den Eindruck, einem Mann zu gehören, der nichts zu tun hat«. In Wirklichkeit arbeitet er ständig und schonungslos.[1] Eine Gedenktafel zu seinen Ehren in Westminster Abbey zählt eine lange Liste seiner Errungenschaften auf und würdigt ganz zu Recht die Geduld und Leidensfähigkeit, mit der sich Young unermüdlich seiner Arbeit widmete.[2]

Doch selbst die begabtesten Entschlüssler verbringen einen Großteil ihrer Zeit in trister Einsamkeit, irren verloren durchs Dunkel und sind sich dennoch gewiss, entscheidenden Hinweisen, auch wenn sie verborgen liegen, *ganz ganz nah* gekommen zu sein. In dieser Abkopplung vom Rest der Welt zwischen Hoffnung und Verzweiflung sein Dasein zu fristen, festgefahren ganz kurz vor dem Ziel, und doch so weit davon entfernt, ist ebenso aufregend wie unerträglich. »Lass dich nicht entmutigen von dem ägyptischen Text«, schrieb Champollions Bruder ihm im Jahr 1804, nachdem seine ersten Versuche mit dem Stein von Rosette ins Leere gelaufen waren.[3] Wenn er nur einen winzigen Teil des Rätsels würde lüften können, dann würden sich alle Pforten zur Lösung öffnen. »Ein Buchstabe wird dich zu einem Wort führen, ein Wort zu einem Satz, und ein Satz zum ganzen Rest – so gesehen liegt die Lösung mehr oder weniger in einem einzigen Buchstaben.«

Und deshalb darf man auch niemals in seinem Bemühen nachlassen.

Besessenheit ist eine wichtige Eigenschaft. Einer der brillantesten Entschlüssler aller Zeiten, ein Engländer namens Michael Ventris, spielte die Hauptrolle beim vielleicht atemberaubendsten aller sprachwissenschaftlichen Triumphe. In den 1950er-Jahren entzifferte Ventris – ohne einen Stein von Rosette oder Vergleichbares als Hilfsmittel zu haben – die Linearschrift B. Das war die früheste bekannte Form des Griechischen, aus der Epoche um tausend Jahre vor Sokrates und Platon. Wenn der Trojanische Krieg wirklich stattfand – die Archäologen sind sich da bis heute nicht einig –, hatte Linear B möglicherweise die Sprache festgehalten, die Odysseus und Achilles sprachen.

Die ersten Texte in Linear B wurden auf Kreta gefunden. Diese Insel war die Heimat – jedenfalls der Mythologie zufolge – von König Minos und dem Labyrinth samt dem menschenfressenden Minotaurus in dessen Mitte. Für alle an Dechiffrierung und Codeknacken Interessierten hält die Geschichte mit dem Labyrinth einen besonderen Leckerbissen bereit. Dem Mythos zufolge gab Minos' Tochter Ariadne dem Theseus ein Wollknäuel – auf Altenglisch *clew* –, sodass er, nachdem er den Minotaurus erschlagen hatte, dem Faden folgen und so den Ausweg aus dem Labyrinth finden konnte. Letztendlich wandelte sich das englische Wort *clew* zu *clue*, wobei es seine ursprüngliche Bedeutung, Hinweis oder Anhaltspunkt zur Enträtselung eines Mysteriums, durchaus behielt. Die Verwendung dieses Begriffs ist in der Sprache – der englischen wie der deutschen – so tief eingebettet, dass wir bis heute vom »roten Faden« sprechen, an dem wir uns auf dem Weg zu einer komplexen Lösung orientieren können – oder eben nicht, wenn wir »den Faden verlieren«.

Ventris war ein Magier der Sprachwissenschaft, der besser als jeder andere darin war, archäologische Rätsel zu entwirren. Er war brillant, und er war – nicht minder wichtig – unermüdlich. Im Zweiten Weltkrieg hatte er als Navigator für die Royal Air Force gedient. Wenn er von Bombenangriffen über Deutschland zurück zur Luftwaffenbasis flog, schrieb ein Journalist, »pflegte Ventris den Kurs festzulegen und anschließend, nachdem er auf seinem Navigatorentisch ein wenig Platz geschaffen hatte, machte er sich guter Dinge wieder an die Arbeit an seinen Dokumenten in Linear B, während die Bomber dröhnend in Richtung Heimat flogen, Scheinwerfer ihre tastenden Finger in den Himmel richteten und Flakfeuer das Flugzeug erzittern ließ.«[4]

Dass die Maschine vom Feind beschossen wurde, schien Ventris einfach auszublenden – für ihn war die Aufgabe als Navigator, wie ein Freund bemerkte, »reine Schreibtischarbeit, nur eben an Bord eines Flugzeugs.«[5] Die Gefahr wurde mehr als wettgemacht durch die Verlockung des Mysteriums. Einige Jahre nach Kriegsende schaffte Ventris schließlich den entscheidenden Durchbruch. »Gegen zwei Uhr morgens flog die Tür auf«, erinnerte sich ein Kollege, »Michael stapfte herein und sagte: ›Wollen Sie der zweite Mensch auf der Welt sein, der nach 4000 Jahren diese Schrift liest?‹«[6]

Beim Dechiffrieren und Codeknacken erfordern auch die winzigsten Fortschritte gewaltige Anstrengungen, ganz gleich, wie himmelschreiend offensichtlich sie rückblickend auch erscheinen mögen. Historiker preisen den Durchbruch eines englischen Bischofs namens William Warburton, der 1744 über die Hieroglyphen schrieb. Warburtons großer Coup bestand in der Erkenntnis, dass Hieroglyphen keine Verschleierungen waren, sondern *Wörter*; sie hatten die Funktion, etwas *auszudrücken*. Hieroglyphen, behauptete Warburton kühn, »sollten die Erinnerung an Handlungen und Gedanken von Menschen bewahren, sie wurden nicht erfunden, um diese geheim zu halten, wie man bis heute annimmt.«[7]

Selbst für Genies ist es frustrierend, wie langsam es geht. Champollion versuchte 1808, einen ägyptischen Papyrus zu entziffern, und gestand am Ende seinem Bruder, dass die Symbole sich seinem Vorhaben entzogen haben. »Ich habe sie studiert, habe tagelang darüber nachgegrübelt, und ich habe nichts verstanden.«[8] In einem Vortrag zwei Jahre danach, im Jahr 1810, verkündete er stolz, »ich bin fest davon überzeugt, dass eine einzelne Hieroglyphe, isoliert betrachtet, keinerlei Informationswert besitzt, sondern dass sie gruppenweise angeordnet sind, was ich bereits mühelos zu erkennen vermag.«[9]

Das war ebenso zutreffend wie wichtig, aber überlegen Sie einmal, wie viel Arbeit Champollion hatte investieren müssen, um auch nur diese winzige Strecke vom Ausgangspunkt aus zurücklegen zu können. Das war, als hätten Sie nach vielen tausend Stunden Brüten über Büchern und Zeitschriften in deutscher Sprache den Rest der Welt wissen lassen, dass ein einzelner Buchstabe – *B*, beispielsweise – keine eigenständige Bedeutung besitzt. Da gäbe es aber ganze Buchstabenfolgen, die Sie erkannt hätten. Vielleicht sind Sie auf *Baum* gestoßen, oder *Leben,* oder *mobil*, freilich ohne die geringste Vorstellung, was diese Buchstabenfolgen wohl bedeuten könnten.

Geschichten von Erfindungen und Entdeckungen sind grundsätzlich immer unausgewogen, weil das wahre Bild andauernde Fehlstarts und vergebliche Irrwege zeigen würde, und nicht die überaus seltenen großen Erfolgserlebnisse. Keine Leser*in würde eine solch entmutigende Geschichte ertragen wollen. Nachdem die Wahrheit dann endlich herausgefunden ist, bemerkte Einstein einmal, »[erscheint] die glückliche Errungenschaft beinahe wie eine Selbstverständlichkeit, und jeder intelligente Student kann sie ohne allzu große Mühe verstehen. Aber die Jahre des unsicheren Tastens im Dunkel, mit ihrem intensiven Verlangen, dem Wechsel zwischen Zuversicht und Erschöpfung, und schließlich findet man den Weg ans Licht – nur wer das selbst erlebt hat, kann es wirklich begreifen.«[10]

Nur die wenigsten Menschen sind geneigt, ihr Leben einer solch ermüdenden Aufgabe zu widmen. Und wenn man sich spezifisch auf die Rätsel der Dechiffrierung und des Codeknackens stürzen, im Unterschied zu allgemeinen Rätseln der Wissenschaft, werden die mit der Aufgabe verbundenen Herausforderungen noch strenger.

Jetzt braucht man neben Intellekt und Hartnäckigkeit noch zwei weitere Eigenschaften, die nur selten gemeinsam auftreten.

Worauf es ankommt, schreibt der Historiker Stephen Budiansky, sind »eine beinahe unendliche Toleranz gegenüber Schinderei und detailversessener Wiederholung« zusammen mit »dem exakten Gegenteil« dieser Merkmale, nämlich der Gabe zu plötzlichen und verblüffenden Sprüngen der Vorstellungskraft.[11] »Der ideale Kryptoanalytiker ist ein Beethoven mit der Seele eines Buchhalters – oder umgekehrt.«

Zwei der bekanntesten Kryptographen, das Ehepaar William und Elizebeth* Friedman, schrieben einen Essay, der einen zugehörigen Punkt beleuchtete. (Gemeinsam dechiffrierten die beiden tausende verschlüsselter Botschaften der Nazis während des Zweiten Weltkriegs.) Das Dechiffrieren war eine Mischung aus Wissenschaft und Kunst, erläuterten die Friedmans, aber eine eindeutig seltsame Mischung. »In keiner anderen Wissenschaft werden die Regeln und Prinzipien so wenig befolgt und so oft gebrochen; und in keiner anderen Kunst ist die Rolle des logischen Denkens so herausragend.«[12]

Als ob es nicht schon selten genug vorkäme, dass sich ein Faible für die Wissenschaft mit Kunstsinn verbindet,

---

* Die ungewöhnliche Schreibweise ist korrekt. Elizebeth war das letzte von neun Kindern, und vielleicht hatte die Mutter schon eine Vorahnung, dass ihre Tochter irgendwie anders sein würde. Wenngleich nie so berühmt wie ihr Ehemann, wurde Elizebeth Friedman zu einer der wichtigsten Codebrecherinnen der amerikanischen Geschichte. Jason Fagone erzählt ihre Geschichte in seinem faszinierenden Buch *The Woman Who Smashed Codes*.

benötigen Codebrecher und Dechiffrierer noch eine weitere ungewöhnliche Eigenschaft. Sie müssen, in den Worten Stephen Budianskys, geradezu paranoid sein. »Nicht ›paranoid‹ im Sinne eines Verfolgungswahns, sondern paranoid insofern, als sie glauben (müssen), dass irgendwo verborgen im scheinbar irrelevantesten Detail die grandiose Wahrheit verborgen liegt; paranoid in dem Sinn, daran zu glauben, etwas sehen zu können, was jeder andere bis dahin übersehen hatte.«[13]

Hierin lag vielleicht ein Punkt, an dem sich Champollion und Young tatsächlich ähnlich waren. Jeder der beiden besaß die tiefe Überzeugung, einer der von der Natur Auserwählten zu sein, in Geheimnisse eingeweiht, die andere nicht zu durchschauen vermochten. Beide besaßen ein absolutes Vertrauen auf das eigene Talent, gekoppelt mit der tiefen Überzeugung, man komme auf Reisen alleine immer noch am schnellsten voran.

Gemäß der Familiensaga der Champollions, über die Jahre immer wieder liebevoll nacherzählt, erzählte ein örtlicher Heiler seiner Mutter, als sie mit Jean-François schwanger war, sie würde einen Sohn zur Welt bringen, »dessen Licht für viele Jahrhunderte hell erstrahlen wird.«[14] Im Alter von elf Jahren, laut einer weiteren Anekdote aus der Familiengeschichte, begegnete Champollion dem Gelehrten Joseph Fourier, der ihm einige Hieroglyphen-Inschriften zeigte. In jenem Moment, so behauptete Champollion später, hätte er geschworen, eines Tages der Erste zu sein, der die Hieroglyphen entschlüsselt.[15]

Auch Young demonstrierte von Kindesbeinen an ein unerschütterliches Beharren auf seinem eigenen Weg. (Seine Erziehung als Quäker, so spekulierte er selbst, hatte ihm

»eine völlige Verachtung gegenüber der öffentlichen Meinung« eingeimpft.)[16] Mit ungefähr sechs Jahren, so erinnerte sich Young in einem autobiographischen Aufsatz, wurde er auf ein »miserables Internat« geschickt.[17] Von Anfang an bestand er auf seiner Unabhängigkeit. »Schon in diesem Alter begann ich, mein eigener Lehrer zu sein.« Das höchste Lob, das er sich über einen seiner eigentlichen Lehrer abringen konnte, besagte, dieser »war vernünftig genug, seinen Schülern zumindest ein wenig Ermessen dabei zu lassen, wie sie ihre Zeit nutzen wollten.«[18] Young war ein wildes Fohlen, das sich nicht zähmen ließ.

Und er gab niemals auf. In seiner wissenschaftlichen Arbeit, und nicht nur dort, erklärte er sich »überzeugt vom Vorteil, den es darstellt, jede Beobachtung mit so wenig Hilfe wie möglich machen zu können.«[19]

Auch wenn sie keine Genies sind: Dechiffrierer und Codeknacker sind in der Regel Außenseiter und Eigenbrötler. Talent kann überall auftauchen. Bletchley Park rekrutierte nicht nur Wissenschaftler und Linguisten, sondern auch die besten Kreuzworträtsellöser Großbritanniens (und mit Conel Hugh O'Donel Alexander einen der damals besten Schachspieler des Landes, Anm. d. Übers.). Den Leuten wurde gesagt, sie könnten »bei einer Aufgabe von nationaler Bedeutung«* helfen.[20]

* Auch die Nazis nutzten Kreuzworträtsel, um potenzielle Kryptographen zu finden. Diejenigen, die bei diesen Tests am besten abschnitten, wurden zu einem Spezialtraining abkommandiert. Als besonderen Anreiz ließen die Ausbilder die neuen Rekruten wissen, die schwächsten neunzig Prozent der Klasse würden nach Russland an die Ostfront geschickt.

In der Welt der Dechiffrierung ist ein Faible für das Problemlösen die einzig notwendige Eintrittskarte; auf akademische Referenzen kommt es nicht an. »In unserer Fantasie«, schreibt die Althistorikerin Mary Beard, »können wir alle zu Codebrechern werden.«[21]

Wir alle können das – zumindest dann, wenn wir brillante Köpfe und zugleich unermüdliche harte Arbeiter sind. Das ist die wahre Geschichte hinter jedem *Heureka!*, und nicht nur auf dem Spezialgebiet der Dechiffrierung. Selbst bei Isaac Newton, Youngs großen Vorgänger und vielleicht eine der gewaltigsten Geistesgrößen in der Geschichte der westlichen Welt, war die Genialität nicht genug: Ausdauer und Hartnäckigkeit waren nicht minder wichtig. *Wie sind sie auf die Theorie der Schwerkraft gekommen?* wurde Newton als alter Mann gefragt, und er antwortete unumwunden: »Durch ständiges Nachdenken.«[22]

Newton machte niemals Witze[23] – ein enger Vertrauter konnte sich nur an eine einzige Gelegenheit erinnern, bei der er den großen Mann lachen gesehen hatte (irgendjemand hatte gefragt, wozu das Studium von Euklid gut sei) –, und er meinte es ernst, wenn er sagte, er konzentriere sich ohne Unterlass. »Seine außergewöhnliche Gabe war die Fähigkeit, ein rein geistiges Problem kontinuierlich im Kopf zu behalten, bis er es vollkommen durchdrungen hatte«, schrieb John Maynard Keynes, der sich bei seiner Arbeit als Wirtschaftswissenschaftler Zeit nahm, um sich in Newtons Biographie zu vertiefen. »Ich stelle mir vor, seine überragenden Fähigkeiten beruhen auf der Kraft der Intuition, die bei ihm stärker und dauerhafter ausgeprägt ist als bei jedem anderen Menschen.«

Für gewöhnliche Sterbliche ist diese ungebrochene Fokussierung nahezu ein Ding der Unmöglichkeit, so als wollte man die Faust ballen und den Griff nie wieder lockern. »Ich glaube«, schrieb Keynes, »Newton konnte ein Problem stundelang, tagelang, wochenlang in seinem Kopf wälzen, bis es ihm endlich seine Geheimnisse offenbarte.«[24]

Diese Art unnachgiebiger Konzentration, die den Betreffenden möglicherweise wie einen Tagträumer erscheinen lässt, ist in Wahrheit harte Arbeit. Im Verlauf einer Wettkampfpartie im Schach verbrennt ein Großmeister laut dem Neurologen Robert Sapolsky von der Stanford University bis zu 6000 oder 7000 Kalorien am Tag.[25] Der Denker sitzt auf seinem Stuhl, rückt kleine Holzfiguren auf einem Brett hin und her und verbraucht dabei genauso viel Energie wie ein Marathonläufer in voller Aktion.

Expert*innen für die Geschichte der Dechiffrierung betonen ohne Ausnahme den physischen Aspekt der Herausforderung. Eine Passage über Georg Grotefend, einen Wegbereiter der Dechiffrierung des antiken Persisch, spricht dies zutreffend an. Grotefend besaß, wie sich ein Freund erinnerte, »ein außergewöhnliches Gedächtnis und eine exzellente Gesundheit, die es ihm möglich machte, vom frühen Morgen bis spät in die Nacht zu studieren, ohne feste Zeiten oder Entspannungsphasen.«[26]

Wie beim Schach, in der Mathematik und der Musik zeigt sich die Begabung – oder doch zumindest die Begeisterung für die Sache – meist schon früh. Champollion war seit dem Alter von dreizehn Jahren Feuer und Flamme für die Hieroglyphen gewesen; Michael Ventris war vierzehn, als seine Faszination für die Linearschrift B begann; bei dem US-amerikanischen Altamerikanisten David Stuart, einem der führenden heutigen Experten für die Glyphen der Maya, begann diese Leidenschaft schon mit acht Jahren.

Oft zeigen sich diese frühen Begabungen in Form einer instinktiven Fähigkeit, sich in neuen Sprachen zurechtzufinden. Ventris war vielleicht das herausragendste Beispiel in dieser Hinsicht. Sein Leben lang behielt er die schon im Kindesalter entwickelte Gabe, sich Sprachen schnell und ohne Mühe anzueignen.

»Für einige wenige magisch Begabte«, schreibt Margalit Fox in ihrer Geschichte der Dechiffrierung von Linear B, »scheint sich die kritische Phase aus nicht eindeutig geklärten neurologischen Gründen unvermindert bis ins Erwachsenenalter fortzusetzen. Diese Menschen inhalieren Fremdsprachen geradezu, mit zwanzig oder dreißig Jahren genauso flüssig wie mit sechs, mit nur minimaler Anstrengung. Michael Ventris war zweifellos ein solcher Fall.«[27]

Ein Kollege, der mit Ventris zusammen intensiv an Linear B gearbeitet hatte, erinnerte sich, wie dieser Zeitungsartikel auf Schwedisch las. *Wo hast du das denn gelernt?* Wie sich zeigte, hatte Ventris im Rahmen eines Architekturprojekts ein paar Wochen in Schweden verbracht. (Die Architektur war sein Beruf; das Dechiffrieren war sein Hobby.) Mehr brauchte es nicht. Den Rest seines Lebens korrespondierte Ventris mit schwedischen Wissenschaftlern in deren Muttersprache.[28]

Vielleicht weil das Dechiffrieren ein »Spiel« ist, für

das man kaum irgendwelche Ausrüstung braucht – in dieser Hinsicht mit Fußball oder Laufen vergleichbar, aber ganz im Gegensatz zu Segeln oder Polo –, verwirklicht sich dieses Talent ohne Klassenschranken.

Ventris stammte aus einer wohlhabenden Familie.* Young war finanziell gut gestellt, Champollion definitiv nicht, und dasselbe galt für die Altphilologin und Archäologin Alice Kober, eine weitere Heldin der Geschichte um die Linearschrift B. Jahrelang ließ die Wissenschaft George Grotefend links liegen – das war jener Experte mit dem unablässigen Fokus auf die antike persische Keilschrift –, weil er »nur« Lehrer am Gymnasium war und kein Universitätsprofessor.

George Smith, dessen Vita eine der denkbar romantischsten in der Geschichte der Archäologie ist, besuchte noch nicht einmal eine weiterführende Schule. Smith war im Jahr 1854 als Lehrling zu einer Druckerei in London geschickt worden. Da war er vierzehn, und das war das offizielle Ende seiner Schulbildung. Er verbrachte seine gesamte Freizeit im British Museum und starrte auf Tontafeln aus Ninive und Babylon.

---

* Ventris war gutaussehend und charmant, und schon äußerlich wirkte er wie einer, mit dem es die Natur besonders gut gemeint hatte. Aber seine Mutter beging Selbstmord, als er siebzehn war, und er selbst kam schon mit 34 Jahren ums Leben, als sein Wagen in einen geparkten Lastwagen krachte. Sein Tod wurde offiziell als Unfall deklariert, obwohl Ventris zwei Wochen vor dem Crash in einem Brief mitgeteilt hatte, ihm wären »tiefe Zweifel am Wert meiner vielgerühmten Intelligenz und zu einem großen Teil auch dem Wert des Lebens selbst [gekommen].« Einige Freunde und Kollegen beharren allerdings auf der Sichtweise, der tödliche Zusammenprall sei kein Suizid gewesen, und niemand vermag diese Frage schlüssig zu beantworten.

Für Außenstehende sind diese Tafeln ganz und gar unergründlich. Die Keilschrift besteht aus geraden und keilförmigen Linien, sauber hintereinander angeordnet; sie sieht ein bisschen so aus, als wäre ein Schwarm Vögel mit Zwangsneurose über feuchten Lehm getrippelt.*

Schon bald sollte George Smith den Rest der Welt lehren, wie diese mysteriösen Inschriften zu lesen waren, und er sollte eine Version der Sintflut-Geschichte entdecken, die älter war als diejenige in der Bibel.

Der große Moment in Smiths Leben stellte sich 1872 ein, in der British Library. Damals schaffte er es, mehrere Zeilen einer antiken Tafel aus Nineve zu übersetzen. Was

* Das Erscheinungsbild einiger Schriften gibt Hinweise auf ihre Ursprungszeiten. Die Keilschrift etwa enthält, wie der Name sagt, keilförmige Zeichen, weil diese Formen sich am einfachsten mit einem Griffel in feuchten Ton drücken ließen. Das srilankische Alphabet besteht ganz im Gegensatz dazu fast vollständig aus anmutigen, runden Formen. Die Schreiber der Antike im damaligen Ceylon schrieben auf getrockneten Palmblättern, die von geraden, aber sehr feinen Adern durchzogen waren. Jede Beschriftung mit geraden Linien hätte sich entlang dieser Adern zwangsläufig gebrochen.

er fand, war ein Teil des Epos von Gilgamesch, vielleicht die erste Geschichte überhaupt, die jemals schriftlich festgehalten wurde.

»Ich bin der erste Mensch, der das nach mehr als zweitausend Jahren des Vergessens liest«, rief Smith aus, und laut einem Augenzeugen »sprang [er] auf und rannte in höchster Erregung durch den Raum und zum großen Erstaunen der Anwesenden begann er, sich zu entkleiden.«[29]*

Die Hoffnung auf solche *Heureka!*-Momente lockt die Entschlüssler durch all die Nächte voller Trostlosigkeit und Verwirrung. »Der Nervenkitzel deines Lebens« nannte die Codebrecherin Elizebeth Friedman dieses Gefühl.[30] »Die Gerippe von Wörtern springen dir ins Auge, und du springst in die Luft vor Freude.«

---

* Der Historiker Stephen Greenblatt warnt in *Die Geschichte von Adam und Eva*, woraus die obige Szene zitiert ist, der Augenzeugenbericht könnte auch ein wenig übertrieben sein. »Das Ausziehen, das Smiths Kollegen derart schockierte, dürfte, wie der Literaturhistoriker David Damrosch notiert, nicht mehr gewesen sein als ein gelockerter Kragen; immerhin befand man sich im viktorianischen England. Bei einer Entdeckung dieses Kalibers freilich wäre so gut wie jeder Grad der Erregung berechtigt gewesen.«

16

Alte Weisheit

Um 1819 hielt Thomas Young die Antwort auf das Rätsel der Hieroglyphen in Händen. Er hatte gezeigt, dass die Hieroglyphen Laute darstellen konnten, genau wie die Buchstaben in unserem Alphabet auch (»*A* wie *Apfel*«). Er stellte sogar eine Tabelle zusammen, mit der vorsichtigen Überschrift »Sounds?«, die eine Handvoll Hieroglyphen bestimmten Lauten zuordnete. Ein Löwe stand für den Laut *l*, eine Zickzacklinie war das *n*, ein Halbkreis das *t*.1

Dann aber, so brillant und ehrgeizig er war, ließ Young seines eigenen Geistes Kind im Stich. Dafür hatte er zwei Gründe. Einer war eher punktueller, der andere grundsätzlicher Natur. Beides jedoch waren Fehler, die ihn veranlassten, geradewegs in die falsche Richtung zu marschieren.

Der punktuelle Fehler kam zuerst. Zwar *konnten* Hieroglyphen, wie Young entschieden hatte, tatsächlich für Laute stehen, aber dem war seiner Ansicht nach nur in ganz speziellen Sonderfällen so – nämlich immer dann, wenn in einer Kartusche der Name eines nichtägyptischen Herrschers stand. Ausschließlich dann. Unter allen gewöhnlichen Umständen – also immer dann, wenn Hieroglyphen außerhalb einer Kartusche standen und wenn sie sich auf etwas anderes als einen ausländischen König bezogen –, hatten sie mit Lauten nicht die geringste Verbindung, so Young.

Es waren die Kartuschen, die Young auf die falsche Fährte lockten. Er erkannte, dass Kartuschen selten waren, und er erkannte, dass Hieroglyphen innerhalb von Kartuschen bestimmten Lauten entsprachen. Auf der Grundlage dieser beiden Fakten zog er kurzerhand eine Schlussfolgerung: Die große Mehrzahl der Hieroglyphen, diejenigen außerhalb von Kartuschen, korrespondierten *nicht* mit Lauten.

Das war ein Irrtum, aber Youngs Fehler war nicht die Folge nachlässiger Überlegung. Ihm als fähigem Mathematiker wäre solch ein logischer Patzer niemals unterlaufen. Stattdessen stellte er, konfrontiert mit einer unvollständigen Beweislage, eine begründete Vermutung an.

Aber damit lag er falsch. Was ihn in die Irre führte, war die Seltenheit des Vorkommens von Kartuschen. Er glaubte, sie wären etwas Besonderes, und das war ja auch richtig. Jeder, der sich eine Seite mit Hieroglyphen ansieht, würde sich fragen, warum manche dieser Hieroglyphen von einem Oval umschlossen sind. Und die Kartusche war in der Tat, wie Young gesagt hatte, ein Signal. Das Problem war nur, dass er dieses Signal falsch interpretierte. Young dachte, eine Kartusche bedeutet: *Die Hieroglyphen innerhalb dieses Ovals stehen für Laute, nicht für Ideen*. Aber so war es nicht. In Wirklichkeit bedeutete eine Kartusche: *Die Hieroglyphen innerhalb dieses Ovals stehen für einen Königsnamen.* Kartuschen waren selten, weil Könige selten waren, nicht weil Laute selten waren.

Young dachte keine Sekunde daran, einen Fehler begangen zu haben. Und warum hätte er sich auch selbst anzweifeln sollen? Immerhin war seine Entschlüsselung der Ptolemaios-Kartusche der größte Coup, den es bis dahin in der Geschichte der Dechiffrierung des Ägyptischen gegeben hatte.

Fast zwangsläufig verführte just dieser Triumph Young dazu, innezuhalten an einem Punkt, an dem er hätte weiter voranschreiten sollen. Er war wie ein Naturforscher, der eine Waldlichtung erreicht, sie Zentimeter für Zentimeter untersucht und am Ende ein Versteck mit Gold unter der Erde findet.

Aber dann kam, wie in der Fabel, der Haken. Hingerissen von seiner eigenen Entdeckung verwendete unser unglücklicher Forscher von Stund' an all seine Bemühungen darauf, in der Nähe genau dieser Stelle zu graben, auf weitere Schätze hoffend, während gleich um die Ecke ein noch viel größerer Schatz unerkannt seiner Entdeckung harrte.

Youngs zweiter und grundsätzliche Fehler war der entscheidende. Die Kartuschen falsch verstanden zu haben war ein Fehltritt, aber es war ein Fehler technischer Natur, wie er beim Lösen von Rätseln eben vorkommt. Young umfassenderer Fehler war konzeptioneller Natur und deshalb viel weitreichender und gefährlicher. Er lag darin, dass er das Wesen der Hieroglyphen auf fundamentale Weise falsch verstanden hatte.

Young war in diese falsche Richtung gedrängt worden, und zwar genau genommen durch das gesammelte Gewicht von zwei Jahrtausenden gängiger Ansichten, und er hatte unwissentlich diesem Druck nachgegeben. »Wir alle werden schon in der Krippe tätowiert mit den Überzeugungen unseres Stammes«, meinte der US-amerikanische Arzt und Schriftsteller Oliver Wendell Holmes einmal. »Das Ergebnis mag oberflächlich erscheinen, aber es ist unauslöschlich.«[2]

Für Generationen europäischer Gelehrter lief dieser Einfluss von »Stammesglauben« darauf hinaus, Hieroglyphen mit einer Mystik zu umgeben, die es nahezu unmöglich machte, sie einfach als Schriftsystem wahrzunehmen. Der Name, der mit dieser verfehlten Lehrmeinung am engsten verknüpft ist, ist derjenige des Horapollon, eines ägyptischen Priesters, der um das Jahr 400 unserer Zeitrechnung lebte. Horapollon war es, der den Begriff *Hieroglyphe* geprägt hatte, das griechische Wort für *heilige Gravur*. Und die Wahl des Wortes *Gravur* – und nicht einfach bloß *Schrift* – ist entscheidend. Horapollon wollte damit sagen, die Hieroglyphen wären Zeichnungen, und *nicht etwa* Buchstaben irgendeiner merkwürdigen Schrift.

Horapollons Leben ist geheimnisumwoben; so ziemlich alle biographischen »Fakten«, die uns vorliegen, sind letztendlich Vermutungen. Aber bis zur Epoche des Steins von Rosette galt er als *die* führende Autorität in Sachen Hieroglyphen.

Horapollons Ruhm geht zurück auf ein von ihm geschriebenes dickes Buch mit dem Titel *Hieroglyphica*. Das Buch selbst ist fast genauso mysteriös wie sein Autor. Wissenschaftler glauben, dass Horapollon es in ägyptischer Sprache um das Jahr 400 schrieb, also lange nachdem die Hieroglyphen ungebräuchlich geworden waren.

Die *Hieroglyphica* wurden erst im Jahr 1419 entdeckt, tausend Jahre nach Horapollons Tod, als ein italienischer Mönch zufällig auf eine griechische Übersetzung stieß.[3] Wo das Buch in der Zwischenzeit gewesen war und wie es überhaupt dazu kam, dass es übersetzt wurde, weiß kein Mensch. Doch kaum war es aufgetaucht, galt es auch schon als *der* Schlüssel schlechthin zu den Hieroglyphen, und diesen Status behielt es über vier Jahrhunderte. In der ganzen Zeit wurde, wie uns ein moderner Historiker berichtet, jedes Wort Horapollons zum Thema der ägyptischen Überlieferung mit nachgerade »heiliger Ehrfurcht«[4] aufgenommen.

Horapollon schrieb mit Kraft und Überzeugung. Fragen oder Gegenargumente wurden nicht einmal berücksichtigt, geschweige denn zurückgewiesen. Wie viele andere verfiel auch Young seinem Zauber. In den gut 200 Kapiteln seines Opus betonte Horapollon wieder und wieder sein zentrales Thema – Hieroglyphen waren Embleme und Allegorien, und sie überbrachten symbolische Botschaften.

»Wenn [die Ägypter] einen Gott bezeichnen wollen, oder etwas Erhabenes«, schrieb er, » … malen sie einen Falken«.[5] Wieso ausgerechnet einen Falken? Weil »wenn die anderen [Vögel], sooft sie sich in die Höhe erheben wollen, schräg fliegen, da sie sich nicht direkt aufschwingen können, einzig der Falke direkt in die Höhe fliegt.«

Verglichen mit den meisten Exkursen Horapollons in die Naturgeschichte war diese Darstellung sogar noch recht unkompliziert. Er erklärte beispielsweise, eine Hieroglyphe, die einen Geier zeigte, bedeutete *Mutter,* denn es war ja allgemein bekannt, dass alle Geier weiblich sind.[6] Eine Gans bedeutete *Sohn*, weil Gänse sich ganz besonders hingebungsvoll um ihren Nachwuchs kümmerten.[7] Ein Hase bedeutete *offen*, weil Hasen niemals ihre Augen schlossen.[8]

Andere Hieroglyphen stützten sich weniger auf die Kenntnis der Natur und eher auf eine Art symbolischer Decodierung der Art, die Kunstkritiker vorbringen mochten, wenn sie die seltsamen Bilder des Hieronymus Bosch besprachen. »Einen Menschen, der sich niemals vom Ort seiner Geburt in die Fremde hinwegbegeben hat, bezeichnen sie, indem sie einen Eselsköpfigen malen«, hieß es bei Horapollon. »Weil er nie irgendeine Erzählung hört, oder erfährt, was bei Fremden geschieht.«[9] Zur Darstellung von etwas Unmöglichem »malen [sie] die Füße eines Menschen, die über das Wasser laufen … [oder sie] malen einen Menschen, der ohne Kopf herumgeht.«[10]

Eine typische Hieroglyphe besaß mehrere Bedeutungen, folgte man Horapollon, und die wenigsten davon waren offenkundig. Oft umspannten sie einen großen Bereich. Ein Geier bedeutete beispielsweise nicht nur *Mutter*, sondern auch *Anblick* (»weil von allen Lebewesen der Geier den schärfsten Gesichtssinn hat«), und *Grenze* (»weil er bei schwelender Kriegsgefahr den Ort, an welche die Schlacht stattfinden wird, schon sieben Tage vorher aufsucht, ihn begrenzt und umschreibt«), und *Voraussage* (»teils auch, weil er sich gewöhnlich demjenigen Teil der Kämpfenden zuwendet, wo die künftige Niederlage größer sein wird, um sich von den Kadavern Nahrung zu holen«), und *Mitleid* (»wenn in dieser Zeit [der Aufzucht der Jungen] das Futter nicht ausreicht, womit er sie unterhält, bietet er ihnen, nachdem er seinen eigenen Schenkel aufgerissen har, sein Blut zum Trinken dar«).[11]

Alle diese Interpretationen klingen hanebüchen, und die meisten waren es auch. Die Sache hat jedoch einen entscheidenden Haken. Einige von Horapollons sonderbaren Erklärungen erwiesen sich als korrekt. Ein Geier stand z.B. tatsächlich für *Mutter*, wenngleich der wahre Grund dafür nichts mit Horapollons Darstellung zu tun hatte. Eine Gans bedeutete tatsächlich *Sohn,* und ein Hase bedeutete *offen*, obwohl Horapollons Geschichten über hingebungsvolle Eltern und stets offene Augen völlig abseitig waren.

Es gab hier deutliche Hinweise - wenn sie denn nur jemand erkannt hätte. Geier hatten *tatsächlich* etwas mit Müttern zu tun. Nur was?

Horapollons Erkenntnisse – die echten Erkenntnisse – waren Perlen, die offen zutage lagen. Das Problem war, dass diese echten Perlen inmitten großer Berge billigen Modeschmucks verstreut waren.

Das führte zu gewaltigen Schwierigkeiten, genau genommen sogar zwei verschiedenen Arten von Schwierigkeiten. Zunächst einmal übersahen die Wissenschaftler die Perlen und griffen nach dem Krimskrams. Sie nahmen sämtliche »Übersetzungen« des Horapollon für bare Münze, und dann fügten sie auch noch zweifelhafte eigene Übersetzungen hinzu. In der festen Überzeugung, Hieroglyphen wären Symbole, wie Horapollon gelehrt hatte, machten sich Europas Denker gutgelaunt in die falsche Richtung auf. Jahrhunderte sollten vergehen, bis ihnen dämmerte, dass sie sich verlaufen hatten.

Aber als die Ernüchterung endlich einsetzte, nämlich im 18. Jahrhundert, kam es zu einer Überreaktion der Wissenschaftler. Diesmal blickten sie auf die glitzernden Berge von Perlen, erschauderten angesichts des billigen Christbaumschmucks und schoben voller Verachtung den ganzen Haufen beiseite. »Der arme alte Horapollon geriet in Verruf«, beobachtet der britische Ägyptologe John Ray, »deshalb wurden die Wahrheiten, die er zu erzählen gehabt hatte, zusammen mit dem mystischen Wortschwall, in den er sie kleidete, über Bord geworfen.«[12]

Offenbar hatte Horapollon sein Wissen über Hieroglyphen von ägyptischen Priestern oder Gelehrten gelernt, die tatsächlich wussten, worauf es bei dieser Schrift ankam. Ohne irgendeinen Anhaltspunkt wäre kein Mensch auf die zutreffende Beobachtung verfallen, dass ein Geier *»Mutter«* bedeutet. Aber dann machte er einen Fehler – der Großteil seiner »Übersetzungen« war einfach unsinnig – und wir können nur raten, warum dem so war. Vielleicht hatte er missverstanden, was man ihn gelehrt hatte, oder er vermengte verlässliche Informationen mit Geschichten falsch informierter Quellen. Vielleicht war er auch Gefangener seiner eigenen festgelegten Überzeugungen und kam vom Kurs ab, weil er so fest daran glaubte, Hieroglyphen wären Symbole mit verborgenen Bedeutungen.

Horapollons Botschaft war deshalb so einflussreich geworden, weil sie die Berichte anderer bedeutender Gestalten wiedergab und bestätigte. Ein griechischer Historiker namens Diodorus Siculus hatte Ägypten im ersten Jahrhundert unserer Zeitrechnung besucht und berichtet, die Schrift der Ägypter würde sich von allen anderen unterscheiden; sie basierte nicht auf Buchstaben oder Silben, sondern auf Bildern, die metaphorische Bedeutungen vermittelten. Ein Krokodil stand z.B. für *das Böse*, und ein Auge für *Gerechtigkeit.13*

Um das Jahr 120 n.Chr. hatte Plutarch, ein weitaus prominenterer griechischer Historiker als Diodorus, erläutert, eine Hieroglyphe, die einen Fisch abbildet, stehe für *Hass,* weil das Meer, in dem es von Fischen wimmelt, den lebensspendenden Nil verschlingt.[14] Ein Nilpferd steht für *Gewalt und Unmoral,* weil männliche Nilpferde ihre Väter töteten und sich mit ihren Müttern paarten. Diese Interpretationen klingen albern, aber wir deuten bis heute Zeichnungen auf ganz ähnliche Weise. Ein Weißkopfadler auf einem Poster steht für US-Amerikaner eindeutig für *Tapferkeit und Patriotismus,* weil Adler behände und wild sind, und weil sie in Amerika heimisch sind. Ein Schädel mit gekreuzten Knochen darunter bedeutet *Gift.*

Ein weiterer viel bewunderter antiker Schriftsteller, Clemens von Alexandrien, setzte einen etwas anderen Akzent bei dem, was er »die symbolischen und okkulten Lehren« der Ägypter nannte.[15] Clemens war ein in Griechenland geborener Theologe, der um das Jahr 200 in Ägypten lehrte. Genau wie Sprichwörter tiefe Wahrheiten in einfachen Worten vermittelten, schrieb er, erfassten Hieroglyphen tiefe Bedeutungen in einfachen Bildern. Nur ein Dummkopf würde Sprichwörter wörtlich interpretieren, als wären sie praktische Tipps, wie etwas zu bewerkstelligen sei. *Kein Öl ins Feuer gießen bedeutet: Reize einen Wütenden nicht noch zusätzlich,* erläuterte Clemens. Und wer *Perlen vor die Säue warf, der verschwendet kluge Argumente gegenüber einem Dummkopf.*

In gleicher Weise, so Clemens weiter, mochten Hieroglyphen wie Bilder alltäglicher Dinge wirken, aber die wahre Bedeutung dieser Vögel und Pflanzen und Schüsseln war weit großartiger und geheimnisvoller. Die tiefen Bedeutungen waren verborgen, das stimmte schon, aber genau das war die Idee. Der Suchende, der seinen Weg zu den hart erkämpften Wahrheiten gegangen war, sollte reich belohnt werden. »Alle Dinge, die durch einen Schleier scheinen«, schrieb Clement, »zeigen die Wahrheit in Wirklichkeit größer und eindrucksvoller.«[16]

Von all jenen, die tiefe symbolische Bedeutungen aus Hieroglyphen gewannen, war der kühnste und prominenteste ein Jesuitenpater mit Namen Athanasius Kircher, der Mitte des 17. Jahrhunderts zu Ruhm kam. Geboren in Deutschland, verbrachte Kircher den größten Teil seines Lebens in Rom. Dort veröffentlichte er Dutzende von Büchern. (Sein Opus magnum über Ägypten umfasste drei Bände mit zusammen 2000 Seiten.)

Kircher war ein Universalgelehrter mit einem verblüffenden, geradezu aberwitzigen Spektrum.* Er war Mathematiker, Theologe, eine Autorität für Griechisch,

---

* Kircher – in dieser Hinsicht übertrifft er sogar Gottfried Leibniz und Thomas Young – ist Gegenstand *zweier* Biographien in englischer Sprache, in deren Titel er als »Mensch, der alles wusste« beschrieben wird. Eine heißt *The Man Who Knew Everything: The Strange Life of Athanasius Kircher*, die andere *Athanasius Kircher: The Last Man Who Knew Everything.*

Latein, Chinesisch und Hebräisch, außerdem Experte für Drachen und Vulkane und Musik und Fossilien und Ananas (Ananas hat die Kraft, Eisen aufzulösen) sowie für die Arche Noah. Kircher ist heutzutage nahezu vergessen, genoss aber zu seiner Zeit internationalen Ruhm.

Auf das Studium der Hieroglyphen stieß er durch Zufall, als ihm ein Buch mit Beschreibungen ägyptischer Obelisken in die Hände fiel. Diese Obelisken waren fünfzehn Jahrhunderte zuvor als Kriegsbeute nach Rom gebracht worden. Kircher machte sich sogleich daran, diese »Chroniken alter ägyptischer Weisheit, aufgeschrieben vor undenklichen Zeiten«[17] zu entziffern.

Die Aufgabe verschlang Jahrzehnte, aber am Ende triumphierte Kircher, jedenfalls in seiner eigenen Vorstellung. »All die Geheimnisse der Hieroglyphenkunst, ihre Regeln, Methoden und Lehren sind«, so schrieb er, »mit Gnade und Hilfe des göttlichen Geistes durch mich völlig erhellt.«[18]

Seine »Übersetzungen« waren in Wirklichkeit pure Spekulation und gründlich missraten. Kircher hatte sich im Laufe seines Lebens so viel angelesen, dass jede Hieroglyphe bei ihm zahllose Assoziationen weckte – *hier war ein Bild, das mit dem Gott Osiris in Verbindung steht, und dort eine Anspielung auf die Göttin Isis* –, aber mit der Realität hatte das alles nicht das Geringste zu tun.

Ägyptologen wissen heute beispielsweise, dass eine Folge von Hieroglyphen auf einem der antiken Obelisken den Namen und die Titel eines Pharaos namens Apries bezeichnete, der um das Jahr 600 v. Chr. regierte. Nur das, nichts weiter. In diesen wenigen Hieroglyphen sah Kircher jedoch eine Botschaft über »Tugenden und Gaben in der siderischen Welt« und »die Fruchtbarkeit der Osiris-Schale« und »die verborgene Kraft in ihrem zweiseitigen Selbst« und noch vieles mehr.[19]

Das war pure Fantasie, allerdings konnte das niemand beweisen, bis Young und Champollion eineinhalb Jahrhunderte später des Weges kamen. Kircher besaß einen unerschütterlichen Glauben an seine eigene Großartigkeit – er verglich seine Leistung bei der Entzifferung der Hieroglyphen mit der Entdeckung Amerikas[20] oder der Erfindung der Druckerpresse, und eines seiner Bücher begann mit dem Motto: »Es gibt nichts Schöneres, als alles zu wissen« – in modernen Zeiten ist er mit seinen hochtrabenden Irrtümern zum dankbaren und verlockenden Ziel für Spötter geworden.[21] Generationen von Gelehrten haben dieser Verlockung nachgegeben.

Das ist allerdings nicht fair. So irregeleitet er auf dem Gebiet der Hieroglyphen auch war, war Kircher unzweifelhaft ein gelehrter Mann, und seine Schriften über Ägypten lieferten neben den Fantastereien auch einige wertvolle Beiträge. Kircher verkündete zum Beispiel rundheraus, dass das Koptische mit dem Ägyptischen verwandt war.[22] Das war zu jener Zeit eine mindestens umstrittene These, aber sie erwies sich als vollkommen korrekt (Kircher ging allerdings davon aus, die koptische Schrift und die Hieroglyphenschrift seien zwei Schriftarten ein und derselben Sprache.) Und das war noch nicht alles. Kircher stellte ein Koptisch-Wörterbuch zusammen und verfasste den ersten Aufsatz mit einer Darlegung der Grundlagen der koptischen Grammatik. Seine Nachfolger, darunter auch Champollion, befassten sich eingehend mit diesen Werken.

Selbst in Kirchers Schriften über die Hieroglyphen gab es, wie ein moderner Historiker respektvoll, wenn auch verblüfft vermeldet, mitunter ein »merkwürdiges Aufblitzen des Genies« inmitten der Meere von »Unsinn.«[23] Es war wohlgemerkt Kircher, der als Erster zutreffend erläuterte, dass eine bestimmte Hieroglyphe für einen bestimmten Laut stand (zufällig war es die Zeichnung einer horizontalen Zickzacklinie, wie der Buchstabe *V* auf dem Kopf stehend und mehrmals nacheinander geschrieben, und ausgesprochen wurde das Zeichen wie ein *n*).

Kircher erwähnte nur dieses eine Beispiel, und er verfolgte das Thema nicht weiter (schließlich interessierte er sich nur für die tiefere Bedeutung der Hieroglyphen und nicht für das, was er als ihren oberflächlichen Sinn ansah). Dennoch war er, indem er die Verbindung zwischen Bildern und Lauten hervorhob, der Erste, der den eigentlichen Kern des ganzen Rätsels der Hieroglyphen erfasste.

Kirchers Problem war, dass er derart auf Horapollons Doktrin vertraute – *Hieroglyphen sind Ideen, keine Buchstaben oder Wörter* –, dass er sich einfach nicht vorstellen konnte, diese zu hinterfragen, geschweige denn eine Alternative in Betracht zu ziehen. Hätte er ein wenig praktischer gedacht, wäre er vielleicht auf die Idee gekommen, dass es jede Menge alltäglicher Gründe dafür geben konnte, warum Hieroglyphen so schwer zu entziffern waren. Die Ägypter sprachen eine für uns tote Sprache, hätte ihm z.B. auffallen können, und sie entwarfen eine Schrift, die eigenartig und sehr aufwendig wirkt, und sie glaubten an Dinge, über die wir nur Vermutungen anstellen können, und sie lebten in einer Welt, die der unseren vollkommen fremd ist.

All dies tat er nicht. Nach seiner Vorstellung (und der Vorstellung von Schriftstellern der Klassik und der Renaissance ganz allgemein) waren die Hieroglyphen mit voller Absicht so schwierig angelegt worden. Ägyptische Schreiber hatten sie, wie es ein moderner Historiker zusammenfasst, mit dem Ziel erfunden, ihre Bedeutung hinter »Schleiern von Allegorie und Mysterium« zu verbergen.[24]

Das war eine bemerkenswerte Behauptung. *Viele* Symbole sind für Außenstehende schwierig zu entziffern. Eine Partitur oder eine aus einem Mathematikbuch herausgerissene Seite kann auch schwer zu begreifen sein. Aber musikalische und mathematische Symbole besitzen klare Bedeutungen – jedenfalls klar für Fachleute auf dem jeweiligen Gebiet. Sie sind zwangsläufig unklar. Sie sind in gewisser Weise eigene Sprachen, und sie sind aus den gleichen Gründen schwierig, aus denen auch Fremdsprachen schwierig sind.

Man dachte, bei den Hieroglyphen sei das anders. Wie die Chiffrezeichen in Kriegszeiten, behaupteten die Experten steif und fest, Hieroglyphen seien *darauf angelegt,* schwierig zu sein. Diese Überzeugung, die bis ins 19. Jahrhundert hinein völlig verbreitet war, schickte die Möchtegern-Dechiffrierer auf die falsche Fährte. Anstatt einfach anzufangen zu graben und nach alltäglichen Bedeutungen hinter den kryptischen Symbolen zu suchen, entschwebten sie gleichsam in immer fernere Welten aus heißer Luft und überliefertem Unfug.

In der Rückschau erscheint es verblüffend, dass große Denker bis ins wissenschaftliche Zeitalter hinein daran festhielten, Hieroglyphen würden hinter ausgeklügelten Masken mystische Wahrheiten verbergen. Das Ganze begann mit unangebrachtem Vertrauen: Plutarch und Horapollon und die anderen waren Namen, die man respektieren musste, und die Insignien antiker Herkunft verliehen ihren Behauptungen noch zusätzliches Gewicht. Wenngleich sie lange nach der Zeit der Pharaonen gelebt hatten, waren sie den ägyptischen Quellen doch immerhin um tausend Jahre näher gewesen als die Gelehrten aus Europa, die ihre Worte echogleich wiederholten. Renaissance-Schriftsteller fügten sich ihnen in gleicher Weise, wie sich die Theologen ihrer Epoche den Kirchengründern fügten.

Dennoch können viele heutige Wissenschaftler*innen nur entgeistert den Kopf schütteln, wenn sie das hartnäckige Festhalten am Ansatz der Symbolentschlüsselung zu erklären versuchen. »Die Beharrlichkeit, mit der die klassischen Autoren an ihren falschen Interpretationen festhielten und, wenn man so will, vorsätzlich alle Beweise ignorierten, die ihren voreingenommenen allegorischen Ideen widersprachen«, spottet der Historiker Erik Iversen, »ist wahrhaft erstaunlich.«[25]

Aber vielleicht ist das alles gar nicht so erstaunlich. Der Impuls, in mysteriösen Symbolen mystische Bedeutungen finden zu wollen, ist sehr stark. Wir könnten uns durchaus fragen, ob moderne Wissenschaftler wirklich besser abschneiden würden als ihre Pendants vor ein paar hundert Jahren, wenn sie sich mit einer ähnlich mysteriösen Bilderschrift konfrontiert sähen. Wie sich zeigt, brauchen wir uns gar nicht zu fragen. Wir brauchen uns nicht zu fragen, weil wir es schon wissen.

Es geschah in den 1950er-Jahren, als sich die Wissenschaft noch immer erfolglos an den Glyphen der Maya abarbeitete. Dieser Bilderschrift aus der Neuen Welt wurde letztendlich in den 1970ern entschlüsselt, und es war einer der großen sprachwissenschaftlichen und archäologischen Triumphe in moderner Zeit. Die Geschichte wird (von einem der Beteiligten) sehr spannend erzählt in *Das Geheimnis der Maya-Schrift* von Michael Coe.

Die Geschichte weist verblüffende Parallelen zu unserer ägyptischen Saga auf, auch wenn es bei den Maya kein Pendant zum Stein von Rosette gab. Sehr wohl gab es jedoch ein Pendant zu Athanasius Kircher, in Gestalt von Sir Eric Thompson, *der* überragenden Gestalt in der Frühzeit der Maya-Forschung. 1950, nach Jahrzehnten eingehender Beschäftigung mit den Hieroglyphen der Maya, verkündete er geradezu gebieterisch sein Urteil, wie diese zu deuten wären.

Glyphen der Maya aus Palenque, Mexiko

Zu der Zeit konnte weder er noch irgendjemand sonst diese mysteriösen Symbole lesen. Dennoch, verkündete Thompson, könnten bestimmte Fakten nun ohne begründeten Zweifel als feststehend gelten. Glyphen standen nicht für gewöhnliche Dinge wie Laute oder Silben, ganz gleich, was bestimmte Forscher beharrlich behaupteten; Glyphen waren Symbole, die Ideen abbildeten. Fragt sich bloß: Welche Ideen? »Solange man den Text nicht vollständig versteht, kann man zum Beispiel auch nicht wissen, ob sich eine Glyphe, die einen Hund darstellt, auf die Rolle des Tieres als Überbringer des Feuers an die Menschen oder auf seine Pflicht als Führer der Toten in die Unterwelt bezieht«, schrieb Thompson.[26] »Dass in die Glyphen derartige mystische Bedeutungen eingebettet sind, daran besteht kein Zweifel, aber bis jetzt können wir nur vermuten, welche Assoziationen der Maya-Schreiber dabei hatte. Wir müssen offensichtlich nach weiteren derartigen mythologischen Hinweisen suchen.«

Pflichtschuldig dem mythologischen Pfad zu folgen würde uns schon zur Lösung des Rätsels führen: Davon ging man aus. Noch wichtiger war, so Thompson weiter, dass der Ansatz der Symbol-Entschlüsselung »uns, mit dem Schlüssel in der Hand, an die Schwelle des geheimsten Winkels der Maya-Seele führt und uns hineinbittet«.

Doch stattdessen führte er zu Frustration. In der Neuen Welt wie in Ägypten stellten sich die geheimnisvollen Glyphen keineswegs als mystische Symbole heraus. Es waren vielmehr Symbole mit der unkomplizierten Aufgabe, die Laute einer Sprache zu erfassen. Die Maya-Schrift mag exotisch ausgesehen haben, aber sie erwies sich als Schriftsystem, das mehr oder weniger genauso funktionierte wie alle anderen auch.

Horapollon und Kircher hätten vielleicht als warnende Beispiele dienen können. Doch leider taten sie das nicht. Der Drang, tief verborgene symbolische Bedeutungen finden zu wollen, war einfach zu stark.

17

»Eine Chiffre und eine Geheimschrift«

Mit dem Lauf der Jahrhunderte nahm das ehrfürchtige Staunen, mit dem man den Hieroglyphen begegnete, immer mehr zu. Doch im Lauf der Zeiten veränderte sich dieses ehrfürchtige Staunen auch. Aus vager Verehrung – *Hieroglyphen sprachen über tief verborgene, geheimnisvolle Wahrheiten* – wurde felsenfester Glaube – *Hieroglyphen drückten exakte wissenschaftliche Erkenntnisse aus.* Wir haben es hier mit einem Fall von Ironie in kolossalem Maßstab zu tun. Das alte Ägypten war eine machtvolle Kultur, errichtet fast ausschließlich auf Grundlage der denkbar simpelsten Technologie – Muskelkraft und Schweiß und nicht viel sonst, und fast die gesamte Muskelkraft wurde von Menschen aufgebracht, noch nicht einmal von Ochsen oder Pferden oder anderen Tieren. Die Wissenschaft kam dabei so gut wie gar nicht vor.

Die ägyptische Mathematik war rudimentär,[1] die ägyptische Medizin eine Wundertüte aus Folklore und Irrglauben. (Bei der Vorbereitung von Mumien verehrten Ägyptens Einbalsamierer das Herz, das Gehirn jedoch warfen sie als wertlos auf den Abfall.[2] Das Herz war etwas Besonderes, glaubten sie, denn dort saß das Bewusstsein, das Organ, mit dem wir denken.)[3] Das alte

Ägypten hatte keine Vorstellung von naturwissenschaftlichen Gesetzen und ging davon aus, dass die Welt von Zauberkraft und Magie beherrscht wurde.

Und doch betrachtete Europa in den großen Tagen des wissenschaftlichen Zeitalters, um das Jahr 1700, Ägypten als Heimat und Geburtsstätte der wissenschaftlichen Erneuerung. Womit wir eine weitere Erklärung dafür haben, wieso die Entschlüssler der Renaissance sich ganz falsch orientierten. Sie gingen davon aus, dass alles, was mit dem alten Ägypten zu tun hatte, tief und komplex sein musste. Und auf die Hieroglyphen traf dies ganz gewiss zu, schließlich zählten sie zu den erstaunlichsten Rätseln dieses erstaunlichen Landes.

»Die Ägypter waren eindeutig anders als andere Menschen«, schreibt der britische Ägyptologe John Ray zusammenfassend über die europäische Sicht der Dinge.[4] »Ihre Gedanken waren niemals profan, und die vielen Zeichen in ihrer Schrift, die sie hinterließen, konnten nie und nimmer so sein wie die gewöhnlichen Alphabete des Griechischen oder Lateinischen, des Hebräischen oder Arabischen.«

Das also war die Einschätzung der größten, kühnsten Denker, die die Welt je gesehen hat, und nicht etwa die abseitigen Ansichten irgendwelcher exzentrischer Spinner oder mittelmäßiger Professoren. Isaac Newton, der über ein Jahrtausend nach Horapollon lebte, war der festen Überzeugung, die alten Ägypter hätten sämtliche Geheimnisse der kosmischen Choreographie der Natur in Gänze erfasst. Die Aufgabe moderner Denker, so dachten Newton und seine Zeitgenossen, war es nicht, zu neuen Ufern aufzubrechen, sondern diese alten Erkenntnisse mit neuem Leben zu erfüllen.

Newton war vielleicht der brillanteste Naturwissenschaftler aller Zeiten und gewiss einer der leidenschaftlichsten Verfechter, was den Vorrang seiner bahnbrechenden Leistungen anging. Dennoch behauptete er, die alten Ägypter hätten die meisten seiner bedeutenden Entdeckungen schon viele tausend Jahre vor ihm vollbracht. Sie hatten das Gesetz der Schwerkraft gekannt, ebenso wie alle anderen Geheimnisse des Kosmos; Sinn und Zweck der Hieroglyphen war es, dieses Wissen vor den Unwürdigen zu verbergen.[5] »Die Ägypter«, schrieb Newton, »verbargen Geheimnisse, die über das Geistesvermögen der breiten Masse hinausgingen, unter dem Schleier religiöser Rituale und hieroglyphischer Symbole.«[6]

Young und Champollion lebten ein Jahrhundert nach Newton, und sie wollten sich seinem unangebrachten Vertrauen auf die Wissenschaft der Ägypter keineswegs anschließen. Wie andere fortschrittliche französische Denker seiner Zeit verachtete Champollion Religion und Kirche, sei es nun in Ägypten oder in Frankreich: Ägyptische Priester waren keine Wissenschaftler, wie Newton geglaubt hatte, sondern Fürsprecher der Rückwärtsgewandtheit. Young war sogar noch verächtlicher: Die ägyptische Religion war der pure Hokuspokus. Dennoch schwammen beide Männer im gleichen intellektuellen Meer wie Newton und die anderen Advokaten antiker Weisheit. Sie alle betrachteten es als selbstverständlich, dass jede einzelne Hieroglyphe für eine Idee stand. Young und Champollion wichen von dieser Überzeugung nur in einem Punkt ab: Sie hielten diese Ideen für irregeleitet, wohingegen Newton sie als Leuchttürme der Wahrheit und Erkenntnis betrachtete.

Die Auffassung, die Denker von vor vielen tausend Jahren hätten mehr gewusst als wir, sogar über Fragen von wissenschaftlicher Bedeutung, steht unserer heutigen Sichtweise diametral entgegen. Aber im 17. und 18. Jahrhundert war genau dies Alltagsdenken. Die Doktrin nannte sich »die Weisheit des Altertums«. In antiken Zeiten waren die Denker in die Geheimnisse der Natur eingeweiht, behaupteten die Gelehrten, aber dann hatte die korrupte und sündige Menschheit diese göttlichen Gaben verspielt. Mit dem zunehmenden geistigen und moralischen Verfall der Welt verschwanden auch zahllose Wahrheiten.

»Die Vergangenheit war immer besser als die Gegenwart«,[7] so fasst die britische Historikerin Frances Yates diese Auffassung zusammen, und »die frühesten Denker waren den Göttern viel näher als ihre Nachfolger, die geschäftigen Rationalisten.«[8]

Dieses verloren gegangene Erlernte hatten manche antiken Kulturen, allen voran diejenige Ägyptens, geradezu verkörpert. »Ägypten war die ursprüngliche Heimat allen Wissens«,[9] schreibt Yates. »Die großen griechischen Philosophen hatten das Land besucht und mit ägyptischen Priestern gesprochen«, und sie hatten »die religiöse Magie, von der man glaubte, sie würden sie in den unterirdischen Kammern ihrer Tempel zelebrieren«, geradezu in sich aufgesogen.

Als dann Naturwissenschaftler wie Newton ihre Entdeckungen machten, glaubten sie nicht daran, etwas Neues gefunden zu haben. (Sie alle besaßen umso mehr Respekt vor dem alten Ägypten, weil in jenen Zeiten vor Darwin fast jeder dachte, die Welt wäre nur 6000 Jahre alt. Ägyptens Blütezeit lag damit nicht nur sehr lange zurück, sie lag sogar ganz in der Nähe des Anfangs der Zeit überhaupt.) Das Vokabular, dessen wir uns noch heute bedienen, reflektiert ihren Glauben an ein längst vergangenes goldenes Zeitalter. »Etwas zu ›entdecken‹ hieß, das verhüllende Tuch wegzuziehen, offenzulegen, was vielleicht verschollen, übersehen worden oder verloren gegangen war, was aber in jedem Fall bereits da war«, erläutert der amerikanische Historiker Darrin McMahon.[10]

Dasselbe traf auch auf Erfindungen zu. »Etwas zu ›erfinden‹« (engl. *invent),* schreibt McMahon, »bedeutete den Zugang zu einem *Fundus* (engl. *inventory)* von Wissen zu erlangen, das schon vor langer Zeit zusammengeführt und an Ort und Stelle gebracht worden war«. Es gab keine neuen Ideen, es gab nur das Finden und Enthüllen von bereits Vorhandenem.

Für uns heutzutage scheinen die Begriffe »neu« und »verbessert« zusammenzugehören. Für unsere Ahnen hingegen besaß »neu« keine solchen positiven Assoziationen. »Neu« hieß »ungeprüft« und »zweifelhaft«; im Gegensatz dazu beschwor »alt« Verbindungen wie »altehrwürdig« und »verlässlich« herauf. Der britische Altertumsforscher und Schriftsteller John Aubrey aus dem 17. Jahrhundert glaubte, die Umstellung genau datieren zu können. »Bis ungefähr zum Jahr 1649«, schrieb er, »galt es als merkwürdige Anmaßung, wenn ein Mann eine Erneuerung beim Lernen versuchen wollte; und es galt als ungebührlich, wissender sein zu wollen als die eigenen Nachbarn oder die Vorväter.«[11]

Und es war Ägypten, die Geburtsstätte der Zivilisation, die zu den kunstvollsten Fantasien über wissende Vorväter und verlorenes Wissen und begrabene Geheimnisse inspirierte. Teils lag dies daran, dass großer Abstand Mysterien gebiert, und der Abstand zu Ägypten war nun einmal der denkbar größte, sei es in Jahren oder in Meilen. Ein noch wichtigerer Grund dafür, dass Ägypten Gedanken an Geheimnisse und geheimes Wissen förderte, lag wohl auch darin, dass es nahezu unmöglich war, mit der Großartigkeit Ägyptens zu seiner Blütezeit auch nur annähernd klarzukommen.

Das führte dazu, dass die verzückten Beschreibungen jedes einzelnen Reisenden die Botschaft nur noch verstärkten, Ägypten ganz allgemein wäre ein wundersames Rätsel, und insbesondere die Hieroglyphen sollten mit Demut und Bewunderung betrachtet werden, stets darauf gefasst, auf verborgene Bedeutungen zu stoßen.

Wir sollten bei den Gelehrten und Entschlüsslern, denen ein wenig die Maßstäbe abhandenkamen, Nachsicht walten lassen. Bis heute besitzen Altertümer aus Ägypten die Macht, selbst abgebrühte Gemüter in Staunen zu versetzen. Niemand kann die berühmten Sehenswürdigkeiten betrachten, ohne angesichts der schieren Unwahrscheinlichkeit dieser Werke Verwunderung zu empfinden.

Zunächst einmal ist allein die Größe schwindelerregend. Die Cheopspyramide war bis ins Mittelalter das höchste Gebäude der Welt, und sie besaß nicht allein in der Höhe gewaltige Ausmaße. (Der Petersdom in Rom würde mühelos in die Cheopspyramide passen, die St.-Paul's-Kathedrale zu London würde sogar gehörig darin hin und her wackeln.)

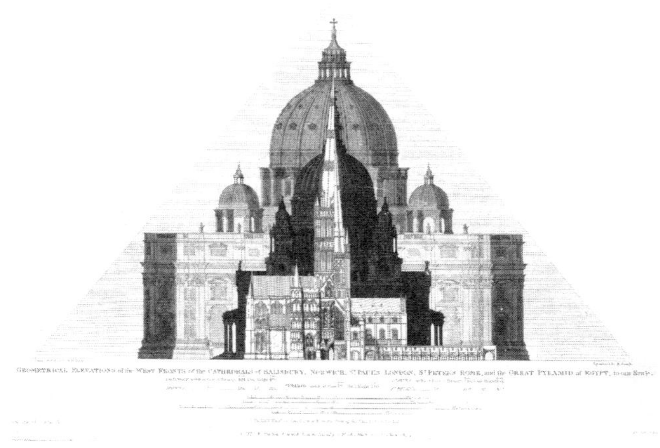

Diese Radierung aus dem Jahr 1831, maßstabsgerecht gezeichnet, zeigt die Cheopspyramide und, darin verborgen, den Petersdom, St. Paul's und zwei kleinere Kathedralen.

Die Pyramiden waren gigantische Prahlereien, »die großartigsten jemals errichteten Symbole autoritärer Herrschaft«[12] in den Worten eines Historikers, aber sie waren nicht allein Monumente schrankenloser Macht. Es waren Maschinen, deren Sinn und Zweck es war, den Pharao ins Leben nach dem Tod zu befördern. Die ganze Maschinerie war dafür einigermaßen ineffizient – die schrumpelige Mumie im Herzen der Cheopspyramide wog nur gut 22 Kilogramm, der menschengemachte Berg, der sie umgab, wog an die sechs Millionen Tonnen. Aber was waren schon irgendwelche Zahlen, wenn es um die Erlangung von Unsterblichkeit ging?[13]

Ägyptens große Sehenswürdigkeiten konnten inspirierend, aber auch einschüchternd wirken. Als Napoleons Truppen erstmals des Tempels von Karnak im heutigen Luxor ansichtig wurden, stand nach der Schilderung des Gelehrten Denon die ganze Armee plötzlich und einträchtig voller Staunen vor den verstreuten Ruinen und klatschte ehrfürchtig Beifall.[14]

Die Ruinen, die die französische Armee derart in Staunen versetzten, verschlagen noch heute den Besuchern den Atem. Der Tempelkomplex bei Karnak ist der größte der Welt; die höchste der eleganten Steinsäulen ragt 21 Meter in die Höhe, und es gibt einen ganzen Wald davon, 134 an der Zahl. Jede einzelne ist gigantisch. Ein halbes Dutzend Erwachsene, die sich an den Händen halten, könnten eine einzelne Säule noch nicht umfassen. (»Der erste Eindruck von Karnak ist der eines Palastes für Riesen«, schrieb Flaubert im Jahr 1850. »[Man] fragt sich, ob da nicht ganze Menschen aufgetragen wurden, die wie Lerchen nebeneinander am Spieß steckten.«)[15]

Die Konstruktion dieser Säulen, wie diejenige der Pyramiden, legt Zeugnis davon ab, was mit der endlosen Verfügbarkeit menschlicher Arbeitskraft erreichbar war. Jede Säule wurde abschnittsweise errichtet, eine große Platte nach der anderen. Zuerst wurde ein kurzer, gedrungener Steinzylinder an Ort und Stelle gesetzt. Dann wurde eine Rampe aus Sand und Erde errichtet, eine neue Platte wurde auf die vorherige platziert, dann wurde die Rampe erhöht (mit noch mehr Sand und Erde), und so wurde der Vorgang ständig wiederholt.
Immer und immer wieder, bis am Ende die letzten zylindrischen Platten auf die Spitze der turmhohen steinernen Säulen gelegt und diese danach mit quer darüber gelegten Dachstreben verbunden wurden. An diesem

Punkt erreichten die Rampen 21 Meter Höhe (und es gab Dutzende von ihnen), und die Säulen füllten eine Halle von immensen Ausmaßen Dann kam der nächste Befehl: *Beseitigt den Sand!*

Der Tempel zu Karnak. Man beachte die winzigen Menschen in der Mitte des Bilds.

Es ist also nur zu verständlich, dass Ägypten von den Tagen Griechenlands und Roms übers Mittelalter bis in die Renaissance mit Ehrfurcht und Erstaunen betrachtet wurde. Dann geschah, wie wir bereits feststellten, etwas Merkwürdiges. Im Zeitalter der Wissenschaft, einer Epoche, von der man eigentlich hätte erwarten können, dass sie mit Verachtung auf eine Kultur blickt, die auf Dogmen und Ergebenheit gegenüber den Autoritäten gründet, stieg Ägypten stattdessen zu ganz neuen Höhen des Ansehens auf.

Entscheidend für unsere Geschichte: Es waren vor allem anderen die Hieroglyphen, die die großen Denker der wissenschaftlichen Revolution faszinierten. Diese Faszination beruhte auf ihrem Glauben, *sie selbst* würden umgeben von Hieroglyphen leben. Für Newton und seine Zeitgenossen war die Welt ganz selbstverständlich ein kosmischer Geheimcode, ein von Gott entworfenes Rätsel. Ihre Mission war es, in den Worten eines Autors der Epoche, diese »eigenartige Geheimschrift«[16] zu entziffern.

Gott hatte jedes einzelne Ding in der Welt mit eigener Hand erschaffen, glaubten diese führenden Köpfe der Wissenschaft, und jedes einzelne Ding enthielt irgendeine geheime Essenz, verborgen vor der Wahrnehmung gewöhnlicher Sterblicher, aber sichtbar für jene, die gelernt hatten, das göttliche Denken zu lesen. Ein französischer Diplomat formulierte es pointiert: »Alle Natur ist lediglich eine Chiffre und eine Geheimschrift.«[17]

Die Wissenschaftler verkehrten auch diese Botschaft ins Gegenteil. Wenn sie eines der Geheimnisse der Natur ans Licht brachten, verbargen sie *ihre eigene* Entdeckung hinter einem geheimen Code. (So konnten sie ihren Erkenntnissen für den Fall eines Streits um die Urheberschaft den eigenen Namen als Stempel aufdrücken, und andere wurden daran gehindert, auf Einsichten zurückzugreifen, die sie sich nicht selbst erarbeitet hatten.) Und so sah letztendlich niemand etwas Abwegiges an der Vorstellung, dass undurchsichtige Botschaften verborgene Bedeutungen verbargen.*

---

* Diese Art intellektueller Taschenspielertricks, bei denen wir unseren eigenen Geschmack der Natur zuweisen, hat eine lange Geschichte. »Gott würfelt nicht«, erklärte Einstein, denn *er* konnte mit Würfeln und Zufällen nichts anfangen. Montesquieu wies auf diesen Impuls schon Jahrhunderte zuvor hin. »Wenn Dreiecke einen Gott hätten«, schrieb er, »würden sie ihn mit drei Ecken ausstatten.«

Anfang des Jahres 1610 schickte beispielsweise Galileo Galilei eine Nachricht an seinen Astronomenkollegen Johannes Kepler. Galilei hatte ein Teleskop gebaut und fand zu seinem Erstaunen unendliche Tiefen und unerwartete Wunder am Nachthimmel. »Die Züge Cynthias werden von der Mutter der Liebe nachgeahmt«, schrieb er.[18] Mit der »Mutter der Liebe« hatte Galilei, wie sich zeigte, natürlich den Planeten Venus gemeint. »Cynthia« war in der Mythologie der Name des Mondes.

Die kryptische Ausdrucksweise verbarg eine kühne Behauptung. Die Venus hatte Phasen wie der Mond, konstatierte Galilei damit, will sagen: Die Venus kreiste um die Sonne. Das war keine Kleinigkeit. Wenn Galilei recht hatte, hatte die Kirche unrecht; die Sonne war der Mittelpunkt des Universums, und die Erde war bloß ein unbedeutender Punkt im Kosmos.

Für die frühen Wissenschaftler schien die Schlussfolgerung eindeutig. Fast jedes Mysterium in der Welt verlangte nach irgendeiner Art von Entzifferung. Das galt für die Hieroglyphen der Natur, und es galt allemal für die Hieroglyphen Ägyptens. Die Rätsel, die Sonne und Mond aufgaben, waren sozusagen Hieroglyphen aus zweiter Hand. Ägyptens Hieroglyphen waren das Original.

Mit den Jahrzehnten wurde die Überzeugung, die Hieroglyphen Ägyptens würden Geheimnisse verbergen, stärker denn je. Ein vielbewunderter schottischer Wissenschaftler namens Hugh Blair, ein Freund von David Hume und Adam Smith, erläuterte dieses Denken im Jahr 1783, über ein Jahrhundert nach der Ära Galileis und Newtons.

Hieroglyphen, schrieb Blair, waren eine höhere, verfeinerte Form des Malens. Gewöhnliche Gemälde beschrieben alltägliche Gegenstände, aber »Hieroglyphen beschrieben unsichtbare Dinge« anhand von »Analogien aus der äußeren Welt.«[19] Ein Auge bedeutete zum Bespiel *Wissen*, und ein Kreis stand für die *Ewigkeit,* weil er weder Anfang noch Ende hat.

Zur Zeit der Entdeckung des Steins von Rosette nur wenige Jahre später, im Jahr 1799, waren dies die Scheuklappen, die nahezu alle Gelehrten trugen. Als Young und Champollion des Weges kamen, trugen sie sie ebenso, und ihre erste große Herausforderung bestand darin, zu erkennen, dass sie diese Scheuklappen abstreifen mussten.

18

Exil

Thomas Youngs Dechiffrierung der Hieroglyphen, die den Namen *Ptolemaios* buchstabierten, war ein enormer Fortschritt, aber es war ein isolierter Fortschritt. Es hätte ein entscheidender Durchbruch sein können, aber genauso gut ein Glückstreffer. Und Champollion hatte es allem Anschein nach noch längst nicht so weit gebracht. Wenn Young und Champollion vorankommen wollten, brauchten sie eine *Methode,* Hieroglyphen zu lesen, die in einem Fall nach dem anderen zur Anwendung gebracht werden konnte. Sie brauchten neue Namen, neue Kartuschen, kurz: neues Testmaterial. Wo sollten sie es finden?

Aber dann, just als sie ziellos im Nebel stocherten, kam *tatsächlich* das nächste Puzzleteil zum Vorschein, und es erwies sich *tatsächlich* als entscheidend. Die Geschichte, wie es dazu kam, könnte kaum merkwürdiger – oder trauriger – sein.

In England gab es in den frühen 1800er-Jahren keinen, der so gutaussehend, so elegant und so charmant war wie William Bankes. Seine Familie war unermesslich reich – Bankes' Vater hatten ein 243 Quadratkilometer großes Stück Land geerbt, immerhin vier Mal so groß wie Manhattan – und Bankes nutzte diesen Reichtum dazu, einer der großen Reisenden seiner Zeit zu werden.[1]

Das Leben in England war »sehr langweilig, sehr aufdringlich, sehr albern und sehr verkehrt«, erzählte er seinem Freund Lord Byron, vor allem verglichen mit dem »freien und unsteten Leben« eines Reisenden.[2] Wenn sich Bankes zwischen zwei Abenteuern in der Fremde gerade einmal zu Hause aufhielt, war keine Dinnerparty in London komplett, wenn er nicht dabei war. Eine entzückte Gastgeberin berichtete, sie hätte »zwei Stunden lang nur gelacht«, als Bankes seine Reisegeschichten zum Besten gab.[3]

Aber Bankes war weit mehr als nur der perfekte Gast beim Dinner. Seit seinen Zwanzigern war er ein ernsthafter und unerschrockener Reisender. (Er war unerwartet mit zwanzig Jahren zu seinem Wohlstand gekommen, als sein älterer Bruder bei einem Schiffsunglück ums Leben kam. William, der zweite Sohn, hatte plötzlich unbegrenzte Gelegenheit, seiner Wanderlust zu frönen.) Er war der erste Europäer, der Zeichnungen von Jordaniens »verlorener« Stadt Petra anfertigte,* und er durchquerte ganz Ägypten, mit gefährlichen Exkursionen in Grabstätten und Tempel, die man im Westen gänzlich vergessen oder ohnehin nie gekannt hatte.

Bankes konnte die Hieroglyphen, auf die er stieß, nicht lesen – 1815, zur Zeit seiner ersten Reise nach

* Einige Jahrzehnte nach Bankes' Besuch, im Jahr 1845, sollte der Dichter John Burgon Berühmtheit erlangen mit seiner Beschreibung der Stadt Petra in Jordanien als »eine Stadt, rosarot, halb so alt wie die Welt«. Burgon war ein englischer Geistlicher, der diese Beschreibung durchaus wörtlich meinte; wie viele seiner Zeitgenossen jener Ära vor Darwin glaubte Burgon, Gott hätte die Welt vor 6000 Jahren erschaffen.

Ägypten, konnte das niemand –, aber er verbrachte viele Stunden damit, sie akribisch in seinen Notizbüchern aufzuzeichnen. Bankes war trotz seines Reichtums kein Dilettant, sondern ebenso sorgfältig wie neugierig. Gerade seine Zeichnungen legen großen Wert auf Grundrisse und genaue Messungen, nicht so sehr auf großartige Panoramen und melodramatische Szenen im Mondenschein.

Tempel und Ruinen faszinierten Bankes, das galt aber auch für Straßenszenen aller Art. Fast nichts war ihm zu profan, um nicht untersucht zu werden. (Byron nannte seinen Kumpel den »Vater allen Unfugs.«)[4] Wenn ein Einheimischer ihm eine Ladung lebender Heuschrecken vorsetzte, fragte Bankes, wozu die gut wären. Zum Lunch, wie sich herausstellte. Bankes fand sie, in Butter gebraten, knusprig und köstlich, »einer Garnele nicht ganz unähnlich«.[5]

Eine Portion Risiko konnte jeder Exkursion nur guttun.[6] In Luxor traf Bankes 1815 mit einer Gruppe Begleiter auf einen Schlangenbeschwörer, der behauptete, er hätte ein Zauberpulver zusammengemischt, durch das Schlangenbisse harmlos würden. Bankes stellte sich für einen Versuch als Freiwilliger zur Verfügung. Der Schlangenbeschwörer rieb Bankes mit einem kreideartigen weißen Pulver ein, rezitierte eine Beschwörungsformel und drapierte diverse Schlangen auf ihm. Ihre Bisse ließen Blut fließen, aber Bankes berichtete guter Dinge, er fühle sich ausgezeichnet. Sehr wahrscheinlich, meinte er später, war den Schlangen vorher das Gift entzogen worden.

Bei mehreren Gelegenheiten erwies sich Bankes' Neugierde auf wichtige Weise als lohnend. 1818 fand er eine

Inschrift an einer Tempelmauer in der Stadt Abydos in der Nähe von Luxor. Eine Kartusche nach der anderen – 76 insgesamt – erstreckten sich in langen Reihen nacheinander. Bankes vermutete korrekt, eine chronologische Liste der Pharaonen entdeckt zu haben. (Young hatte den entscheidenden Hinweis geliefert, in einem Brief, in dem er Bankes bekniete, er möge so viele Hieroglyphen kopieren wie möglich, und er solle besonders auf die Namen von Königen achten, die »universell an einem sie umgebenden ovalen Rahmen« zu erkennen wären.) Er machte sich sogleich an die Arbeit und fertigte eine Kopie dieser wichtigen Namensliste an.*

Ebenfalls im Jahr 1818 machte Bankes eine weitere bedeutende Entdeckung. Auch sie hatte mit Kartuschen zu tun, diesmal allerdings nur deren zwei. In einem Tempel auf der Insel Philae unweit der heutigen Stadt Assuan fand Bankes einen gewaltigen Obelisken, der umgestürzt war und am Boden lag. (Der Tempel, so schön, dass ihn frühe Entdecker »die Perle des Nils« tauften, wäre im Nasser-Stausee untergegangen, als der Assuan-Damm gebaut wurde. In den 1970er-Jahren wurde er Stein für Stein auf eine nahegelegene Insel versetzt. Heute verzückt er die Besucher, wenn sie durch die achtzehn Meter hohen Eingangstore in die riesigen, von Säulengängen umgebenen Höfe wandeln.)

---

* Bankes beließ die Inschriften, wo sie waren. Ein Jahrzehnt später schnitt der französische Generalkonsul die Schriften aus der Wand heraus und brachte sie nach Frankreich. Das British Museum erwarb die Liste der Könige, wie sie heute heißt, im Jahr 1837. Sie befindet sich bis heute im Museum.

Der Obelisk, der anno 1818 Bankes' Aufmerksamkeit erregte, war ein einzelnes massives Stück rosaroten Granits. Geschmückt mit Hieroglyphen maß er gut sieben Meter und wog sechs Tonnen. Dennoch dachte Bankes sofort daran, ihn nach Hause transportieren zu lassen und auf dem Anwesen seines Landhauses Kingston Lacy aufzustellen.

Der Obelisk hatte einst auf einem Granitsockel gestanden, der irgendwann verloren gegangen war. Bankes schaffte es, ihn zu finden, gar nicht weit vom Obelisken, aber unter Schlamm begraben. Erst Jahre später sollte er erfahren, dass seine Entdeckungen den Weg zum Zentrum des ägyptischen Labyrinths weisen würden.

Es dauerte drei Jahre, bis der Obelisk geborgen und heil nach England verschifft worden war, inklusive einer ganzen Serie von Fiaskos, die Laurel und Hardy kaum besser hätten inszenieren können.[7] Chef der Bankes-Truppe war ein vom Zirkushelden als »Stärkster Mann der Welt« zum Archäologen mutierter Mann namens Giovanni Belzoni. Er wies seine Leute an, einen Pier zu errichten, der weit in den Nil hineinragte. Der Plan war, den Obelisken auf ein paar angeschwemmte Stöcke und Pfähle zu legen, die als Walzen dienen sollten, den Obelisken auf den Steg zu ziehen (errichtet hatten die Männer diesen Steg durch Aufeinanderstapeln einiger aus einem Tempel geplünderter großer Steinblöcke), und dann auf das Boot zu hieven. »Alle Kräfte waren im Einsatz«, erinnerte sich ein Augenzeuge, »und fünf weitere Minuten hätten genügt, um das Ganze auf die Reise zu schicken.«[8]

Aber der improvisierte Steg brach unter der Last des Obelisken zusammen. Belzoni beschreibt die Ereignisse eindrucksvoll und durchaus mit einem gewissen Galgenhumor: »Als dann der Obelisk sorgsam von der Uferböschung hinuntergeschafft wurde und sein ganzes Gewicht auf dem Steg lastete, vollzogen leider, leider, Steg, Obelisk und einige Männer eine langsame Rutschbewegung und sanken dann majestätisch in die Fluten, uns für ein anderes Mal mehr Glück wünschend.«[9]

Bankes trug es mit Fassung und blieb ruhig, geradezu gelassen. Belzoni war nicht bloß ruhig, er war beinahe schon komatös. »Für einige Minuten, muss ich gestehen«, schrieb er später, »blieb ich steif und wie angewurzelt auf dem Fleck stehen.«[10]

Ein winziges Stück des Obelisken ragte noch aus dem Wasser. Zum größten Teil jedoch zeugten lediglich die Wasserwirbel, die ihn umspülten, von seinem Ruheplatz in den brusttiefen Fluten, nicht weit vom Ufer entfernt.

Belzoni war in jeder Hinsicht eine überlebensgroße Gestalt, und wir werden ihm in dieser Geschichte noch öfter begegnen. Nun hatte er jedenfalls ein Problem. Zuerst beorderte er einen Arbeitstrupp in den Fluss, wo sie Steine in der Nähe des Obelisken aufeinanderlegen sollten. Die Idee war, Hebel unter den Obelisken zu schieben und die Steine als Drehpunkt zu nutzen; dann sollte der Obelisk durch Druck auf das höhere Ende des Hebels wie mit einer Wippe angehoben werden.

Die Männer, die die Hebel bedienen sollten, mussten feststellen, dass diese sich kein Stück bewegen ließen. Belzoni erteilte eine neue Anweisung: Hört auf zu ziehen und klettert auf das Ende der Hebel, bis ihr ein Gleichgewicht hergestellt habt und euer Gewicht die Hebel nach unten drückt.*

Andere Arbeiter schnappten sich Seile, banden sie um den versunkenen Obelisken und die freien Enden um Dattelbäume am Flussufer. Sie zerrten mit aller Macht an den Seilen und versuchten verzweifelt, den Obelisken wieder ans Ufer zu ziehen. Als der Obelisk zentimeterweise nachgab, rannten noch mehr Arbeiter ins Wasser, um erneut Steine unterzulegen und das wertvolle Stück in seiner neuen Position zu fixieren.

Schließlich schafften sie es tatsächlich mit vereinten Kräften, den Obelisken wieder zurück an Land zu manövrieren. Belzoni entwarf einen provisorischen Steg aus Palmen und wies seine Leute an, den Stein auf das Boot zu schleppen. Diesmal klappte es.

Solange das Wasser ruhig dahinfloss, schaffte es das Boot, mit seiner gewichtigen Ladung an Bord langsam voranzukommen. Aber was war das? Ein leises Grollen, das rasch zu einem dröhnenden Donnern anwuchs! Das waren die berüchtigten Nil-Katarakte. Unmittelbar vor dem Boot lag ein Hindernis, das sich über rund 300 Meter ausdehnte. Mit Felsen links und rechts tobten die Wogen und Wirbel der Wasserfälle und versetzten Besatzung und Kapitän in Angst und Schrecken. (Die Felsen, die einst den Flusslauf des Nils blockierten, und die Stromschnellen, die sie formten, sind inzwischen in den Tiefen des Nasser-Stausees untergegangen.)

---

* Schier wahnsinnig vor Verärgerung ging Belzoni auf seine Arbeiter los, deren »äußerste Verstandesschärfe gerade ausreicht, um an einem Seil zu ziehen oder auf dem Ende eines Hebels zu sitzen, als Gegengewicht.«

»Würde [das Boot] auch nur geringfügig anstoßen«, schrieb Belzoni später, »musste es – mit einem derartigen Gewicht an Bord und bei der starken Strömung – unweigerlich zerbersten.«[11]

Der starke Mann tat sein Bestes, sein schwerfälliges und überladenes Boot auf die Stromschnellen einzurichten, aber seine Vorkehrungen wollten keine Zuversicht verbreiten. Ein Seil mit viel Spielraum verlief vom Boot und um einen Baum am Ufer, wo Männer bereit standen in der Hoffnung, durch heftiges Ziehen und Zerren einen Aufprall auf den Felsen verhindern zu können. Nackte Männer hockten auf Felsen an beiden Ufern des Flusses, klammerten sich an Seile, die mit den Seitendecks des Boots verbunden waren, um so zu versuchen, das Boot in diese oder jene Richtung zu bugsieren. An den Rudern stand eine fünf Mann starke Crew bereit.

Es herrschte das pure Chaos, wie es einer von Bankes' Gefährten beschrieb. »Das große Boot schwankte und taumelte im Wasser und lief zur Hälfte voll, während nackte Gestalten in großer Zahl auf all den Felsen am Ufer herumfuhrwerkten oder zwischen diesen wateten oder schwammen, einige riefen, andere zogen an den Führungsseilen, und der Bootsbesitzer warf sich auf den Boden, bedeckte sein Haupt mit Staub und verbarg sein Gesicht.«[12]

Aber alle überlebten das Drama, mehrere Jahre und mehrere Boote und Schiffe später traf Bankes' Obelisk tatsächlich wohlbehalten in England ein. (Auch der Sockel, der so große Schwierigkeiten gemacht hatte, dass man ihn irgendwann einfach auf einer Sandbank im Nil zurückgelassen hatte, schaffte es am Ende bis nach England.)

Der Obelisk steht bis heute stolz auf dem Grund und Boden von Kingston Lacy, allerdings haben zwei Jahrhunderte im verregneten England den Hieroglyphen mehr zugesetzt als zwei Jahrtausende in der sengenden Sonne Ägyptens. Bankes platzierte das gute Stück möglichst effektvoll, mit der Hilfe seines Freundes, des Duke of Wellington. (Bezüglich des Gesamteindrucks seines Hauses und Anwesens, so erzählte Bankes besagtem Wellington einmal, sei er bestrebt, »viel Komfort mit ausreichend angemessenem Prunk zu kombinieren.«)[13]
Als der Sockel des Obelisken endlich in England eintraf, ließ Bankes ihn sorgfältig reinigen. Eine schwache Inschrift mit zwanzig Zeilen griechischen Texts kam zum Vorschein. Wie sich zeigte, waren Obelisk und Sockel *kein* zweiter Stein von Rosette, weil die Botschaften darauf nicht übereinstimmten. Dennoch erwies sich diese griechisch-ägyptische Paarung als entscheidend.

William Bankes, dann Thomas Young und schließlich auch Jean-François Champollion zerbrachen sich die Köpfe über diese Inschriften. Bankes durfte sich als Erster versuchen. Er begann mit dem griechischen Text an der Basis, in dem von einem König und einer Königin die Rede war, Ptolemaios VIII. und Cleopatra III. (Das war nicht der Ptolemaios vom Stein von Rosette und auch nicht die Cleopatra aus den Zeiten der Römer. Königliche Namen wurden ebenso wie Steinblöcke in Ägypten ausgiebig recycelt.) Wir hatten hier also zwei royale Namen in griechischer Schrift.

Dann wandte Bankes seine Aufmerksamkeit dem Obelisken zu. Der war ausschließlich mit Hieroglyphen beschriftet, keinerlei Griechisch. Unter den mysteriösen

Bankes meinte, sein Obelisk würde mit einer zusätzlichen Verzierung vielleicht noch eindrucksvoller wirken. Hier zeichnete er zwei Versionen, eine davon mit einer Lilie an der Spitze, ließ die Idee aber dann doch fallen.

Symbolen machte Bankes zwei Kartuschen aus. Exakt zwei. Und das Beste: Die Hieroglyphen in einer dieser Kartuschen stimmten mit den Hieroglyphen in den Kartuschen auf dem Stein von Rosette überein. Das ergab ja auch absolut Sinn, wenn beide Kartuschen den gleichen Namen enthielten, *Ptolemaios* nämlich.

Also machte sich Bankes Gedanken über die zweite

Kartusche. Er ließ Drucke anfertigen, die seine sämtlichen Inschriften abbildeten, die griechischen und die ägyptischen. Am Seitenrand neben der zweiten Kartusche hatte er mit Bleistift ein einziges Wort hingeschrieben: *Cleopatra.*[14]

Das war eine große Sache, wenn er denn mit seiner Vermutung richtig lag. Bankes hatte den Namen gar nicht *gelesen*. Er hatte einfach einen neuen Namen und eine neue Kartusche genommen und erraten, dass sie zusammengehörten.

Aber Young und Champollion konnten vermutlich einen Schritt weitergehen. *Cleopatra* war ja nicht irgendein Name; es war ein Name aus einer fremden Sprache, und das hieß, die Hieroglyphen, die ihn abbildeten, buchstabierten ihn auch und müssten damit den Lauten entsprechen, aus denen sich der Name zusammensetzte. Und noch schöner: Mehrere der Buchstaben in *Cleopatra* kamen auch in *Ptolemaios* vor. Und das hieß wiederum, dass es zumindest eine Möglichkeit gab, um zu überprüfen, ob die *Ptolemaios*-Kartusche auf dem Stein von Rosette auch wirklich *Ptolemaios* hieß.

Bankes schickte Kopien der Inschriften an zahlreiche Wissenschaftler, darunter auch Thomas Young und Vivant Denon, den französischen Künstler, der einer der prominentesten Gelehrten bei Napoleons Feldzug gewesen war. Die Inschriften fanden ihren Weg von Denon zu Champollion, mit bedeutsamen Folgen.

Im Jahr 1821, dem Jahr, in dem Bankes seine Inschriften weitergab, stand in seiner wohligen kleinen Welt alles zum Besten. Mit prominenten Freunden, einem eindrucksvollen Heim und dicker Brieftasche schien er ein Mann zu sein, den man nur aufrichtig beneiden konnte. Dann ging sein Leben in die Brüche.

Bankes' Niedergang trug sich lange nach seinen Tagen in Ägypten zu, aber sein Beitrag zur Entschlüsselung der Hieroglyphen war so wesentlich – und seine Geschichte so ergreifend –, dass wir uns schon die Zeit nehmen sollten, diese Geschichte zu erzählen. Die Probleme begannen im Jahr 1833. Bankes war 47 Jahre alt und Mitglied des Parlaments. Er wurde verhaftet wegen »versuchter Begehung einer unnatürlichen Straftat« mit einem Soldaten in einer öffentlichen Toilette in der Nähe der Westminster Abbey. Die Polizei führte die beiden Männer ab. Eine wütender, johlender Mob von 2000 Menschen umringte die Polizeistation und beschimpfte die darin festgehaltenen Sünder.

Für homosexuelle Männer waren diese frühen Jahrzehnte des 19. Jahrhunderts schreckliche Zeiten.[15] Eine Verurteilung wegen »Sodomie«, wie das damals hieß, bedeutete den Pranger und anschließend Tod durch Erhängen.[16] Und das war keine papierene Drohung. Im England des Jahres 1806 – Bankes war zu der Zeit zwanzig Jahre alt und Student in Cambridge – »gab es mehr Hinrichtungen wegen Sodomie als wegen Mordes«, wie der moderne britische Historiker A.D. Harvey berichtet.[17] Zwischen 1800 und 1835 wurden in England mehr als 50 Männer wegen Sodomie exekutiert.[18]

1861 änderte England endlich dieses Gesetz – auf Sodomie stand nun nicht mehr die Todesstrafe, sondern lebenslänglich.* (In der Praxis lautete das übliche Urteil auf zehn Jahre Gefängnis, und die letzte Hinrichtung am Galgen wegen Sodomie trug sich 1835 zu.)[19] Die Todesstrafe für Sodomie blieb noch rechtskräftig, nachdem sie für Piraterie, Sklavenhandel und Vergewaltigung schon abgeschafft war.[20]

Kontinentaleuropa ging derweil weit weniger feindselig mit Homosexuellen um. Es gab keine Gesetze, die die Bestrafung Homosexueller verlangten, schon gar nicht ihre Hinrichtung. In Italien, bemerkte Byron im Jahr 1820, »lachen sie nur, anstatt Scheiterhaufen aufzustellen – und die Frauen sagen einfach nur, es wäre schade um einen Mann mit Talent.«[21]

---

* Für lesbische Frauen waren Englands Gesetze weit weniger bedrohlich. In einem berüchtigten Fall aus dem Jahr 1811 allerdings wurden zwei Frauen wegen ihrer sexuellen Beziehung aufgrund »unsittlicher und verbrecherischer Praktiken« vor Gericht gestellt. Die Frauen verklagten ihren Ankläger wegen Verleumdung. Am Ende landete der Fall vor dem britischen Oberhaus. Die angeklagten Frauen gewannen ihr Verfahren, und Lord Gillies erklärte, er sei überzeugt, »dass das hier in Rede stehende Vergehen keine Existenz besitzt«. Diese Vorstellung von einer »physikalischen Unmöglichkeit des Gegenstands der Anklage«, wie es ein anderer Richter ausdrückte, war ein zentraler Punkt bei dem Fall. Wie konnte irgendjemand eine Beschuldigung ernst nehmen, die so offenkundig lachhaft war? »Es ist«, so insistierte Lord Justice-Clerk Charles Hope, »als wollte man mir erzählen, eine Person hätte gehört, wie der Gewitterdonner ›God Save the King‹ gespielt hätte«.

William Bankes ungefähr zur Zeit seines Gerichtsverfahrens

Bankes wurde 1833 vor Gericht gestellt.[22] Zahllose prominente Zeugen sagten zu seiner Verteidigung aus. Der Duke of Wellington, vielleicht der beste Leumundszeuge, den man sich im England jener Zeit überhaupt vorstellen konnte, erklärte rundheraus, sein Freund Bankes wäre »ganz und gar unfähig zu einem solchen Vergehen, das ihm hier zur Last gelegt wird«. Bankes wurde freigesprochen.

Im Jahr 1841 jedoch wurde er erneut verhaftet. Ertappt mit einem Soldaten im Green Park zu London wurde er verurteilt als »eine Person von bösartiger, unzüchtiger, schmutziger und unnatürlicher Mentalität und Veranlagung.« Bankes war, wie das Gericht weiter ausführte, so verloren in seiner Verderbtheit, dass er »sich bemüht hatte, eine ihm unbekannte Person zur Begehung jenes abscheulichen und schrecklichen Verbrechens zu überreden (das unter Christen nicht genannt werden darf), welches wir als Analverkehr bezeichnen.«

Da die Todesstrafe noch immer Gültigkeit hatte, gab Bankes' Anwalt ihm den Rat, ins Ausland zu fliehen, bevor er vor Gericht gestellt werden konnte. Bankes überschrieb sein prächtiges Haus und sämtliches andere Eigentum seinen Brüdern, um es vor der Beschlagnahmung zu bewahren, und begab sich auf ein Schiff nach Frankreich. Er sollte nie mehr in seine Heimat zurückkehren.

Die Regierung drohte und schimpfte, aber sie verfolgte Bankes nicht mehr weiter. Nach einer kurzen Zeit in Frankreich zog er weiter nach Italien, wo er den Rest seines Lebens zubrachte, größtenteils in Venedig.

Im Exil wurde Bankes' Obsession mit dem prachtvollen Haus, das er niemals wiedersehen sollte, noch stärker. Er machte die besten Handwerker für Marmor, Gold, Holz und Leder ausfindig und schickte einen endlosen Strom von Statuen, geschnitzten Geländern, verzierten Türen und Kandelabern gen Heimat. Alte Meister füllten die Wände, in manchen Zimmern gar die Decke.

All dies erforderte eine Myriade gestalterischer Entscheidungen, und Bankes traf jede Auswahl mit größter Akribie und Sorgfalt. »Um 1850 schrieb er täglich Anweisungen zur exakten Schattierung einer Holzbeize oder zur reibungslosen Funktionsweise von Türscharnieren«, schreibt Bankes' Biographin Anne Sebba.[23] »›Lasst mich sofort wissen, wie es aussieht‹, bittet er, oder ›Ich schlage vor, damit unverzüglich zu beginnen.‹«

Nach Ansicht Sebbas ist es gut möglich, dass es Bankes vor seinem Tod doch noch einmal gelungen ist, zu einem heimlichen Besuch nach Hause zurückzukehren. Im Frühjahr oder Sommer 1854, so schreibt sie, arrangierte er eine Überfahrt zu einem Ort, der einst von Schmugglern bevorzugt wurde, an einem einsamen Strand an der Küste von Dorset.

Die Indizien sind verlockend, aber vielleicht nicht ganz schlüssig. Sicher ist, dass William Bankes im Jahr darauf in Venedig starb. Er hinterließ Anweisungen, in denen verfügt wurde, sein Leichnam sollte in die Heimat überführt werden. Im Sommer 1855 wurde er in der Familiengruft beigesetzt – am Ende hatte er doch wieder den Weg in die Heimat gefunden.

19

Hier kommt Champollion

Champollion, der seit Langem nur eine Randfigur gewesen war, griff nun mit Macht ins Geschehen ein. Er hinterließ keine konkreten Aufzeichnungen darüber, wie Bankes' Inschriften ihm die Augen geöffnet hatten, aber urplötzlich war er voll im Geschäft. Der entscheidende Glücksfall war, dass *Ptolemaios* und *Cleopatra* einige gemeinsame Buchstaben aufwiesen, nämlich *P, T, O* und *L. Y*oung hatte bereits Jahre zuvor vermutet, dass die Kartuschen von Rosette *Ptolemaios* in Hieroglyphen buchstabierten.

Nun tat Champollion das Gleiche. Er sah sich diese Kartusche auf dem Stein von Rosette genau an:

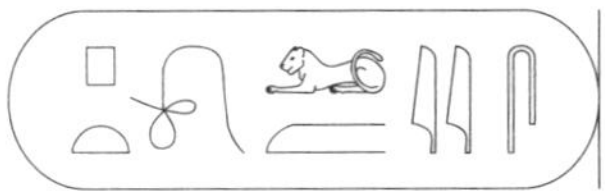

und zog folgende Schlussfolgerungen:

P =

T =

O =

L =

M =

E =

S =

Genau dies hatte Young Jahre zuvor auch getan. Vielleicht kam Champollion wirklich von alleine darauf, vielleicht hatte er auch Youngs Aufsatz von 1819 in der *Encyclopedia Britannica* gelesen. (Champollions Bruder berichtete ihm brieflich von Youngs Aufsatz kurz nach dessen Veröffentlichung. Champollion spottete nur – »dieser Engländer weiß über Ägyptisch nicht mehr als über Malaiisch oder Mandschu«. – Trotzdem bat er seinen Bruder, ihm unverzüglich ein Exemplar zukommen zu lassen.)[1]

In den folgenden Jahren und Jahrzehnten deckten sich die Anhänger der beiden Männer gegenseitig mit Beleidigungen ein. Wir werden vermutlich nie erfahren, ob Champollion unabhängig von Young zu seinen Erkenntnissen gelangte – wie er stets standhaft behauptete – oder ob es Youngs Ideen waren, die das Feuer in ihm neu entfachten. In den nächsten Jahren vermied Champollion jedenfalls jede Diskussion darüber, wie sich sein Denken entwickelt hatte; er beschrieb einfach seine Erkenntnisse und erwähnte Young mit kaum einem Wort. Young, der nun wirklich der letzte wäre, sich auf irgendwelche Handgemenge einzulassen, ging seinerseits nur selten über eine milde Beanstandung hinaus. »Ich hatte gewiss erwartet, einen etwas klareren Verweis auf die Chronologie meiner eigenen Forschungen vorzufinden.«[2]

Die *Ptolemaios*-Kartusche war ein erster Schritt. 1822, bald nachdem er seine Kopie von Bankes' Inschriften erhalten hatte, nahm sich Champollion *Cleopatra* vor. Schon 1810 hatte er darauf hingewiesen, dass fremdsprachige Namen einen Weg zur Erschließung antiker Schriften weisen konnten. Nun hatten wir hier *Cleopatra*, also einen griechischen Namen, keinen ägyptischen, und überdies gab es Überschneidungen mit *Ptolemaios*.

Champollion untersuchte Bankes' Kartusche. War das *Cleopatra*?

Champollion hatte einfach Hieroglyphen den Buchstaben *P, T, O* und *L* zugeordnet, ausgehend von der *Ptolemaios*-Kartusche auf dem Stein von Rosette. Nun sah er sich an, ob diese Hieroglyphen in der neuen Kartusche an den richtigen Stellen saßen. Würden sie wirklich in den Namen *Cleopatra* passen?

Wenn man die Buchstaben aus *Ptolemaios* einsetzte, sah die neue Kartusche so aus: - L E O P - - - -

Und es kam noch besser: Ein neues Symbol – Champollion beschrieb es als »Sperber«[3] – tauchte an zwei Stellen in der neuen Kartusche auf, unmittelbar hinter dem P und ein weiteres Mal nach zwei Zeichen dazwischen. Champollion spielte sozusagen »Glücksrad«, und der Hauptgewinn war Ruhm für die Ewigkeit.

Wenn = *A,* erkannte Champollion sofort, dann sieht die neue Kartusche wie folgt aus: - L E O P A - - A

Eine Diskrepanz fiel allerdings auf. Sowohl *Ptolemaios* als auch *Cleopatra* enthielten den Buchstaben *T*, aber gemäß der Dechiffrierung Champollions war das *T* in *Ptolemaios* ein Halbkreis und das *T* in Cleopatra eine Hand. *Wie war das möglich?*

Champollion hoffte einfach, das Ägyptische besäße mehr als eine Möglichkeit, ein und denselben Laut zu schreiben. Wenn er recht hatte, war diese Diskrepanz zwischen *Ptolemaios* und *Cleopatra* eher Kuriosum als Krise, so als stünde in der Liste englischer Monarchen bei dem einen Historiker eine *Catherine* und beim anderen eine *Katherine*.

Aber das war eben nur eine Hoffnung und kein Beweis. Inkonsistenzen wie die mit und waren einer der entscheidenden Gründe, warum das Knacken des Hieroglyphencodes so schwierig war.

Es sollte tatsächlich Jahre dauern, bis Champollion beweisen konnte, dass er die ganze Zeit richtig gelegen hatte. Für den Beweis bedurfte es der Durchsicht zahlloser Texte, in denen viele Beispiele zu finden waren, die genau dies zeigten, und auch, dass die beiden fraglichen Zeichen mehr oder weniger austauschbar verwendet werden konnten.

Am besten verstehen wir diese Strategie wieder anhand des Beispiels mit *Catherine* and *Katherine*. Champollions Ziel war es im Wesentlichen, Wortpaare zu finden, in denen die Buchstaben *C* und *K* austauschbar verwendet werden konnten. Schon bald hatte er ägyptische Namen und auch Wörter gefunden, die mit *Carl* und *Karl*, oder *Chris* und *Kris*, oder auch *Cousine* und *Kusine* vergleichbar waren.

Mit einem Stapel Beispielen in der Hand konnte Champollion auf seine Entscheidung, die Diskrepanz zwischen *Ptolemaios* und *Cleopatra* beim Laut »T« kurzerhand zu übergehen, mit Stolz und Erleichterung zurückblicken. Er hatte nicht etwa einen unwillkommenen

Beleg einfach ignoriert; er hatte eine Botschaft anhand winziger Hinweise verstanden, die wenige andere überhaupt bemerkt hätten.

Champollion drückte aufs Tempo. Das Ausfüllen der Leerstellen im Namen *Cleopatra* verschaffte ihm mehrere neue Hieroglyphen – diejenigen für die Laute *c, r* und *a* –, die er in seine Sammlung aufnehmen konnte. Dann sah er sich andere Inschriften und andere Papyri an und suchte nach weiteren Kartuschen.

Die Strategie war ebenso geradlinig wie mühselig – wenn man eine Kartusche gefunden hatte, vermutete man zunächst einmal (nur), dass es sich um den Namen eines Herrschers handelte. Dann versah man die bereits identifizierten Hieroglyphen mit den dazugehörigen Lauten und hoffte, dass diese einzelnen Fragmente an einen Namen erinnerten, der einem schon einmal irgendwo begegnet war. War dies der Fall, füllte man die Leerstellen mit neuen Hieroglyphen aus und wandte sich, mit wachsender Zuversicht, den nächsten Kartuschen zu. Jeder Erfolg öffnete eine weitere Tür.

Das war der Plan. Und er funktionierte, wenngleich mit zahllosen Irrungen und Wirrungen auf dem Weg zum Ziel. Bei den Kartuschen von *Ptolemaios* und *Cleopatra* hatte Champollion sozusagen von einem fliegenden Start enorm profitieren können – er hatte aus den griechischen Inschriften die Namen, nach denen er suchte, bereits gekannt. Nun gab es aber keine zweisprachigen Inschriften mehr. Von nun an musste er quasi blind arbeiten.

Champollion begann, nach Nadeln in seinem Heuhaufen aus Hieroglyphen zu fahnden. Er stieß meist auf nichts als Enttäuschungen. Die meisten Kartuschen wiesen einfach nicht genug vertraute Hieroglyphen auf, um sie nutzbringend verwenden zu können. In den seltenen Glücksfällen, in denen man genug Hieroglyphen kannte, um zumindest auf einen Namen spekulieren zu können, war es nicht sehr wahrscheinlich, dass man wirklich fündig wurde. Die meisten dieser Spekulationen waren bloßes Kauderwelsch, ein sprachlicher Mischmasch, der gewiss nichts Ägyptischem entsprach.

Bisweilen konnte ein Treffer ganz plausibel klingen, aber es gab keinen dazu passenden bekannten Herrscher. Die Gründe dafür waren unterschiedlich. Vielleicht hatte man einfach nur falsch geraten. Vielleicht war man auf einen Pharao gestoßen, den die Geschichte einfach vergessen hat (wie es bei Tut beinahe der Fall gewesen wäre). Vielleicht war man auf einen Namen gestoßen, der in irgendeiner alten Liste vermerkt war, aber in derart verstümmelter oder falsch verstandener Weise, dass man den Treffer nicht erkannte. (Einer der mächtigsten Pharaonen Ägyptens war am besten bekannt unter dem griechischen Namen Ozymandias. »Mein Name ist Ozymandias, König der Könige«, hieß es in Shelleys berühmtem Gedicht über den Herrscher, dessen Statue zerbrochen und vergessen in der Wüste gefunden wurde. In ägyptischen Texten jedoch hieß der Herrscher »User-ma'at-re«.)

Champollion drang trotz all dieser Fährnisse und Fallstricke immer weiter ins Dickicht vor. Sein erster Erfolg nach *Cleopatra* stellte sich mit der folgenden Kartusche ein:

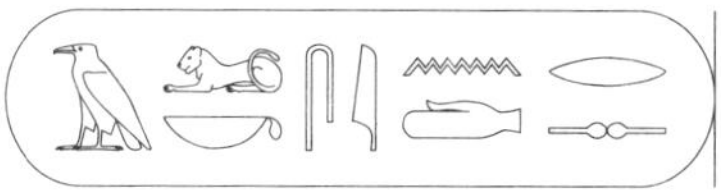

Champollion erkannte sofort die erste Hieroglyphe. Das war der »Sperber«, den er schon in *Cleopatra* gesehen hatte. Er hatte entschieden, dass es sich um ein *A* handeln musste. Danach kam ein Löwe. Auch das hatte er schon gesehen, sowohl in *Ptolemaios* als auch in *Cleopatra*. Der Löwe stand für das *L*.

Danach kam eine »flache Teetasse«, die Champollion nicht erkannte;[4] anschließend folgte eine »gekrümmte Linie«, die er in *Ptolemaios* als *S* gelesen hatte, »eine Feder«, das war ein *E* in *Ptolemaios*; eine noch nicht entschlüsselte gezackte Linie; eine »offene Hand«, das war ein *T* in *Cleopatra*; ein »offener Mund«, das *R* in *Cleopatra*; und schließlich eine waagrechte Linie mit einem mysteriösen Etwas in der Mitte – für Champollion sah es aus wie »zwei horizontale, zueinander zeigende Zepter«.

Alles in allem hatte Champollion damit: A L - S E - T R - . Er brauchte nur einen Moment, um die Leerstellen darin auszufüllen. Das war *Alksentrs,* oder mit ein klein wenig Nachhilfe, *Alexandros,* das griechische Wort für *Alexander.*

Das war ein Meisterstück, und das nicht bloß, weil Champollion einen neuen und wichtigen Namen gefunden hatte. Ebenso wichtig war, dass er ihn mit einer Methode gefunden hatte, die er auf andere Kartuschen immer wieder anwenden konnte. Er hatte außerdem auch etwas *nicht* gefunden, und in diesem Fall war auch das ein gutes Zeichen.

Von Anfang an war Champollion begeistert gewesen, wenn er Hieroglyphen dort stehen sah, wo sie stehen sollten (wie das kleine Quadrat für das *P* in *Ptolemaios* und in *Cleopatra*). Nun sah er zu seinem Entzücken, dass andere Zeichen *nicht* auftauchten, wo sie auch *nicht* hingehörten. Der »Sperber«, den Champollion in *Cleopatra* als *A* gesehen hatte, sollte in *Ptolemaios* z.B. nicht vorkommen und tat es auch nicht. Dasselbe traf auf das Oval zu – Champollion nannte es die »Vorderansicht eines Mundes« –, das für ein *R* stand und in *Cleopatra* vorkam, aber nicht in *Ptolemaios*.

Champollion war nicht zu bremsen. Bald hatte er die Hieroglyphen entziffert, die *Berenike* (eine Königin aus der Ptolemäischen Dynastie) buchstabierten; und auch *Caesar*; und *Autokrator* (das griechische Wort für *Kaiser*, offenkundig verwandt mit unserem Wort *Autokrat*).

Champollion hatte Young kurzerhand überflügelt. Einige Jahre zuvor hatte Young, wie wir gesehen haben, *Berenike* selbst beinahe entschlüsselt – aber nicht ganz. Er hatte den erheblichen Vorteil gehabt, zu wissen, wonach er suchen musste, weil in einer Inschrift nicht weit davon der Name auf Griechisch geschrieben stand. Trotzdem hatte er es nicht ganz geschafft. (In einem Aufsatz, in dem er seine Entdeckungen darlegte, sollte Champollion später eine lange Fußnote darauf verwenden, die amüsanten Patzer »dieses englischen Wissenschaftlers« zu rekapitulieren.)[5]

Die *Cleopatra*-Kartusche hatte Champollion auf seinem Weg eine Menge Schwung gegeben. Für Young stellte genau dieselbe Kartusche eine ganz große verpasste Chance dar. Bankes hatte auch ihm die Inschriften auf seinem Obelisken geschickt, und Young war sofort etwas Merkwürdiges aufgefallen. Er wusste von der griechischen Inschrift, dass Bankes' zweite Kartusche wahrscheinlich *Cleopatra* buchstabierte. (Die erste Kartusche buchstabierte *Ptolemaios*, was Young vom Stein von Rosette bereits kannte.) Aber der Kopist, der die Hieroglyphen aufgezeichnet hatte, hatte einen Fehler begangen – das erste Symbol im Namen Cleopatras hätte eine Hieroglyphe sein müssen, die für den Laut *k* stand, stattdessen hatte der Kopist versehentlich die Hieroglyphe für den Laut *t* verwendet.

Young legte die Stirn in Falten – und die Inschriften beiseite. »Da ich damals nicht die Zeit hatte, einen akribischen Vergleich des Namens mit denen anderer Autoritäten durchzuführen, habe ich mich entmutigen lassen bezüglich der Anwendung meines Alphabets auf dessen Analyse.«[6] Young war über einen Tippfehler gestolpert.

Das war ein verhängnisvoller Rückschlag. Hätte sich Young die *Cleopatra*-Kartusche auch nur einen Moment genauer angesehen, hätte er deren Hieroglyphen mit den Hieroglyphen für *P, T, O* und *L* in der *Ptolemaios*-Kartusche abgleichen können, genau wie es Champollion getan hatte, und hätte sich schließlich weitere Namen vornehmen können. Stattdessen wandte er sich ab. In einem Krimi wäre das der Moment, in dem ein ungeduldiger Detektiv sich das Video einer Überwachungskamera ansieht, aber den Bösewicht nicht erkennt, obwohl er direkt vor der Linse war, weil er abgelenkt war durch die »Verkleidung« des Verdächtigen – mit Baseballkappe und Dreitagebart konnte er ihn nicht erkennen.

Die Frage, wie man mit einem Fund umgehen soll, der eine Theorie zu widerlegen scheint, ist heikel. Laut den Lehrbüchern sollte es damit eigentlich keine Probleme geben: Thomas Huxley beschrieb es bekanntlich als »die große Tragödie der Wissenschaft«, wenn »eine hübsche Hypothese von einer hässlichen Wahrheit erschlagen wird«.[7] Sehr oft leben Theorien allerdings fröhlich weiter, selbst nachdem sie auf abstoßend hässliche Fakten gestoßen sind. Im Fall Cleopatras ließ sich Young jedoch durch einen banalen Schreibfehler entmutigen und wandte sich anderen Dingen zu.

20

»Ein veritables Chaos«

Es fällt schwer, über Youngs knappes Scheitern hinwegzusehen, weil so viel auf dem Spiel stand. Doch selbst Genies machen Fehler. Ihre seltenen Patzer dienen uns Zuschauern als so etwas Ähnliches wie die Stürze eines Eiskunstläufers – sie erinnern uns daran, dass auch für Profis – so einfach sie ihre Aktionen wirken zu lassen vermögen – jeder Weg Gefahren birgt.

Für Young, Champollion und ihre Entschlüssler-Kollegen stehen die Fehler von Schreibkräften und Kopisten weit oben auf der Liste möglicher Gefahren. In den Tagen vor der Fotografie waren sie ein ständiger Quell von Ärgernissen für Entschlüssler, und auch für Übersetzer. (Der erste Kontakt zwischen Champollion und Young stellte sich ein, wir erinnern uns, als Champollion sich bei Young darüber beklagte, dessen Kopien des Steins von Rosette wären unpräzise.) Ein kleiner Fehler konnte gewaltige Probleme nach sich ziehen.

Eine der berühmtesten – und rätselhaftesten – Passagen in der Bibel könnte beispielsweise auf einen Kopierfehler zurückzuführen sein. »Wahrlich, ich sage euch«, erzählte Jesus seinen Jüngern, »Eher geht ein Kamel durch ein Nadelöhr, als dass ein Reicher in das Reich Gottes gelangt.« Seit den frühesten Tagen des Christentums wundern sich die Gelehrten über diese eigenartige Metapher. *Ein Kamel?* Eine Theorie, erstmals vorgebracht durch Kyrill von Alexandria im 5. Jahrhundert unserer Zeitrechnung und gestützt durch zahlreiche moderne Autoren, liefert eine durchaus realistische Erklärung.[1] Im Altgriechischen, merkte Kyrill an, waren die Wörter für *Kamel* und *Seil* nahezu identisch; das *Kamel* hieß *kamilos*, das *Seil* war *kamêlos*. Es könne doch sein, dass irgendwo auf den verschlungenen Pfaden der Überlieferung ein ermüdeter Kopist *Kamel* statt *Seil* hinschrieb – und damit eine völlig naheliegende Metapher in eine ausgesprochen bizarre verwandelte – und dann schrieben Generationen biblischer Gelehrter diesen Fehler einfach fort.

In alten Zeiten war das Kopieren eine schwierige und quälend langwierige Angelegenheit. In Ermangelung irgendwelcher Werkzeuge, die den Vorgang hätten beschleunigen können, bedeutete der Befehl »mach mir eine Kopie davon« nicht bloß das Drücken einer Taste, sondern endlose Stunden Schufterei. Der gefürchtete assyrische Herrscher Assurbanipal – berüchtigt für zahllose Grausamkeiten, etwa solche Innovationen wie das Ziehen eines Seils durch den Kiefer eines besiegten Königs, um diesen sodann an diesem Seil in einer Hundehütte festzubinden – erklärte seine Absicht, die königliche Bibliothek mit einer Kopie jedes einzelnen Buchs auf der Welt auszustatten.[2] (Das war etwa um das Jahr 650 v. Chr., und fast alle »Bücher«, die Assurbanipal im Sinn hatte, waren Tontafeln mit Inschriften in Keilschrift.) Er befahl Schreibern in eroberten Ländern, die Texte in ihren jeweiligen Bibliotheken zu kopieren und ihm zukommen zu lassen.

»Tag und Nacht werden wir uns mühen, die Anweisung unseres Herrn, des Königs, zu befolgen!«[3] hieß es in der Antwortbotschaft, und die Schreiber hatten keine Wahl und machten sich sogleich an die Arbeit. Einige dieser Kopisten dienten in einer Art Büroarbeiter-Strafkolonie; als Kriegsgefangene oder politische Geiseln arbeiteten sie im wahrsten Sinn des Wortes in Ketten.

Assurbanipals Bibliothek wurde in der Tat zu einem der größten Schätze der Antike, wenngleich die mehreren hunderttausend Tontafeln zweitausend Jahre lang verschollen blieben. Genau diesen Tafeln sind wir in Kapitel 15 bereits begegnet, in dem das autodidaktische Genie George Smith die Geschichte von Gilgamesch und die vorbiblische Erzählung von der Sintflut, die die Welt heimsuchte, dechiffriert hatte. Ironischerweise überstanden diese Tontafeln den Lauf der Zeiten gerade deshalb, weil die Bibliotheken, in denen sie untergebracht waren, zerstört wurden.

Es war das Feuer, jener Zerstörer von Bibliotheken seit den Zeiten Alexandrias, das die Texte aus den frühesten Bibliotheken rettete. Diese Texte waren nicht auf Papier geschrieben, sondern in Tontafeln eingekerbt. »Als die großen mesopotamischen Städte in Kriegen und Eroberungszügen niedergebrannt wurden«, schreibt der Historiker Stephen Greenblatt, »als auch Bibliotheken und königliche Archive brannten, wurden die dort lagernden Tontafeln durch die Hitze haltbar gemacht. In ihren letzten Stunden waren Paläste und Tempel zu Brennöfen geworden.«[4]

Was die Hieroglyphen angeht, wurden all die grundsätzlichen Schwierigkeiten, die mit dem Kopieren verbunden waren, noch viel größer. Das Kopieren einer Handschrift in einer bekannten Sprache und einer vertrauten Schrift war schon aufwendig genug, selbst in der Stille und Abgeschiedenheit einer Bibliothek. Perfekte Kopien großer Mengen unbekannter Symbole an einer Tempelmauer anzufertigen, noch dazu in der Hitze und dem Getümmel Ägyptens, war so gut wie unmöglich.

(Eine weitere Unwägbarkeit sorgte für noch mehr Probleme – bisweilen enthielten schon die *Originale* Fehler, denn die Handwerker, die die Hieroglyphen in den Stein gravierten oder an Wände malten, waren nur selten gebildet; sie hatten zwar von Schreibern aufgesetzte Texte als Vorlage, aber sie selbst konnten nicht lesen, was sie da kopierten. Im Gegensatz dazu waren die Texte auf Papyrus von den Schreibern selbst niedergeschrieben worden und deshalb weitaus weniger fehleranfällig.)

Ein früher Reisender hinterließ einen farbenfrohen Bericht über die Gefahren, mit denen die Kopisten konfrontiert waren: Carsten Niebuhr, ein dänischer Forscher und Wissenschaftler, besuchte Ägypten in den 1760er-Jahren.[5] Niebuhr war ein akribischer Beobachter, der zahlreiche wissenschaftliche Hilfsmittel im Gepäck hatte: ein Teleskop, ein Astrolabium, einen Kompass und ein Thermometer. Wenn er nicht die exakten Dimensionen der Pyramiden maß oder die Temperatur aufzeichnete (er nahm zu drei bestimmten, unterschiedlichen Tageszeiten seine Messungen vor), kopierte er mit großer Sorgfalt lange hieroglyphische Inschriften, die er selbst nicht lesen konnte. Während er seiner Arbeit nachging, schwirrten griesgrämige Menschenmengen um ihn herum und wollten wissen, was er da wohl trieb. Die Polizisten verlangten Schmiergeld und drohten ihm Prügel an.

Niebuhr machte seine Sache gegen alle Widerstände sehr gut, und dasselbe gilt für Napoleons *Savants*, die nicht nur mit feindlich gesinnten Einheimischen, sondern auch mit Gewehrfeuer klarkommen mussten. Aber die Entschlüssler daheim in Europa befanden sich in einem Wettlauf gegen die Zeit, und gutes Benehmen blieb mit als erstes Opfer auf der Strecke. Während Champollion in der *Description de l'Égypte* der Gelehrten nach Hieroglyphen fahndete, wurde er ständig wütend und ungehalten wegen der Flüchtigkeitsfehler unachtsamer Schreiber.

Das war ein harsches Urteil, aber »für wissenschaftliche Zwecke«, so sieht es auch ein moderner Ägyptologe, »waren die Zeichnungen ein einziger Mischmasch.«[6] Es war kaum zu vermeiden, dass manche Hieroglyphen fehlerhaft kopiert oder gänzlich übergangen wurden, oder es wurden ganze Zeilen ausgelassen oder umgestellt. *War ein Vogel, der nach rechts blickt, das gleiche Zeichen wie ein Vogel, der nach links blickt? War die Schlange mit zwei kleinen Hörnern etwas anderes als die Schlange mit einer Krümmung in der Mitte?*

Wenn Sie sich in die Lage der Kopisten versetzen möchten, versuchen Sie einmal, sich vorzustellen, Sie müssten einen einzigen Satz in einer Ihnen unbekannten Schrift abschreiben, Thai zum Beispiel. (Wie das Ägyptische kennt auch Thai keine Leerzeichen zwischen den Wörtern.) Hier wäre der Satz: »Ich freue mich, Sie kennenzulernen«: ฉันยินดีที่ได้พบคุณ.

Bei Champollion war die Gefahr, einem Schreibfehler aufzusitzen, viel geringer als bei Young, einfach weil er so uneingeschränkt auf Ägypten fokussiert war. Young hatte stets ein halbes Dutzend dringlicher Projekte im Kopf. »Hinsichtlich des Vermischens seiner Studien hielt er lange an den Gewohnheiten eines Schuljungen fest«, schrieb er über sich selbst (in der von ihm bevorzugten dritten Person), »um sich immer nur eine oder zwei Stunden am Stück jeweils einem bestimmten Thema zu widmen.« Zu der Zeit des Auftauchens der Cleopatra-Kartusche hatte er sich gerade erst eine größere Aufgabe vorgenommen, zu der auch die Durchsicht und Neubewertung eines riesigen Fundus nautischer und astronomischer Daten für eine Veröffentlichung namens Nautical Almanac gehörten.[7]

Sein universalistischer Ansatz barg gewisse Risiken, wie Young durchaus zugab. Vielleicht hätte er mehr erreichen können, wenn er »seine Talente innerhalb engerer Grenzen eingesetzt« hätte. Kaum hatte er diese Möglichkeit erwogen, verwarf er sie aber auch schon wieder. Bei näherer Betrachtung, entschied er, hatte ihm die Gepflogenheit des Springens von einem Thema zum anderen »vielfältige Fähigkeiten« verschafft.

Noch wichtiger war, so Young weiter, dass ein auf »engere Grenzen« beschränktes Leben viel Ähnlichkeit mit einem Dasein in einem Teufelskreis hätte. Er sympathisiere, schrieb er, mit Arbeitern, die dem Ruf widerstehen, eine Arbeit aus Gründen der Effizienz in viele winzige Einzelaufgaben aufzuteilen. Für einen Denker wie für einen Arbeiter wäre die Spezialisierung eine Formel zur »Reduzierung seiner existenziellen Würde von einem vernunftbegabten Wesen zu einer bloßen Maschine.«[8]

Champollion erkannte vermutlich den Cleopatra-Schreibfehler, der Young aus der Spur gebracht hatte. Er fuhr trotzdem fort – er war viel zu hoffnungsfroh, als dass er sich von einer solchen Kleinigkeit hätte aufhalten lassen. Rasch fand er neue Bestätigung für seine Strategie bei der Dechiffrierung.

Erneut erwies sich der Name eines fremden Herrschers als entscheidend. Xerxes war der große König der Perser, der im Jahr 480 v.Chr. in Griechenland eingefallen war. Sein Name war der Wissenschaft bestens bekannt. Die Welt der Antike war vor Xerxes in Deckung gegangen – er ritt an der Spitze einer zwei Millionen Mann starken Armee (laut Herodot), der größten Militärmacht, die jemals irgendein Führer auf die Beine gestellt hatte.[9]

Champollion machte einem anderen französischen Sprachwissenschaftler, einem Fachmann für Keilschrift, den Vorschlag, man solle gemeinsam eine bestimmte Vase in einer Privatsammlung in Augenschein nehmen. Der Köder war offensichtlich – die Vase war antik, und sie trug Inschriften in zwei verschiedenen Schriften: persische Keilschrift und ägyptische Hieroglyphen. Die Wissenschaft hatte bereits ein wenig über die Entzifferung der Keilschrift gelernt. Die Experten konnten das erste persische Wort auf der Vase lesen – *Xerxes*. Nun war das Ägyptische an der Reihe, und das begann mit einer Kartusche. Champollion erkannte seine Hieroglyphen aus anderen Namen und bildete sie lautlich nach: *Xerxes*![10]

Das war ein Volltreffer, aber Champollion hatte noch nicht durchschaut, was das bedeuten könnte (und Young hatte es noch viel weniger durchschaut). *Ja, bestimmte Hieroglyphen standen für Laute und konnten zum Buchstabieren von Namen genutzt werden. Man konnte sie sogar zu einer Art Alphabet zusammenstellen. Aber dann wie weiter?* »[Aus allen Äußerungen Champollions...] geht hervor«, schreibt der britische Altphilologe (und Experte für die kretische Schrift Linear A) Maurice Pope, »dass er zu dem Zeitpunkt dieser Abhandlung nie vermutete, sein Alphabet könnte über Eigennamen und Fremdwörter hinaus anwendbar oder gar der langgesuchte Schlüssel zu den Hieroglyphen sein.«[11]

So weit vorangekommen zu sein und trotzdem noch immer umherzuirren, löste bei Champollion Enttäuschung und Wut aus. »Das Aussehen einer hieroglyphischen Inschrift ist ein wahres Chaos; nichts steht an seinem Platz; es gibt keine Beziehung zum Sinn, die gegensätzlichsten Dinge sind nebeneinandergestellt und erzeugen absurde Kombinationen.«[12]

Gewiss waren die Hieroglyphen eine Schrift, und nicht bloß irgendeine bizarre Art der Verzierung von Mauern. Aber wie konnte es sein, dass ein Schriftsystem so viel Wert auf Bilder legte? Jede Schrift, die auf dem Decodieren von Bildern gründet, lamentierte Champollion, würde doch nur zu endloser und sinnloser Raterei führen, hätte »unvermeidlich sehr unklar« sein müssen, denn »sie wäre gezwungen, Gedanken durch eine Kette von Metaphern, Vergleichen und schwer lösbaren Rätseln auszudrücken.«[13]

Was hatten sich Ägypter dabei bloß gedacht?

21

Die Geburt der Schrift

Denken Sie einen Moment über Champollions Aufgabe nach – wie *konnte* man eine komplette Sprache in Bildern erfassen? –, und Sie werden seine Ratlosigkeit rasch begreifen.

Wörter wie *Hund* oder *Hut* bildlich darzustellen wäre kein Problem, genauso wie sich eine Warnung vor *Steinschlag* auch ohne Worte auf einem Verkehrsschild abbilden lässt. Aber die Welt ist voller Dinge, die sich fast unmöglich in Form von Bildern wiedergeben lassen. Wie sollte etwa *Hoffnung* aussehen, oder *morgen*, oder *warum*, oder *unwahrscheinlich*? Hieroglyphen würden sehr rasch völlig undurchschaubar werden, genau wie Champollion gesagt hatte. Da erscheint die Vorstellung, dass eine Zeichnung eines Falken *Gott* oder *erhaben* darstellt, fast schon plausibel.

Sehen wir uns als Beispiel die folgende Grafik aus dem Jahr 2007 an. Sie ist dazu gedacht, unsere Nachfahren in ein paar tausend Jahren vor einer tödlichen Gefahr zu warnen.

Radioaktiver Abfall wird auch in 10 000 Jahren noch tödlich sein. Unsere Nachfahren müssen darauf hingewiesen werden, sich von den Standorten fernzuhalten, an denen dieser Giftmüll vergraben wurde, wenngleich so gut wie sicher ist, dass Englisch, ebenso wie Deutsch und andere Sprachen, sich innerhalb so vieler Jahrtausende bis zur Unkenntlichkeit gewandelt haben werden. Wird im Jahr 12007 diese Warnung der Internationalen Atomenergieagentur (IAEA) wirklich die gewünschte Botschaft vermitteln können? »Gefahr! Hier liegt etwas Todbringendes verborgen! Gehen Sie weg!«

Aber es sind nicht nur die Abstraktionen, die Probleme bereiten. Das Brettspiel *Pictionary* (funktioniert im Prinzip wie das TV-Ratespiel »Montagsmaler«, Anm. d. Übers.) war just deshalb so beliebt, weil es so schwierig ist, ganz gewöhnliche Wörter bildlich darzustellen – *Jazz*, *Überraschung*, *Feind*. Und Bilder können zwar leicht zu erkennen, aber dennoch schwer zu interpretieren sein. »Ein Symbol für einen Schutzhelm bedeutet ›Bitte Helm tragen! (und wenn Sie keinen haben, besorgen Sie sich einen)‹«, schreibt der Historiker John Man, »aber ein Symbol für einen Rollstuhl bedeutet nicht ›Setzen Sie sich in einen

Rollstuhl (und wenn Sie keinen haben, besorgen Sie sich einen).‹«[1]

Wenn wir von Wörtern und kurzen Ausdrücken zu ganzen Sätzen weitergehen, wird die Sache noch viel komplizierter. *Sie trinkt Kaffee* werden Sie vielleicht noch in Form einer Zeichnung darstellen können, aber was machen Sie mit *Sie versucht, ihren Kaffeekonsum einzuschränken*? Oder noch schlimmer: *Sie kommt hier immer auf einen Kaffee vorbei, es sei denn, sie ist spät dran*.

Die meisten Gelehrten sind der Ansicht, die frühesten Formen der Schrift begannen *in der Tat* mit Bildern – antike Pendants zu der Zeichnung, die einen ausrutschenden Menschen auf dem Schild *Vorsicht: Nasser Fußboden!* zeigt, die wir vom Flughafen oder anderen öffentlichen Gebäuden kennen, oder zu den Schildern mit stilisierten Zapfpistolen und Kaffeetassen an der Autobahn. Allerdings stieß diese Bilderschrift der Antike rasch an ihre Grenzen.

Dann, ungefähr zur gleichen Zeit, fanden mehrere Kulturen in aller Welt die Lösung. In Mesopotamien und Ägypten etwa um 3100 v.Chr., in Indien um 2500 v.Chr., in China gegen 1200 v.Chr. kamen Schriften auf, die jedes beliebige Wort mit einer Handvoll Linien und Kurven darstellen konnten.

Aus der Perspektive der Archäologen ist diese Zeitspanne von 2000 Jahren nicht mehr als ein Wimpernschlag. (Archäologen blinzeln recht gemächlich.)[2] Aber warum passierte es *gerade dann* und nicht schon viele zehntausend Jahre früher, als unsere Ahnen doch bereits über einen komplexen Verstand verfügten? Man nehme als Beispiel nur die Höhlenmalereien. Die Künstler, die

die Höhlenwände mit heranstürmenden Stieren und galoppierenden Pferden schmückten, vollbrachten ihre Werke mit außergewöhnlichem Können. Ihre Malereien sind 20 000 Jahre alt, die älteste uns bekannte Schrift gerade einmal 5000 Jahre. Diese frühen Künstler zeichneten, aber sie schrieben nicht. Hätten Sie nicht zumindest die *Möglichkeit* gehabt, ihre Gemälde mit Bildunterschriften zu versehen?*

Offenbar nicht, aber warum nicht? An Werkzeugen und Hilfsmitteln mangelte es nicht. Farbe, Tinte und Schnitzwerkzeug werden seit den frühesten Tagen der Kunst genutzt, und zweifellos hätte man damit genauso gut auch schreiben können. Und an Verstand fehlte es den Leuten auch nicht. Hirnlosen Rohlingen wären die Bilder, die die Höhle von Lascaux zieren, niemals in den Sinn gekommen.

Was also brauchte so lange? Weit verbreitet ist die Annahme, dass die Geburt der Schrift mit dem Aufstieg der Städte zusammenhing – noch konkreter mit dem Aufkommen von Handel und Wirtschaft. Irgendwann vor rund 5000 Jahren wurden die Städte so groß und der Handel so komplex, dass sich niemand mehr allein auf sein Gedächtnis verlassen konnte, wenn er den Überblick behalten wollte, wer wem was oder wie viel schuldete. Das Aufkom-

---

* Über einen Zeitraum von *mehreren hunderttausend Jahren*, sagt uns die Wissenschaft, stand die Kultur de facto still, und das Leben unserer frühen Vorfahren veränderte sich nicht im Mindesten. Sie »saßen 0,3 Millionen Jahre in ihren zugigen, rauchérfüllten Höhlen im [Norden Chinas]«, schreibt etwa ein renommierter Linguist, »brieten Fledermäuse am schwelenden Feuer und sahen zu, wie sich die Höhlen mit ihrem eigenen Abfall füllten.«

men des Handels erzeugte den Bedarf an Aufzeichnungen, und Aufzeichnungen hieß: Man musste Dinge schriftlich festhalten – dies gehört mir, jenes gehört dir; dies ist eine Quittung über fünf *Scheffel Korn; jenes ist ein Schuldschein über drei Weidenkörbe.*

Die Notwendigkeit, Aufzeichnungen führen zu können, kam direkt von höchster Stelle. Je mächtiger ein König war, desto stärker sein Verlangen, überall die Hände im Spiel zu haben (und immer genau zu wissen, wieviel von diesem Überall es in seinem Königreich gab und wo es sich befand). Mit dem Anwachsen der Städte mussten auch Armeen aufgestellt, Ernten abgerechnet, Felder überwacht und Kanäle gegraben werden. Und vor allem mussten Steuern erhoben werden. Für all diese Aufgaben griff man in hohem Maß auf das zurück, was spätere Generationen einmal als »Papierkrieg« verfluchen sollten.[3]

Nach den meisten historischen Darstellungen zog sich die Entwicklung der Schrift über mehrere Jahrtausende hin. Das gilt beileibe nicht als ausgemachte Tatsache, aber der Teil der Geschichte, der sich im Nahen Osten abspielt, ist der am besten dokumentierte. Die ersten Hinweise, die einen Blick in die frühesten Tage der Schrift erlaubten, kamen vor ungefähr einem Jahrhundert in den Ruinen mehrerer Städte der Antike im heutigen Irak zum Vorschein. Dort fanden Archäologen in großer Zahl Tonklumpen, die zu Ovalen, Kugeln, Scheiben, Zylindern oder Kegeln geformt waren. Diese Zählmarken oder Zählsteine, wie sie heute genannt werden, scheinen von ca. 8000 bis 3500 v. Chr. verwendet worden zu sein. Die Wissenschaftler wussten nicht, was sie damit anfangen sollten (und nicht selten warfen die Archäologen diese Stücke achtlos beiseite, weil sie sie für wertlosen Abfall hielten). Einem deutschen Forscher namens Julius Jordan gelang *beinahe* die Lösung des Rätsels. Die Tonklumpen, schrieb er 1929 in sein Tagebuch, sahen aus »wie Gegenstände des täglichen Gebrauchs – Gefäße, Brotlaibe, Tiere«.*

Irgendwann um das Jahr 3500 v.Chr. verdichtete sich der Plot. Nun gingen die alten Sumerer dazu über, die Zählsteine in ausgehöhlte Tonbehälter zu packen. An der Außenseite dieser Behälter befanden sich kleine Einkerbungen, offensichtlich dadurch entstanden, dass die Zählsteine in die Lehmoberfläche gedrückt wurden, bevor diese versiegelt wurden.

In den 1970ern kam ein weiblicher Sherlock Holmes aus Frankreich des Weges und fand heraus, was es mit alledem auf sich hatte.[4] Denise Schmandt-Besserat, eine amerikanische Archäologin, erläuterte, diese Kegel und Kugeln wären keine Klumpen, sondern Symbole. Ein Kegel stand z.B. für eine festgelegte Menge Getreide, ein Oval für einen Krug Öl. Ein Zwischenhändler mit dem Auftrag, zwei Krüge Öl zu transportieren, könnte dann zwei Ovale aus Ton als eine Art Beleg mitbringen.

Mit der Zeit, so Schmandt-Besserat weiter, wurde das System immer komplexer. Irgendwer hatte die kluge

* Die Inka waren die Ausnahme von der Regel – das einzige bekannte Beispiel für ein Reich, das sich keines Schriftsystems bediente. Die mit Knoten versehenen Schnüre, die die Inka *quipu* nannten, ermöglichten zwar sehr wohl das Erfassen von Zahlen auf sehr ausgefeilte Weise – aber eben nicht von Wörtern.

Idee, um irgendwelchen Betrügereien vorzubeugen, könnten die Zählsteine in Hüllen aus Ton eingeschlossen werden, die Fälschungen ausschlossen. Aber woher sollte man mit den versiegelten Zählsteinen den Inhalt eines solchen Behälters kennen, ohne sich am Ende doch die Mühe zu machen, den Behälter aufzubrechen?

Für die junge Französin drängte sich die Antwort förmlich auf. *Anhand von Markierungen* außen *am Behälter, die zeigten, was* drin *war!* Zuerst waren, laut der Beschreibung Schmandt-Besserats, diese sogenannten »Rollsiegel« exakte Abdrücke der Zählsteine, erzeugt dadurch, dass die Zählsteine in die Oberfläche des Behälters gedrückt wurden.

Irgendwann dämmerte es jemandem, dass es einfacher wäre, ein Bild des Zählsteins auf die Hülle zu zeichnen – dieses Bild würde den Zweck genauso gut erfüllen. Es dauerte dann noch eine ganze Weile, bis jemand erkannte, dass ein provisorisches Symbol auf der Hülle genauso gut funktionieren würde wie eine exakte Zeichnung. Und noch später kam ein weiterer Erneuerer auf den Gedanken, dass man sich die Sache mit Zählstein und Behälter auch ganz sparen und stattdessen eine Tontafel verwenden könnte, auf der die gleichen Informationen allesamt in Symbolen festgehalten werden konnten, mit nur wenigen aussagekräftigen Linien und Einkerbungen. Die darin geschriebenen Symbole *repräsentierten* die Zählsteine aus Ton; die Zählsteine selbst wurden nicht mehr gebraucht. Da haben wir's: Die Geburt der Schrift!

Der Schlüssel, der die Tür zu der ganzen Geschichte aufstieß, erinnerte sich Schmandt-Besserat, war ein besonders glücklicher Fund. An einer Fundstelle im Norden des Irak fanden Archäologen zwei Inschriften in Keilschrift, die eine einzelne Transaktion dokumentierten. Eine war eine Tontafel, auf der stand: »21 Mutterschafe, 8 ausgewachsene Schafböcke, 6 Zicken« usw. Die zweite Inschrift war eine Hülle aus Ton, auf der außen exakt dasselbe aufgelistet war: »21 Mutterschafe, 8 ausgewachsene Schafböcke, 6 Zicken« usw. Die Liste umfasste insgesamt 49 Tiere. Forscher brachen den Behälter auf. Zum Vorschein kamen 49 Zählsteine. 21 davon hatten die gleiche Form, acht eine andere Form, und so weiter. »Diese hohle Tontafel«, schrieb Schmandt-Besserat, »erwies sich als der Stein von Rosette des Inschriftensystems.«[5]

Diese lange Abfolge immer weiterer Abstraktion – von Zählsteinen aus Ton über Abdrücke in Ton über Zeichnungen in Ton bis hin zu geschriebenen Symbolen auf Tontafeln – vollzog sich äußerst langsam. Und es sollten noch weitere Abstraktionen folgen, denn die Schrift entwickelte sich von Symbolen, die materielle Objekte wie Schafe und Ziegen abbildeten, weiter zu Symbolen, die für die flüchtigen Laute und winzigen Luftimpulse stehen, aus denen gesprochene Sprache besteht.

Wie konnte es sein, dass das so schwer zu begreifen war? Es scheint nun wirklich kein Zaubertrick hinter der Erkenntnis zu liegen, dass Symbole eine bestimmte Bedeutung haben können, auch wenn sie nicht wie ein bestimmtes Objekt aussehen. Paul Revere nutzte im Amerikanischen Unabhängigkeitskrieg Lichtsignale – »ein mal wenn vom Land aus, zweimal wenn vom Wasser aus« –, um die Pläne des Feindes zu übermitteln, und niemand hatte die geringsten Probleme, ihn zu verstehen.[6] Theseus verwendete Segel. Er sagte seinem Vater, er hätte seine Männer angewiesen, ein schwarzes Segel am Schiff zu setzen, wenn der Minotaurus ihn getötet hätte, und ein weißes Segel als Signal, dass er im Triumph nach Hause kommen würde. (Allerdings vergaß Theseus im Wirrwarr der Ereignisse, die Segel zu wechseln. Sein Vater sah das schwarze Segel, das den Tod seines Sohnes anzeigte, stürzte sich in seiner Verzweiflung ins Meer und ertrank.)

Wir wissen jedoch, dass sich der Schritt von erkennbaren Abbildern zu beliebigen Symbolen als enorm schwierig erwies. In der Evolution menschlicher Kultur ist die Abstraktion seit jeher die große Hürde.

Jede Generation schaut auf die Vorgänger herab; wie konnten sie nur so dumm sein? Wir vergessen dabei immer, dass schon bald wir es sein werden, die ziemlich dumm dastehen. »Wir tun gut, stets daran zu denken, dass es in der Physik bedeutender Männer bedurfte, um einfache Dinge zu entdecken«, schrieb der Wissenschaftler (und Altertumsforscher) D'Arcy Wentworth Thompson.[7] »Es sind wahrhaft große Namen, die für uns verbunden sind mit der Erklärung des Weges eines Steines, des Falles einer Kette, des Schillerns einer Seifenblase, des Schattens in einem Becher.«

Die Geschichte ist immer die gleiche, unabhängig davon, auf welchem Fachgebiet und wie einfach diese »einfachen Dinge« auch sein mögen. Im Fall der Schrift, sagte Platon, war die »einfache« Erfindung in Wirklichkeit so schwierig, dass nur »ein Gott oder auch ein göttlicher Mensch« dazu in der Lage sein konnte.[8] Kein schlichter menschlicher Geist hätte einen Weg finden können, um auf einer einigen Seite »die Unbegrenztheit der Sprachlaute« zu erfassen.

Nicht alle sind von der Geschichte mit den Zählsteinen überzeugt. Die Zweifel der Skeptiker beziehen sich allerdings darauf, *wie* das Schreiben entstand. Bezüglich der Frage, *warum* das Schreiben erfunden wurde, herrscht allgemeiner Konsens. Es ging nicht um das Dokumentieren tiefer Gedanken. Ob in China oder im Nahen Osten des Altertums oder in Ägypten oder Indien oder in der Neuen Welt: der Antrieb war immer geschäftlicher Natur. Überall auf der Welt ging es bei den Anfängen des Schreibens weniger um »Sie schreitet in Schönheit, wie die Nacht«, sondern eher um Dinge wie »Erhalt bestätigt: zwei Keramiktassen, eine davon mit abgebrochenem Griff.«

Nach einiger Zeit kam auch die Literatur dazu. Nach *langer* Zeit, besser gesagt. Wie die Entwicklung der Schrift selbst vollzog sich auch der Übergang von der gewerblichen Nutzung der Schrift zum Schreiben als Kunst gewissermaßen in Zeitlupe. (In dieser langen Zeitspanne waren Lieder und *gesprochene* Geschichten durchaus verbreitet.) In Ägypten dauerte es nach Einschätzung eines Wissenschaftlers *tausend Jahre*, bis sich die Schrift vom Hilfsmittel für Steuerbescheide zur Verbreitung von Geschichten und Fabeln entwickelt hatte.[9]

Aber eine entscheidende neue Rolle für das Schreiben ergab sich viel früher als das Erzählen von Geschichten und blieb dauerhaft erhalten: Es geht um das Schreiben zu Propagandazwecken. Herrscher bedienten sich des neuen Hilfsmittels schon früh und nutzten jede Gelegenheit, ihren Herrschaftsanspruch zu proklamieren und ihre göttliche Mission zu feiern. Im wahrsten Sinn des Wortes in Stein gemeißelt würden die Prahlereien eines Königs in alle Ewigkeit überdauern.

Gerade in der gesamten Geschichte Ägyptens gefielen sich Pharaonen in maßlos übertriebener Angeberei und verbalem Prunk und Protz. Eine typische ägyptische Inschrift auf einer steinernen Stele aus der Zeit um das Jahr 1400 v.Chr. beschrieb, was geschah, wenn Pharao Amenhotep feindliche Truppen erspähte, die sich ihm in ihren Streitwagen näherten. »Seine Majestät stürzte ihnen hinterher wie ein göttlicher Falke in erhabenem Fluge.«[10] Amenhotep war alleine – »nicht ein einziger Mann war an der Seite seiner Majestät, da war nur er selbst und sein starker Arm« –, aber macht nichts. »Sie jaulten auf, als sie seiner Majestät ansichtig wurden. Dann erschlug seine Majestät den Anführer des Feindes mit seiner Streitaxt.« Amenhotep ließ diesem Sieg rasch eine weitere Eroberung folgen. »Nun jagte der Herrscher gleich einem göttlichen Falken, seine Pferde flogen wie die Sterne am Himmel.«*

Bescheidenheit war keine Tugend im alten Ägypten,

---

* Verglichen mit Beispielen königlicher Angeberei aus anderen Reichen der Antike war das geradezu bescheiden. In Assyrien beschreiben beispielsweise Abertausende Inschriften und Gravuren Folterungen und Massaker in akribischem Detail. Die folgende Erinnerung eines assyrischen Königs namens Sanherib, der um das Jahr 700 v.Chr. herrschte, ist durchaus typisch. »Ich schnitt ihnen die Kehle durch wie Lämmern ... Mit den Leichen ihrer Krieger füllte ich die Ebene, als wären sie Grashalme. Ihre Hoden schnitt ich ab und riss ihnen die Gemächte heraus wie Gurken aus der Erde.«

und man brauchte kein Pharao zu sein, um ordentlich auf den Busch zu klopfen. Ein Provinzfürst, der um 2100 v.Chr. herrschte, dokumentierte seine Wohltaten an den Wänden seiner Grabstätte. Eine lange Rezitation gipfelte in einem stürmischen Finale. »Ich war der Beginn und das Ende der Menschheit, denn keiner wie ich hat zuvor gelebt, noch wird er nach mir leben. Niemand wie ich wurde je geboren, noch wird er je geboren werden. Ich übertraf die Großtaten der Ahnen, und kommende Generationen werden es meinen Heldentaten auch in Millionen Jahren nicht gleichtun können.« Die Inschrift endete mit dem Satz: »Ich bin der unerreichte Held aller Helden.«[11]

Die Geschichte der Erfindungen ist voller Beispiele für gescheite Ideen, für die sich Verwendungsmöglichkeiten ergaben, die niemand hatte vorhersehen können. Aufzüge sollten ursprünglich nur Baumaterial auf Baustellen nach oben transportieren; bald trugen sie keine Holzbalken mehr, sondern Menschen, und die Skylines der Großstädte schossen in die Höhe. Optische Linsen waren ursprünglich für Brillen gedacht, die es alten Menschen ermöglichen sollten, auch Kleingedrucktes zu lesen; sie fanden ihren Weg in Teleskope, die uns zahllose Sterne sichtbar machten, und in Mikroskope, die uns die Welt im Kleinen enthüllten.

Das Gehirn selbst ist ein noch verblüffenderes Beispiel, auch wenn es in diesem Fall die Natur war, die die Rolle des Erfinders übernahm. Wir haben hier eine lebende Maschine, gebaut zur Übermittlung von Gedanken wie »Lauf! Da ist ein Löwe!« Aber dieselbe Maschine inspirierte Dichter zu Liebesgedichten und brachten Männer und Frauen überall in der Welt dazu, über den Tellerrand der Gegenwart hinauszublicken und im Angesicht des eigenen Todes zu erschaudern.

Das Schreiben hingegen ist vielleicht das ultimative Beispiel für eine Erfindung mit unbeabsichtigten Folgen. Im Gehirn liegen die simpelsten Reaktionen und die genialsten Einsichten an unterschiedlichen Punkten auf ein und derselben geraden Linie – schließlich ist das Erkennen einer Gefahr im Zittern eines Buschs vielleicht gar nicht so sehr anders als das Erkennen von Sterblichkeit im Zittern einer Hand.

Nicht so beim Schreiben, wo die Geschichte eine derart heftige Wendung nimmt, dass jemand, der die ersten Zeilen gehört hat, niemals hätte erraten können, wie die Sache ausgeht. Wer hätte schon vorhersehen können, dass ein Werkzeug, das zum Zählen von Ziegen ersonnen wurde, uns am Ende Literatur und Geschichte und Erinnerung schenken würde?

22

Der Gigant aus Padua

Trotz aller Fortschritte war Champollion noch immer frustriert und verwirrt. Inzwischen – man schrieb das Jahr 1821, und seit mehr als einer Dekade hatten ihn Ägypten und die Hieroglyphen regelrecht verzehrt – hatte er es geschafft, Dutzende Namen in Kartuschen zu dechiffrieren, aber ihm war klar, dass er noch immer nicht das komplette Bild gesehen hatte. Auch Young hatte das nicht geschafft, ebensowenig jemand anderer.

Sie standen ganz kurz vor dem Ziel, nur wissen konnten sie es nicht. In einer berühmten Passage in Hemingways *Fiesta* fragt eine Romanfigur eine andere, wie er denn bankrottgegangen wäre. »Auf zwei Arten«, kommt die Antwort. »Allmählich, und dann plötzlich.«

Genau so verhielt es sich auch mit den Durchbrüchen in der Dechiffrierungsgeschichte, und inzwischen folgten die »allmählichen« Schritte in so kurzen Abständen aufeinander, dass der »plötzliche« Moment eigentlich greifbar nahe war.

Champollion gab nie irgendwelche Hinweise darauf, exakt wie oder auch nur wann er eigentlich zu seinen Entdeckungen gekommen war. Anstatt seine Schritte zu rekapitulieren, zog er es vor, sein Publikum mit einer Serie von Enthüllungen à la »Kaninchen aus dem Hut« zu verblüffen.

Das war zumindest teilweise eine Frage des Stils – Champollion war ein Mann, der den spektakulären Auftritt liebte, und zugleich ein echtes Genie. Aber diese Effekthascherei war eben nur eine Seite der Medaille. Champollion war umgeben von Skeptikern, und ihm war klar, dass eine saubere Präsentation überzeugender wäre als eine chaotische, in der es auch unzutreffende Vermutungen und in die Irre führende Spuren gab. Überdies befand er sich in einem Wettlauf um den Hauptgewinn, und sicherlich sah er keinen Sinn darin, der Konkurrenz Hinweise und halbgare Theorien zu liefern.

Noch nach einem Jahrzehnt der Vertiefung in seine Aufgabe glaubte Champollion, dass Hieroglyphen »in keiner Weise alphabetisch« wären. Vielmehr, so schrieb er in einem Fachaufsatz, wären sie »Zeichen für Dinge, nicht für Laute.«[1] Die ägyptische Schrift war mithin, anders ausgedrückt, ein komplexes Gemisch, dessen Bestandteile verstanden, aber nicht lautlich nachgebildet werden konnten (ausgenommen davon waren nur eine Handvoll spezieller Hieroglyphen, die für das Schreiben fremdsprachiger Eigennamen reserviert waren).

Dann, irgendwann in der Zeit von 1821 bis 1823, geschahen zwei Dinge. Für sich genommen war keines davon besonders aufregend. Aber beide führten Champollion in Richtung einer Einsicht, die sein ganzes bisheriges Denken regelrecht auf den Kopf stellte. (Young, wie üblich mit allem Möglichen ausgelastet und gerade mit seinem Nautical Almanac beschäftigt, blieb derweil außen vor.) Vermutlich im Jahr 1822 kam Champollion auf die clevere Idee, die Wörter und Hieroglyphen auf dem Stein von Rosette zu zählen. Das erscheint uns seltsam spät, wo es doch ein solch elementarer Schritt ist, aber Champollion selbst gibt die Geschichte so wieder, und er hatte keinen Grund, seine eigene Wahrnehmungsfähigkeit herunterzuspielen.

Er zählte 1419 Hieroglyphen und 486 Wörter auf Griechisch. (Viele der Hieroglyphen kamen mehrmals vor; es gab insgesamt 166 unterschiedliche Hieroglyphen).[2] Das war seltsam.

Warum? Weil es damit zugleich zu viele und zu wenige Hieroglyphen gab. (Weiter oben haben wir gesehen, dass der dänische Linguist Georg Zoëga eine ganz ähnliche Beobachtung bereits 1798 angestellt hatte.) Zu viele, weil es keinen Sinn ergab, dass es drei Mal mehr Hieroglyphen als griechische Wörter gab. Wenn jede Hieroglyphe für ein Wort oder eine Idee stand, wie alle dachten, dann mussten die Anzahl Hieroglyphen und die Anzahl griechischer Wörter zumindest annähernd übereinstimmen.

Die Diskrepanz war sogar noch größer, als es zunächst den Anschein hatte. Die Hieroglyphen befanden sich im oberen Teil des Steins von Rosette, und vom oberen Teil war einiges abgebrochen und auf immer unauffindbar. Die Zahl 1419 lag mithin mit Sicherheit zu niedrig.

Aus einer anderen Perspektive gesehen jedoch gab es *zu wenige* Hieroglyphen. Wenn eine Hieroglyphe für ein Wort oder eine Idee stand, dann bräuchte es zahllose Bilder, um eine komplette Sprache zu erfassen. Die Gesamtzahl der Hieroglyphen müsste ohne Zweifel in die Vieltausende gehen, es konnten nicht bloß 166 sein.

Das war Rätsel Nummer eins. Rätsel Nummer zwei schien auf den ersten Blick überhaupt nichts mit Ägypten oder den Hieroglyphen zu tun zu haben. Dabei ging es auch um die Arbeit eines obsessiven jungen Franzosen namens Jean-Pierre Abel-Rémusat, ein Wissenschaftler, der sich auf eigene Faust auf eine Reise tief in die Geheimnisse der chinesischen Sprache begeben hatte. Rémusat hatte eine armselige Kindheit erleiden müssen – ein Unfall hatte ihn auf einem Auge erblinden lassen und über mehrere Jahre ans Bett gefesselt.[3] Dann starb sein Vater, und Jean-Pierre und seine Mutter hatten zu kämpfen, um irgendwie über die Runden zu kommen.

Der junge Mann studierte halbherzig Medizin, weil ihm das zumindest ein Einkommen sicherte. Ihn jedoch faszinierte eine zufällige Begegnung mit einem chinesischen Buch über Kräuterheilkunde. Dabei ging es ihm gar nicht um Kräuter und Elixiere; es war die mysteriöse, faszinierende Schrift auf jeder einzelnen Seite, die Rémusat in ihren Bann zog.

Voller Elan stürzte er sich ins Studium des Chinesischen »ohne Lehrer, ohne Lehrbuch, ohne Wörterbuch.«[4] Er war 18 Jahre alt. Fünf Jahre später, im Jahr 1811, brachte er seine erste Veröffentlichung heraus, einen *Essay über die Chinesische Sprache und Literatur.* Dadurch wurde Champollions alter Mentor Sylvestre de Sacy auf Rémusat aufmerksam, und damit auch Champollion selbst.

1822 war Rémusat zur führenden Autorität Frankreichs auf dem Gebiet des Chinesischen geworden, und er hatte »als Erster« in den Worten Champollions »das Studium des Chinesischen von der Dunkelheit, fast möchte man sagen, vom mystischen Dunkel befreit, mit dem seine Vorgänger es umhüllt hatten.«[5] Als Rémusat eine weitere Arbeit mit dem Titel *Elemente der Chinesischen Grammatik* im Jahr 1822 veröffentlichte, stürzte sich Champollion sogleich darauf.

Vor allem eine Sache fiel ihm ins Auge. Die chinesische Schrift nutzte nach Rémusats Zählung viele tausend Zeichen, weit mehr also als die Anzahl der Hieroglyphen, auf die Champollion gekommen war. Aber trotz dieser großen Zahl vorhandener Zeichen – genau dies lief auf Rätsel Nummer zwei hinaus – nutzte das Chinesische eine spezielle Kategorie von Zeichen, die sogenannten *hing-ching*, was Rémusat mit *Laute darstellend* übersetzte. Diese Zeichen standen nicht nur für Laute, wie Champollion bemerkte, sondern »sie bildeten gut die Hälfte des normalen, geschriebenen Chinesischen.«[6]

Der springende Punkt dabei war das Wort *normal*. Rémusat sprach nicht davon, wie chinesische Schreiber mit fremdsprachigen Eigennamen umgingen; er sprach von der schriftlichen Darstellung einfacher, alltäglicher Wörter im Chinesischen.

Das war eine höchst bedeutende Veränderung. Ein Jahrzehnt zuvor hatte Champollion ausgeführt, wenn man fremdsprachige Eigennamen in einer nicht alphabetisch strukturierten Schrift darstellen wollte, bliebe gar nichts anderes übrig, als Zeichen zu verwenden, die bestimmte Laute abbildeten. Nun kam Rémusat mit der Behauptung daher, »Lautzeichen« tauchten in ganz gewöhnlichen Wörtern auf, nicht nur in fremden Namen, und zwar in großer Zahl.

Champollion begann über eine Idee nachzudenken, die bis dahin weder ihm noch irgendjemand anderem in den Sinn gekommen war. Vielleicht hatten die Ägypter Lautzeichen auch für alltägliche ägyptische Wörter genutzt, und nicht bloß für Namen, die aus weit entlegenen ändern stammten?

Rückblickend scheint dies auf der Hand zu liegen. Zur damaligen Zeit war es verblüffend, so weit entfernt von allem, was jemals zu dem Thema beigetragen worden war, dass dieser Gedanke auch in einem ganzen Jahrzehnt harter Arbeit nicht einmal Champollion eingefallen war.

Während Champollion in Frankreich chinesische Grammatiken durchstöberte und Young in England nautische Tabellen zusammenstellte, war der ehemalige Zirkus-Muskelmann Giovanni Belzoni auf der Jagd nach Hieroglyphen in Ägypten. Und was er dort fand, sollte Champollion schon bald vor Überraschung regelrecht umhauen – im wahrsten Sinn des Wortes.

In den frühen Dekaden des 19. Jahrhunderts war Ägypten eine riesige, unkartierte Schatzkammer, in der es vor Plünderern, die antike Relikte ausgraben – und verkaufen – wollten, nur so wimmelte. Für Touristen war kein Souvenir annähernd so aufregend wie eine Mumie. Und eine eigene Mumie zu »entdecken« war das Aufregendste überhaupt. Händler krochen in Gräber und verstauten dort Mumien, damit ihre Kunden sie finden konnten. Übereifrige Touristen rissen den Mumien gar Hände und Arme ab – eine vollständige Mumie passte schließlich nicht gut ins Reisegepäck – und präsentierten diese später zu Hause als ihre Entdeckung.[7]

Die Archäologen benahmen sich nicht viel besser. Die meisten waren von den Plünderern sogar kaum zu unterscheiden, und gerade Belzoni war ein fähiger und sorgfältiger Plünderer. Und er war zugleich ein Schausteller vor dem Herrn.

Knapp zwei Meter groß, gutaussehend und ein Kraftprotz, wie er im Buche steht (in seiner Zeit im Zirkus hatte er einen Apparat entworfen, mit dem er elf Männer gleichzeitig auf seinen Schultern tragen konnte), kam Belzoni spät nach Ägypten, reihte aber rasch einen Volltreffer an den anderen.[8] Beispielsweise war es der Muskelmann aus Italien, der die zerbrochene Statue von Ramses dem Großen fand, welche die Inspiration zu Percy Bysshe Shelleys Gedicht »Ozymandias« abgab, über jenen mächtigen Herrscher mit »jenes eitlen Hohnes Schein«. (Heute ist die Statue einer der großen Schätze des British Museum.)* Und wie wir bereits gesehen haben, war es Belzoni, dem es – letztendlich doch – gelang, Bankes' Obelisken von der Insel Philae wegzuschleppen und auf die lange Reise nach England zu schicken.

Am Ende sollten es Belzonis Fähigkeiten als Grabräuber sein, die die Tipps lieferten, welche die Entschlüssler daheim in Europa in helle Aufregung versetzten.

---

* Shelley war niemals in Ägypten und sah auch nie die kolossale Statue des Ozymandias mit eigenen Augen, auch nach deren Eintreffen im British Museum nicht. Er hatte allerdings davon gelesen, und er brauchte bloß ganze zehn Minuten, um sein Gedicht zu Papier zu bringen. Er veröffentlichte es zwei Wochen später, nahezu unverändert, kurz bevor die Statue in England ankam.

Giovanni Belzoni, Archäologe/Plünderer, in der von ihm bevorzugten Kleidung in arabischem Stil (links). Belzoni begann seine Karriere als Muskelmann im Zirkus. Ein Höhepunkt seines Auftritts bestand darin, mehrere Männer gleichzeitig in die Luft zu heben. Bald hatte er eine Gerätschaft entwickelt, mit der er elf Menschen gleichzeitig tragen konnte.

In einem furiosen Memoirenband beschrieb Belzoni seine ägyptischen Abenteuer. An einen frühen Streifzug erinnerte er sich ganz besonders detailverliebt. Er war tief unter der Erde in eine Reihe antiker Grabstätten am anderen Nilufer gegenüber von Luxor gekrochen. Nachdem er sich über mehrere hundert Meter durch den Staub gewühlt hatte, der ihm den Atem nahm, war er endlich in einer Kammer angelangt, in der man wenigstens aufrecht sitzen konnte. »Was für eine Ruhestatt aber!« schauderte Belzoni, »Von allen Seiten umgeben von Leichen, Bergen von Mumien…«[9] Das einzige Licht lieferte der schwache Schein von Kerzen und Fackeln in den Händen von Belzonis einheimischen Arbeitern, »nackt und vollkommen mit

Staub bedeckt, die sich … wie zum Leben erweckte Mumien ausnahmen.«

Durch einen glücklichen Zufall scheint Belzoni lange zuvor seines Geruchssinns verlustig gegangen zu sein, dennoch bekam er über den Geschmackssinn die unangenehmen Ausdünstungen des Mumienstaubs mit. »Nachdem die Mühsal … nahezu vollbracht war«, schrieb er, »fand ich einen Ruheplatz, um mich zu setzen. Als sich aber mein Gewicht auf den Körper eines, wie mir schien, steinernen Ägypters niedersenkte, wurde dieser wie eine Hutschachtel zerdrückt.«

Belzoni sank zu Boden und blieb fünfzehn Minuten lang bewegungslos liegen, darauf wartend, dass er in der Staubwolke wieder zu Atem kam. Am Ende schaffte er es, durch eine vielleicht sechs Meter lange Passage zu kriechen, durch die sein Körper mit knapper Not hindurchpasste. »Die Passage war mit Mumien angefüllt, und ich konnte nicht weiterkommen, ohne mein Gesicht mit dem irgendeines verfallenen Ägypters in Kontakt zu bringen«, schrieb Belzoni. »Als der Durchgang zum Ende hin schräg nach unten abfiel, half mir das Gewicht meines Körpers weiter«.

»Jedoch konnte ich nicht verhindern, mit Knochen, Armen, Beinen und Schädeln, die von der Schräge herunterrollten, bedeckt zu werden. Derart gelangte ich von einer Höhle zur anderen. Alle waren mit Mumien gefüllt, die aufeinandergestapelt waren oder an den Wänden lehnten, auf dem Boden lagen, ja sogar auf dem Kopf standen.«

Warum würde sich jemand eine solche Quälerei freiwillig antun? »Der Zweck meiner Forschungstätigkeit«, fuhr Belzoni ganz sachlich fort, »bestand darin, die Ägypter ihrer Papyri zu berauben. Unter zahllosen Lagen von Tuch, in die die Mumien eingewickelt sind, fand ich einige derselben: an verborgenen Stellen wie der Brust, unter den Achselhöhlen, in der Wölbung des Knies oder an den Beinen.«

In alter Zeit hatten Plünderer keine Mühen auf irgendwelche Papyrusfetzen verwendet. Schließlich gab es dort Besseres, was man sich unter den Nagel reißen konnte: goldene Armreifen, Halsketten, Trinkbecher und Skulpturen. Aber nach »eintausend Generationen von Grabräubern« waren nach Einschätzung eines Ägyptologen eben viele der augenfälligen Schätze längst verschwunden.[10]

Bei Europas Sammlern und Museen war eine regelrechte Ägyptomanie ausgebrochen, da garantierten auch Papyrusblätter – oder irgendwelche anderen Dinge, die mit Hieroglyphen verziert waren – das Interesse von Käufern, die mit ihren Geldscheinen wedelten und nach immer mehr verlangten. Mehrere Jahre hatte Belzoni einen noch größeren Schatz im Auge gehabt, er war ihm jedoch zunächst nicht aufgefallen.

23

Abu Simbel

Es war der Lockruf der Schatzsucherei, der Belzoni nach Ägypten geführt hatte. Sein vielleicht größter – und gewiss spektakulärster – Fund gelang ihm aber erst, nachdem er die Wege eines anderen Reisenden aus Europa gekreuzt hatte, dessen Motivation fast ausschließlich in Neugier und Wanderlust begründet waren.[1]

Dieser Fund sollte zum nächsten Durchbruch beim Wettlauf um die Entschlüsselung der Hieroglyphen führen. Erneut sollte dabei eine Zusammenarbeit zwischen Belzoni und William Bankes eine Rolle spielen, kurz nach dem gemeinsam überstandenen Abenteuer mit dem Obelisken.

In den Jahren von ca. 1810 bis 1820 zählten Belzoni und Bankes zu der Handvoll Europäer, die in einer Art Schnitzeljagd im großen Stil kreuz und quer durch Ägypten eilten. Als sie einer groß gewachsenen, bärtigen Gestalt begegneten, veränderte sich das Leben beider Männer, und die ganze Geschichte der Entschlüsselung wechselte auf ein neues Gleis. Der Mann gab Geschichten von seinen Reisen zum Besten, die geradewegs aus *1001 Nacht* hätten stammen können.

Jean-Louis Burckhardt war ein Reisender, der seinesgleichen suchte. Geboren in der Schweiz hatte er Europa 1809 im Alter von 25 Jahren verlassen. Er sollte nie wieder zurückkehren. Seine ersten Jahre im Ausland verbrachte er in Syrien, wo er sich ins Studium des Arabischen vertiefte. Schon bald beherrschte Burckhardt die Sprache so gut, dass er, auch dank eines mächtigen Barts, eines Turbans und der ortsüblichen Bekleidung ohne Weiteres als Einheimischer hätte durchgehen können. Als Scheich Ibrahim ibn Abdullah machte er sich auf, um den Nahen Osten und Afrika zu erkunden – unbewaffnet, unbegleitet und unendlich wissbegierig.

Er sollte als einer der ersten Menschen aus dem Westen überhaupt Mekka besuchen und als Erster die Stadt Petra in Jordanien zu Gesicht bekommen. (Wie wir bereits gesehen haben, hielt Bankes als Erster Petra auf Zeichnungen fest, das war einige Jahre später.) Das Jahr 1813 sah ihn tief in der nubischen Wüste, gut 1100 Kilometer südlich von Kairo. Das war ein harter, gesetzloser Flecken Erde, mehr als 160 Kilometer jenseits der entlegensten Regionen, die Napoleons Gelehrte je erreicht hatten.

Burckhardt jagte Gerüchten über einen antiken, bislang unbeachteten Tempel an den Ufern des Nils nach – und er fand ihn.

Eingeschnitten in eine Klippe in dem abweisenden Land, das damals Nubien hieß, standen sechs gewaltige Statuen, jeweils drei zu beiden Seiten eines Zugangs, der ins Dunkel des Felsens führte. (Der Ort liegt ca. 270 Kilometer südlich des heutigen Assuan.) Für jemanden, der über Land dort hinkam, war der Tempelkomplex bis zum allerletzten Moment kaum zu erkennen, vom Fluss her dagegen war er nicht zu übersehen. Im Inneren sah Burckhardt weitere Gravierungen, gemalte Figuren und zahllose Hieroglyphen.

Er forschte ein wenig umher und machte sich wieder auf den Rückweg. Während er vom Flussufer wieder die Klippen hochkletterte, wandte er zufällig den Blick nach Süden. Da sah er plötzlich vier riesige Statuen, weit größer als die kolossalen Statuen, die er bereits gefunden hatte. Auch diese waren aus den Sandsteinklippen herausgeschnitten worden, aber inzwischen verdeckte der Sand sie fast vollständig.

Beinahe hätte Burckhardt übersehen, was sich als einer der großartigsten »verlorenen« Tempel Ägyptens erweisen sollte; was er als Erstes gefunden hatte, war nur eine Art Neben- oder Sekundärtempel.

Eilig näherte er sich den vier Statuen. Kopf und Brust einer der Statuen ragten aus dem Sand heraus. Die nächste Statue in der Reihe war fast vollständig zugedeckt. »Von den beiden anderen«, schrieb Burckhardt, »sind bloß noch die Mützen sichtbar.«[2] Diese »Mützen« stellten sich später als Kronen heraus; die Statuen zeigten Pharaonen – genauer gesagt: *einen einzigen* Pharao vier Mal.

Burckhardt erklomm die eine Statue, deren Kopf frei lag. Dieser Kopf »hat ein höchst ausdrucksvolles, jugendliches Ansehen, das sich mehr dem griechischen Modell von Schönheit nähert« als bei jeder anderen Statue in Ägypten.

Burckhardt maß den Abstand von Schulter zu Schulter – knapp sechseinhalb Meter. Er maß die Größe eines Ohrs von oben bis unten – genau ein Meter. Es war nicht zu erkennen, ob die Statuen stehende oder sitzende Figuren darstellten. Wenn sie standen, waren sie nach Burckhardts Schätzung um die zwanzig Meter hoch. *Was war das hier für ein Ort?*

Wenn man nur den Sand wegschaffen könnte, meinte Burckhardt; »man würde alsdann einen großen Tempel entdecken, an dessen Eingange wahrscheinlich die obigen Kolossalfiguren … zur Verzierung dienen…«

Burckhardt hatte die Stätte gefunden, die wir heute als Abu Simbel kennen. Wohl zweitausend Jahre lang hatte kein Mensch aus dem Westen diesen Ort mehr zu Gesicht bekommen.* Heute zählt die Stätte zum Weltkulturerbe – und ist Pilgerstätte für zahllose Touristen aus aller Welt.

Der kleinere Tempel, den Burckhardt zunächst gefunden hatte, war, wie sich herausstellte, einer Königin namens Nefertari gewidmet. (Ein Foto von Nefertaris Grabstätte ist im Bildteil zu sehen.) Der zweite, größere Tempel ehrte Nefertaris Gemahl, einen der berühmtesten aller Pharaonen, Ramses II.

1813 hätte kein Mensch den Namen Ramses erkannt (oder auch Ramesses, wie er im Englischen meist geschrieben wird). Vielleicht hätte man ihn auf einer antiken Liste mit Pharaonennamen gesehen, unter zahllosen anderen, wenn man denn danach gesucht hätte.

---

* Abu Simbel liegt noch immer quasi am Ende der Welt, nun aber gibt es dort einen Flughafen, der einen endlosen Strom von Tagestouristen heranbringt. Der gesamte Komplex wurde 1968 um ein paar hundert Meter verlegt, damit er nicht nach dem Bau des Assuan-Staudamms im Wasser versinkt.

Später, nachdem die Wissenschaft das Lesen der Hieroglyphen gelernt hatte, kam eine erstaunliche Geschichte auf. Ramses bestieg den Thron mit ungefähr zwanzig Jahren, im Jahr 1279 v.Chr., und herrschte 66 Jahre lang. Während der gesamten Epoche ließ er Monumente zu seinen Ehren errichten. Als er starb, ächzten große Teile Ägyptens quasi unter der Last kolossaler steinerner Statuen, die Ramses als gelassenen, unnahbaren, unanfechtbaren und ewigen Herrscher zeigten.

Alles, was mit seinem Leben und seiner Regentschaft zu tun hatte, wurde übertrieben, gewissermaßen in Fettdruck geschrieben. Ramses herrschte so lange, dass er ein ganzes Dutzend Kronprinzen überlebte. (An Nachschub herrschte indes kein Mangel. Ramses selbst behauptete, 100 Söhne und 60 Töchter gezeugt zu haben.) Einigen Berichten zufolge war Ramses der »Pharao« in der Bibel, und dann wäre er nicht bloß *ein* Pharao, er wäre *der* Pharao.

Auch Filme wie *Die Zehn Gebote* und eine Menge populärer Bücher folgen dieser Darstellung. Einen stichhaltigen Beweis für diese Sicht der Dinge gibt es nicht. Wir können nicht viel mehr sagen, als dass der biblische Pharao ein Wesen von schier monströs übersteigertem Ego war, und das traf auch auf den historischen Ramses zu. Im 2. Buch Mose spricht der Pharao donnernd, »Wer ist der Herr, dass ich ihm gehorchen müsse und Israel ziehen lasse?« Der herablassende Ton ist jedenfalls authentisch. Alles, was mit Ramses zu tun hat, vermittelt das gleiche Gefühl von grenzenloser Macht und ungebremstem Ego. Inschriften preisen seine Tapferkeit als

Krieger, Wandbilder zeigen ihn mit erhobenem Speer, bereit, einen Feind aufzuspießen, während er auf einem anderen mit den Füßen herumtrampelt.

Er erbaute für sich eine neue und verschwenderische Hauptstadt und nannte sie *Haus-des-Ramses-geliebt-von-Amun-groß-an-Macht-des-Re-Harachte.** Zu seinen Ehren wurden mehr Statuen und Tempel errichtet als für jeden anderen Pharao, teils auch, weil er sich aneignete, was immer ihm ins Auge fiel. Wenn Ramses sich nicht die Mühe machen wollte, neue Monumente in Auftrag zu geben, übernahm er einfach alte Denkmäler und ließ seinen eigenen Namen anstelle der seiner Vorgänger eingravieren, oder er riss bestehende Tempel kurzerhand ein und baute aus den gleichen Steinen einen Tempel zu Ehren seines Namens.[3]

Ramses war in Ägypten allgegenwärtig. In seiner neuen Hauptstadt unweit des Mittelmeers ragte eine Ramses-Statue stolze 28 Meter in die Höhe. Heute ist ein einsamer, in der Mitte zerbrochener Sockel mit des Kaisers Füßen alles, was davon übrig ist. Das Ganze ist so überdimensional, dass die Handspanne eines Erwachsenen nicht ausreicht, um die Oberseite des großen Zehs des Titanen zu umfassen.[4]

Auch die prächtige »Ozymandias«-Statue im British

---

* Die Tradition, Städte zu ihren Ehren umzubenennen, pflegten auch Tyrannen der Neuzeit, auch wenn sie sich mit schlichteren Namen zufriedengeben mussten – *Saddam City*, *Stalingrad* –, und sie konnten auch lediglich bereits bestehende Städte umbenennen, aber keine neuen zu diesem Zweck gründen.

Museum zeigt Ramses.* Sie wurde in Luxor gefunden, rund 800 Kilometer südlich der neuen Hauptstadt. (Ramses' Mumie wurde 1881 ganz in der Nähe im Tal der Könige entdeckt. Die Statue porträtiert einen bildschönen Herrscher; der mumifizierte König hingegen besitzt eine verblüffende Ähnlichkeit mit Mr. Burns, Homer Simpsons Boss. Doch selbst noch Jahrtausende nach seinem Tod wurde Ramses eine besondere Behandlung zuteil. 1976, als die Mumie Zerfallserscheinungen zu zeigen begann, schickten Ägyptologen das wertvolle Stück nach Paris zur Untersuchung. Ramses reiste in einem Flugzeug des französischen Militärs mit einem offiziellen Reisepass – als Beruf war »König (verstorben)« eingetragen –, und Offizielle am Flughafen Le Bourget empfingen den Leichnam mit den vollen militärischen Ehren, die einem lebenden König zustehen.[5]

---

* Jeder Pharao hatte mehrere Namen, darunter einen Geburtsnamen und einen Thronnamen, der zu Beginn der Regentschaft des Königs auserkoren wurde. *Ozymandias* war eine griechische Version des Thronnamens von Ramses II.

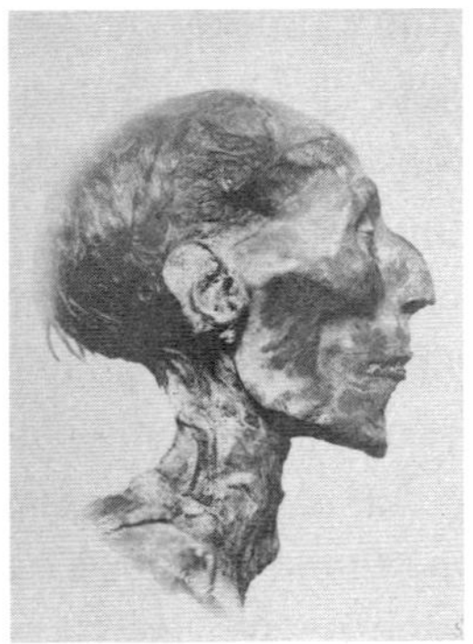

Diese Statue von Ramses II, die die Inspiration zu Shelleys Gedicht »Ozymandias« abgab, ist einer der Schätze des British Museum. (Die Franzosen bohrten das Loch in der Nähe der rechten Schulter, offenbar in der Hoffnung, auf diese Weise eine Möglichkeit zum Transport der gewaltigen Statue zu finden. Historiker glauben, sie wollten entweder ein Seil hindurchführen oder Schießpulver einfüllen, um den Kopf vom Torso abzusprengen.) Ramses' Mumie wurde 1881 entdeckt.

Von allen Ehrenbezeugungen, die Ramses für sich selbst in Auftrag gab, war Abu Simbel an der äußersten südlichen Grenze Ägyptens die vielleicht imposanteste. Jede ihrer vier gigantischen Statuen bildete Ramses ab. Die Demonstration extravaganter Huldigung diente auch als Botschaft, die möglichen Feinden Ägyptens Macht vor Augen führen sollte, falls diese sich mit der Absicht getragen haben sollten, gen Norden vorzurücken. Der gesamte Komplex diente, in den Worten des Ägyptologen Peter Brand, auch als »ein gigantisches Warnschild: *Achtung! Pharao.*«[6]

Vier gewaltige Ramses-Statuen, jede einzelne davon ist so hoch wie ein sechsstöckiges Gebäude. Haupt und Brust einer Statue (links vom Eingang des Tempels) fielen vor langer Zeit zu Boden, und dort blieben die Trümmer liegen.

Die Größe dieser Statuen war eine unübersehbare, dreiste Prahlerei, der Ruf eines Größenwahnsinnigen durch ein überdimensionales Megaphon. In der Bildhauerei wie in der Architektur war der Geschmack der Ägypter stets unverkennbar: Je größer, desto besser, und kolossal war im Zweifel *noch* besser. Die Ozymandias-Statue des Ramses wog über zwanzig Tonnen, als sie noch intakt war,* allein Kopf und Schultern wiegen sieben Tonnen. (Michelangelos *David* wiegt sechs Tonnen). In Abu Simbel misst jede Statue des auf dem Thron sitzenden Ramses vom Kopf bis Fuß zwanzig Meter.[7] Die sitzende

* Die Statue im British Museum ist 2,40 Meter hoch und nur das obere Drittel des Originals.

Gestalt des Präsidenten im Lincoln Memorial misst knapp sechs Meter.

Burckhardt fand Abu Simbel im Jahr 1813. Zwei Jahre später, im Winter 1815 in Kairo, verbrachten er und zwei neue Bekannte manchen Abend angeregt plaudernd über den sagenumwobenen, unzugänglichen Tempel, den Burckhardt gesehen hatte.

Sie bildeten ein markantes Trio, nicht zuletzt, weil zu jener Zeit Europäer in Kairo eine Rarität waren. Der groß gewachsene blonde Mann war William Bankes, der wohlhabende Sammler aus England, der den Obelisken von Philae gefunden hatte. Sein stattlicher Gefährte war Belzoni, der vom Zirkus-Muskelmann zum Archäologen mutierte Italiener, der Bankes geholfen hatte, den Obelisken ins heimatliche England zu verschiffen. Beide Männer orientierten sich an Burckhardt, dem erfahrensten Reisenden der Gruppe. Burckhardt gab Geschichten von Verkleidungen und Schlägereien und Raubüberfällen und knappem Entkommen zum Besten. Seine Zuhörer verlangten allerdings vor allem nach Erzählungen über Abu Simbel. *Welche Reichtümer mochten dort unter dem Sand verborgen liegen?*

Für Archäologen in Ägypten war Sand seit jeher ein großes Problem. (Als die *Savants* erstmals der Sphinx ansichtig wurden, lag diese bis zum Kinn im Sand begraben, wie Papa am Strand, der sich von den mit Eimerchen und Schäufelchen bewaffneten Kindern verbuddeln lässt.) In Abu Simbel hatte sich der Sand über Jahrtausende angehäuft, nach einer Art Graffiti-Inschrift zu urteilen, die zwei griechische Soldaten um das

Jahr 600 v.Chr. oben an einer der Statuen hinterlassen hatten.*

Belzoni hatte bei seinen eigenen Exkursionen gesehen, wie sich diese Sandberge bildeten. An vielen Tagen blies der Wind derart heftig, dass er den Sand bis in große Höhen aufwirbelte. »Das Ganze ist ein Chaos«, schrieb Belzoni.[8] »Oftmals ballen sich eine Menge Sandes und kleine Steine zusammen; sie bilden eine Art Säule von sechzig bis siebzig Fuß Durchmesser, so undurchdringlich, dass man das Gebilde, rührte es sich nicht von der Stelle, für eine solide Masse halten könnte.«

Dieser mit Sand und Steinen angereicherte Wirbelwind konnte sich mitunter bis zu einer halben Stunde lang um die eigene Achse drehen, bemerkte Belzoni, bis er sich endlich auflöste und an der Stelle einen kleineren Hügel aus Sand und Steinen hinterließ. »Gott schütze den armen Reisenden, der da hineingerät!«

Sobald der Sand einmal begonnen hatte, einen Hügel zu bilden, war es wahrscheinlich, dass sich immer mehr Sand an gleicher Stelle ansammelte. Flinders Petrie, ein renommierter viktorianischer Archäologe, hatte genau dies beobachtet. Sandstürme »ziehen über den Grund«, schrieb er, »so undurchdringlich wie der Londoner Nebel, und tragen gerade so viel Sand mit sich, wie ihre wirbelnden Winde zu tragen vermögen; und sobald ein Hindernis auf dem Weg ihre Geschwindigkeit bremst, wird der Überschuss an Sand abgeladen.«[9]

---

* Sie ritzten gewissermaßen die antike griechische Version von »Kilroy was here« in Ramses' Bein: »Geschrieben von Archon, Sohn des Amoibichos, und Hatchet, Sohn von Niemand«.

Petrie war eine überragende Gestalt in der Geschichte der Archäologie und weniger Schatzsucher denn eifriger Wissenschaftler. Und er war überdies ein ausgesprochener Exzentriker, dessen Nonchalance angesichts eines Steinhagels typisch für ihn war. Gleichgültig gegenüber Ungemach, vielleicht gar froh und dankbar darüber, schuftete Petrie unter der sengenden Wüstensonne in einem pinkfarbenen Strampelanzug, mitunter auch gänzlich nackt.[10] Die härtesten Bedingungen konnten ihn nicht aus der Ruhe bringen. Selbst einen so unerschrockenen Besucher wie T.E. Lawrence, der später als Lawrence von Arabien Berühmtheit erlangen sollte, schauderte es angesichts der Zustände in Petries Camp. »Eine Ausgrabung von Petrie ist eine Sache mit einer ganz eigenen Geschmacksnote«, schrieb Lawrence einem Freund.[11] »Nieren in Konserven vermischen sich mit Mumienleichen und Amuletten in der Suppe.« Lawrence schlief während seines gesamten Besuchs mit den Füßen auf dem Brotkasten, damit die Ratten nicht an die Vorräte kamen.

Keiner, der sich in Petries Lager wagte, kam an einer besonderen Erwähnung des Essens vorbei. »Er servierte derart grauenhaft schlechte Mahlzeiten, dass nur Menschen von eiserner Konstitution sie überleben konnten«, wusste ein konsternierter Besucher zu berichten.[12] Das Essen kam aus Konserven, und viele davon datierten von Ausgrabungen in früheren Jahren. Petrie und die anderen Archäologen »testeten die Dosen auf Frische, indem sie sie gegen eine Steinwand schleuderten«, schreibt ein Historiker. »Wenn die Dose nicht explodierte, galt der Inhalt als genießbar.«[13] Zwei junge Forscher im Camp, die später erfolgreiche Karrieren in der Archäologie hinlegten, verliebten sich ineinander, während sie sich gemeinsam von einer Leichenvergiftung erholten.

Sand, der sich in großen Haufen angesammelt hatte, war fast unmöglich zu beseitigen. Belzoni, dem Burckhardts Geschichten von sandbedeckten Tempeln im Kopf herumgeisterten, wollte es trotzdem versuchen. 1816 unternahm er seinen ersten Versuch, sich den Weg ins Innere von Abu Simbel freizuschaufeln.

Als er vor Ort eintraf, sah er eine Gravur eines Falkenkopfs an der Klippenseite, mehr oder wenig zentral platziert. Er stellte eine zweifache Vermutung an. *Wenn* der Raubvogel insgesamt etwa sechs Meter hoch war, (darauf schien die Größe des Kopfes hinzudeuten), und *wenn* er den Haupteingang des Tempels markierte, dann lag der obere Rand des Eingangs ungefähr zehn Meter tief unter dem Sand verborgen. Ein Versuch, sich durch diese Sanddüne zu graben, wäre »mit der Unmöglichkeit vergleichbar gewesen, ein Loch ins Wasser zu bohren«, musste Belzoni eingestehen, aber er machte sich dennoch ans Werk.[14] Schon bald ging ihm jedoch das Geld aus, um seine Arbeiter zu bezahlen, und er musste aufgeben.

Im Jahr darauf kehrte er zurück. Diesmal fand er einen Weg, den Sand umzulenken, während seine Truppe grub. Viele Tonnen Sand später lag der Eingang tatsächlich frei. Am 1. August 1817 betrat Belzoni mit einer Kerze in der Hand das Innere des Ramses-Tempels. Er ließ den Blick durch Kammern schweifen, die hunderte, wenn nicht tausende Jahre keinen Besuch mehr erlebt hatten, und hielt nach Schätzen Ausschau.

Er fand nichts dergleichen. Sehr wohl fand er bemalte

Wände und Hieroglyphen und acht weitere Ramses-Statuen, diese allerdings nur bescheidene neun Meter hoch. Drei Tage später segelte Belzoni enttäuscht wieder von dannen. (Burckhardt starb zwei Monate später in Kairo an einer Lebensmittelvergiftung. Er war 32 Jahre alt. Abu Simbel ohne Sand darüber bekam er nie zu Gesicht.)[15]

William Bankes folgte Belzoni wenig später nach. Im Januar 1819 machte er sich mit einer Crew an die Arbeit. Es brauchte drei Wochen, bis der Sand von einer einzigen der riesigen Tempelstatuen beseitigt war, aber es war das Innere des Tempels mit seinen Malereien und Hieroglyphen, das Bankes anlockte.

Die Arbeitsbedingungen hätten kaum beklemmender sein können. Bankes und eine Handvoll Kollegen kraxelten auf marode, aus mit Seilen zusammengebundenem Abfallholz gebastelte Leitern (Bäume waren Mangelware), um Inschriften zu kopieren, die weit oben an den Tempelmauern standen. Selbst in der fast völligen Dunkelheit im Innern des Tempels fiel die Temperatur kaum einmal unter 43 Grad. Das einzige Licht lieferten Dutzende flackernder Kerzen, die mit Wachs auf Palmzweigen angebracht und an langen Stangen in die Höhe gehalten wurden.[16] Fledermäuse flitzten durch die Finsternis, und Bankes und die anderen Kopisten zuckten zusammen, wenn sie ihnen zu nahe kamen. Ein örtlicher Beamter kam vorbei und starrte verblüfft auf die schwitzenden Ausländer, wie sie da in einem leeren Raum bei der Arbeit waren. »Welchen Schatz haben sie gefunden?« fragte er immer wieder.[17]

Am 14. September 1822 hätte Champollion die Frage des Beamten mit Freuden beantwortet.

24

Heureka!

Bankes verbrachte einen ganzen Monat in Abu Simbel und kopierte mit akribischer Sorgfalt Inschriften. Von den Männern an seiner Seite stach einer hervor. Als gelernter Architekt verfügte Jean-Nicolas Huyot über das Auge eines Künstlers (er hatte gemeinsam mit Jacques-Louis David studiert, dessen Porträt von Napoleon hoch zu Ross im Bildteil zu sehen ist) und ein profundes architekturhistorisches Wissen. Die Welt der Antike faszinierte ihn, und er hatte Jahre mit Reisen und dem Studium von Ruinen und Monumenten in Rom, Griechenland und Ägypten zugebracht. (Schon bald sollte er an der Gestaltung des Arc de Triomphe mitarbeiten.) Und durch einen glücklichen Zufall war er auch mit Champollion befreundet.

Am Morgen des 14. September 1822 fand Champollion ein unerwartetes Paket in seiner Post. Er trug es nach oben in die Mansarde, die er als Studierzimmer nutzte – Champollion, inzwischen 31 Jahre alt, wohnte im Haus seines Bruders, zusammen mit dessen Familie – und riss das Paket auf.

Da waren Hieroglyphen aus Abu Simbel, mit großer Sorgfalt aufgezeichnet von Huyot. Das war ein ganz besonderer Glücksfall, denn Bankes selbst hätte seine Arbeit gewiss nicht Champollion zur Verfügung gestellt. Das hatte er einmal versucht, als er ihm die *Cleopatra*-Inschrift von seinem Obelisken zur Kenntnis gebracht hatte. Champollion versagte ihm dafür jede Anerkennung, und Bankes hatte daraufhin gelobt, nichts mehr mit diesem »elenden Schurken« zu schaffen haben zu wollen.[1]

Es gibt kaum etwas Alltäglicheres als das Eintreffen der Post, doch der 14. September sollte zum größten Tag im Leben des Jean-François Champollion werden.

Ein weiteres Mal war es eine Kartusche, die sich als entscheidend erwies. Champollion konzentrierte sich auf eine, die er noch nie zuvor gesehen hatte. In ihrer einfachsten Form – es schien mehrere sehr ähnliche Versionen zu geben – enthielt sie lediglich drei Hieroglyphen:

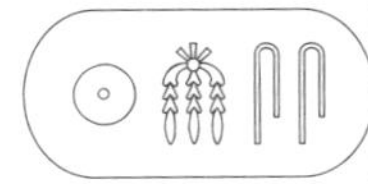

Das letzte Symbol war bekannt. Es kam in *Ptolemaios* vor und stand für den Laut *s*. Hier stand das Symbol zwei Mal – *SS*. Das sah merkwürdig aus, aber Champollion vermutete – korrekt, wie sich herausstellte –, dass im Ägyptischen ebenso wie im Hebräischen und Arabischen die Vokale weggelassen werden konnten.

Das mittlere Symbol, das an drei zusammengebundene Weinstöcke erinnerte, war neu und unbekannt. Das erste Symbol, ein Kreis mit einem Punkt in der Mitte, könnte vielleicht die Sonne darstellen. Champollion griff auf sein Studium des Koptischen zurück: Das Wort für *Sonne* im Koptischen lautete *ra* oder *re*. Außerdem war Ra auch der Name des Sonnengottes selbst. Ra war etwas Besonderes, der Gott der Götter, nicht nur der Schöpfer von Himmel und Erde, sondern auch der Schöpfer aller anderen Götter.

Wenn man die Einzelteile zusammensetzte, lautete der Name in der Kartusche RA - - SS. Erinnerte das nicht an einen Namen aus der Geschichte Ägyptens? Aber ja doch, jedenfalls wenn man eine Vermutung über das geheimnisvolle Zeichen  in der Mitte anstellte. Champollion vermutete, es könnte ein M sein.

Warum? (Nicht weil es wie ein *M* aussieht; Champollion war klar, dass das ein Zufall sein musste.) Sondern weil er sorgfältig die Überreste studiert hatte, die als einziges von einer Geschichte Ägyptens erhalten geblieben waren, welche im 2. Jahrhundert vor unserer Zeitrechnung geschrieben worden war. Der Verfasser war ein ägyptischer Priester namens Manetho, der für die neuen Herrscher Ägyptens auf Griechisch geschrieben hatte. Manetho hatte eine Liste der Pharaonen über die verschiedenen Epochen zusammengestellt. Champollion sah sich das RA - - SS an, und sofort kam ihm ein Name aus Manethos Liste in den Sinn: *Ramses*.

Das war ein echter *Heureka!*-Moment, genau genommen sogar ein Durchbruch mit drei entscheidenden Erkenntnissen auf einmal. Erstens hatte es Champollion geschafft, einen rein ägyptischen Namen zu entschlüsseln, keinen späteren Import aus Griechenland, für dessen schriftliche Darstellung ägyptische Symbole vielleicht in Form einer Improvisation genutzt wurden. Manetho hatte mehrere Könige mit dem Namen Ramses aufgelistet, und alle hatten ihre Blütezeit 500 und mehr

Jahre vor der Ankunft der Griechen in Ägypten erlebt. Champollion hatte einen Schleier zur Seite geschoben und blickte nun dreitausend Jahre in die Vergangenheit, in ein Zeitalter, das von westlichen Besuchern noch nicht betreten worden war, und las eine Botschaft, die er dort gefunden hatte.

Zweitens hatte er Grund zu der Annahme, nicht nur die Lösung eines einzigen isolierten Rätsels gefunden zu haben, sondern eine Methode, die ganz allgemein funktionieren musste. Wenn er mit der Vermutung richtig lag, dass ihm das Koptische den Weg zu *Ramses* gewiesen hatte, dann würden neben *Sonne* vermutlich noch zahllose weitere koptische Wörter in anderen Hieroglyphen zum Vorschein kommen. Dass Champollion bereits als Teenager darauf gesetzt hatte, die Kenntnis des Koptischen würde ihn zur Sprache des alten Ägypten führen, hatte endlich begonnen, Früchte zu tragen.

Und drittens hatte sich Champollion seinen Weg zu einem klaren Blick auf das komplizierte intellektuelle Konstrukt freigekämpft, welches die ägyptische Schrift darstellte.[2] Die Ägypter hatten eindeutig nicht nur ein simples Alphabet genutzt, sondern ein komplexes Hybridsystem. Manche Hieroglyphen, so viel war bereits klar, standen für Laute (wie etwa *s*). Manche standen für Wörter (wie *ra*). Und manche bargen zweifellos noch tiefere Geheimnisse.

Noch am gleichen Tag, dem 14. September 1822, wandte Champollion seine Aufmerksamkeit einer weiteren Kartusche zu, die in Huyots Hieroglyphen aufgetaucht war. Sie hatte eine verblüffende Ähnlichkeit mit der *Ramses*-Kartusche.

Das hier war *Ramses.*

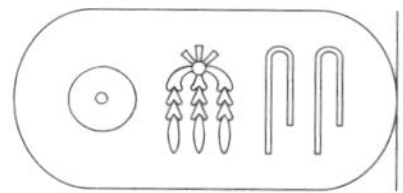

Und das hier war die neue Kartusche:

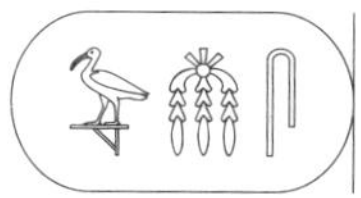

Nun denn – eine Zeichnung eines heiligen Vogels, des Ibis, gefolgt von zwei Hieroglyphen, die Champollion soeben als *MSS* entschlüsselt hatte. Ein heiliger Ibis war für jeden, der sich in Ägyptens Überlieferung auskannte, so klar als Symbol zu erkennen wie der Weißkopfadler für einen Amerikaner. Der Ibis hatte seit jeher mit dem Gott Toth* in Verbindung gestanden, einer der überragenden Gestalten im Pantheon der Ägypter. Champollion wusste von ihm, weil die Griechen von ihm wussten. In einer Passage in einem von Platons Dialogen erzählt beispielsweise Sokrates eine Geschichte über die Geburt der Schrift.[3] Er beginnt damit, seinen Hauptdarsteller auf die Bühne zu bringen, beinahe mit Trommelwirbel: »Ich habe also vernommen, zu Naukratis in Ägypten sei einer der dortigen alten Götter gewesen, dem auch der

* Es existiert keine feste Konvention bezüglich der Schreibweise ägyptischer Namen im Englischen. Für *Toth* gibt es noch zahlreiche alternative Varianten: *Thoth* oder *Thot* oder *Theuth* oder *Thoout.*

heilige Vogel, den sie ja Ibis nennen, eignete, der Dämon selbst aber habe den Namen Teuth.«

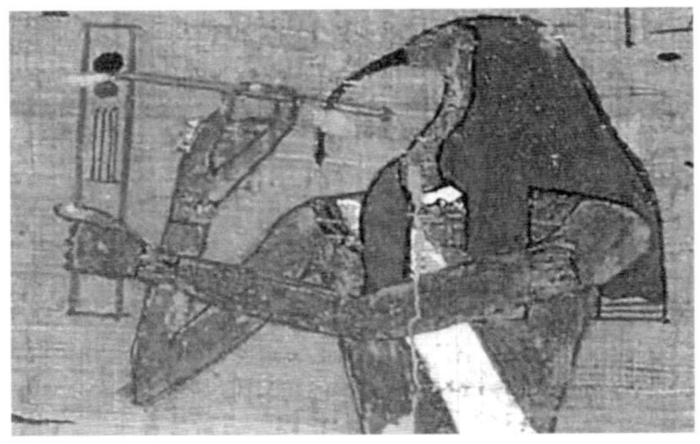

Der ibisköpfige Gott, der die Schrift erfand, Toth.
Hier ist er mit einem Stift in der Hand abgebildet.

Die Griechen nahmen Toth sogleich in ihre eigene Götterfamilie auf (wo er als Hermes wieder auflebte), und sie wiesen ihm eine schwindelerregende Konstellation verschiedener Talente zu. Er hatte die Astronomie, die Mathematik und die Medizin erfunden. Vor allem aber, so glaubten die Griechen, hatte er das Schreiben erfunden. »Er erfand die Zahlen, und die Buchstaben des Alphabets, und die Kunst des Lesens, Schreibens und die Redekunst in allen ihren Verzweigungen«, schreibt ein moderner Historiker, »und er war der Verfasser jedes Werks über jedes Wissensgebiet, menschlich wie göttlich.«[4]

Champollion starrte auf diese neue Kartusche. *Ibis M S.* Die Antwort sprang ihm quasi entgegen. *Thutmosis!* Gab es einen Pharao dieses Namens?

Wieder griff Champollion auf Manethos Liste der Pharaonen zurück. Und wieder landete er einen Volltreffer.

Ebenso wie es eine Reihe von Pharaonen namens Ramses gegeben hatte, führte Manethos Liste auch eine Reihe Pharaonen mit dem Namen Thutmosis. Dieser griechische Name war fast exakt das, was Manetho als Übersetzer aus dem ägyptischen *Tothmes* gemacht hätte.

Und es kam noch besser: Thutmosis I. hatte um das Jahr 1500 v.Chr. regiert, damit lag er zeitlich sogar noch vor Ramses. Das war ein weiterer Beweis, dass die Ägypter schon lange vor der Ankunft der Griechen Hieroglyphen zum Schreiben ägyptischer Namen genutzt hatten.

An diesem Punkt war Thutmosis' Name und alles, was mit ihm zusammenhing, Jahrtausende lang verschollen gewesen. Schon bald – mit der Ibis-Kartusche als erstem Baustein in einem großen Gebilde – sollten die Ägyptologen in der Lage sein, dessen eigenartige Geschichte nachzubilden. Thutmosis besaß kein königliches Blut. Er war ein militärischer Führer, der von einem Pharao namens Amenhotep auserkoren und als sein Nachfolger eingesetzt wurde.

In alter Zeit war die Frage, wer den Thron erben sollte, stets von entscheidender Bedeutung. Amenhotep und seine Königin waren kinderlos. Und diese Unfruchtbarkeit kommt nicht von ungefähr. Amenhoteps Ehefrau, die Königin, war zugleich seine Schwester; das Königspaar selbst waren Kinder einer Geschwisterehe;

und auch *deren* Eltern waren Kinder einer Geschwisterehe.[5]*

Um Streit über seine Nachfolge zu verhindern, schleuste Amenhotep Thutmosis auf den Thron. Das sollte sich als kluge Wahl erweisen, denn Thutmosis war ein ebenso geschickter wie ehrgeiziger und blutgieriger Führer. Anders als Ramses – eine Niete auf dem Schlachtfeld, aber ein Meister der Propaganda – wusste Thutmosis im Kampf und in der Prahlerei zu glänzen. Er spezialisierte sich auf eine Art grausame Theatralik. Nach einem siegreichen Feldzug segelte er an der Spitze einer triumphalen Prozession in Richtung Heimat. Am Bug seines Schiffes hing, mit dem Kopf nach unten, gleichsam als makabre Galionsfigur der leblose Körper des besiegten Anführers, der es gewagt hatte, sich ihm zu widersetzen.[6]

Vielleicht sollten wir, mit zwei weiteren Namen in unserer Sammlung, einen Moment innehalten und die Klippen und Unwägbarkeiten der Dechiffrierung würdigen, die Champollion gemeistert hatte. Es geht eigentlich um zwei solcher Klippen. Die erste war einfacher zu bewältigen. Das Ägyptische wurde mit sehr wenig Vokalen oder

* Gewöhnliche Ägypter heirateten ihre Geschwister nicht. Aber zumindest in bestimmten Epochen sah der Adel in einer Ehe zwischen Bruder und Schwester eine gute Möglichkeit, die Familiengeschäfte in verlässlichen Händen zu belassen. Die Stammbäume einiger royaler Dynastien zeigen Schleifen und 180-Grad-Wenden; sie sehen weniger wie ein Baum aus – eher schon wie die Flugroute einer Hummel. Verglichen damit waren die Stammbäume von Europas Königsfamilien in den Jahren um den Ersten Weltkrieg trotz aller Ehen zwischen Cousins und Cousinen geradezu ordentlich.

gänzlich ohne Vokale geschrieben. Das galt für gewöhnliche Wörter ebenso wie für Eigennamen. *Ra-ms. Toth-ms.* Champollion musste mithin die fehlenden Vokale irgendwie erraten; im Prinzip musste er nach Übereinstimmungen in Manethos Liste suchen, ohne zu wissen, ob er nach *Disney* oder nach *Edison* suchen musste.

Die zweite und tückischere Klippe hing damit zusammen, wie Manetho diese Namen niedergeschrieben hatte. Ausgehend von ägyptischen Namen hatte er sich alle Mühe gegeben, sie ins Griechische zu transkribieren.

Mit welcher Art von Aufzeichnungen Manetho hatte arbeiten müssen, weiß niemand zu sagen. Doch selbst im besten Fall müssen Namen einiges erleiden, wenn sie sich allzu weit von der Heimat entfernen.

Das Problem ist, dass jede Sprache die Laute der Welt auf ihre eigene Weise aufteilt. Wir sprechen mit einem Akzent, wenn wir uns auf das Gebiet einer Fremdsprache begeben, eben weil die Schubladen unserer eigenen »alten« Sprache nicht recht zu den Lauten und zu Melodie und Rhythmus der neuen Sprache passen wollen. Die Sprecher einer bestimmten Sprache sind möglicherweise gar nicht in der Lage, bestimmte Laute auszusprechen (vielleicht können sie sie nicht einmal *hören*), die in anderen Sprachen gang und gäbe sind. Deshalb demolieren englische Muttersprachler das französische *u* (z.B. in *tu*), und die Franzosen haben ihre Mühe und Not mit dem englischen *th* (z.B. in *this* oder *Thursday*).

Mitunter sind solche Schwierigkeiten eine Frage von Leben und Tod. Im Zweiten Weltkrieg erkannten die

Holländer deutsche Spione in Holland, indem sie verlangten, sie sollten den Namen der Stadt *Scheveningen* aussprechen. Amerikanische GIs im Pazifik forderten von Soldaten, die sie nicht sehen konnten, sie sollten laut *lollapalooza* rufen.*

Wenn Namen in eine neue Sprache transkribiert werden – und vor genau dieser Aufgabe stand Manetho –, werden sie bisweilen bis zur Unkenntlichkeit entstellt. Im Japanischen heißt *Johannes Brahms* beispielsweise *Yohanesu Buraamusu*. *Babe Ruth* ist *Beibu Rusu*. Im Chinesischen verwandelt sich *Lyndon Johnson* in *Lindeng Yuehanxun*. (Die Transkription *ins* Englische ist nicht minder prekär. Die Amerikaner sprechen *Van Gogh* beispielsweise *van go* aus – da bleibt vom gutturalen Klang des Holländischen nicht viel übrig.) Und wir haben bereits gesehen, dass aus dem ägyptischen *User-ma'at-re* im Griechischen am Ende *Ozymandias* wurde.

Champollions Aufgabe beim Durchforsten von Manethos Liste der Pharaonen verlangte von ihm daher nicht nur Hartnäckigkeit, sondern auch einiges an Vorstellungskraft.

---

* Diese finstere Geschichte hat Wurzeln in der Antike. Das Wort *schibboleth*, das heutzutage Überzeugungen innerhalb einer bestimmten Gruppe bezeichnet und im Sinne von Kennwort oder Codewort verwendet wird, war ursprünglich eine Möglichkeit, zwischen Freund und Feind zu unterscheiden. In der Bibel lesen wir im *Buch der Richter* von einer Konfrontation zweier Armeen: »[Da] ließen sie ihn sprechen: *Schibboleth*. Sprach er aber *Sibboleth*, weil er's nicht richtig aussprechen konnte, dann ergriffen sie ihn und erschlugen ihn an den Furten des Jordan, so dass zu der Zeit von Ephraim fielen zweiundvierzigtausend.«

Für Champollion in seiner Dachstube in der Rue Mazarine hatte am 14. September die Arbeit des Tages gerade erst begonnen. Er hatte zuallererst Ramses erraten, und das war ein entscheidender Schritt gewesen. Aber Thutmosis brachte ihn noch viel weiter voran. Zunächst einmal bestätigte es, dass er richtig lag mit seiner Vermutung, dasSymbol 𓄟 stehe für M. (Er lag beinahe richtig, 𓄟 um genau zu sein. Wie wir noch sehen werden, steht das für MS.) Das wiederum hieß, er konnte davon ausgehen, dass seine Dechiffrierung von Ramses Hand und Fuß hatte.

Aber das war der geringste Teil. Nun, da Champollion auf die Hieroglyphen blickte, die *Ramses* und *Tothmes* buchstabierten – wahrscheinlich las er sich selbst die Namen laut vor –, lichtete sich plötzlich der Nebel, der ihm jahrelang die Sicht geraubt hatte. Als Teenager hatte Champollion geprahlt, »Ich gebe mich ganz und gar dem Koptischen hin«, und sogar »Ich träume auf Koptisch.«[7] 1822 hatte er mehr als ein Jahrzehnt intensiven Studiums der koptischen Sprache hinter sich. Und nun, so können wir zumindest annehmen, ließ Champollion die Namen der Pharaonen über die Zunge gleiten, Silbe für Silbe. *Ram-ses. Thot-mes.*

Und er dachte an das koptische Wort *mise* (ausgesprochen *mi-sei*), das *Geburt* bedeutet. Also waren *Ramses* und *Thotmes* nicht bloß Namen, es waren Namen mit einer bestimmten Bedeutung. *Geboren von Ra, dem Sonnengott. Geboren von Toth, dem Gott des Schreibens und der Schriften.*

Das hätte natürlich auch Zufall sein können, aber die Wahrscheinlichkeit eines derartigen Zufalls war doch sehr gering. Es wäre, als ob – in ferner Zukunft, nachdem das Wissen um die englische Sprache längst ausgestorben war – Archäologen in einem englischen Schloss eine Handschrift finden würden. Stellen Sie sich vor, wie sie über dem Text grübeln und einen Namen Buchstabe für Buchstabe lautlich nachbilden. Stellen Sie sich die Aufregung vor, wenn ihnen klar wird, dass ihre tastenden Bemühungen nicht irgendwelches Kauderwelsch hervorbringen, sondern einen Namen, den sie in einer Liste von Königen vergangener Zeiten erkannt haben. *Richard.* Und stellen sie sich nun ihre Verblüffung vor, wenn ihnen beim weiteren Brüten über der Handschrift die Erleuchtung kommt, dass der Name nicht bloß *Richard* lautete, sondern *Richard Löwenherz*!

Für Manetho, der Ägypter war, müssen die Bedeutungen *Geboren von Ra* und *Geboren von Toth* auf der Hand gelegen haben, genau wie es für einen englischsprachigen Historiker auf der Hand liegt, dass *Richard Löwenherz* ein Name mit einer bestimmten Bedeutung war, und nicht bloß irgendeine Aneinanderreihung von Lauten. Diese Beobachtung wäre für Manetho so unbedeutend gewesen, dass sie ihm kaum einen Kommentar wert gewesen wäre, und ebenso wenig hätte ein englischer Historiker geschrieben, »*Richard* war bloß ein Name, aber *Löwenherz* war ein Wort, das etwas über *Löwen* und *Herzen* aussagt.« Was jedoch für Manetho eine bare Selbstverständlichkeit war, sollte nach seinem Tod noch zwanzig Jahrhunderte lang ein dunkles Geheimnis bleiben.

Freudig erregt ob seiner entscheidenden Erkenntnis – *mise bedeutet Geburt* – stellte Champollion eine wilde Mutmaßung an. Ebenso wie Hieroglyphen *innerhalb von* Kartuschen Worte (wie *Geburt*) abbilden konnten, konnten dieselben Hieroglyphen doch auch Worte buchstabieren, *wo auch immer* sie vorkamen, egal ob in Kartuschen oder nicht.

Das war ein gewaltiger Schritt, wenn es denn stimmte. Kartuschen waren selten. Auch wenn die Erkenntnis, wie sie zu lesen waren, ein Fortschritt war, war es doch nur ein kleiner Schritt auf dem Weg zum eigentlichen Ziel: zu wissen, wie Hieroglyphen ganz allgemein zu lesen waren. Nun aber hatte Champollion einen Weg gefunden, aus den Grenzen seiner Kartuschen auszubrechen und die Sprache in ihrer gesamten, gewaltigen Breite in Angriff zu nehmen.

Das hoffte er jedenfalls. Als nächstes stand ein Härtetest an. Champollion nahm seine Abschrift des Steins von Rosette zur Hand. In dieser Phase wies jeder weitere Fortschritt die Richtung zum nächsten Schritt, so wie das Ausfüllen eines Zahlenfelds in einem Sudoku-Rätsel zwingend eine Reihe weiterer Schritte zur Folge hat. Freude und Frust beim Sudoku liegen gerade darin, dass die Spielregeln vom Spieler Entscheidungen verlangen. Nun stand Champollion vor einer vergleichbaren Gelegenheit, und einer vergleichbaren Unwägbarkeit.

Nach den Sudoku-Regeln muss jedes Mini-Quadrat mit drei mal drei Ziffern alle neun Ziffern enthalten. Wenn in einem Quadrat nur noch ein Feld frei ist und die 7 noch fehlt, wissen Sie, was zu tun ist – die 7 kann ja nur dort stehen. Aber die Regeln sagen auch, dass jede waagrechte und senkrechte Reihe ebenfalls alle neun Ziffern enthalten muss. Das Eintragen dieser 7 zieht also weitere Entscheidungen nach sich, die dann weitere Folgen haben, und so weiter.

Champollion sah sich die Hieroglyphen auf dem Stein von Rosette an. Tauchten irgendwo außerhalb einer Kartusche die Symbole  und  zusammen auf? Dieses Zeichenpaar bedeutete Geburt innerhalb der Kartuschen mit den Namen Ramses und Thutmosis. Kam das Wort Geburt auch irgendwo anders auf dem Stein von Rosette vor?

Er fand es. Inmitten der Ovale und Vögel und Schlangen erspähte Champollion seine Beute. Sie befand sich tief im hieroglyphischen Teil, in der achten Zeile von unten, fast am linken Zeilenrand:  .

Und nun kam der Test – hatte er auch wirklich das Wort *Geburt* gefunden?

Champollion wandte sich dem griechischen Text zu. Er hatte ihn unzählige Male gelesen, aber wenn er recht hatte, konnte er bis kurz vors Ende springen. Dort würde er seinen Hauptgewinn finden – oder erfahren, dass er irgendwo vom rechten Weg abgekommen war. Er ließ den Blick über den Text gleiten, las und suchte. *Geburt, Geburt…*

Und da war es, unmittelbar nach einem längeren Stück mit den üblichen Lobhudeleien über »König Ptolemaios, den ewig Lebenden.«

So gewaltig und ehrfurchtgebietend waren die Errungenschaften des Pharaos, ließ der Stein wissen, dass die

Priester beschlossen hatten, »die vorhandenen Ehren des Königs Ptolemaios deutlich zu erweitern.« Neue Statuen sollten gebaut werden, neue Schreine ihm gewidmet, neue Feste gefeiert. Und welche Tage wären am besten für derartige Huldigungen geeignet? Ein einzelner Tag würde gewiss nicht ausreichen, denn die Zeremonien würden zwangsläufig länger dauern. Aber gewiss sollte ein besonders wichtiger Tag dabei sein, der Tag, »an dem der Geburtstag des Königs gefeiert wird.« Der *Geburtstag!*

Es war noch nicht Mittag an jenem 14. September des Jahres 1822. Champollion klemmte sich einen Stapel Handschriften unter den Arm, lief polternd die Treppe hinunter, rannte hinaus auf die Straße und platze schier vor Drang, die große Neuigkeit zu verkünden. *Wo war sein Bruder?* Bei der Arbeit, in der Académie des Inscriptions et Belles-Lettres. Das war nur ein paar Häuserblocks entfernt, nicht einmal fünf Minuten zu Fuß. Champollion eilte in das prächtige Gebäude und rannte geradewegs in das Büro seines Bruders.

Er platzte durch die Tür, feuerte die Handschriften auf des Bruders Schreibtisch und rief: *Je tiens mon affaire!* (*Ich hab's!*). Dann fiel er in Ohnmacht.

25

Die Enthüllung

Champollions Zusammenbruch war der dramatischste Moment seines Lebens. Er passte perfekt zu seinem Temperament – Champollion war ein exaltierter Romantiker, gleich einem in Verzückung dahinschmachtenden Operntenor – und genauso in die Epoche. Das war die Ära von Byron und Shelley und Beethoven und Napoleon, die Ära verbotener Romanzen, donnernder Akkorde und »Geschichtsschreibung hoch zu Ross«.

Vielleicht passte das alles schon *zu* perfekt. Die Geschichte mit dem Ohnmachtsanfall gehörte zur Familienüberlieferung, wurde weitergegeben von Champollions Neffen Aimé, einem der Söhne seines geliebten Bruders. Sollen wir sie wirklich glauben? Man kann die Sache aus zwei Blickwinkeln betrachten. Einerseits war Aimé erst zehn Jahre alt, als Champollion sein »Ich hab's!« ausrief. Andererseits wurde er als Erwachsener zu einem Fachmann für antike Handschriften und arbeitete als Assistent seines Vaters an der Bibliothèque Nationale. Das war kein klatschsüchtiger Mitläufer, der über Dinge plapperte, von denen er kaum etwas verstand.

Aimé erzählte die Geschichte in einer Doppelbiographie über seinen berühmten Onkel und seinen Vater. Geschrieben hat er diese Biographie im Alter von 77 Jahren. Er hielt Champollion in höchstem Ansehen – er pries ihn als den Ödipus, der das Rätsel der Sphinx gelöst hatte –, allerdings war sein Bericht von Champollions Kollaps einigermaßen zurückhaltend.[1] Auf weniger als einer Seite platzt Champollion ins Büro und kippt ohnmächtig um, und nach ein paar sachlichen Sätzen gehen die Dinge wieder ihren Gang.[2]

Zwei Jahrzehnte nach Aimés Buch, im Jahr 1906, veröffentlichte die deutsche Schriftstellerin Hermine Hartleben die erste umfassende Biographie über Champollion. Das neue Werk war von gewaltigem Umfang und füllte zwei dicke Bände mit zusammen 1300 Seiten. In Hartlebens Beschreibung nimmt Champollion geradezu mythische Proportionen an, und auch die Geschichte mit der Ohnmacht wuchs um ein ganzes Stück. In der Darstellung Hartlebens stand Jacques-Joseph »wie gelähmt vor Entsetzen«, überzeugt, dass sein Bruder tot wäre. Sogleich bemerkte er jedoch seinen Irrtum und trug Champollion ins Bett, wo er hilflos und nicht ansprechbar »volle fünf Tage« liegen blieb.[3]

Champollion kollabierte am 14. September 1822. Zwei Wochen danach, am 27. September, hielt er einen Vortrag über seine Arbeit vor einem andächtigen Publikum an der Académie des Inscriptions in Paris. Es war ein trüber, verregneter Morgen, aber seit Tagen war Paris von Gerüchten in Atem gehalten worden, dass Champollion wahre Wunder zu berichten hätte. Der Saal war brechend voll.

Champollions alter Mentor de Sacy war da. Desgleichen ein neidischer Rivale namens Edme-François omard, der Herausgeber der von den *Savants* verfassten *Description de l'Égypte*. Alexander von Humboldt, der berühmte deutsche Entdecker und Geograph, saß im Publikum. Auch François Arago, ein bedeutender Physiker, wollte sich das Ereignis nicht entgehen lassen.

Und durch einen absurden Zufall – jedem Drehbuchautor wäre es fast schon peinlich, eine solche Szene zu konstruieren – war auch kein anderer als Thomas Young ebenfalls zugegen. Champollion und Young waren sich nie zuvor begegnet.

Young war kurz zuvor in Paris angekommen, zu einer Vergnügungsreise, bei der er auch die Gelegenheit hatte, einen brillanten jungen Franzosen namens Augustin-Jean Fresnel bei einem Vortrag über Physik zu hören.[4] Fresnels Thema war die Wellentheorie des Lichts, exakt das Gebiet, auf dem Young seinen größten Beitrag zur Wissenschaft geleistet hatte. Young war für diese Leistung niemals angemessen gewürdigt worden (teils auch weil man ihm übelnahm, Isaac Newton widersprochen zu haben). Nun aber hatte Young mit der Hilfe Fresnels endlich die wohlverdiente Beachtung gefunden.

Young hätte nicht zufriedener über Fresnels Rede sein können. Sein junger Kollege hatte »mit höchst gewissenhafter Berechtigung und großzügiger Freimütigkeit den unanfechtbaren Vorrang meiner Untersuchungen eingeräumt.«[5]

Und jetzt, in der gleichen Woche in der gleichen Stadt, hatte Young die Gelegenheit, einem weiteren Wissenschaftler zu lauschen, wie er über ein weiteres Fachgebiet sprach, auf dem sich Young in einem »unanfechtbaren Vorrang« wähnte. Champollion begann mit seinem

Vortrag vor einem Saal voller Wissenschaftler. Young hatte einen Platz unmittelbar in seiner Nähe.

Der Tradition gehorchend hatte Champollions Aufsatz einen formellen Titel – *Lettre à M. Dacier (Brief an Monsieur Dacier)*, den Sekretär der Académie des Inscriptions –, doch nur wenige Briefe hatten jemals eine derartige Botschaft zu verkünden. Die alten Ägypter hatten ein hieroglyphisches Alphabet entwickelt, um die Namen griechischer und römischer Herrscher aufschreiben zu können, berichtete Champollion seinen Zuhörern, und er präsentierte ein Beispiel nach dem anderen aus seiner Dechiffrierarbeit.

Vieles von dieser Arbeit war schon zuvor veröffentlicht worden, aber Champollions Präsentation war dramatisch und überzeugend. Und er vermied es auch, seine Geschichte mit historischem Beiwerk oder Verweisen auf andere Forscher zu überfrachten. Stattdessen versprach er, er wollte seinem Publikum »Schritt für Schritt und in aller Kürze« genau das präsentieren, was er herausgefunden hatte.[6]

Champollions Schwerpunkt waren Namen, nicht Wörter allgemein, aber er hatte dennoch mehr als bloß Namen anzubieten. Nachdem er sein Alphabet vorgestellt hatte, erläuterte er, »warum die Ägypter beschlossen, einen bestimmten Laut mit einer bestimmten Hieroglyphe darzustellen.«[7] Der Schlüssel war die koptische Sprache. Eine Hieroglyphe, die einen *Löwen* zeigte, stand für den Buchstaben *L*, weil das koptische Wort für Löwe mit diesem Buchstaben begann. Entsprechend stand ein gezeichneter *Mund* für den Buchstaben *R*, weil das entsprechende Wort im Koptischen mit *R* anfing. Das gleiche

Prinzip galt auch für die Hieroglyphen für *Hand* und *Wasser* und *Falke* und *Feder*.[8]

Und das war noch lange nicht alles. Champollion führte weiter aus, das Hieroglyphenalphabet wäre gewissermaßen gereist und hätte sich transformiert, während es sich von Ägypten in den Nahen Osten und bis nach Griechenland und das übrige Europa ausbreitete. Sehen Sie sich unser modernes heutiges Alphabet genau an, betonte Champollion, und Sie werden erkennen, dass es unmittelbar von den ägyptischen Hieroglyphen abstammt.[9] Was die heutigen Geschöpfe für die antiken Fossilien sind, das sind unsere Buchstaben für die Hieroglyphen.

Ausgestattet mit den von ihm ausgefeilten Techniken, schloss Champollion, »können wir nun endlich die antiken Monumente lesen.«[10] Das Publikum konnte es nicht erwarten, ihn zu beglückwünschen. Der Physiker Arago unterbrach den Trubel für einen Moment, um den Vortragenden offiziell mit einem Mann aus dem Publikum bekannt zu machen. Darf ich vorstellen: *Jean-François Champollion, Thomas Young*.

Champollion wusste, dass dieser Vortrag ein »großer Erfolg« gewesen war, und er sonnte sich im Beifall. »Ich wurde in höchsten Tönen gelobt, höher als die Türme von Notre Dame«, schrieb er seinem ältesten Freund, einem Verbündeten aus alten Schulzeiten, der stets ein offenes Ohr für seine Ideen hatte.[11] Dieser Nachricht ließ er ein paar Tage später eine weitere und ebenso überschwängliche an den gleichen Freund folgen. Nach Jahren der Mühsal hatte Fortuna endlich begonnen, ihm zuzulächeln. Von nun an würde das Leben ein anderes sein. »Jetzt ist alles möglich.«[12]

Young besuchte Champollion zu Hause am Morgen nach seinem Vortrag. Die beiden Männer besuchten sich wechselseitig über die nächsten paar Tage, wobei ihr gemeinsamer Freund Arago den Vermittler spielte. Diese ersten Begegnungen waren herzlich, vielleicht weil in diesen frühen Tagen beide Rivalen annahmen, dass für sie beide genug Ruhm abfallen würde. Young und Champollion grübelten bei ihren Treffen gemeinsam über Papyrustexten und hielten danach über mehrere Monate einen zwanglosen brieflichen Kontakt.

Champollion schickte Young zwei Exemplare seines Vortrags *Brief an Monsieur Dacier,* druckfrisch aus dem Verlag, und Young schrieb einem Freund, er hätte »viele Dinge, die ich Champollion gerne in England zeigen würde.«[13]

Oder vielleicht war die Erklärung für diese Ruhe vor dem Sturm, dass zumindest anfangs keiner der beiden Männer den anderen wirklich ernst nahm. Champollion hatte Young in seinem *Dacier*-Vortrag kaum einmal erwähnt (und auch sonst kaum jemanden). In Champollions Augen war Young ein wissenschaftlicher Amateur, der sich viel zu weit von seinem angestammten Territorium entfernt hatte. In Youngs Augen war Champollion ein kluger junger Assistent, der bloß die Details in einem von Young skizzierten Bild eingefügt hatte, »ein junger Koadjutor bei meinen Forschungen.«[14] Champollion ließ Young abfällig links liegen, und Young behandelte Champollion mit mildem Lächeln einigermaßen herablassend.

Aber Young konnte auch großzügig sein. Zwei Tage, nachdem er Zeuge von Champollions Vortrag geworden war, schrieb er einen langen Brief darüber an einen prominenten Freund, den Diplomaten William Hamilton, der in Neapel stationiert war. (Hamilton war ein Macher, und er war ein Bewunderer antiker Kunst und Bildhauerei. Er spielte eine entscheidende Rolle dabei, für England zwei der großartigsten Schätze des British Museum zu erwerben – der Stein von Rosette und die »Elgin Marbles«, Marmorstatuen aus dem Parthenon.) Champollion hatte »*gigantische*« Dinge vollbracht, erzählte Young Hamilton – sowohl die unverblümte Lobpreisung als auch der exaltierte Tonfall waren für ihn durchaus unüblich.[15]

Vielleicht hatte Champollion zu viel der Ehre für sich selbst reklamiert, fuhr Young fort, »aber auch wenn er sich einen englischen Schlüssel geborgt hat, war das Schloss doch so schrecklich verrostet, dass kein gewöhnlicher Arm die Kraft besessen hätte, den Schlüssel umzudrehen.«[16]

Das war in der Tat großzügig, aber Young überlegte es sich gleich darauf anders. Er erinnerte Hamilton an die Redensart »der erste Schritt ist immer der schwerste« – vielleicht hatte ihm Champollion also doch Unrecht getan.

Dann überlegte Young es sich jedoch noch einmal anders. Vielleicht traf diese Redensart in diesem Fall einfach nicht zu; vielleicht hatte Champollion ja *tatsächlich* mehr getan, als nur Youngs Fußstapfen zu folgen. »Auf einem derart dornenreichen und von so viel Gerümpel verstellten Weg ist nicht allein der erste Schritt, sondern jeder einzelne Schritt mühselig und qualvoll.« Alles in allem, gestand Young ein, hatte Champollion eine bemerkenswerte Arbeit bewerkstelligt.

Ein Grund für Youngs Hin und Her war, dass Champollion bei seinem *Dacier*-Vortrag so zurückhaltend aufgetreten war. Er hatte seine Rede zwei Wochen *nach* der bahnbrechenden Erkenntnis über *Ramses* und *Thutmosis* gehalten, diesen Teil der Geschichte jedoch gänzlich weggelassen.

Das Fazit dieser Entdeckungen war, dass Hieroglyphen zur lautlichen Abbildung *ägyptischer* Namen genutzt worden waren, nicht bloß von Namen, die tausend Jahre zuvor aus Griechenland und Rom importiert worden waren. Und wie wir gesehen haben, lieferte die Sache mit *mise* bzw. *Geburt* die noch viel aufregendere Neuigkeit, dass Hieroglyphen auch zum »Buchstabieren« gewöhnlicher Wörter verwendet wurden, nicht nur für Namen. Das waren die Offenbarungen, die Champollion vor lauter Freude und Verblüffung den Boden unter den Füßen weggezogen hatten. Aber auch diese Neuigkeit ließ er aus.

Nur besonders aufmerksame Zuhörer beim *Dacier*-Vortrag hätten erraten können, dass er derartige Ideen im Sinn hatte. Der Titel von Champollions Rede lieferte jedenfalls keine Andeutung davon. Stattdessen kündigte er an (lange und gewundene Titel waren charakteristisch für die Epoche), seine Besprechung betreffe »das Alphabet der phonetischen Hieroglyphen, wie sie die Ägypter nutzen, um in den Inschriften auf ihren Monumenten die Ehrentitel, Namen und Beinamen griechischer und römischer Herrscher zu verewigen.«

Er wollte, mit anderen Worten, *sehr wohl* darüber sprechen, wie Hieroglyphen zur Abbildung von Lauten genutzt werden konnten, aber er behauptete, dabei lediglich ganz eng gefasste und spezielle Umstände im Blick zu haben. Das war zutiefst irreführend. Erst gegen Ende seines Auftritts gewährte Champollion einen kurzen Einblick in seine wahren Ambitionen. »Ich bin zuversichtlich, dass die gleichen phonetischen Hieroglyphensymbole, die zur Darstellung griechischer und römischer Namen dienten«, führte er aus, auch in »rein hieroglyphischen Schriften«[17] zur Anwendung gekommen waren.

Dieser kryptische Verweis auf »reine« Schriften ließ den Schluss auf eine kühne Behauptung zu. Die Ägypter hatten Hieroglyphen zum Abbilden von Lauten genutzt, meinte Champollion, und sie hatten dies mindesten tausend Jahre vor der Zeit getan, als die Griechen, die Römer oder andere Europäer die Bühne betraten. *Das* war eine These, die auch den schläfrigsten Zuhörer aus seinem Sitz hätte hochfahren lassen, wenn Champollion sie denn ausgesprochen hätte. Das tat er aber nicht. Dies war nicht die Zeit, murmelte er stattdessen, um »sich in langwierige Details zu vertiefen.«[18]

Diplomatische Zurückhaltung oder Tiefstapelei waren nie die Sache Champollions. Warum hatte er eine Chance verstreichen lassen, seine wissbegierigen Zuhörer mit einem wissenschaftlichen Feuerwerk zu begeistern?

Vermutlich weil so viel auf dem Spiel stand. Champollions Ideen waren revolutionär, aber sie waren auch vollkommen neu. Er hielt es für besser, an seiner Argumentation zu feilen, als sie in der rohen und ungeprüften Form zu präsentieren. Und außerdem ging es hier um einen Wettlauf. Einige der Teilnehmer waren ins Licht der Öffentlichkeit getreten. (Drei von ihnen – de Sacy, Jomard und Young – befanden sich im gleichen Raum in der Académie des Inscriptions.) Vielleicht gab es noch andere, die ihre Forschungen im Geheimen betrieben. Champollion hatte bereits zehn Jahre Arbeit in seine Hieroglyphen investiert. Warum sollte er einem Rivalen hilfreiche Hinweise liefern?

Aber Champollion drückte nun aufs Tempo, und schon bald sollte auch er an die Öffentlichkeit gehen. Der nächste bahnbrechende Fortschritt, der ihn auf seinem Weg vorantreiben sollte, hatte ironischerweise gar nichts mit den Feinheiten der Sprachwissenschaft oder Relikten aus antiken Grabstätten zu tun. Er war etwas weitaus Kindischeres.

26

Eine Ente könnte jemandes Mutter sein

1500 Jahre lang hatte die Wissenschaft staunend vor einer Handvoll Passagen aus dem Werk Horapollons gestanden, jenes ägyptischen Priesters, der ein nahezu religiös verehrtes Buch über die Hieroglyphen zusammengestellt hatte. Sein Opus magnum dürfte etwa vom Jahr 400 n.Chr. datieren. Zwei Behauptungen ragten als besonders eigenartig heraus. Wie wir bereits gesehen haben, bedeutete die Zeichnung eines Geiers laut Horapollon *Mutter*, eine Gans dagegen bedeutete *Sohn*.

Warum das, um alles in der Welt? Horapollon lieferte nur ausgesprochen lahme Erklärungen. (Gans hieß *Sohn*, weil, wie jeder weiß, Gänse sich besonders hingebungsvoll um ihre Küken kümmerten.) Horapollon behauptete, althergebrachtes Wissen weiterzugeben – er schien einige seiner Informationen über Hieroglyphen aus den Wörterlisten bezogen zu haben, die Priester viele Jahrhunderte vor seiner Zeit zusammengestellt hatten –, aber in seiner Epoche verstand eigentlich niemand mehr, worum es bei den Hieroglyphen überhaupt ging. Und gewiss wusste es Horapollon auch nicht.

Dann, anno 1822 oder 1823, hatte Champollion die Lösung. Wie sich zeigte, verbarg sich das Geheimnis hinter Horapollons antiken Rätseln vor aller Augen, in Rätseln für Kinder, die wir als Bilderrätsel oder Rebus kennen. Heutzutage haben diese kleinen Zeichnungen vielleicht noch für Viertklässler ihren Reiz. Sie finden Sie zusammen mit den Spielaufgaben, bei denen Punkte zu einem Bild verbunden werden – beliebt als Tischsets im Restaurant zum Zeitvertreib für die Kinder, wenn man mit der ganzen Familie essen geht.

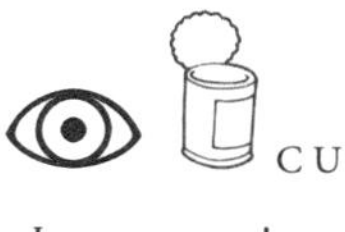

I can see you!

In den Händen Champollions erwies sich eine Einsicht, auf die jedes zehnjährige Kind kommt – dass sich nämlich Wörter wortspielerisch durch Bilder darstellen lassen – als eine der großen Erkenntnisse in der menschlichen Geistesgeschichte. Champollions Erkenntnis war schlicht und direkt. Der Gedanke, auf den die alten Ägypter verfallen waren, nicht lange nach der Geburt der Schrift, bestand darin, ein bildlich schwer darstellbares Wort durch ein bildlich einfach darstellbares ersetzen zu können, das mehr oder weniger gleich ausgesprochen wurde. Im Prinzip könnte man doch *son* (Sohn) über das Homonym *sun* (Sonne) abbilden. Im Ägyptischen war, wie er ausführte, das Wort, das klang wie *Sohn*, zufällig die *Ente*. (Er wusste aus seinem Studium des Koptischen, dass beide Wörter *sa* gesprochen wurden.) Es ging gar nicht um die Ente, oder jedenfalls nicht um das *Bild* der Ente. Der springende Punkt war der *Klang* des Worts für *Ente*.

Die Ente als solche war im Grunde genommen eine falsche Fährte, und sie hatte 2000 Jahre lang die Möchtegern-Entschlüssler an der Nase herumgeführt. Horapollon war der Wahrheit ziemlich nahegekommen, abgesehen von der Verwechslung zwischen *Gans* und *Ente*, aber das Prinzip verstanden hatte er nicht.

Ebenso wie das Wort für *Ente* ähnlich klang wie das Wort für *Sohn,* klang auch das ägyptische Wort für *Geier* ganz ähnlich wie das Wort für *Mutter.* Die Wörter waren Homophone – völlig verschiedene Begriffe, die exakt gleich ausgesprochen werden, wie im Deutschen etwa *Mine* und *Miene*.

Zu Champollions Entzücken hatte sich Young just bei diesem Punkt kräftig vertan, auch wenn er der richtigen Lösung eigentlich sehr, sehr nahegekommen war. Er hatte erkannt, dass bei vielen Inschriften zwei Kartuschen nebeneinanderstehen, und dazwischen eine Hieroglyphe, die er für eine Gans hielt, gefolgt von einer Hieroglyphe für – scheinbar – ein Ei.

Wie sich herausstellte, führte die erste Kartusche den offiziellen Titel eines Pharaos an, die zweite enthielt seinen Namen. (Würden die Namen englischer Könige den gleichen Regeln folgen, lautete die erste Kartusche vielleicht »Verteidiger des Glaubens« und die zweite »Heinrich VIII.«) Young stellte sich vor, dass wie üblich jede Kartusche den Namen eines Pharaos enthalten würde. *Aber warum sollten die Namen zweier Pharaonen unmittelbar aufeinander folgen?*

Young war bereits ins Straucheln gekommen, und nun fiel er der Länge nach zu Boden. Er hatte fälschlich vermutet, zwei Kartuschen bedeuteten zwei Pharaonen.

Ausgehend von diesem Irrtum beging er einen zweiten, ganz natürlichen Fehler. Diesmal konzentrierte er sich auf die zwei Hieroglyphen zwischen den Kartuschen.

»Ich hatte schon lange den Verdacht gehabt, dass eine Gans mit einem Ei darüber *Sohn* bedeutet«, schrieb er, »da dieses Emblem in vielen verschiedenen Inschriften zwischen zwei Eigennamen steht.«[1]

Young setzte seine Puzzleteile zusammen: Die erste Kartusche enthielt den Namen eines Pharaos; dann kam die Gans mit dem Ei, was für *Sohn* steht; und dann kam die zweite Kartusche mit dem Namen des zweiten Pharaos. Nun, das liegt doch auf der Hand! Dieses Kartuschenpaar, erläuterte Young, bildete Aussagen ab im Stil von *Amenhotep, Sohn des Ahmose.*

Das System war so sauber und ordentlich, frohlockte Young, dass »wir irgendwann in der Zukunft auf diese Weise vielleicht einen kompletten Stammbaum der Könige Ägyptens zusammenstellen können.«[2]

Das war beinahe richtig – und doch meilenweit daneben. In Wirklichkeit waren die Gans und das Ei nämlich eine Ente und die Sonne. Zusammen bedeuteten die Zeichen *Sohn der Sonne* – eine angemessen großspurige Art und Weise, den göttlichen Status des Pharaos zu proklamieren.

Young hatte beinahe erraten, dass die *Ente* die Bedeutung *Sohn* hatte (auch wenn die Ente für ihn eine Gans war), aber die Überlegung, die ihn so nahe an die Wahrheit geführt hatte, war grundfalsch. Champollion korrigierte mit Freuden den Irrtum.

Sein einfachstes Argument basierte auf Kartuschen, die die Namen römischer Kaiser enthielten. Champollion hatte neben einigen weiteren Namen auch *Caligula* und *Nero* entziffert. Vor jedem dieser Namen standen die Hieroglyphen für *Ente* und *Sonne*. Laut Young hätte das *Sohn des Caligula* oder *Sohn des Nero* bedeutet. Aber weder Caligula noch Nero hatte Söhne.[3]

Es mag seltsam anmuten, dass Wortspiele einst eine prominente Rolle in der Geschichte der Schrift spielten, als ob einst Hofnarren die Ehrenplätze an den Tischen der Könige eingenommen hätten. Historisch betrachtet ist unsere Geringschätzung für solche Wortspielereien durchaus neu. Eine der bekanntesten Passagen der Weltliteratur ist um ein Wortspiel herum aufgebaut. Jeder weiß, dass Eva Adam einen Apfel anbot, und dass damit der ganze Ärger begann. Aber der Apfel wurde erst später in die Geschichte eingebaut. Die Bibel sagt an keiner Stelle, welche Art von Frucht am Baum der Erkenntnis von Gut und Böse wuchs. Im 1. Buch Mose ist ganz allgemein von einer Frucht die Rede.

Der Apfel kam erst um das Jahr 400 n. Chr. dazu, als der Heilige Hieronymus eine neue lateinische Übersetzung der Bibel anfertigte. Da das lateinische Wort *malum* zufällig sowohl *Apfel* als auch *böse* bedeutet, kam Hieronymus auf die clevere Idee, im Herzen eines der Gründungsmythen der westlichen Welt ein Wortspiel unterzubringen.[4]

Auch Wortspiele im Stil von Bilderrätseln waren einst weit mehr als nur Spielereien für Kinder. Sie kamen beispielsweise oft auf Wappen angesehener Familien in England vor. Die Mutter von Königin Elizabeth hieß Elizabeth Bowes-Lyon, um ein berühmtes Beispiel zu nennen. Auf ihrem Wappen sind *bows* (also Bogen, wie sie Bogenschützen tragen) und natürlich *lions* (Löwen) zu sehen.

Für die Chinesen ist die Zahl 4 eine Unglückszahl, um ein weiteres Beispiel für die wichtige Rolle von Wortspielereien anzuführen. Die 4 ist für die Chinesen so etwas wie die 13 in Teilen der westlichen Welt. (Chinesische Wolkenkratzer lassen nicht nur die 4. Etage aus, sondern auch die 14., die 24. und so weiter.) Der Grund ist, dass das chinesische Wort für *4* ganz ähnlich klingt wie das Wort für *sterben*. (Und eine Uhr ist in China ein ganz schlechtes Hochzeitsgeschenk, weil das Wort für *Uhr* gleich klingt wie das Wort für *Ende*.)[5]

Nicht nur bei Sonderfällen im Zusammenhang mit Familienwappen oder Aberglaube, sondern in der Geschichte der Schrift ganz allgemein fungierten Bilderrätsel und Wortspiele als entscheidende Trittsteine. Für Schreiber, die sich der Bildsprache bedienten, boten diese kleinen Gedankenspiele wichtige Hilfen, um jedes Wort und jede Idee erfassbar und darstellbar zu machen. Abstraktionen stellten kein Problem mehr dar. Wenn man sich im Englischen auf solche Dinge einließ, könnte man das Wort *nightmare* (Albtraum) mit einem Ritter (knight) in seiner Rüstung neben einem Pferd (in der *mare* verbirgt sich auch das deutsche Wort *Mähre*) darstellen. *Belief* (Glaube) wäre eine Biene (bee) und ein Blatt (leaf), *Melancholy* eine Melone (melon) und ein Collie.

Gewiss, diese Beispiele wirken etwas konstruiert, aber die ägyptischen Hieroglyphen waren tatsächlich voller Bilderrätsel. Diese eigneten sich einfach ideal für eine Form der Schrift, die ausschließlich aus Bildern bestand. *Geier* und *Mutter* und die anderen zitierten Beispiele waren erst der Anfang.

Eine der wesentlichen Aufgaben eines Schreibers war z.B. das Dokumentieren geschäftlicher Transaktionen. Dafür mussten große Zahlen festgehalten werden. Aber sicher wollte niemand, sagen wir, *1000 Rinder* dadurch abbilden, dass man tausend Mal den Kopf eines Ochsen zeichnet, oder auch nur einen Ochsen mit tausend Strichen daneben.

Stattdessen bedienten sich die Schreiber der Möglichkeiten des Wortspiels. Im Ägyptischen klang das Wort für *tausend* wie das Wort für *lotus*, also bedeutete eine Lotusblume *tausend*. Im gleichen Stil klang das Wort für *zehntausend* wie das Wort für *Finger*, deshalb schrieb man *zehntausend* durch das Abbilden eines Fingers. In altertümlichen Texten sehen Sie Einträge wie einen Ochsenkopf, gefolgt von drei Fingern und zwei Lotusblumen. *Voilà:* 32 000 Rinder.[6]

Sobald man die Nutzung von Bilderrätseln einmal begonnen hatte, war alles bereit für einen größeren und wichtigeren Schritt. Die Bilderrätsel wiesen den Weg zur grundsätzlichen Lösung des Rätsels, wie eine Sprache in Form von Symbolen erfasst werden konnte. Die entscheidende Idee, die uns in der Rückschau so offensichtlich erscheint, war einfach ausgedrückt: *Wenn Bilder Laute repräsentieren können, sofern sie Teil eines Bilderrätsels sind, dann können sie auch völlig eigenständig, also ohne Bilderrätsel, Laute repräsentieren.*

Was genau dieser Laut war, konnte später noch geklärt werden. Der springende Punkt war, dass Bilder Laute heraufbeschworen. Eine Zeichnung einer Katze konnte z.B. für die Lautfolge *Katze* stehen, oder sie könnte nur den ersten Laut in dem Wort repräsentieren, also *k*. Und die zweite Option – *Katze* bedeutet *k* – bot deutlich mehr Möglichkeiten. Man konnte das Bild einer Katze (innerhalb einer Bilderfolge) zum Buchstabieren beliebiger Wörter verwenden, die ein *K* enthielten, ohne sich ein passendes Bilderrätsel ausdenken zu müssen.

Das war eine exakte Parallele zum Prinzip der Kartuschen. In beiden Fällen hatten die Schreiber der Antike erkannt – und tausende Jahre später hatte es Champollion erkannt –, dass Hieroglyphen Worte ausbuchstabieren konnten, wenn sie innerhalb von Kartuschen oder in Bilderrätseln standen, *und auch, wenn nicht.*

Das war die Bedeutung der Erkenntnis beim koptischen Wort *mise*. Für Champollion war die Entdeckung, dass er Hieroglyphen lesen konnte, *wo auch immer* sie vorkamen, der Moment, der für die taubblinde Schriftstellerin Helen Keller das entscheidende »Brücken-Erlebnis« mit der Hand im Wasser war. Helen Keller schrieb später: »Mit einem Male durchzuckte mich eine nebelhaft verschwommene Erinnerung an etwas Vergessenes, ein Blitz des zurückkehrenden Denkens, und einigermaßen offen lag das Geheimnis der Sprache vor mir.«[7] Auch Champollion konnte seinen Vorher-Nachher-Moment exakt benennen.

Die Erleuchtung mit den Lauten stellte sich zum Teil auch deshalb so spät ein, weil die Hieroglyphen optisch so überzeugend waren. Jeder würde zuerst einmal sagen, dass Hieroglyphen Bilder wären, und das machte es bereits äußerst schwer, zu erkennen, dass sie nicht *nur* Bilder waren.

Champollion hatte erkannt, wie wichtig Bilderrätsel waren, aber er musste noch immer allen damit verbundenen Tricks auf die Schliche kommen. Zu seinem großen Ärger stellte sich heraus, dass eine bestimmte Hieroglyphe ihre Rolle ohne Vorwarnung wechseln konnte. Eine Ente konnte in einem bestimmten Kontext *Sohn* bedeuten, in einer anderen Umgebung konnte damit aber auch eine gewöhnliche Ente gemeint sein, die im Teich herumschwimmt und quakt; und anderswo konnte sie auch noch die Lautfolge *sa* abbilden, also den Klang des ägyptischen Worts für Ente.

Es gab durchaus Regeln und Anhaltspunkte, die den Leser führten – Champollions nächste Aufgabe würde es sein, diese Regeln und Hinweise zu erkunden –, aber keine dieser Regeln und Anhaltspunkte waren wirklich direkt und unkompliziert. In der Naturwissenschaft lassen sich oft Gesetze formulieren, die jedes Mal ohne Ausnahme zutreffen – *lass einen Stein los, und er wird zu Boden fallen.* Bei der Sprache verhalten sich die Dinge selten so eindeutig. Zu jeder Regel – im Deutschen etwa die Doppelkonsonantenregel, im Englischen »*I vor E außer nach C*«, oder im Französischen die Regel, dass der *accent circonflexe* (^) über einem Buchstaben ein fehlendes *S* signalisiert – gibt es jede Menge Ausnahmen.

Was verraten uns nun die Ausnahmen von der Regel, etwa *mit*, aber *Mitte* im Deutschen, die Wörter *vein* und *weird* im Englischen, oder *mûr* und *âge* im Französischen? Für den Linguisten gilt es zu entscheiden, ob man es mit einer echten (wenn auch nicht perfekten) Regel zu tun hat, oder ob es an der Zeit ist, eine liebgewonnene Theorie über Bord zu werfen und von vorne zu beginnen.

Die Regeln zu lernen, die für die ägyptische Sprache maßgeblich waren, war enervierend schwierig, weil Ägyptisch, wie jede andere Sprache auch, ohne Hilfe eines zentralen Planers gewachsen war und sich immer weiter entwickelt hatte. Das begründete einen Unterschied an Komplexität, der sich vergleichen lässt mit der ordentlichen Blaupause eines Architekten auf der einen Seite und dem zufälligen Verzweigungs- und Verästelungsmuster eines lebenden Baumes auf der anderen.

Wortspiele und Bilderrätsel lieferten durchaus Anhaltspunkte, aber nicht selten war es nahezu unmöglich, diese Anhaltspunkte zu enträtseln. Selbst in alten Zeiten waren viele Hieroglyphen »tote Metaphern«, in den Worten des Ägyptologen Richard Parkinson, deren ursprüngliche Assoziationen längst vergessen sind.[8]

Auch in anderen Sprachen werden Wörter und Ausdrücke, die einst bestimmte Bilder heraufbeschworen, schon bald zu bloßen Etiketten. Bei Eigennamen geschieht das ständig – *Müller*, *Schuster, Schmidt* –, aber das ist ein Merkmal der Sprache ganz allgemein. Ein Politiker oder eine Politikerin kann noch immer *seinen/ihren Hut nehmen* (also vom Amt zurücktreten), auch wenn nicht bekannt ist, dass er oder sie jemals Hüte getragen hat, und auch wenn Bildaufnahmen von Politikern mit Hut heute eher selten sind – vor fünfzig oder hundert Jahren war das anders. Möglicherweise war der Rücktritt ja ein *Bauernopfer*, mit dem ein höherrangiger Politiker den eigenen Sturz oder Rücktritt vermeiden wollte. Dazu könnte man wissen, dass es sich beim »Bauernopfer« um einen Begriff aus dem Schachspiel handelt – eine geringwertige Figur, der Bauer, wird geopfert, um einen anderen Vorteil zu erlangen oder einen größeren Nachteil oder Verlust zu vermeiden. Die Metapher funktioniert aber auch, wenn die Beteiligten gar nichts vom Schachspiel oder der Herkunft des Begriffs wissen. Ähnlich bei *mir sind die Gäule durchgegangen:* Man versteht, dass der Sprecher die Selbstkontrolle verloren hat, auch dann, wenn man nie auf einem Pferd oder in einer Pferdekutsche gesessen hat.

Für Ägyptologen läuft das darauf hinaus, dass es sich normalerweise nicht erraten lässt, was eine Folge von Hieroglyphen bedeutet – es ist auch nicht möglich, vom bloßen Aussehen der Buchstaben darauf zu schließen, was *Apfel* bedeutet. Die Hieroglyphen für *leiden*, um ein nahezu beliebiges Wort zu wählen, sehen aus wie eine Geburtstagstorte, eine Zickzacklinie und ein Spatz.

Manchmal kann man aber *doch* Dinge erraten. Die Hieroglyphen für *Ehemann* zeigen die Zeichnung eines Penis, die glatt von einem Männerklo-Graffiti stammen könnte. Oftmals jedoch hat man als Außenstehender keine Chance, hinter die Bedeutung der Bilder zu kommen. Wer würde beim Anblick von zwei Schlangen und zwei Halbmonden (die, wie sich herausstellt, eigentlich Brotlaibe sein sollen) auf die Bedeutung *springen* kommen?

In mancher Hinsicht funktionieren Englisch oder Deutsch und die Hieroglyphen tatsächlich ähnlich. Anstatt uns mit den Buchstaben des Alphabets zu begnügen, nutzen wir beispielsweise auch Zeichen wie *&* und *%,* die keine Laute abbilden, sondern Worte. Manchmal packen wir eine ganze Serie solcher Zeichen zusammen – *Could you please keep down the #@%@*% noise!* –, die dann Bedeutung vermitteln, aber keine Laute. Oder wir verwenden Buchstaben – *XOXO (*für *hugs and kisses)* am Ende einer Nachricht – die in diesem Sonderfall nicht lautlich ausgesprochen werden.

Wir arbeiten auch mit Bildern, und täglich werden es

mehr. Smileys gibt es schon seit Jahrzehnten, das Warnzeichen mit dem Totenkopf und den gekreuzten Knochen noch viel länger, und jeder Geburtstagsgruß per Textnachricht oder Tweet enthält einen ganzen Schwarm von Emojis.

kingjames Highest in the Room
#ThekidfromAKRON
#TheManintheArena #KingMe
#WashedKing

Aber das sind eher Randerscheinungen in unserer Schrift. Wenn das Englische tatsächlich so funktionieren würde wie das Ägyptische, kämen darin viel mehr Bilderrätsel und Bilder vor, als es wirklich der Fall ist. Bücher wären voller Nachrichten à la 👁♡ U. Aber das 👁 würde manchmal für das Wort I (also Ich) stehen, und manchmal für den Buchstaben I (wie in Idee) und manchmal tatsächlich für ein Auge. Mit einem gezeichneten Herz wären ganz ähnliche Tricks möglich, desgleichen im Englischen mit dem Buchstaben U.

Sehr viele Wörter würden noch immer genauso geschrieben wie jetzt, aber *Winston Churchill* könnte man beispielsweise nicht nur mit Buchstaben darstellen, sondern auch mit der Zeichnung einer Schachtel Zigaretten (der Marke *Winston*), gefolgt von stilisierten Bildern einer Kirche (*church*) und eines Hügels (*hill*). (Noch vertrackter wird die Angelegenheit, wenn die Symbole auch

noch Bestand haben, nachdem die betreffende Zigarettenmarke längst ausgestorben ist, obwohl sich dann niemand mehr daran erinnern würde, welche Assoziation *Winston* einstmals ausgelöst hatte.)
Champollion nahm die ganze komplizierte Konstruktion in Angriff, und sein Tonfall reflektiert sowohl den Stolz darüber, was er alles herausgefunden hatte, als auch seine Überraschung darüber, wie ausgefeilt und zugleich notdürftig zusammengeschustert dieses System war. »Die Hieroglyphenschrift ist ein komplexes System«, schrieb er anno 1824, »eine zugleich figurative, symbolische und phonetische Schrift, in ein und demselben Text, in ein und demselben Satz, und, wenn ich das sagen darf, in ein und demselben Wort.«[9]

27

Hört, hört!

Champollion hatte nun das Spielfeld ganz für sich. Inzwischen waren er und Young von höflichem Misstrauen zu kaum verhüllter Verachtung übergegangen. Der *Brief an Monsieur Dacier* markierte einen Wendepunkt in ihrem Verhältnis. Young hatte während des Vortrags höflich zugehört, wurde aber immer missmutiger, nachdem der Text aufpoliert und veröffentlicht worden war. Mit der Gelegenheit, Champollions Worte eingehend zu prüfen, stellten sich Young die Nackenhaare hoch. Wo war die Anerkenntnis, dass er eine Tür geöffnet hatte, durch die Champollion nur noch hindurchspazieren musste? Er komme nicht umhin, meinte Young naserümpfend, »einen gewissen Mangel an Großzügigkeit« im Gebaren seines Rivalen zu konstatieren.[1]

Diese formelle Ausdrucksweise war typisch. Selbst mitten in einem Streit schlug Young lieber einen gequält-indignierten Ton als einen der offenen Wut an. *Nur ungern möchte man sich den Hinweis erlauben. Man möchte sich fast fragen.* »Ich unterstelle Mr. Champollion in keinster Weise irgendwelche unredlichen Absichten«, schrieb Young und erinnerte zugleich seine Leser daran, dass er, und nicht etwa Champollion, als Erster einen Aufsatz über die Entzifferung der Hieroglyphen veröffentlicht hatte.[2]

»Es mag nicht im strengen Sinne gerecht zu sein, zu behaupten, ein Mann hätte erst dann das Recht, eine Entdeckung als seine eigene zu beanspruchen, wenn er eine gedruckte Veröffentlichung dazu herausgebracht hat, aber diese Regel ist zumindest eine durchaus nützliche.«[3]

Diese Bemerkungen standen in einem Buch, das Young 1823 veröffentlichte, als Gegenrede zu Champollions *Dacier*-Vortrag, der im Jahr davor gedruckt erschienen war. Youngs Buch hatte einen langen Titel, genau wie dasjenige Champollions, und am Ende kam ein unmissverständlicher Wink mit dem Zaunpfahl. *Bericht über einige neuere Entdeckungen im Bereich Hieroglyphische Literatur und Ägyptische Antiquitäten*, begann der Titel ebenso umständlich wie unscheinbar. Dann aber kam der Seitenhieb, wenngleich ausgesprochen höflich verpackt. *Einschließlich des Original-Alphabets des Autors, mit Erweiterungen durch Mr. Champollion.*

Youngs Duellstil bevorzugte den Degen, Champollion verließ sich lieber darauf, seinen Widersachern mit der Keule aufs Haupt zu schlagen. Seit seinen ersten Unterfangen auf dem Gebiet der Entschlüsselung hatte er für alle Möchtegern-Rivalen nichts als Spott übrig gehabt. Åkerblad, der schwedische Gelehrte, »konnte beim Anblick einer ägyptischen Inschrift keine drei Wörter hintereinander lesen.«[4] Die angeblichen »Entdeckungen« eines deutschen Forschers waren in Wirklichkeit reine Fantasien.[5] Zoëga, der hochgebildete und gewissenhafte Däne, hatte genug Material gesammelt, um ein Denkmal zu errichten, aber »er hatte es nicht geschafft, auch nur einen einzigen Stein auf den anderen zu setzen.«[6]

Und ganz besonders Young bekam sein Fett weg. Zunächst einmal war der studierte Arzt Engländer, und nach Ansicht Champollions war schon das eine schwere Hypothek. Vielmehr aber war er ein wichtigtuerischer alter Dummkopf mit der Neigung zu »lachhafter Prahlerei« über Dinge, von denen er kaum etwas verstand.[7] Champollion selbst dagegen hatte sein ganzes Leben lang gewusst, dass es seine Bestimmung war, das Geheimnis der Hieroglyphen zu lüften.

So äußerte sich Champollion jedenfalls gegenüber seinem Bruder. In der Öffentlichkeit trug er nicht so dick auf. Dennoch konnte er der Versuchung nicht immer widerstehen. In seinen *Dacier*-Vortrag ließ er ein wenig höfliche Lobpreisung einfließen – »Dr. Young vollbrachte in England einige Arbeiten zu den Inschriften antiker ägyptischer Monumente ähnlich denen, mit denen ich mich so viele Jahre lang beschäftigt habe«, und er merkte sogar an, dass Young »sehr wichtige Ergebnisse«[8] erzielt hatte. Dann ging er zum Angriff über.

Zwar hatte es Young geschafft, *Ptolemaios* und ein paar weitere Namen zu entziffern, schrieb Champollion, aber dann war er vom Kurs abgekommen. Anstatt an der korrekten Beobachtung festzuhalten, dass bestimmte Hieroglyphen funktionierten wie ein Alphabet und bestimmte Laute abbildeten, »dachte dieser englische Gelehrte, dass die Hieroglyphen, die Eigennamen abbilden, ganze Silben ausdrücken konnten, und dass sie als eine Art Rätsel oder Rebus fungieren könnten.«[9]

Das war ein Tiefschlag, denn Champollion wusste, dass Hieroglyphen sehr wohl »ganze Silben ausdrücken« *konnten* (wie etwa *Ra* in *Ra-ms-es*), und er wusste, dass sie *in der Tat* bisweilen wie »eine Art Rätsel oder Rebus« eingesetzt werden (wie die Hieroglyphe für *Sonne* im Namen *Ramses*).

Das wusste er alles, aber er hatte den Rest der Welt bis dahin noch nicht eingeweiht. Und es war ja nicht nur, dass er es wusste. Das waren just die Erkenntnisse gewesen, die ihn an jenem 14. September im wahrsten Sinn des Wortes umgehauen hatten.

Überhaupt hätte Champollion nicht auf Distanz zu Bilderrätseln gehen dürfen, wo sie ihm doch so gute Dienste geleistet haben. Und sie hatten noch ein weiteres Geschenk für ihn parat.

Wortspiele funktionieren nur in der Sprache, für die sie gemacht wurden; Wortspielereien sind in aller Regel unübersetzbar. Jeder englische Muttersprachler, der ein Rebus mit einer Pfanne (*pan*) und einem Baum (*tree*) sieht, denkt sofort an die Speisekammer (*pantry*). Ein Deutscher oder Spanier könnte das schwerlich erraten.

Somit lieferte Champollions Erfolg mit *Ente/Sohn* und anderen Bilderrätseln weitere Belege, dass sich sein Lotteriespiel gelohnt hatte – Koptisch war tatsächlich der Schlüssel zur alten ägyptischen Sprache.

Nachdem das alles in trockenen Tüchern war, hätte sich Champollion eigentlich eine klar definierte Aufgabe stellen können. Er hatte eine Art Hieroglyphen-Alphabet zusammengestellt, aus allen Namen, die er entschlüsselt hatte. 𓊪 war zum Beispiel das P, 𓏏 war das T, 𓃭 das L.

Überdies hatte er Jahre ins Studium des Koptischen investiert. Der nächste Schritt war, diese beiden Elemente, Hieroglyphen und Koptisch, zum Ziel einer einzigen, gebündelten Untersuchung zu machen. Champollions Aufgabe war es, jeden Hieroglyphentext zu finden, dessen er habhaft werden konnte, ihn laut zu lesen und dabei aufmerksam auf Wörter zu achten, die sich nach Koptisch anhörten.

Das war im Prinzip eigentlich einfach, aber in der Praxis eine gewaltige Herausforderung. Im Prinzip ist es auch einfach, den Ozean mit einem Teelöffel leer zu schöpfen. Wenn Champollion sich die Mühe gemacht hätte, die Hindernisse auf seinem Weg aufzulisten, hätte er sich wahrscheinlich verzweifelt die Decke über den Kopf gezogen.

Das erste Hindernis bestand darin, dass das alte Ägyptisch größtenteils ohne Vokale geschrieben wurde, was schlicht bedeutet, dass in modernen Zeiten niemand wirklich wissen kann, wie diese Sprache denn nun klang. Ein Mangel an Vokalen scheint auf den ersten Blick kein so gewaltiges Hindernis zu sein. *Wnn S ds lsn knnn, hbn S dn Jb.*

Das Problem erweist sich jedoch als ein ausgesprochen ernsthaftes. In den 1960er-Jahren trat es auf dramatische Weise in Erscheinung, als Archäologen über die Bedeutung einer Inschrift in einen hitzigen Streit gerieten. Das Stück war in Ägypten auf einer Tonscherbe gefunden worden.[10] Tausende Jahre zuvor hatte jemand eine Nachricht auf Aramäisch, eine dem Hebräischen und Arabischen verwandte Sprache, in ein Tongefäß geritzt. (Alle drei Sprachen sind sehr sparsam mit Vokalen.) »Seht her, ich habe einen Traum erblickt«, begann die Inschrift, wenn man der einen Gruppe von Gelehrten glaubte. Aber die konkurrierenden Linguisten übersetzten das Ganze mit: »Seht her, ich habe ein Gemüse erblickt«.

Je nachdem, welchen Experten man glaubte, beschrieb der weitere Text entweder eine geisterhafte Erscheinung, die das Wort »Frieden« verkündete, oder eine Warnung an die Küche: »Die Gurken sind alle.«

Wie konnte ein solcher Disput entstehen? Teils durch die Schwierigkeit, eng nebeneinanderstehende und verschnörkelte Buchstaben zu lesen, die so viele Jahrhunderte zuvor niedergeschrieben worden waren. Manche Buchstaben waren eben schwer zu erkennen. Andere standen genau in der Mitte zwischen zwei Textzeilen und hätten zur einen oder zur anderen gehören können. Manche fehlten ganz, da waren die Fachleute auf Vermutungen angewiesen.

Das Hauptproblem jedoch waren die fehlenden Vokale, was bedeutete, dass selbst vollständigen und problemlos lesbaren Wörtern keine eindeutige Bedeutung zugewiesen werden konnte. Das war der Ursprung des mysteriösen Traum/Gemüse-Problems. Grob gesagt war es, als würde das Deutsche nur mit Konsonanten geschrieben und die Gelehrten sich dann entscheiden mussten, ob *krt* wohl *Karte* oder *Karotte* heißen sollte.

Für Champollion brachten die fehlenden Vokale eine unerwartete Schwierigkeit mit sich. Im alten Ägypten war der Begriff »homonym« wesentlich weiter gefasst als für uns: Es mussten ja nur die Konsonanten in zwei Wörtern übereinstimmen. Man konnte ein Bild des einen zeichnen und damit das andere abbilden.

Die Wörter klangen möglicherweise sogar gleich, aber

vielleicht auch nicht. Ein Schreiber konnte einen *Stiel* gezeichnet und damit *Stil* gemeint haben, aber der *Stiel* konnte auch alles Mögliche abbilden, in dem als Konsonanten nur *S*, *T* und *L* vorkamen – vielleicht hieß es ja Stuhl, oder Stall, oder Stille, oder steil, oder… (Diese Unwägbarkeit im System macht Champollions Fund mit *Ente/Sohn* und *Geier/Mutter* umso beeindruckender.)[11]

Und es lauerte ein noch größeres Problem. Zwei miteinander verknüpfte Probleme, genau genommen. Erstens war das Koptische nicht die Sprache, die im alten Ägypten gesprochen wurde, sondern ein Abkömmling jener toten Sprache, ebenso wie Italienisch ein Abkömmling des Lateinischen ist. Champollions einzige Hoffnung war, Wörter im Ägyptischen lautlich nachbilden und dann ihre entfernten Verwandten im Koptischen ausmachen zu können.

Und es kam noch schlimmer: Koptisch war selbst eine nahezu tote Sprache. *Was mögen die Erfolgschancen gewesen sein*, sinnierte ein Wissenschaftler im 19. Jahrhundert. Champollion und die anderen frühen Codeknacker hatten nur eine einzige Waffe in ihrem Arsenal, nämlich ihre Kenntnis des Koptischen, und diese einzige Waffe war »das verstümmelte und unvollständige Fragment einer ausgestorbenen Sprache.«[12]

Um erfassen zu können, wie schwierig es wäre, eine unbekannte Sprache rein nach Gehör zu entschlüsseln, überlegen Sie einmal, wie oft wir uns schon *in unserer eigenen Sprache* verhören. Nicht einmal das Werk Goethes bliebt davon verschont, hörte doch schon so mancher im »Erlkönig« nicht etwa *Er hält in den Armen das ächzende Kind*, sondern, etwas weniger dramatisch, *Er hält in den Armen das sechzehnte Kind.* Auch sprachübergreifend ist da einiges möglich: Einer der bekanntesten Fälle ist der Titel des Popsongs *I got the power.* Daraus wird, wenn man nicht so genau hinhört, ganz leicht *Agathe Bauer*. Oder man denke an das Mädchen, das aus der Schule nach Hause kam und erzählte, sie müsse sich am nächsten Tag fein anziehen, weil *der Erdbeerschorsch* in die Schule käme. Die Rückfrage der irritierten Eltern ergab, dass *der Erzbischof* seinen Besuch angekündigt hatte.

Erwachsene sind für solche Fehler nicht weniger anfällig als Kinder. In den '90ern behaupteten derart viele Menschen steif und fest, in der US-Originalfassung des Films *Aladdin* unterschwellige Horrorbotschaften vernommen zu haben, dass sich Disney zu einer Reaktion veranlasst sah.[13] Besorgte Eltern tauschten Warnungen aus, Aladdin hätte geflüstert: *Good teenagers, take off your clothes*. Der richtige Text, ließ Disney wissen, lautete: *Scat, good tiger, take off and go*!

Das Sprachverstehen ist, wie sich zeigt, eine Frage der Fähigkeit, Lücken spontan auszufüllen. Uns entgehen eine ganze Menge Wörter, unabhängig davon, wie gut unser Gehör ist, aber wir bemerken es meist nicht, weil wir fortwährend und automatisch Vermutungen anstellen. Kontext ist entscheidend, und wir sichten und treffen eine Auswahl aus einem Spektrum möglicher Bedeutungen, ohne dies überhaupt jemals wahrzunehmen. Eingestimmt durch Gedanken an Mandarinenbäume und Marmeladenhimmel hören wir ganz gewiss nicht *a girl with colitis goes by*, sondern richtig *a girl with kaleidoscope eyes*. (Das Beispiel bezieht sich auf die erste Strophe des Beatles-Songs »Lucy in the Sky with Diamonds«.)

Allein, dieses spontane Vermuten erweist sich als ziemlich trickreiche Sache. Seit Jahrzehnten arbeiten Wissenschaftler an der Entwicklung von Maschinen, die gesprochene Sprache transkribieren können, und nach all dieser Zeit produzieren diese Maschinen noch immer Reinfälle. Da wird aus dem Ausdruck *to recognize speech* plötzlich *to wreck a nice beach*, und aus einer *relationship* wird ein *real Asian ship*.[14]

Das alles bedeutet, dass Champollion vor einer geradezu absurd schwierigen Aufgabe stand. Er musste einer toten Sprache Leben einhauchen, auf dem Umweg über eine so gut wie tote Sprache, *und* er musste Laute aus stummen Symbolen heraushören, die er geschrieben vor sich hatte.

Es gab schon gewisse Anhaltspunkte, mit denen er arbeiten konnte. Das Koptische verwendete zum Beispiel Vokale, das Ägyptische dagegen nicht. Wenn also ein ägyptisches Wort überlebt und ins Koptische Eingang gefunden hatte, hatte Champollion zumindest eine brauchbare Vorstellung davon, wie es ausgesprochen wurde. Und wenn ein ägyptisches Wort einen nahen Verwandten in einer Sprache hatte, deren Aussprache bekannt war, konnte Champollion zumindest vermuten, dass beide Wörter in etwa gleich klingen mussten.

Dennoch ist es erschreckend einfach, sich beim Erraten der Laute in einer nicht vertrauten Sprache zu vertun. Wäre Französisch eine tote Sprache, käme kein englischer Muttersprachler jemals auf die Aussprache eines so simplen Wortes wie *oui*.

Fehler tauchen sogar dann auf, wenn sie innerhalb einer Sprache bleiben, aber ein oder zwei Jahrhunderte in die Vergangenheit reisen. In alten Romanen kehren Leute regelmäßig in Wirtschaften mit Namen wie *Ye Fox and Hounds* ein. In vergangenen Zeiten wurde *ye* mit »th« ausgesprochen, also *the*. Die Verwendung von *y* für *th* war einfach eine typographische Konvention (wie auch *f* für *s* in *we hold these truths to be felf-evident*). Das letztgenannte Phänomen kennt man auch aus der altdeutschen Frakturschrift: Das *lange s* sieht dem kleinen *f* zum Verwechseln ähnlich.

Anfängern können noch weit schlimmere Patzer unterlaufen als das Stolpern über ein oder zwei Wörter. Möglicherweise weiß man nicht über die Bedeutung der Betonung Bescheid, aber in vielen Sprachen spielen sie eine entscheidende Rolle. Eine bekannte Geschichte aus China über einen Dichter, der einen Löwen aufaß, besteht ausschließlich aus einem einzigen Laut, der 92-mal wiederholt und immer unterschiedlich betont wird.[15] In traditionellem Chinesisch geschrieben sieht die Geschichte vollkommen gewöhnlich aus. Laut vorgelesen klingt sie für westliche Ohren wie eine dutzendfache Wiederholung der Silbe *shi* (ausgesprochen ungefähr wie das englische *sure*).

Im Englischen spielt die Betonung keine so große Rolle, auch wenn es durchaus vergleichbare Fälle gibt. Ich kenne einen Schriftsteller, der sich an der Widmung für eines seiner Bücher abmühte. Er hatte sich beim Schreiben jahrelang ganz auf sein Buch konzentriert und sonst auf so gut wie nichts. Irgendwann kam er zum Ende und wollte seiner Frau angemessen Tribut zollen.

Aber wie ließ sich das alles, was er ihr verdankte und schuldete, möglichst kurz und bündig formulieren? Endlich hatte er es, seine Widmung lautete: *For Rose, who knows why.* Er zeigte Rose das Manuskript, auf dass sie sich an der Widmung erfreue. Sie las laut: *For Rose – Who knows why*?

Viele Sprachen bieten Gelegenheit zu ähnlichen Fehltritten, in fast jedem Satz. In einer Sprache, die nur in einer winzigen Region des Amazonas-Regenwalds gesprochen wird, sind die Wörter für *Freund* und *Feind* identisch, mit Ausnahme einer Änderung der Betonung auf einer Silbe.[16]

Der englische Sprachwissenschaftler John Carrington berichtete von seinen Missgeschicken beim Versuch, eine Bantu-Sprache namens Kele zu erlernen, die in der heutigen Demokratischen Republik Kongo gesprochen wird. Veränderungen in der Tonhöhe machen gewaltige Unterschiede aus. Zu seinem Verdruss konnte Carrington diese Unterschiede aber nicht hören.[17]

Der Klang antiker Sprachen wird für immer unbekannt bleiben. Ganz gleich, wie viele Hieroglyphen die Wissenschaft noch entschlüsselt, wir werden niemals genau wissen, wie es sich anhörte, wenn ein Pharao seine eigene Großartigkeit deklamierte oder eine ägyptische Mutter ihrem Baby ein Wiegenlied sang.

Die Laute des alten Ägypten sind natürlich nicht die einzigen, die wir niemals vernehmen werden.[18] Bis weit in die zweite Hälfte des 19. Jahrhunderts hinein verschwand die Stimme *jedes* menschlichen Wesens mit dem Tod der Person unwiederbringlich für immer. Als früheste Tonaufnahme galt lange Zeit ein Stück aus dem Jahr 1877, als Thomas Edison sich selbst aufnahm, wie er das Kindergedicht »Mary Had a Little Lamb« rezitierte. Edison war sich nicht sicher, wie seine Erfindung nutzbringend eingesetzt werden konnte, allerdings machte er einige Vorschläge – *vielleicht könnten Uhren ansagen, wenn es Zeit fürs Dinner ist?* – aber ihn begeisterte der Gedanke, eine Möglichkeit gefunden zu haben, Laute für die Ewigkeit festzuhalten.[19]

»Dieses Instrument ohne Zunge und ohne Zähne«, schrieb er, »ohne Rachen und Kehlkopf … imitiert deinen Klang, spricht mit deiner Stimme, spricht deine Worte aus, und Jahrhunderte, nachdem du zu Staub zerfallen bist, kann es, für eine Generation, die dich niemals kennen würde, jeden Gedanken, jeden hübschen Einfall, jedes sinnlose Wort, das du gegen dieses eiserne Zwerchfell flüsterst, immer und immer wieder wiederholen«.[20]

Wie sich jedoch herausstellte, war Edison *nicht* der Erste, der ein Flüstern mit einem eisernen Zwerchfell aufnahm. Im Jahr 1860 sang eine unbekannte Frau einen Vers aus dem französischen Volkslied »Au Clair de la Lune«, und wir haben diese Aufnahme vorliegen. Sie dauert bloß zehn Sekunden, aber wir können sie hören, bis auf den heutigen Tag.[21]

Der französische Erfinder, der das bewerkstelligt hat, ein Schriftsetzer und Tüftler namens Édouard-Léon Scott de Martinville, wusste nicht, dass er den *Klang* einer weiblichen Stimme aufgenommen hatte, eine Tonaufnahme war noch nicht einmal seine eigentliche Absicht gewesen. Sein Ziel war es gewesen, eine Maschine zu bauen, die Laute in auf Papier niedergeschriebene Muster konvertieren konnte.

Seine Mission hatte Erfolg, und über ein Jahrhundert lang lagen die von ihm für die Nachwelt aufbewahrten Kringel stumm auf einer rußigen Seite in irgendeinem vergessenen Archiv herum. Diese Aufzeichnungen wurden erst im 21. Jahrhundert wiederentdeckt.* Bald darauf fand ein Team amerikanischer Wissenschaftler einen Weg, die transkribierten Spitzen und Täler auf dem Papier in hörbare Klänge zu konvertieren. Eine Stimme, die 150 Jahre geschwiegen hatte, sang erneut ihr Lied, recht zaghaft, aber unverkennbar.[22]

Champollion hatte keine derartigen Werkzeuge zur Verfügung, er hatte nichts als seine Intelligenz und sein scharfes Gehör, als er sich durch die Wiederbelebung der Laute antiker Stimmen ackerte. Er konnte gar nicht anders, als sich wieder auf das Koptische zu verlassen, eine reichlich abgewetzte und ramponierte Rettungsleine. Das war sein erstes Problem. Das zweite war nicht minder beängstigend. Jede Sprache wandelt sich im Laufe ihrer Lebensdauer, und im Fall des Ägyptischen hatte diese Lebensdauer eine außergewöhnliche Länge er-

* Der Regisseur Peter Jackson nahm sich kürzlich ein anderes Unterfangen vor: Sein Ziel war es, längst verschollenen gesprochenen Worten neues Leben einzuhauchen. Jackson holte sich Hilfe von Lippenlesern, die Archivmaterial von Soldaten aus dem Ersten Weltkrieg akribisch unter die Lupe nahmen. So konnten sie die Worte (wenn auch nicht die Stimmen) rekonstruieren, die vor mehr als einem Jahrhundert verlorengegangen waren. Jacksons Dokumentarfilm *They Shall Not Grow Old* kam im Jahr 2018 heraus.

reicht. Die Herausforderung für Champollion bestand also nicht nur darin, dass er mit einer toten Sprache klarkommen musste. Er musste mit einer toten Sprache klarkommen, die sich im Verlauf von über *dreißig* Jahrhunderten gewandelt und weiterentwickelt hatte.

Überlegen Sie einmal, wie sehr sich das Englische innerhalb einer viel kürzeren Zeitspanne gewandelt hat. Hier kommt eine berühmte Passage, niedergeschrieben in Altenglisch um das Jahr 1000 n. Chr.: *Fæder ure, ðu ðe eart on heofnum, Si ðin name gehalgod.* Man muss als englischer Muttersprachler schon ziemlich genau hinhören, um darin den Anfang des Vaterunser zu erkennen: *Our Father, which art in heaven, hallowed be thy name.23*

Auch *Beowulf* wurde in Altenglisch geschrieben, und ebenfalls um das Jahr 1000 unserer Zeitrechnung. Das ist zehn Jahrhunderte her. In ägyptischen zeitlichen Maßstäben betrachtet wäre *Beowulf* damit gewissermaßen ein Nachbar, der gleich um die Ecke zu Hause ist. *Beowulf* sollte nahezu so leicht zugänglich sein wie *Der Da Vinci Code*. Aber jenes große Epos ist für uns heute praktisch unverständlich.[24] Die erste Zeile lautet: *Hweat we gardena in gear dagum*, was bedeutet: *Hark! The Spear-Danes, in earlier days* (Zu Deutsch: *Hört! Denkwürd'ger Taten von Dänenhelden*).

Ein genauerer Blick verrät, dass Altenglisch für uns zumindest nicht *komplett* im Dunkeln liegt. Einige Worte sind so etwas wie komprimierte Poesie. Das altenglische Wort für *body* (Körper) ist zum Beispiel *banhus*, für *bone house* (Knochenhaus).[25] Die *See* ist ein *hronrad*, nicht eine riesige und leere Wasserfläche, sondern eine *whale-road,* eine Straße für Wale. Eine *Bibliothek* ist ein *book-hoard,* ein Hort der Bücher. Ohne Anleitung wären wir allerdings rettungslos verloren. »Wir rezitieren mit Vergnügen den Kindervers ›Hickory, Dickory, Dock‹«, schreibt der Linguist John McWhorter, »ohne die leiseste Ahnung zu haben, dass dies die Zahlen acht, neun und zehn in dem Keltisch sind, das von der Urbevölkerung Britanniens gesprochen wurde, die die Angeln, Sachsen und Jüten einst hier antrafen«.[26]

Champollions Aufgabe bestand darin, solche tief verborgenen Anhaltspunkte aufzuspüren. Tag für Tag saß er an seinem Schreibtisch und rezitierte Schnipsel mit antikem Ägyptisch, wohl nicht immer freudvoll, doch immer auf der Suche nach schwachen, irgendwie vertrauten Echos.

28

Statistische Häufung

In den frühen Tagen seiner Mission hatte sich Champollion am griechischen Teil des Steins von Rosette orientieren können. Diese Vorgehensweise hatte glanzvolle Trophäen eingebracht – dramatische Wörter wie *König* und *Gott* und *Dekret* und *Priester.*

Seine Entschlüsselung eines der königlichen Titel des Ptolemaios zeigt, wie er vorging. Mehrere Kartuschen auf dem Stein von Rosette enthielten Ptolemaios' Namen gefolgt von mehreren weiteren Hieroglyphen. *Wie waren diese zusätzlichen Zeichen zu lesen?*

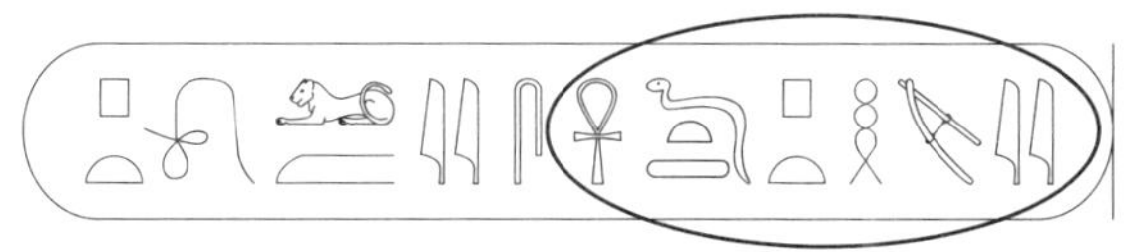

Eine Kartusche, die mit Ptolemaios' Namen begann und dann noch mehrere weitere Zeichen enthielt. Champollion machte sich daran, diese zusätzlichen, hier durch das Oval gekennzeichneten Hieroglyphen zu entschlüsseln.

Nun denn, der griechische Text auf dem Stein sprach von Ptolemaios als »Der ewig Lebende, geliebt von Ptah«, also schien das ein vernünftiger Ausgangspunkt zu sein.

(Ptah war der wichtigste Gott der Stadt Memphis.) Dann musste man nur noch die Leerstellen ausfüllen und ein paar wohlbegründete Vermutungen anstellen.

Das koptische Wort für *Leben* oder *lebend* war beispielsweise *anch*, und das korrespondierte vermutlich mit der ersten dieser »extra« Hieroglyphen. (Bis heute kennt niemand den Ursprung des *anch*-Symbols).[1] Das *anch* kommt auch in *Tutanchamun* vor; der Name bedeutet *das lebende Abbild des Gottes Amun*.

Als Nächstes folgten in der Ptolemaios-Kartusche mehrere Hieroglyphen – eine Schlange, ein Halbkreis und ein schmales Rechteck –, die so etwas wie *immer* oder *ewig* oder *Ewigkeit* bedeuten sollten, auf Koptisch *djet*.[2] Und da Champollion bereits wusste, dass die Halbkreis-Hieroglyphe dem *T* entsprach, konnte er folgern, dass die Schlange wie ein stimmhaftes *dsch* ausgesprochen wurde (also ungefähr wie das *G* in *Germany*).

Auch wusste er bereits, dass die nächsten zwei Hieroglyphen – das Quadrat und der Halbkreis – für P und T standen, und er kannte das griechische Wort für Ptah. So ließ sich leicht erraten, dass die nächste Hieroglyphe in der Reihe, dem H entsprechen musste.

Champollion spielte das Ganze konsequent bis zum Ende durch, bis er beinahe sämtliche funkelnden Juwelen auf dem Stein von Rosette freigelegt hatte. Dann wandte er seine Aufmerksamkeit anderen Texten und, nicht minder wichtig, anderen Arten von Anhaltspunkten zu.

»Man braucht große, wichtige Wörter, um zu einer Hypothese darüber zu gelangen, welche Buchstaben was sind«, sagt der Linguist Amir Zeldes.[3] »Aber es bleibt nur eine Hypothese. Ein einziges großes Wort ist nicht genug, um das ganze Geheimnis zu knacken. Für eine Vermutung ist es gut und schön. Worum es wirklich geht, ist *Häufigkeit.* Man braucht etwas, das ständig vorkommt.«

Wollte man versuchen, einen auf Englisch geschriebenen Text zu entziffern, erläutert Zeldes, wäre man begeistert, wenn man Wörter wie *Freiheit* und *Präsident* herausgefunden hätte. Das sind Wörter mit Gewicht, und sie könnten den Weg zu weiteren gewichtigen Wörtern weisen. Wenn man zum Beispiel *Freiheit* identifiziert hätte, ließen sich vielleicht weitere Wörter finden, in denen ein *T* vorkommt. Man wäre einen Schritt weiter bei der Entschlüsselung von Wörtern wie *Treue* oder *Schlacht.* Aber das sind eher seltene Wörter.

»Na prima, dann haben wir also eine Theorie über drei Wörter«, meint Zeldes sarkastisch. »Entweder du liegst richtig oder du liegst falsch. Das ist aber nicht das Ziel, denn was willst du damit anfangen? Du brauchst statistische Häufung. Du brauchst Dinge, die total oft vorkommen, wo dann alles plötzlich einen Sinn ergibt und du sagen kannst, ›Oh! Ich hab's!‹«

Zeldes ist jung, schlank, er redet schnell, und er ist eine Autorität für die koptische Sprache. Und noch wichtiger: Er hat ein seltenes Händchen für den fliegenden Wechsel zwischen grundlegender Erkundung winziger Details und dem hochfliegenden Überblicken des großen Ganzen. Er ist Ameise und Adler in einer Person.

Ein Wort wie *Freiheit* oder *Treue* zu finden ist ebenso aufregend wie überraschend, sagt er, wie bei einer Wanderung durch die Wälder auf einen Wasserfall zu treffen.

Es kann sich jedoch als wesentlich wichtiger erweisen, weit weniger eindrucksvolle Dinge zu erspähen, etwa das aufgemalte blaue Quadrat an Bäumen, das den richtigen Wanderweg markiert, denn diese bescheidenen Markierungen weisen den Weg zu weiteren Schätzen.

Was Sie wirklich brauchen, sind Wörter, die ständig wiederkehren, wie *der/die/das* oder *ein* oder *von* oder *oder*. Wenn Sie z.B. den bestimmten Artikel haben, ist das nächste Wort mit einer gewissen Wahrscheinlichkeit ein Substantiv. Und schon eine grobe Vorstellung von dem, was Sie suchen, macht das Ratespiel deutlich einfacher.

Deshalb macht sich der kenntnisreichste Entschlüssler, wenn er über einem antiken Text brütet, in genau der gleichen Weise an die Arbeit wie der blutigste Amateur, der sich als Langstreckenpendler im Zug mit einem Akrostichon in der Zeitung die Zeit vertreibt. Die Herausforderung bei einem Akrostichon besteht darin, ein Zitat zu erkennen. Sie bekommen eine Reihe von Hinweisen und eine Reihe von Lücken, eine für jeden Buchstaben des Zitats. Der Trick besteht darin, mit den kürzesten Wörtern zu beginnen. Wenn Sie im Englischen eine für sich alleine stehende Lücke finden, muss es sich um ein *I* (ich) oder ein *a* (unbestimmter Artikel) handeln. Eine Folge von drei Leerstellen, deren erste ein *t* ist, ist fast sicher der bestimmte Artikel *the*, ein besonders wertvolles Wort.

Amir Zeldes erläutert, wie das bei echten Entschlüsslern funktioniert. »Fragen Sie irgendjemanden, der ein paar Lektionen Koptisch gelernt hat, welches der häufigste Buchstabe im Koptischen ist, und er wird Ihnen sagen, es ist das *N*. Das *N* ist alles Mögliche. Es kann ein Verb sein, eine Präposition, ein Pronomen, es wimmelt nur so von *Ns*. Die häufigste Bedeutung ist allerdings *von*.«

»Und wenn Sie sich die ägyptische Schrift ansehen«, fährt Zeldes fort, »was ist das häufigste Zeichen? Es ist das hier.« Zeldes zeigt auf eine Zickzack-Hieroglyphe, die aussieht wie eine stilisierte Darstellung von Wasserwellen.

𓈖

»Jeder, der schon einmal eine Tempelmauer in Ägypten gesehen hat, wird dieses Wasser-Zeichen erkennen, richtig? Und jetzt raten Sie mal: Es ist ein *N*.«

Zeldes ist inzwischen aufgeregt und ungeduldig. »Das ist es! Bang! Sehen Sie?«

Nun ja, nicht so ganz, um ehrlich zu sein. Aber Champollion sah es.

Champollion hatte sogar zwei wunderbare Dinge auf einmal erkannt. Das erste war die Übereinstimmung zwischen dem häufigsten koptischen Buchstaben und der häufigsten Hieroglyphe. Das waren gute Neuigkeiten, weil es zu Champollions Grundannahme passte, dass nämlich das Koptische vom Ägyptischen abstammt.

Aber das war erst der Anfang. Die entscheidende Einsicht kam aus dem Koptischen selbst. Das *N* war nicht bloß ein Buchstabe, es war auch ein Wort. (In etwa wie der Buchstabe *A* im Englischen, der nicht nur für den Laut steht, sondern auch ein unbestimmter Artikel ist.) Eine der Bedeutungen von *n* war *von*, was ständig auftauchte.

Champollion wusste also, wie *von* in Hieroglyphen geschrieben wurde – man schrieb es durch Zeichnen eines Symbols für Wasser. Anstatt vollkommen blind zahllose Hieroglyphen-Inschriften durchforsten zu müssen, hatte er eine gute Vorstellung davon, wo Substantive zu finden waren, die nur darauf warteten, von ihm entdeckt zu werden. *Herrscher **von** dem Land. Meister **vom** Haus. Klänge **von** der Nacht.*

Und Champollions Kenntnis des Koptischen führte ihn noch zu einer weiteren, ganz ähnlichen Entdeckung. Im Koptischen war das *P* ein Buchstabe, aber das *P war auch ein Wort*. Ja, es war das extrem nützliche Wort für den bestimmten Artikel. Das bedeutete – das war die eigentliche Nachricht –, dass die Hieroglyphe für den Laut *p* für *der/die/das* stehen konnte. (Sie konnte auch für den Laut *p* stehen, wie Champollion ganz zu Beginn seiner Mission herausgefunden hatte, bei der Entschlüsselung von *Ptolemaios*.) Also nichts wie los!

Oder sagen wir lieber: Eile mit Weile, denn genau wie Young gesagt hatte, hatte die Arbeit mehr Ähnlichkeit mit einem Sprung in ein Dickicht aus Dornensträuchern als mit einem Sprint über ein freies Feld. Champollions Strategie war pure Einfachheit. Nachdem er die Grundregeln des Lesens mehr oder weniger gemeistert hatte, machte er weiter, als wäre er der Welt gescheitester Drittklässler, mit einen Stapel Bücher vor sich, die er ganz beliebig aus einem Regal in der Bibliothek herausgegriffen hat.

Überlegen Sie einen Moment, wie schwer das sein würde. Jeder Text würde Zeile für Zeile aus Dingen wie *xxxvonxxxderKönigxxxxxxdasxxx* bestehen. Das Vokabular war mithin die erste Hürde. Für Champollion, der sich nun nicht mehr auf das Griechische stützen konnte, war jeder Satz mit seltsamen neuen Wörtern gespickt. Da gab es Kaufverträge und Steuerbelege, wahrscheinlich jedenfalls, aber auch Mythen und Abenteuergeschichten. Wie konnte man von Wörtern wie *König* und *Priester* zu Wörtern wie *Verlies* oder *Zauberer* oder *Schiffswrack* gelangen?

Durch Vermutungen, aus dem Kontext und durch Bezugnahme auf andere Sprachen. »Vielleicht heißt es, ›Sie waren unterwegs, und dann verfolgte sie *etwas*‹«, erläutert Zeldes. »Du weißt nicht, ob es ein Bär ist oder was auch immer, irgendein wildes, gefährliches Tier eben. Und dann steht da, ›Sie töteten und aßen es.‹ Gut, damit scheidet vielleicht der *Wolf* aus. Einen Wolf werden sie nicht gegessen haben.«

Einige Wörter sind unmöglich zu erraten, ganz gleich wie genau man hinsieht. Diese Sackgassen-Wörter tauchen so oft auf, dass sich Linguisten dafür einen gemeinen fachsprachlichen Begriff ausgedacht haben – *hapax legomenon.* Dieser bezeichnet ein Wort, das bisher erst ein einziges Mal vorgekommen ist. Konfrontiert mit solchen raren Wesen müssen die Wörterbücher des Altägyptischen die Segel streichen. Ein Eintrag könnte dann so aussehen: »Unbekannt. Vermutlich ein religiöses Objekt.«

Solche einmaligen Wörter können höchst ärgerliche Probleme schaffen, und das nicht nur für Ägyptologen. Eine der bekanntesten Zeilen in der Bibel – *Unser täglich Brot gib uns heute* – enthält ein Wort, das Schriftsteller und Übersetzer seit alter Zeit nervt.[4] Das griechische Wort *epiousios*, das üblicherweise mit *täglich* übersetzt wird, kommt im Vaterunser vor, und sonst nirgendwo in der Bibel oder in der griechischen Literatur. (Griechisch war die Originalsprache des Neuen Testaments.) Niemand weiß mit Sicherheit, was es bedeutete, und im Griechischen gab es ein völlig gängiges Wort für *täglich*.

Wenn man sich die Sache aufs Neue ansieht, ist die übliche Übersetzung schwer anzunehmen. Warum *täglich*, wenn im gleichen Satz von *heute* die Rede ist? Und warum etwas so Profanes wie *täglich Brot* anstatt etwas Erhebenderes, gerade wenn man eine weitere Passage bedenkt, die ebenfalls aus der Bergpredigt stammt, nur ein paar Zeilen hinter dem Vaterunser: »Sorget nicht um euer Leben, was ihr essen und trinken werdet«?

Die Gelehrten mühen sich mit diesen Fragen seit 17 Jahrhunderten ab. Eine realistische Sicht auf eine der berühmtesten aller Textstellen in der Bibel wäre doch zutiefst unbefriedigend: *Unser [unbekannt] Brot gib uns heute.**

Shakespeare-Forscher stehen vor ähnlichen Hürden. Shakespeare erfand tausende Wörter, darunter auch

* Die Bibel hat noch weitere solche einmaligen Wörter auf Lager. In einer berühmten Passage aus dem 3. Buch Mose verkündet Gott den Juden, welche Tiere sie essen dürfen und welche verboten sind. Aber eines der »Gräuel« auf Gottes Verbotsliste ist ein Problem. Niemand weiß, was *anakah* bedeutete. Das hebräische Wort im Alten Testament wird herkömmlicherweise mit *Igel* übersetzt, weil es aussieht wie *Igel* im Arabischen, aber das ist nur eine Vermutung. Manche Gelehrten sind der Ansicht, Gott wollte eigentlich Maulwürfe oder Geckos oder Biber oder Mäuse verbieten (Anm. d. Ü.: Maus, Gecko und Maulwurf stehen tatsächlich als »unrein« in der Bibel, 3. Buch Mose 11.29-30).

viele, die heute gang und gäbe sind, etwa *horrid*, *vast* und *lonely*. Einige Wörter jedoch kommen bei ihm nur ein einziges Mal vor, und das in Verbindungen, in denen der Kontext keine Hilfestellung geben kann. In einem seiner historischen Stücke spricht Shakespeare beispielsweise von Soldaten, die in der Schlacht gefallen waren und sagt, sie wären »balk'd in their own blood«[5] (»in eignem Blut geschichtet« in der bekannten Schlegel-Tieck-Übersetzung – Anm. d. Ü.) Kein Mensch weiß, was Shakespeare mit dem Verb meinte. Eine Theorie besagt gar, *balk'd* wäre ein Schreibfehler und müsste eigentlich *baked* heißen.

Wenn Sie es irgendwie geschafft haben, eine ordentliche Portion Wörter herauszufinden, müssen Sie als Nächstes mit den diversen Fallstricken der Grammatik klarkommen. Die einzelnen Bausteine, die die Sätze bilden, können beispielsweise in nahezu beliebiger Reihenfolge stehen. So beklagte Mark Twain, indem die Deutschen das Verb ans Satzende stellten, würden sie aus jedem einzelnen Satz eine Detektivgeschichte machen, bei der man erst im letzten Moment die Auflösung erfährt.[6] (Ein Reformer könnte Abhilfe schaffen, schlug Mark Twain vor, indem er »the verb so far to the front pull that one it without a telescope discover can«. (»das Zeitwort so weit nach vorne rücken, bis man es ohne Fernrohr entdecken kann« heißt es in der Übersetzung, wobei der Witz von Twains Filser-Englisch in der deutschen Wortstellung natürlich verlorengeht.)

Champollion und seine Entschlüsslerkollegen konnten das Koptische als Anhaltspunkt heranziehen, aber die langandauernde Transformation des Ägyptischen zum Koptischen schuf zahllose Gelegenheiten, in Schwierigkeiten zu geraten. Der gängigste Fehler bestand darin, ähnlich aussehende Wörter als tatsächlich mehr oder weniger identische Wörter misszuverstehen. Schüler und Studenten wissen um die Gefahr. *Pies* sind im Spanischen die *Füße*, kein *Gebäck* wie im Englischen. *Blessé* heißt im Französischen *verwundet*, nicht *gesegnet* wie im Englischen. Und *Pain* ist nicht etwa *Schmerz* und *Leid*, sondern *Brot*.

Beim Entschlüsseln (ebenso wie beim Übersetzen), können auch kleine Wörtchen große Probleme bereiten. Das Wort *the* ist berüchtigt. Im Koptischen heißt der *König* beispielsweise *ouro*, und der Grund ist ein Missverständnis im Zusammenhang mit dem bestimmten Artikel. Das koptische Wort für den bestimmten Artikel ist *p*, wie wir bereits wissen. Ein spezielles Merkmal des Koptischen ist überdies, dass Artikel und Substantiv zu einem einzigen Wort zusammengezogen werden – also *dasHaus*, nicht *das Haus*. Koptische Muttersprachler, die das alte ägyptische Wort *Pharao* hörten (ausgesprochen in etwa *pouro*), wussten, dass es sich auf den König bezieht, und nahmen fälschlicherweise an, es bestehe aus Artikel und Substantiv, also *der* plus *König*, bzw. *p* plus *ouro*.

Ähnliche Fehler erwachsen auch immer wieder um den bestimmten Artikel in den modernen Sprachen. Das Wort *Alligator* fand über das Spanische den Weg ins Englische und Deutsche, weil die Leute das spanische *el lagarto* (= die Eidechse) nicht richtig verstanden und den spanischen Artikel *el* vorne an das Wort anfügten.7 Englischen Muttersprachlern war nicht klar, dass sie sozusagen ein *the* verschluckt und aus zwei Wörtern eines gemacht hatten. Arabische Muttersprachler begingen den gleichen Fehler in umgekehrter Richtung, diesmal war das Opfer *Alexander der Große*. Der Name *Alexander* klingt, also würde er mit dem Artikel *al* beginnen, wie es bei vielen Namen im Arabischen der Fall ist, und so wurde der Name des Eroberers bisweilen zu *al-Exander*. (Wir können es nicht besser und bezeichnen bis heute den berühmten maurischen Palast in Granada als *die Alhambra*, was eigentlich *die die Hambra* bedeutet.)

Champollion mühte sich also immer weiter, kämpfte sich nach besten Kräften durch die Texte und wurde immer wieder von unbekannten und seltenen Wörtern heimgesucht. Dann machte er eine Entdeckung, die ihn auf seinem Weg nach vorne katapultierte. Nach Einschätzung des Ägyptologen John Ray war dies Champollions größte einzelne Errungenschaft.[8]

29

Ein Paar gehender Beine

Champollions neueste Erkenntnis war, einfach ausgedrückt, dass bestimmten Hieroglyphen, die ganz gewöhnlich aussahen, in Wirklichkeit eine besondere Rolle zukam. Er bezeichnete diese Sonderzeichen als »Determinativa« (Bestimmungszeichen), weil sie halfen, die Bedeutung einer Folge von Hieroglyphen zu bestimmen.[1]

Die Determinativa lieferten dem Leser Hinweise – *diese Hieroglyphen bezeichnen eine Stadt* oder *das ist ein königlicher Name* oder *das ist ein Verb* –, wurden aber nicht gesprochen. Eine Art von Hinweis war besonders hilfreich. Da die ägyptische Schriftsprache die Vokale weglässt, gibt es Unmengen von Wörtern, die ähnlich oder gleich aussehen, aber völlig unterschiedliche Bedeutungen haben. (*Braut* und *Brot* wären nicht zu unterscheiden, wenn das Deutsche die Vokale weglassen würde.) Die Hieroglyphen, die die ägyptischen Wörter für *Steuer* und *Pferd* und *Zwilling* ausbuchstabieren, haben die gleichen Konsonanten und sehen daher exakt gleich aus. *Schöne Frau* ist im Hieroglyphen-Alphabet *nfrt* – das Wort für *Kuh* sieht genau identisch aus.

Die ägyptische Lösung bestand darin, einem mehrdeutigen Wort ein Determinativ nachzustellen. *Alt* und *Lobpreisung* sehen identisch aus, aber auf die Hieroglyphen für *alt* folgt eine Hieroglyphe, die einen alten Mann zeigt, der am Stock geht; der *Lobpreisung* ist das Bild eines Mannes nachgestellt, der seine Hände in Ehrerbietung erhebt. Ähnliches gilt für *Treppe* und *Fuß;* auch hier sind die Konsonanten identisch, ebenso bei *Bruder* und *Pfeilspitze* und zahllosen weiteren.

Insgesamt geht die Zahl der Determinativa in die Hunderte, und ohne sie kommt man nicht sehr weit. Wenn Schüler und Studenten ihre ersten Lektionen in Altägyptisch lernen, beginnen sie mit dem Auswendiglernen von zwei Dutzend gängigen Hieroglyphen, die bestimmte Laute darstellen, und pauken dann erst einmal mehrere Dutzend Determinativa.

Einige davon sind nicht schwer zu erraten. Die Zeichnung eines Nilpferds bedeutet *Nilpferd*, und ein auf dem Kopf stehendes Strichmännchen bedeutet *umgedreht.* Ein typisches Determinativ, etwa eine Hieroglyphe, die ein *Segel* zeigt, deutet eine ganze Kategorie an – *Brise* und *Wind* und *Atem* und *Sturm* –, nicht nur ein einzelnes Wort.

Einige Determinativa sind recht hübsch. Das Determinativ für *Katze* zeigt eine sitzende Katze mit aufgerichteten Ohren, zugleich wachsam und stolz. Das Wort für *Katze* besteht aus vier Hieroglyphen, die letzte davon ist das entsprechende Determinativ (die erste ist, ein glücklicher Zufall, ein Schälchen Milch). Die Hieroglyphen werden *Miau* ausgesprochen, und diese Entdeckung muss Champollions Selbstvertrauen bei seiner Entschlüsselungsmission bestärkt haben.[2] In ähnlicher Weise ist das Determinativ für *Esel* das Bild eines Esels, und gesprochen klingen die Hieroglyphen ungefähr wie *I-Aah*.

Viele Determinativa erlauben Einblicke in die ägyptische Kultur. Eine Darstellung von *Haar* steht beispielsweise nicht nur für *Haar*, sondern auch für *Witwe* sowie für das Verb *trauern*, vermutlich weil sich Trauernde in ihrem Schmerz die Haare rauften.[3]

Manche dieser Einblicke enthüllen auch finstere Szenarien. Das Determinativ für *Feind* ist z.B. ein Mann auf Knien, die Hände hinter dem Rücken gefesselt.[4] Dasselbe Determinativ bedeutet auch *Rebell*. Die unmissverständliche Botschaft dieses Begriffspaars war, dass sich gemäß der natürlichen Ordnung der Dinge *alles und jeder* Ägypten zu beugen hatte.

Ähnlich vielsagend: Dasselbe Determinativ konnte entweder *lehren* oder *schlagen* bedeuten. (»Ein Junge trägt die Ohren auf dem Rücken«, hieß es in einem ägyptischen Sprichwort, »und wenn er geschlagen wird, hört er besser zu.« In der Übersetzung heißt es an der Stelle lediglich: »Außer unzähligen übrigens sehr gesunden und vernünftigen moralischen Vorschriften …« Anm. d. Ü.)[5]

Allerdings ist Vorsicht angebracht, wenn es darum geht, aus Determinativa Schlussfolgerungen über das ägyptische Alltagsleben zu ziehen. Jede Sprache teilt die Welt in Schubladen ein, und viele davon sind für den Außenstehenden überraschend, um nicht zu sagen irritierend. (Ein berühmtes Buch über die Linguistik trägt den Titel *Women, Fire, and Dangerous Things*, weil alle drei in Dyirbal, einer Sprache der Aborigines in Australien, zur gleichen Kategorie gehören.) Ausgehend von grammatikalischen Regeln Schlussfolgerungen über Kulturen zu ziehen ist eine beständige Verlockung – in zahllosen

Büchern wird beispielsweise angemerkt, dass unterschiedliche Kulturen den Regenbogen auf unterschiedliche Weise aufteilen, mit der Schlussfolgerung, sie würden die Welt unterschiedlich *sehen* – allerdings sollte man dieser Verlockung besser widerstehen.

Im Deutschen ist die *Gabel* weiblich, der *Löffel* männlich und das *Messer* ein Neutrum. Das Mädchen ist ein Neutrum, die *Rübe* dagegen weiblich. Verrät uns dies irgendetwas über das Alltagsleben in Deutschland? Oder nehmen wir die Navajo-Sprache.[6] Objekte, die lang und starr sind (Bleistifte und Stöcke etwa) verlangen nach einem bestimmten Wortstamm. Lange, aber flexible Objekte (z.B. Schlangen und Fäden) erfordern einen anderen Stamm. Körnige Dinge (z.B. Salz oder Zucker) besitzen einen eigenen Wortstamm, dasselbe gilt für schleimige, glibbrige Dinge (Schlamm oder Pudding zum Beispiel). All dies macht das Erlernen von Navajo für Außenstehende unglaublich schwierig, bietet uns aber schwerlich einen Einblick in die Kultur der Navajo.

Die Moral von der Geschicht' – für Champollion und andere Entschlüssler – bestand darin, dass es sich im ganz und gar anderen Ägypten empfahl, Determinativa lieber auswendig zu lernen als kulturhistorisch zu analysieren.

Mit ägyptischen Determinativa wenig anzufangen war nicht schwer. Determinativa für Verben waren beispielsweise oft schwieriger zu entschlüsseln als solche für Substantive, weil Handlungen schwerer bildlich zu erfassen waren. Ein Determinativ, das ein Paar gehender Beine zeigte, bedeutete *jagen* und *gehen* und *eilen* (allerdings auch *verweilen* und sogar *stoppen*). Ideen waren noch schwerer abzubilden. Dennoch gab es ein Determinativ – ein Bild – für Dinge, die sich nicht in Bilder fassen ließen. Eine Zeichnung einer zusammengerollten Papyrusrolle signalisierte eine Abstraktion, wie etwa *Schreiben.*

Das klingt vielleicht nach einem sonderbaren und komplizierten System – und das war es auch. Allerdings bedienten sich auch einige Formen der Keilschrift ähnlicher Strategien, und wenngleich das Englische nicht unmittelbar vergleichbar ist, kommen ein paar unserer typographischen Regeln der Sache doch recht nahe.[7]

Wenn fremdsprachliche Begriffe wie z.B. *coup d'état* oder *jihad* erstmals im Englischen auftauchen, werden sie in der Regel durch Kursivschrift gekennzeichnet – ebenfalls eine Form des Determinativs. Wenn sich die Begriffe eingebürgert haben, lässt man die Kursivschrift wieder weg. Ähnliches gilt für die Verwendung von Großbuchstaben (die das *Weiße Haus* von einem gewöhnlichen *weißen Haus* ebenso unterscheiden wie den Namen *Frank* vom Adjektiv *frank*).

Ein »stummes *E*« fungiert ebenfalls als eine Art Determinativ – es sieht aus wie ein ganz normaler Buchstabe, wird aber nicht gesprochen: Es soll anzeigen, wie *andere* Buchstaben gesprochen werden. Dieses winzige Stück Code verwandelt *hat* (Hut) in *hate* (Hass). Das gesprochene Englisch kennt ebenfalls so etwas wie Determinativa. *Do you mean* funny ha ha *oder* funny peculiar*?*

Young hatte als Erster ein Determinativ erspäht (für *Gottheit weiblich*, dem Namen einer Göttin oder Königin nachgestellt), und ebenso hatte er als Erster erkannt, dass viele Hieroglyphen Laute abbildeten. Aber er ist der Sache nicht weiter nachgegangen, und es war Champollion, der erkannte, dass jeder Hieroglyphentext voller Determinativa steckte.

Sobald einem jemand das System erklärt, ist es gar nicht so schwer zu verstehen. Aber überlegen Sie, was Champollion herauszufinden gelungen war. (Weder ihm noch Young war jemals eine andere Schrift zu Gesicht gekommen, die Determinativa nutzte.)

Er hatte Jahre vorher herausgefunden, dass Hieroglyphen für einen Laut stehen konnten, wie das *p* in *Ptolemaios* oder das *l* in *Cleopatra*. Er hatte gezeigt, dass Hieroglyphen für die Objekte stehen konnten, die sie abbildeten, wie *Sonne* oder *Waffe*. Er hatte gezeigt, dass sie Bilderrätsel sein konnten, wie im Fall *Ente/Sohn*.

Nun hatte er eine weitere Nutzungsmöglichkeit ins Gespräch gebracht. Eine Hieroglyphe könnte exakt wie irgendeine andere Hieroglyphe aussehen und dennoch lediglich als stummer Anhaltspunkt für die Bedeutung *anderer* Hieroglyphen fungieren.

Und wenn Champollion damit richtig lag, waren die Determinativa kein exotisches Merkmal, das nur in ganz seltenen Konstellationen vorkam. Nein, sie waren allgegenwärtig, und erst wenn man sie wirklich durchschaut hatte, konnte man hoffen, dass die Texte, die man in Augenschein nahm, einen nicht aufs Glatteis führten.

Das war eine bemerkenswert kühne Aussage. Das »stumme *E*« ist eine Art Beiwerk, hübsch anzusehen, aber gewiss nicht wesentlich, so wie die Heckflossen bei Oldtimern. Und nun kam Champollion daher und behauptete, Determinativa wären entscheidende Elemente im Gesamtgefüge der ägyptischen Sprache.

Denken Sie noch einmal an einige der Determinativa, denen wir bereits begegnet sind – ein alter Mann steht für *alt*, oder eine Katze steht für *Katze*. Ohne Kenntnis über das Wesen von Determinativa würden die Hieroglyphen mit dem alten Mann oder der Katze einfach überflüssig erscheinen, zusätzliche Symbole, die einen Text nur vollstopfen, der größtenteils auch ohne sie Sinn ergeben würde. Und wenn sie für Laute standen – wie die meisten Hieroglyphen –, dann tauchten diese Laute an Stellen auf, wo sie nicht hingehörten. *Was soll die Katze da?*

Für den Entschlüssler, der nicht recht wusste, wie es weitergehen sollte, schienen solche Beispiele einen entmutigenden Beleg dafür zu liefern, dass irgendetwas faul war. Aber sobald der Code geknackt war, wurde aus dem Mysterium von gestern die Bekräftigung von heute. Das Determinativ einer Katze am Ende des Wortes *Katze* schien nun Zuspruch zu kommunizieren – *Genau, Katze! Siehst du es nicht? Katze, um Himmels willen! Wie viel deutlicher soll ich mich denn noch ausdrücken?*

Arbeiten in der modernen Ägyptologie halten eindeutig fest, wie wichtig Determinativa in Wirklichkeit sind. Wie sich zeigt, ist ungefähr jede fünfte Hieroglyphe ein Determinativ.[8] Aber die Determinativa hatten noch ein weiteres Geschenk anzubieten, über die Information hinaus, zu welcher Kategorie ein Wort gehörte.

Nachdem Champollion die Determinativa überhaupt erst identifiziert hatte, beobachtete er nun, *wo* sie auftauchten. Er erkannte rasch, dass sie am Ende von Wörtern standen. Das war eine weitere entscheidende Erkenntnis.

Zu wissen, wo ein Wort endete und das nächste begann, war absolut grundlegend, aber die Hieroglyphen verbargen diese entscheidende Information, weil es zwischen einzelnen Wörtern weder Leerzeichen noch Satzzeichen gab.

Der Grundgedanke hinter dem Weglassen von Zwischenräumen war zum Teil ein ästhetischer. Das visuelle Erscheinungsbild von Hieroglyphengravuren war beinahe so wichtig wie die Botschaft, die sie vermittelten. In den Augen der Ägypter waren beliebig eingestreute ücken in einer Inschrift so unschön wie Zahnlücken in einem Lächeln.

Nachdem nun die Sache mit den Determinativa geklärt war, ging es rasch weiter voran. Nach vielen Jahrhunderten voller Verwirrung und Mystik war dies umso bemerkenswerter. Bevor sich Young und Champollion ans Werk gemacht hatten, sinnierte ein anderer Ägyptologe des 19. Jahrhunderts, war alles, was mit dem Entschlüsseln von Hieroglyphen zu tun hatte, »als augenscheinlich unlösbares Problem beiseitegelegt [worden], oder als Spielzeug zur Unterhaltung der Pedanten.«[9]

Nun war das Bild nahezu vollständig.

30

Saubere Kleidung und weiche Hände

Champollion war bereits 1824 weit jenseits seines *Briefs an Monsieur Dacier* vorangeschritten. Anstatt eines kleinen Büchleins stellte er inzwischen ein dickes neues Buch zusammen, geschmückt mit Abbildungen und einem eindrucksvollen Titel, *Précis du système hiéroglyphique des anciens Égyptiens.*

Diesmal ließ er jede Schüchternheit beiseite. Tausende Jahre, bevor die ersten griechischen oder römischen Reisenden ihren Fuß auf die Gestade Ägyptens setzten, hatten ägyptische Schreiber, so zeigte er, bereits ein ausgeklügeltes Schriftsystem entwickelt, mit dem alles möglich war, auch das Abbilden von Lauten in Form von Symbolen.

Das System ist kompliziert, aber beherrschbar, und in vielerlei Hinsicht auch nicht viel eigenartiger als Englisch. Im Zentrum des Systems gibt es 26 Hieroglyphen, von denen jede einzelne für einen bestimmten Laut steht. Da gibt es das , das für den Laut p in Ptolemaios stand, das für das l in Cleopatra. Eine Eule stand für den Laut m, eine Viper für das f, eine Hand für das d, und mehrere Hieroglyphen entsprechen Lauten, die im Englischen nicht vorkommen (ein Wollknäuel bildet den Laut ch wie in Loch Ness ab).

Sehen Sie sich die folgende Kartusche an, die den Namen *Tutanchamun* buchstabiert. (Kartuschen konnten vertikal oder horizontal verlaufen. Die Wahl war eine reine Gestaltungsfrage, genau wie ein Café oder ein Restaurant seinen Namen für Werbezwecke waagrecht oder senkrecht an einer Wand anbringen könnte. Vertikale Kartuschen waren von oben nach unten zu lesen.)

Rechts in der Mitte sehen wir ein Wachtelküken, flankiert von zwei Halbkreisen (diese stellen Brotlaibe dar). Der Brotlaib steht für den Laut *t,* wie in *Ptolemaios.* Die Wachtel steht für das *u. T-u-t. Tut!*

Ägyptens etwas über zwei Dutzend Hieroglyphen, mit ihren Löwen und Eulen und Brotlaiben, bilden eine Art Alphabet. Heutzutage suchen sich Schüler im Klassenzimmer und in Museumsprogrammen in aller Welt ihre Symbole zusammen und schreiben den eigenen Namen in Hieroglyphen. Eifrige Hände zeichnen aufgeregt *Grace Newman* und *Lee Crawford* und andere Namen aufs apier, die jedem ägyptischen Schreiber einiges Kopfzerbrechen bereitet hätten.

Aber diese 26 Hieroglyphen sind nicht die ganze Geschichte (selbst wenn wir die Determinativa für den Moment ignorieren). Weitere gut achtzig Hieroglyphen stehen für jeweils *zwei* Konsonanten. Eine Hieroglyphe, die aussieht wie eine Schüssel, steht beispielsweise für die Buchstaben *nb* (qua Konvention *neb* gesprochen). Das ist definitiv eigenartig, da das Alphabet ja bereits passende Hieroglyphen für *n* und *b* im Angebot hat. Warum dann nicht diese beiden verwenden, sondern ein drittes, eigentlich redundantes Symbol?

(Wenn es sich im Englischen ebenso verhielte, hätten wir nicht nur ein Alphabet, sondern noch eine ganze Sammlung weiterer Symbole. Dann könnte z.B. das Zeichen ϒ für die Buchstaben dg stehen, und man würde das Wort dog (Hund) entweder als dg schreiben (Vokale würden weggelassen, wie im Ägyptischen) oder, zur Abwechslung, als ϒ).

Diese Idee mit Symbolen, die für ein Konsonantenpaar stehen, war so ausgefallen, dass Champollion sie glatt übersah. Einer seiner entscheidenden Erfolge war das Entschlüsseln der Hieroglyphen , die das Wort Ramses buchstabierten. Aber Champollionglaubte, das Symbol wäre ein M. Das war es aber nicht, es stand für MS. (Das Symbol bildete drei zusammengebundene Fuchspelze ab; diese Pelze waren Glücksbringer, wie die Hasenpfote, und sollten Frauen bei der Geburt beschützen.) Champollions Fehler brachte ihn nicht aus der Spur, weil zum Glück die nächsten zwei Hieroglyphen den Laut s abbildeten, so hatte er am Ende die Konsonanten von Ramses (im Englischen: Ramesses) beisammen, obwohl ihm auf dem Weg dorthin ein kleiner Lapsus unterlaufen war.

Aber auch das ist noch lange nicht das Ende der Geschichte. Manche Hieroglyphen stehen für jeweils drei

Konsonanten (Das Symbol für anch – ☥ – ist ein solches. Sehen Sie sich noch einmal die Tutanchamun-Kartusche an. Von rechts nach links lesend sehen wir in der Mitte der Kartusche die erste Hälfte des Pharaonennamens – Tutanch.) Zum Glück sind 3-Konsonanten-Hieroglyphen deutlich seltener als 2-Konsonanten-Hieroglyphen. Trotzdem mussten Menschen, die Schreiber sein wollten, nicht nur die gut zwei Dutzend Hieroglyphen eines Alphabets beherrschen, sondern noch hunderte weiterer Zeichen.

Auf westliche Augen, die an eine Schrift auf der Basis eines sauber geordneten Alphabets gewöhnt sind, wirkt all dies beinahe abartig kompliziert. Wir wissen jedoch, dass die Ägypter die Möglichkeit eines Alphabets durchaus auf dem Schirm hatten. Sie sahen genau, worum es dabei ging, rümpften abfällig die Nase und gingen ihres Weges.

Das erste bekannte Alphabet wurde – in Ägypten – um das Jahr 1900 v.Chr. unweit der Stadt Theben erfunden. Dort fanden Archäologen auf Kalksteinklippen an einem Ort namens Wadi-el-Hol (»Schlucht des Schreckens«) in den Kalkstein geritzte Inschriften. Diese Gravuren sind Hieroglyphen, aber in einer vereinfachten, leicht zu beherrschenden Form. Die Funde sind recht aktuell: Sie stammen aus dem Jahr 1999.[1]

Die Schreiber, die diese antiken Zeichen in die Felsen ritzten, waren keine Ägypter, sondern Fremde, die sich zufällig in Ägypten aufhielten. Manche Historiker sprechen von Soldaten, andere von Händlern, jedenfalls erkannten sie unmittelbar die Vorzüge des Schreibens und entwarfen ein Alphabet, das auf Hieroglyphen basierte.

»Es wäre zu viel von ihnen allen erwartet gewesen, das Ägyptische und das komplexe Schriftsystem der Hieroglyphen zu erlernen, das nur wenige Menschen gut beherrschten, selbst unter den Ägyptern selbst«, schreibt die Historikerin Amalia Gnanadesikan. »Also schufen sie ihren eigenen Rohbau aus einkonsonantischen Zeichen, gestaltet nach dem Vorbild der ägyptischen Zeichen. Das war quasi die Version ›Schreiben für Dummies‹, befreit von dem ganzen komplexen und redundanten Ballast, heruntergebrochen auf etwas, das auch ein ungebildeter Soldat in ein paar Lektionen begreifen konnte.«[2]

Das war eine kolossale Errungenschaft: Diese Pioniere schnappten sich eines der machtvollsten jemals entwickelten Werkzeuge, nahmen es der Elite aus den Händen und gaben es den einfachen Leuten. Nach Ansicht der meisten Historiker hat jedes Alphabet, das danach folgte – von Phönizien über Griechenland und Rom und dann weltweit – seine Wurzeln in diesem ersten Patchwork-Vorfahren auf Hieroglyphenbasis. (Wie wir bereits gesehen haben, stellte Champollion genau diese Behauptung in seinem *Dacier*-Vortrag auf, und heute ist diese These allgemein akzeptiert.)

Ägyptens Schreiber hielten sich, einigermaßen herablassend, damit gar nicht weiter auf. Mit einem derart schludrig zusammengeschusterten System brauchte man sich ja wohl nicht ernsthaft abzugeben. »Für die ägyptischen Schreiber muss das seltsam ausgesehen haben«, fährt Gnanadesikan fort.[3] »Schon für ein einziges beliebiges Wort brauchte es mehrere Zeichen – wie ineffizient! Die Buchstaben mussten nicht in Kästchen gruppiert werden, sondern konnten einfach einer nach dem anderen in einer Zeile herumstehen – wie hässlich! Und es gab nichts in der Schreibweise eines Wortes, das unmittelbar auf die Bedeutung des Wortes schließen ließ – kein piktographischer Anhaltspunkt, kein Determinativ – nein, das Wort musste mühselig lautlich buchstabiert werden, bevor es einen Sinn ergeben konnte – wie umständlich!«

Mehr als tausend Jahre danach experimentierte Ägypten ein weiteres Mal mit einem Alphabet. Das Experiment scheint von Ägyptens erster Begegnung mit den Griechen und deren Alphabet angeregt worden zu sein. Dem Beispiel der Griechen folgend ließen Ägyptens Schreiber fast alle ihre Hieroglyphen links liegen und behielten nur jene, die einzelnen Lauten entsprachen. Aber auch diese Reform war nur von kurzer Dauer.

Das war keine reine Frage von Sturheit. Überraschenderweise war, wie ein moderner Historiker anmerkt, die ägyptische Schrift in der traditionellen, ineffizienten Schreibweise »viel leichter lesbar« als in dem neuen, abgespeckten Stil.[4] Ein Alphabet »opferte die Lesbarkeit zugunsten der Einfachheit«.[5] Das neue System war einfach zu erlernen, aber schwer zu lesen.

Wie konnte das sein? Es lag daran, dass die gleichen Merkmale, die das Entschlüsseln der Hieroglyphen so schwierig machten – unterschiedliche Zeichen konnten z.B. für den gleichen Laut stehen, oder ein einzelnes Zeichen konnte je nach Kontext verschiedene Bedeutungen annehmen –, am Ende das Lesen *einfacher* machten, weil man eine Vielzahl von Hilfsmitteln hatte, an denen man sich orientieren konnte.

Wenn Sie einen Anhaltspunkt übersahen, erkannten sie eben den nächsten. (Wenn das Englische so funktionieren würde, dann würde das Wort *today* (heute) heutzutage vielleicht gelegentlich *2day* geschrieben. Ein Leser, der die Buchstaben nicht alle erkennt, würde vielleicht trotzdem das Wort verstehen, weil er die Rolle der *2* in diesem Kontext richtig interpretiert.)

Nehmen wir ein seltsames, aber entscheidendes Merkmal der ägyptischen Schrift, die sogenannten »phonetischen Komplemente«. Das waren Hinweise, die bei der Interpretation von Zwei-Laut-Hieroglyphen hilfreich sind. Sehen wir uns ein weiteres Mal den Namen Ramses an. Wie bereits gesehen, steht das Zeichen 𓄟 für ms. Unmittelbar dahinter setzten die Schreiber das Zeichen 𓋴, die Hierogly-phe für den Laut s. Das 𓋴 war nicht unbedingt nötig, und es wurde auch nicht gesprochen, aber in diesem Kontext bedeutete es: Siehst du, wo ich gerade ms geschrieben habe? Das war auch so gemeint. Vergiss nicht, dass ein s-Laut in 𓄟 enthalten ist. Darauf folgte eine identische Hieroglyphe für den Laut s, und dieses zweite s wurde tatsächlich gesprochen. Wenn man die ganzen Puzzleteile zusammenfügt, erhält man am Ende Ramses (englische Schreibweise: Ramesses), aber es ist auch kein Wunder, dass Champollion das nicht voll und ganz erfasste.

Auch das Englische bedient sich derartiger Redundanzen, wenn auch üblicherweise nicht ganz so augenfällig.

Im Wort *inn* (Wirtschaft, Lokal) beispielsweise wird das zweite *n* nicht gesprochen; es hat einzig und allein die Funktion, dem Leser zu sagen, dass das betreffende Wort nicht die allgegenwärtige Präposition *in* ist. Auch Verkehrsschilder arbeiten mit Redundanz, und das sogar auf recht plumpe Art und Weise. Stoppschilder senden ihre Botschaft gleich auf *drei* Arten (mit dem Wort *Stop*, der roten Farbe des Verkehrszeichens und mit der achteckigen Form), wenngleich jede einzelne dieser drei Kommunikationsarten auch eigenständig funktionieren würde. Ähnliches gilt für das Schild *Vorfahrt achten:* Schon die dreieckige Form bedeutet *Vorfahrt achten*, und zumindest im britischen Sprachraum steht zusätzlich auch noch das entsprechende Wort (*Yield*) auf dem Schild.

»Auf den ersten Blick ist Redundanz verwirrend«, sagt der Koptisch-Experte Amir Zeldes, »weil der natürliche Reflex dir sagt, dass jedes Ding nur eine Bedeutung hat. Aber wenn man diesen Impuls überwindet und das ganze System knackt, öffnen sich quasi sämtliche Schleusen.«[6]

Hieroglyphen waren, wie sich herausstellte, nicht nur redundant, sie waren sogar auf extravagante, geradezu bizarre Weise redundant. Hieroglyphische Schrift ist eine jener intellektuellen Strukturen, genau wie die subatomare Physik, die immer seltsamer werden, je eingehender man sich damit beschäftigt. Das Wort für *Katze* erfordert, wie wir gesehen haben, mehrere Hieroglyphen, darunter auch eine, die tatsächlich eine Katze *abbildet*. Wozu dann überhaupt die anderen, wieso nicht einfach die Katze zeichnen?

Ähnliche Beispiele tauchen überall auf. Das Wort *Schlange* besteht aus fünf Zeichen, und nicht weniger als *drei* davon sind Schlangen. Das wirkt erst einmal völlig unsinnig, so als würden die Engländer das Wort *shortcut* (Abkürzung) *shooorrrtttcut* schreiben.

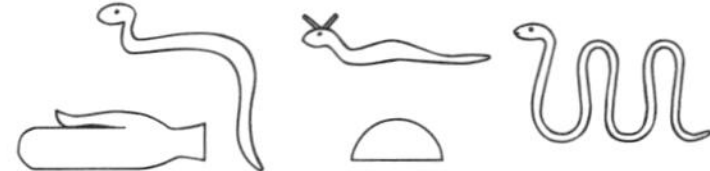

Das Wort Schlange in Hieroglyphen. Die ersten vier Zeichen stehen für Laute. Die lange, rechtwinklig gebogene Schlange, steht für den stimmhaften Laut dsch (wie das G in Germany), die Hand ist das d, die Hornviper ist das f, und der halbe Brotlaib steht für das t. (Das Wort wird ungefähr dschedfet gesprochen.) Die dritte, mehrfach gewundene Schlange ist ein Determinativ, eine stumme Erinnerung daran, dass die gesamte Zeichenfolge eine Schlange darstellt.

Aber Komplexität und Ineffizienz sind Merkmale vieler Schriften, wenn auch vielleicht selten so offenkundig wie im Ägyptischen. Im Englischen kann beispielsweise ein einziger Laut – das lange *u,* auf Englisch gewöhnlich mit *oo* dargestellt – über ein halbes Dutzend verschiedene geschriebene Formen annehmen (man betrachte die Beispielworte: *noodle, new, neutral, gnu, you, lute, fruit, shoe, blue, to*). Im Englischen, aber auch im Deutschen und vielen anderen Sprachen gibt es zahllose Fälle von Wörtern, die im Anlaut gleich klingen, aber unterschiedliche Anfangsbuchstaben haben (Beispiele: *Cat* und *kitten oder feather* und *phone* im Englischen, *Falle*, *Vater* und *Phase* im Deutschen).

Daran stört sich niemand. Gewöhnung erzeugt Trägheit, und wir finden uns fröhlich – die jeweiligen Muttersprachler jedenfalls – mit mehr als merkwürdigen Auswüchsen der Rechtschreibung ab. Ein einst beliebtes Nonsens-Gedicht beschrieb einen ungewöhnlich strengen Winter so: »Although there was no snough / The weather was a cruel fough.« Das Poem beschrieb im weiteren Verlauf die Missgeschicke eines armen kleinen Mädchens, das sich eine Erkältung holte und »coughed until her hat blough ough.«

Es wäre kein Problem, ein effizienteres System zu konstruieren – in Italien und Finnland kennt man so etwas wie Rechtschreibwettbewerbe überhaupt nicht, weil die Wörter einfach so geschrieben werden, wie sie klingen. Kommt es dagegen zu Schriften, wird Effizienz zu einer untergeordneten Priorität. Ägypten beherrschte dreitausend Jahre lang die Welt, und die Hieroglyphen erfüllten in all den Jahren aufs Beste ihren Zweck. China errichtete eine der reichsten und fortschrittlichsten Kulturen, die die Welt je gesehen hat, und – seit bisher 30 Jahrhunderten – hat nie jemand einen Grund gesehen, das schwindelerregend komplexe Schriftsystem dieser Kultur über Bord zu werfen.

Wir neigen dazu, das Alphabet für das ultimative Schriftsystem schlechthin zu halten. Die schwer zu erschütternde Vorstellung dabei ist, dass die Geschichte der Schrift eine lange Kette unausgereifter Ideen sei, die schließlich im Alphabet kulminierten, ganz ähnlich wie jene Evolutionsdiagramme, auf denen eine plumpe Kreatur aus dem Wasser an Land kriecht, gefolgt von einer Reihe unförmiger Affenmenschen, die sich allmählich aufrichten, um am Ende zur vermeintlichen Krone der Schöpfung zu werden, also zu … uns.

Das ist offenkundig falsch. Auch wenn die Schrift gleich mehrfach jeweils eigenständig entwickelt wurde – in China, im Nahen Osten, auf dem amerikanischen Kontinent –, geht die Wissenschaft davon aus, dass das Alphabet nur einmal erfunden wurde und sich von da an über den Globus ausbreitete.[7] Aber der Aufstieg des Alphabets hatte nur wenig mit den ihm eigenen Vorzügen zu tun, sehr viel hingegen mit dem Aufstieg und Fall von Imperien. Hätte die Geschichte einen anderen Verlauf genommen und die Mayas oder die Chinesen hätten Europa erobert, hätten sie ihre auf Zeichen basierten Schriftsysteme den Einheimischen aufgezwungen (zusammen mit Sprache und Gebräuchen). Alphabete wären, Vorzüge hin oder her, in der Versenkung verschwunden.

Das Hieroglyphensystem, so kompliziert, redundant und uneinheitlich es ohne Zweifel war, erlebte dennoch seine Blütezeit. Zum Teil, wie wir gesehen haben, gerade deshalb, weil Hieroglyphen Vorzüge vorweisen konnten, die die Nachteile aufwogen.

Ein Pluspunkt stand über allen anderen. Die Hieroglyphenschrift war ästhetisch ansprechend, und für Schönheit nehmen die Menschen eine ganze Menge in Kauf. In der Hieroglyphenschrift war die Ästhetik mehr als bei vielen anderen Schriften ein entscheidender Aspekt. Das Aussehen triumphierte über den Komfort.

Die Zeichen wurden bisweilen allein aus optischen Gründen in der falschen Reihenfolge geschrieben. Da Symmetrie stets ein wünschenswertes Element war, wurde vielleicht ein niedriges Zeichen zwischen zwei höhere platziert. Oder die Wörter wurden gedehnt oder gestaucht, damit sie in einen gegebenen Raum passten, indem man die Hieroglyphen anders anordnete oder gar einige davon einfach ausließ.

Und obwohl die Determinativa in aller Regel am Ende des Wortes standen, konnte auch diese Regel aus Gründen des Erscheinungsbilds ignoriert werden. Wenn ein Determinativ klein war – wie etwa ⊗, was Stadt bedeutet –, sah es vielleicht hübscher aus, wenn man es in eine Lücke zwischen einige andere Hieroglyphen packte und nicht gleichsam als Anhängsel ans Ende stellte.

Das Umstellen von ein paar Zeichen aus optischen Gründen war jedoch eine Kleinigkeit, vergleichbar den Spielereien mit Schriftarten, wie man sie bei modernen Autoren mitunter findet. Aber ästhetische Überlegungen waren auch zentral für die umfassendsten Fragen im Zusammenhang mit Ägyptens Schriftsystem, etwa die Frage: *Warum so viele (verschiedene) Hieroglyphen?*

Auch hier war die Antwort ästhetisch begründet. Um das Auge anzusprechen, bedurften Hieroglyphen der Verlockung durch Varietät. »Wenn wir nur 26 Hieroglyphen hätten«, schreibt der britische Ägyptologe Bill Manley, »würden hieroglyphische Denkmäler und Monumente tendenziell langweiliger und monotoner wirken.«[8] Die Ägypter machten sich die Mühe »zusätzlicher« Hieroglyphen aus dem gleichen Grund, aus dem Klavierbauer sich die Mühe »zusätzlicher« Tasten machen.

Aus noch einem weiteren Grund – und dieser Faktor war in der Tat sehr wichtig – galt die Komplexität des Hieroglyphensystems in den Augen seiner ägyptischen Nutzer niemals als Minuspunkt: Einfachheit war niemals die Idee des Ganzen gewesen. Lesen und Schreiben waren Spezialkenntnisse im alten Ägypten, und diejenigen, die diese Künste beherrschten, sahen keinen Grund, eine Leiter herunterzureichen, damit andere ihre erlauchten Höhen erklimmen konnten. Die Schwierigkeit der Hieroglyphenschrift war kein Systemfehler, sie war eine bewusst gewählte Eigenschaft.

In der gesamten antiken Welt, ganz gleich, um welche Sprache oder Schrift es geht, war die Fähigkeit des Lesens und Schreibens eine seltene und wertvolle Gabe. Bis ins Mittelalter hatten, von den erfahrensten Gelehrten abgesehen, die Menschen selbst mit kurzen Texten große Mühe und murmelten bei der mühseligen Durchforstung eines Wirrwarrs von Buchstaben die für sie erkennbaren Wörter oder Wortbruchstücke leise vor sich hin. Als Alexander der Große schweigend einen Brief seiner Mutter las, versetzte er damit seine Soldaten in Erstaunen.[9]

Jeder Fortschritt, der das Lesen erleichterte, brauchte Jahrhunderte, um wirklich Fuß zu fassen. (Weder die Griechen noch die Römer legten Wert auf Satzzeichen oder Zwischenräume zwischen einzelnen Wörtern.) Jede Innovation – die Verwendung von Punkten zur Markierung des Satzendes, von Kommas als Pausenzeichen, Fragezeichen, Ausrufezeichen, Absätzen, Großbuchstaben zur Kennzeichnung von Namen und Satzanfang – war eine Schlacht für sich in einem viele Jahrhunderte währenden Krieg.

Selbst eine so simple Idee wie die alphabetische Reihenfolge brauchte ewig, bis sie sich endlich durchgesetzt hatte.[10] Noch zu Shakespeares Zeiten fanden die Leser die Idee schwer zu begreifen. Anno 1604 musste der Autor eines neuen Wörterbuchs eine ermutigende Anmerkung für seine Leser bereithalten. »Wenn Ihr den Wunsch hegt (vornehmer Leser), diese Auflistung sogleich zu verstehen und in bester Weise daraus Gewinn zu ziehen«, schrieb er, »so müsst Ihr das Alphabet lernen, auf dass Ihr die Reihenfolge der Buchstaben kennet, so wie sie hier geordnet sind.«

Der große Vorzug der alphabetischen Reihenfolge – dass sie nämlich alle Wörter gleichberechtigt behandelt – galt einst als tiefgreifender Nachteil. So könnte ja ein *Gemeiner*, ein einfacher Bürger also, vor dem *König* stehen! Andere Wege der Auflistung erschienen da weitaus natürlicher. Bis ins späte 18. Jahrhundert führten Harvard und Yale Listen ihrer Studenten nicht in alphabetischer Reihenfolge, sondern entsprechend ihres gesellschaftlichen Rangs und ihres Wohlstands.

Warum brauchten all diese Veränderungen derart lange? Zum Teil deshalb, weil es ein universell gültiges Gesetz ist, dass Herausforderungen oft unglaublich schwierig zu sein scheinen, bis zu dem Moment, in dem sie auf einmal völlig einfach erscheinen. Das gilt sogar für Ideen, die ganz und gar auf der Hand liegen, sobald sie einmal jemand in den Sinn kamen. (Zwischen der Erfindung der Konservendose und der des Dosenöffners vergingen 50 Jahre. Mehrere *tausend* Jahre brauchte es von der Erfindung des Rades bis zur Erfindung der Schubkarre.)[11] Aber die fehlende Vorstellungskraft war nur ein Teil der Geschichte, und noch nicht einmal der bedeutendste.

Ein wichtigerer Grund, warum sich bei der Schrift Veränderungen so langsam einstellten, war die Tatsache, dass niemand großen Wert auf solche Veränderungen legte. Hilfen für den Leser galten als stillos, vergleichbar den Lachkonserven in einer Comedyshow. Experten verachteten den bloßen Gedanken an etwas derart Vulgäres.

Das war ganz allgemein so, und ganz besonders in Ägypten, wo sich die Schreiber an ihrem elitären Status ergötzten. Zwar waren die ägyptischen Schreiber Handwerker, d.h., sie besaßen nicht den erhabenen Status jener, die überhaupt nicht arbeiteten, aber ein privilegiertes Dasein führten sie allemal. Ein antiker Text mit dem Titel »Die Lehre des Cheti«[12] (den außer den Schreibern kaum jemand lesen konnte) beschrieb ihre beneidenswerte Stellung in der Hackordnung.

Andere Berufe verlangten endlose und unvergoltene Mühsal. Die »Satire« beschreibt hämisch die Plackerei des Soldaten, der überarbeitet und in ständiger Gefahr ist (»wiewohl lebend, so gut wie tot«), und des Töpfers, schlammverschmiert wie eine Kreatur im Sumpf, und des Schusters, der nach dem Urin stinkt, der beim Gerben von Tierhäuten eingesetzt wird. Tischler, Barbiere, Einbalsamierer hatten es schwer, und die Bauern waren am schlimmsten dran von allen.

Doch während andere schwitzen und leiden mussten, saßen die Schreiber in aller Ruhe am Tisch und machten ihre Aufzeichnungen. »Du musst nicht in der Armee marschieren, deine Kleidung bleibt sauber, du musst nicht in der Hitze des Tages auf dem Feld arbeiten.« Und das Beste von allem: »Es gibt keinen Beruf, der frei von einem Boss ist, mit Ausnahme demjenigen des Schreibers – er *ist* der Boss.«[13]

Über Jahre zermarterten sich die Entschlüssler in spe das Hirn über die Absonderlichkeiten des hieroglyphischen Systems. 1824 hatte sich Champollion durch fast alle diese Komplikationen durchgekämpft. Im Juni jenes Jahres machte er sich auf nach Turin, um eine riesige Sammlung ägyptischer Antiquitäten in Augenschein zu nehmen, die der König von Sardinien kurz zuvor erworben hatte. Auf der ganzen Welt gab es außer Champollion niemanden, der die Hieroglyphen in diesen verborgenen Schätzen hätte lesen können.

Die Sammlung des Königs umfasste hunderte von Statuen, Mumien und Särgen sowie endlose Inschriften auf Papyrus.[14] In einem kleinen Raum im königlichen Palast fand Champollion einen Tisch mit einem großen Stapel Papyrusfragmenten darauf. Er schnappte nach Luft. »Die kälteste Vorstellungskraft wäre erschüttert«, berichtete er seinem Bruder.[15] Einige der Fragmente waren so winzig, dass Papyrusfetzen durch die Luft wirbelten, sobald jemand die Tür zu dem Raum öffnete.

»Wie kann ich die Gefühle beschreiben, die ich beim Studium der Bruchstücke dieses riesigen Stücks Geschichte erlebte?« schrieb Champollion. »… Kein Kapitel von Aristoteles oder Plato ist so vielsagend wie dieser Stapel Papyri … Ich hatte die Namen und Jahre jener in meinen Händen, deren Geschichte ganz und gar verschollen ist, die Namen von Göttern, denen mehr als 15 Jahrhunderte lang Opfertische geweiht waren.«

Gefangen zwischen dem Nervenkitzel des Lesens von Wörtern und Namen, die Jahrtausende lang nicht mehr laut ausgesprochen worden waren, und der Frustration darüber, erkennen zu müssen, dass diese Fetzen niemals wieder würden zusammengefügt werden können, nahm sich Champollion ein winziges Puzzleteil nach dem anderen vor. »Ich hielt den Atem an aus Furcht, die Fetzen in Staub zu verwandeln, und nahm ein kleines Stück Papyrus zur Hand, das die letzte und einzige Zuflucht der Erinnerung an einen König ist, der zu Lebzeiten vielleicht sogar über den gewaltigen Palast von Karnak hinausgewachsen war!«

31

Arbeitslos

Champollion war schon besessen von Ägypten gewesen, bevor Young überhaupt einen Gedanken daran verschwendete. Dann gelang Young der erste wichtige Durchbruch, aber Champollion überflügelte ihn, und von da an hatte er das Spielfeld fast ganz für sich allein.

In den Jahrhunderten seitdem fechten Anhänger beider Männer einen langen und unauflösbaren Kampf aus. Gebührt die Ehre dem, der als erste das große Ganze erblickt hat, oder dem, dessen Fleiß und Kreativität die Geschichte von der Inspiration zum Beweis getragen hat? Ehren wir den Detektiv, der als Erster den Bösewicht benannt hat, oder denjenigen, der das Plädoyer führt und ihn hinter Schloss und Riegel bringt?

Auf dem Höhepunkt der Auseinandersetzung gingen die rivalisierenden Lager mit fast schon kindischem Eifer aufeinander los. Champollion war ein »Schurke«, dessen »Dreistigkeit« und »Scharlatanerie« und »Unredlichkeit« nicht zu übersehen waren;[1] Young war »ein unzufriedener, unruhiger Geist«,[2] getrieben vom Neid auf Champollion und nachtragend gegenüber einer Welt, die sein Talent offenbar nicht so hoch wertzuschätzen imstande war wie er selbst.

Schon bei der Frage nach der Bedeutung von Youngs

ersten Erkenntnissen waren die Experten heillos zerstritten. Es war, nach Ansicht von François Chabas, der Durchbruch aller Durchbrüche, »das ›Es werde Licht‹ der Ägyptologie«.[3] Ganz im Gegensatz dazu lästerte ein englischer Ägyptologe namens Peter Renouf, Youngs großartige Idee war ein Glückstreffer, ein glücklicher Gedanke gewiss, aber ein isolierter, steriler Gedanke. »Es erinnert an die Fabel vom Hasen und der Schildkröte«,[4] schrieb Renouf, »mit dem kuriosen Zusatz, dass der Hase, einmal abgehängt, völlig gelähmt war, während die Schildkröte mehr als die 50-fache Hasengeschwindigkeit erreichte.«

In gewisser Hinsicht war das böse Blut zwischen Champollion und Young fast unvermeidlich. Auch wenn Titanen auf jedem Gebiet anfällig für Neid und Eifersuchtsausbrüche sind – Genius und überhöhte Selbstachtung sind eine gefährliche Mischung –, neigen Rivalitäten auf dem Gebiet von Wissenschaft und Entschlüsselung dazu, noch heftiger auszufallen als anderswo. Das Problem ist, dass alle auf ein einziges Ziel zustürmen. (Shakespeare hatte immer über seine Schulter nach Marlowe sehen müssen, aber wenigstens lieferten sich die beiden Genies keinen Wettlauf darum, wer zuerst *Hamlet* schreibt.)

In einer wichtigen Hinsicht jedoch verhielt es sich bei der Rivalität zwischen Champollion und Young anders als bei anderen intellektuellen Kontrahenten, Newton und Leibniz etwa. Diese beiden brauchten den jeweils anderen nicht. Wenn es Newton nie gegeben hätte, hätte Leibniz die Analysis eben auf eigene Faust erfunden. Umgekehrt gilt dasselbe. Bei Champollion und Young lagen die Dinge signifikant anders.

Was Thomas Young tun konnte, war, die Sache ins Rollen zu bringen, indem er zeigte, dass über Jahrhunderte jeder das Rätsel der Hieroglyphen auf völlig falsche Weise angegangen war. »Bei wissenschaftlichen Entdeckungen ist der konzeptionelle Rahmen der allerwichtigste erste Schritt«, schreibt der Ägyptologe John Ray.[5] »Er ist das Wissen darum, was man untersucht, und es ist das Äquivalent zu Cortez, wie er auf seinem angeblichen Gipfel in Darien stand. In der Ägyptologie war dieser Rahmen die Errungenschaft des Thomas Young. Vereinfacht gesagt beseitigte Young das Mysterium, das sich um die ägyptischen Hieroglyphen herum gerankt hatte, und er zeigte, dass auch sie rationalen Regeln gehorchten.«

Young war, nach dem Urteil Rays, »vermutlich der brillanteste Problemlöser, den Britannien jemals hervorgebracht hat.«[6] Aber Genialität beim Lösen von Rätseln war nicht genug. Was es auch brauchte, waren Kenntnisse der koptischen Sprache und der ägyptischen Geschichte, die so tiefschürfend waren, dass man mit Intuition und Experiment die Grenzen der Logik hinter sich lassen konnte. Diese Rolle blieb Champollion vorbehalten, und kein anderer hätte diese Rolle jemals spielen können.

Es war, als hätten die beiden Rivalen ideale Kollegen abgegeben. Young war bei jedem Rennen, das er im Leben bestritt, immer als Erster aus den Startblöcken gekommen, und so konnte es eigentlich gar nicht anders kommen: Auch hier nahm er als erster Witterung auf. Bei Champollion, der seit Kindheitstagen von Ägypten und seiner Sprache und Kultur regelrecht besessen war, war es fast unvermeidlich, dass er länger an dem Rätsel hängenblieb als jeder andere und deshalb auch tiefer in seine Geheimnisse vordringen musste als jeder andere.

Mit der Zeit schienen die beiden Männer eher geneigt, Frieden zu schließen, als ihre jeweiligen Anhänger. Young ließ niemals davon ab, auf seine Vorrangstellung zu pochen, räumte aber schon früh ein (jedenfalls im Vertrauen), dass Champollion ihn wohl überflügelt hätte. »Mit den Hieroglyphen habe ich wenig bis nichts gemacht, seit ich dich traf«, schrieb er an seinen Freund Hudson Gurney im Jahr 1817.[7] »... Ich nehme an, sie werden für eine Akademie von vierzig Mitgliedern Beschäftigung für ein halbes Jahrhundert sichern, und für mich soll es genügen, eine Goldader entdeckt zu haben, an der sich andere bereichern mögen.«

Youngs Problem war zum Teil, dass ihm die Ideen ausgegangen waren, und teils auch, dass ihn so viele Themen fesselten. Im Winter 1816 schickte er eine Mitteilung an den Herausgeber der *Encyclopedia Britannica,* der angefragt hatte, ob Young einen Aufsatz über Akustik verfassen könnte. Young nahm den Auftrag an und brachte gleich einige eigene Ideen mit ein. »Ich würde außerdem folgende Themen – in alphabetischer Reihenfolge – vorschlagen: Ägypten, Alphabet, Annuitäten, Anziehung, Bewegung, Farbe, Formen, Gezeiten, Hieroglyphen, Hydraulik, Kapillareffekt, Kohäsion, Lichthof, Reibung, Schiff, Stärke, Tau, Wellen und Widerstand«, sowie »alles, was mit Medizin zu tun hat«.[8] Im Verlauf der folgenden sechs Jahre schrieb Young 63 Artikel für die *Britannica*, einschließlich seines bahnbrechenden Aufsatzes über »Ägypten«.

Er wurde zwar der Dechiffrierung niemals müde, verlegte seinen Schwerpunkt aber von den Hieroglyphen aufs Demotische, die Kurzform der ägyptischen Schrift. Das war eine Art Zugeständnis, denn die Hieroglyphen waren natürlich der glanzvolle Hauptgewinn, aber Young mühte sich an dem Thema fast bis zu seinem Lebensende ab. In seiner letzten veröffentlichten Arbeit, die er 1831 auf dem Sterbebett verfasste, zollte er öffentlich und formvollendet »der genialen und erfolgreichen Untersuchung[9] des zurecht gefeierten Jean François Champollion« seinen Respekt.[10]

Auch Champollion erwies sich als großzügig, wenn auch nur sporadisch. Young hatte ihn 1828 in Paris besucht, einige Jahre nach ihrer ersten Begegnung anlässlich des *Dacier*-Vortrags. Sie trafen sich im Louvre, wo Champollion als Erster überhaupt zum Kurator ägyptischer Antiquitäten ernannt worden war. Young beschrieb den Besuch gegenüber seinem Freund Gurney voller Vergnügen und Überraschung. Champollion hatte »mir weit mehr Aufmerksamkeit geschenkt, als ich jemals einem anderen lebenden Wesen entgegengebracht habe oder entgegenbringen konnte; er widmete mir *sieben* volle Stunden auf einmal, um gemeinsam mit mir seine Papiere und die wunderbare Sammlung durchzusehen, deren Zusammenstellung unter seiner Aufsicht steht.«[11]

Young arbeitete damals an einem Wörterbuch, einer Sammlung aller demotischen Wörter, die zu entschlüsseln ihm gelungen war. Das war eine bemerkenswerte Leistung, aber auch eine begrenzte. Young hatte sich weitgehend darauf beschränkt, ganze Wörter zu identifizieren; er hatte nicht wirklich durchdrungen, wie diese Wörter gebildet wurden. (Es war, als hätte es jemand geschafft, die Worte *United States* auf diversen offiziellen

Dokumenten zu entziffern, aber nicht erkannt, dass die identischen Buchstaben auch auf die unterschiedlichste Art zusammengesetzt und damit ganz neue Wörter gebildet werden konnten, etwa *untied* und *seats*.)

Hier haben wir das Wort König, *auf Demotisch geschrieben*, hatte Young verkündet. *Hier haben wir* Stärke. *Hier haben wir* Caesar. Champollion hatte sich einer anderen und wesentlich schwierigeren Herausforderung gestellt. Sein Ziel war es, Wörter nicht bloß zu identifizieren, sondern sie tatsächlich zu *lesen*. Im Prinzip hatte Young nur einen Stapel Karteikarten zusammengestellt. Champollion hatte eine Bedienungsanleitung verfasst, die dem Leser sagte, wie er auch ganz beliebige Wörter lesen konnte.

Ein Markenzeichen der Wissenschaft ist, dass ihre großen Erneuerer sich selbst arbeitslos machen. Newtons Gesetze sind öffentliches Eigentum, das intellektuelle Gegenstück zu den Elektrowerkzeugen, die man sich im Baumarkt ausleihen kann. Es braucht keinen Newton höchstselbst, der an den Hebeln sitzt. Jeder kann für sich selbst herausfinden, wann der Mond das nächste Mal die Sonne verdunkeln oder wo eine Kanonenkugel in eine Festungsmauer einschlagen wird.

Champollion war die Wissenschaft nicht übermäßig wichtig, und er pflegte eine besonders herzliche Abneigung gegen die Mathematik, die ihm trocken und seelenlos erschien. Aber in seiner Verachtung für faktenferne Ausflüge der Vorstellungskraft und mit dem Eifer, mit dem er demonstrieren wollte, exakt wie er zu seinen Schlussfolgerungen gelangt war, sicherte er sich einen festen Platz im Lager der Wissenschaft. Er erklärte mit Stolz, er würde niemals *Vermutungen*12 anstellen – er setzte das böse Wort selbst kursiv –, sondern sich vielmehr auf große Mengen solider, akribisch zusammengestellter Beobachtungen stützen.

Die Überzeugung, dass Know-how geteilt werden sollte, ist neu, jedenfalls nach den Maßstäben der Geschichte. Erst die wissenschaftliche Revolution brachte diese Überzeugung in die Welt. Davor waren Einsichten in das, was die Welt im Innersten zusammenhält, stets von Weisen gekommen, die ihre Geheimnisse eifersüchtig hüteten und behaupteten, Kräfte zu besitzen, die ihren Zeitgenossen durch die Bank abgingen. Als Joseph für den Pharao dessen Träume deutete, verließ er sich auf seine ganz eigenen Eingebungen und Einsichten. Niemand sonst konnte durchschauen, was Joseph tat. Champollion dagegen hatte eine Maschine gebaut, die jeder bedienen konnte.

32

Der verlorene Pharao

Seit Kindheitstagen hatte Champollion davon geträumt, Ägypten mit eigenen Augen zu sehen. Young reiste zwar gerne nach Paris oder Rom, verschwendete aber auf einen Besuch in Ägypten keinen Gedanken. Ganz im Gegenteil: Er brüstete sich sogar damit, die Welt erklären zu können, ohne jemals seinen Schreibtisch zu verlassen.

Eine der großen wissenschaftlichen Missionen jener Zeit war die Bestimmung der exakten Form der Erde. Zeigte sie eine Wölbung am Äquator, oder vielleicht doch an den Polen? Große und kostspielige Expeditionen waren auf die Beine gestellt worden, um die Antwort zu finden, ein Team machte sich auf in Richtung Arktis, ein weiteres nach Südamerika. Young war fasziniert von der Frage, blieb selbst aber lieber, wo er war.

»Es erfüllt mich mit Stolz und Freude, soweit es in meiner Macht steht, Experimente überflüssig zu machen, insbesondere die teuren Experimente«, schrieb er seinem Freund Gurney.[1] »Ich arbeite an der Erfindung einer Methode, die Gestalt des Erdballs anhand zweier zueinander in Sichtweite befindlicher Punkte zu bestimmen, ohne dafür nach Lappland oder Peru reisen zu müssen.« Das war in etwa das Äquivalent zum Studium der Mondkrater, ohne einen Gedanken an die NASA oder

Weltraumraketen zu verschwenden, und es war genau die Art von Projekt, die Young am liebsten war.

Trotz seines Sehnens hatte sich Champollion niemals eine Reise nach Ägypten leisten können. (Seine Feinde verspotteten ihn gerne, er würde sich als Experte für ein Land ausgeben, auf das er noch nicht einmal seinen Fuß gesetzt hatte.) Endlich, im Jahr 1828, schaffte er es doch noch. Inzwischen der bekannteste und renommierteste Entschlüssler des Ägyptischen, war es ihm gelungen, eine Gruppe wohlhabender und hochgestellter Unterstützer zur Finanzierung einer Expedition nach Ägypten zu überreden. Champollion würde die Gruppe leiten. Er war 37 Jahre alt und ganz außer sich vor Aufregung.

Champollions Team stach am 31. Juli 1828 in See. Sie näherten sich Alexandria am 18. August. Champollion stand an der Reling, das Fernglas in der Hand, und suchte den Horizont ab, um einen ersten Blick auf das Land seiner Träume zu erhaschen.

Schon bald hatte er sich einen dichten Bart wachsen lassen und seine europäische Kleidung gegen das eingetauscht, was die Einheimischen am Leib trugen, und vermeldete mit Entzücken, dass er glatt für einen Ägypter gehalten werden könnte. Er trank Tasse um Tasse starken schwarzen Kaffees und paffte vergnügt an einer Wasserpfeife.[2] Niemand konnte die Hitze ignorieren (»wir schmelzen dahin wie die Wachskerzen«),[3] aber Champollion behauptete, er würde es genießen.

Am 8. Oktober schrieb er einen Brief an seinen Bruder und berichtete stolz von seinem Aufenthaltsort: »Im Lager, am Fuß der Pyramiden«,[4] schrieb er, und hielt fest, dass man den Pyramiden ganz nahe sein musste, nahe genug, um die Steinblöcke zu berühren, um ihre kolossalen Ausmaße begreifen zu können.[5] Aber auch bescheidenere Ansichten brachten Champollion zum Staunen. Jeder Straßenhund in Ägypten »trägt den Schwanz in die Höhe gereckt wie eine Fanfare«, beobachtete er fröhlich und aufgeregt, weil diese Streuner exakt so aussahen wie die Hunde in den Hieroglyphen von vor vielen tausend Jahren.[6] Er zeichnete eine Hunde-Hieroglyphe an den Rand seines Tagebuchs.

Champollion war dabei keineswegs blauäugig – Ägypten war bitterarm und durch und durch korrupt –, aber sein Fokus lag weit mehr auf der Vergangenheit als auf der deprimierenden Gegenwart. »Ich bin Ägyptens Gefangener – das Land ist mein Ein und Alles«, schrieb er seinem Bruder aus Luxor im November 1828.[7]

Champollion beging den Neujahrstag 1829 mit einer Nachricht an Dacier, den Leiter der Académie des Inscriptions in Paris und jenen Gelehrten, dessen Name den Titel der bahnbrechenden Arbeit Champollions geziert hatte. Er schrieb, um seine besten Wünsche für das neue Jahr zu entbieten, begann Champollion, kam dann aber sogleich zur Sache.

Er war dem Nil auf dem größten Teil seiner Länge gefolgt, von Alexandria im Norden bis zum gefürchteten »Zweiten Katarakt« unweit der Südgrenze Ägyptens. An jeder Station auf dem Weg hatte er Inschriften gelesen, die in Tempel, Grabstätten und Monumente graviert waren. Die jüngsten datierten aus Zeiten der Griechen und Römer; die frühesten waren mehrere tausend Jahre älter, als noch die Pharaonen ihr glanzvolles Regiment führten. In jedem Fall, schrieb Champollion voller Stolz, hatte sein System perfekt funktioniert. »Es gibt keinen Grund, an unserem *Brief über das Hieroglyphische Alphabet* irgendetwas zu verändern.«

»Notre alphabet est bon«, schloss er. *Unser Alphabet ist stichhaltig.8*

Dann, im Juni 1829, machte Champollion eine der außergewöhnlichsten Entdeckungen in der Geschichte der Archäologie. Genauer gesagt machte er sie *beinahe*. Während er die Inschriften an einem Ort namens Deir el Bahri las, unweit des Tals der Könige – er war, wie man immer wieder betonen muss, der einzige Mensch auf der Welt, der das hätte tun können –, war er auf einmal sehr verwundert.

Zu seinem Erstaunen, schrieb er in sein Tagebuch, fand er Erwähnungen eines Königs, von dem er nie zuvor gehört hatte. Aber »noch erstaunter war ich, beim Lesen dieser Inschriften immer dann, wo auf jenen bärtigen König in der üblichen Kleidung der Pharaonen Bezug genommen wurde, Substantive und Verben in der weiblichen Form anzutreffen, als ob es sich um eine Königin handelte. … Dieselbe Eigentümlichkeit begegnete mir überall.«[9]

Ein Obelisk trug eine Widmung an den Gott Amun-Ra. »Ich bin seine wahre Tochter«, stand da zu lesen, »die ihn herrlich macht und die [erkennt], was er bestimmt hat.«[10]

Eine in eine Tempelmauer gravierte Botschaft enthielt eine Warnung. »Wer ihr Ehre erweist, soll leben, doch wer in Gotteslästerung schlecht von ihrer Majestät spricht, soll sterben.«[11] Diese ebenso selbstbewusste wie einschüchternde Machtdemonstration hätte von jedem Pharao stammen können, das war nicht weiter überraschend. Die Überraschung lag in der unverblümten Erklärung, wer diese Warnung aussprach – *Ihre* Majestät.

Champollion sah die Inschrift mit großen Augen. Was ihn da »erstaunte«, war auf den ersten Blick bloß ein auffälliges grammatisches Detail, aber selten steht bei der Grammatik so viel auf dem Spiel.

Ägypten hatte durchaus schon weibliche Führerinnen gehabt – Cleopatra ist natürlich die berühmteste –, aber fast alle waren Ehefrauen eines Pharaos gewesen, hatten im Namen eines Prinzregenten geherrscht, der noch zu jung für die Übernahme des Throns war, oder wie Cleopatra zunächst mit ihrem Bruder, später mit anderen Mitregenten regiert. *Aber wer war diese unbekannte Herrscherin?*

Das Geheimnis sollte erst ein Jahrhundert nach Champollions Tod gelüftet werden. Er hatte den ersten Beweis für etwas ausgegraben, was sich als ein völlig unbekanntes Kapitel der Geschichte Ägyptens herausstellen sollte. Fast 20 Jahre lang war Ägypten von einem weiblichen Pharao regiert worden – nicht bloß der Gattin eines Herrschers, sondern einer Pharaonin aus eigenem Recht –, deren Existenz spätere Herrscher aus der Geschichte zu tilgen versucht hatten. Es handelte sich um Hatschepsut, und sie war in den Worten des bedeutenden Ägyptologen James Breasted »die erste große Frau, der wir in der Geschichte begegnen.«[12]

Die Anhaltspunkte, die Champollion erspäht hatte, waren so subtil, dass man sie leicht hätte übersehen können, aber inzwischen hatte er sich bereits ein tiefes Verständnis der ägyptischen Grammatik angeeignet.

Ägyptisch, so hatte Champollion herausgefunden, legte großen Wert auf die Unterscheidung der Geschlechter. Manche Sprachen tun das nun einmal, manche nicht. Das Englische macht beispielsweise allerlei Tamtam um bestimmte Zeitformen der Verben (*I would have been having a better time if I'd known more people at the party*), kümmert sich aber nicht weiter um Fragen des Genus. Englische Muttersprachler kommen mit einem einzigen Artikel für *der König* und *die Königin* aus (*the*), und auch für *seinen Bruder* und *seine Schwester* braucht es nicht mehr als ein Pronomen (*his*). Die Franzosen unterscheiden hier viel genauer: *le roi* und *la reine, son frère* und *sa sœur*.

Das Ägyptische geht noch weiter – nicht nur verlangen maskuline und feminine Substantive unterschiedliche Artikel und Pronomen, auch die Substantive selbst haben ein maskulines bzw. feminines Suffix. Die Ägypter hatten kein Wort für *Königin*; die Formulierung, die oft mit *Königin* übersetzt wird, lautet eigentlich *Hauptfrau des Königs*. Aber in Hatschepsuts Tempel hatte Champollion gesehen, dass dem Wort für *König* eine weibliche Kennzeichnung nachgestellt war, die Brotlaib-Hieroglyphe, die für den Laut *t* stand. Diese winzige Ergänzung verwandelte das vertraute Wort *König* in eine *Königin*, etwas zumindest für englische Ohren Bizarres, so etwas wie eine *kingette*, und es schreckte auch Champollion auf.[13]

(Die königlichen Schreiber einigten sich niemals auf einen einheitlichen Umgang mit der Bezeichnung für

Hatschepsut. Die Schreiber übernahmen just an jenem Punkt der Geschichte den Begriff *Pharao*, laut dem Ägyptologen Toby Wilkinson, eben weil sie damit dem Problem aus dem Weg gehen konnten.[14] Von da an bezeichnete das Wort *Pharao* nicht mehr nur den königlichen Palast, was es schon immer getan hatte, sondern auch den Herrscher, der dort residierte.)

Hatschepsuts Geschichte kam in den 1920er-Jahren vollends ans Licht.[15] In Deir el-Bahri nahe Luxor fanden Archäologen vom Metropolitan Museum of Art zwei Gruben, die mit zahllosen Trümmern von Statuen angefüllt waren. Nach Rekonstruktion der Archäologen hatten die Statuen einst glanzvoll in einem prächtigen, von Hatschepsut erbauten Tempel gestanden. Arbeiter der Antike hatten die Statuen dann von ihren Sockeln gestoßen und an den Rand einer Grube geschleppt. Dort schlugen sie mit Vorschlaghämmern und Steinen auf die Statuen ein. Dann warfen sie die Bruchstücke in die Grube.

Die Arbeiter hatten auch zahllose Inschriften und Gravuren zerstört und Hatschepsuts Namen und Bildnis weggemeißelt. Aber einige haben sie übersehen, und sie schienen ihren Furor auf Hatschepsuts Namen und Gesicht zu konzentrieren und weniger auf Inschriften, die die Ereignisse zur Zeit ihrer Herrschaft beschrieben.

»Sie haben die Erinnerung an sie ausgelöscht«, sagt der US-amerikanische Ägyptologe Bob Brier.[16] »Und es hat funktioniert, tatsächlich. Sie steht beispielsweise auf keiner einzigen Liste der Könige, den alten Aufzeichnungen sämtlicher Pharaonen und der jeweiligen Dynastien. Wenn Sie Cleopatra gefragt hätten, wer Hatschepsut war, sie hätte von nichts gewusst. Sie hatte nie von ihr gehört.«

»Sie haben nie geglaubt, dass wir das herausfinden«, fährt Brier fort. »Den Jungs, die nach Deir el-Bahri geschickt wurden, hat man gesagt: ›Findet jede Erwähnung ihres Namens und jedes Bildnis und schafft es aus der Welt.‹« (Das war mehr als nur eine Verunstaltung, man hat ihren Anblick, ihr Gesicht regelrecht ausgelöscht. Entsprechend waren die Attacken auf Hatschepsuts Statuen im Wortsinn *ikonoklastisch,* also Bilderstürmerei, und eine besonders gewalttätige dazu; Bildnisse wurden gestürmt und dann in tausend Stücke zerbrochen.)

Dieses Auslöschen aus der Geschichte war ein antiker Vorläufer der stalinistischen Technik, die Geschichte durch das Ausschneiden politischer Köpfe aus Fotos umzuschreiben, wenn diese Figuren in Ungnade gefallen waren.

Aber in einer Gesellschaft mit einer Analphabetenrate zwischen 95 und 99 Prozent war es unvermeidlich, dass die eine oder andere Erwähnung Hatschepsuts übersehen wurde.[17] »Viele dieser Bildhauer, dieser Graveure, dieser niederen Chargen, die in den Tempel geschickt wurden und Hatschepsuts Namen entfernen sollten: sie sind faul, sie sehen nicht so genau hin, sie werden niemals alles erwischen.«, so Bob Brier.[18]

Die erhalten gebliebenen Inschriften erzählten eine bemerkenswerte Geschichte. Hatschepsut bestieg den Thron etwa im Jahr 1478 v.Chr., in einer Periode, die die Historiker die 18. Dynastie nennen. (Dieselbe Dynastie sollte später einige der prominentesten Namen der ägyptischen Geschichte hervorbringen, darunter Echnaton, den »Ketzer-König«, und seinen Sohn Tutanchamun.)

Sie wies einen makellosen Stammbaum auf – Hatschepsut war die Tochter eines Pharaos und dann die Hauptfrau des Sohnes genau jenes Pharaos (der auch ihr eigener Halbbruder war). Dann starb ihr Gemahl und hinterließ einen jungen Sohn, von einer Zweitfrau. Hatschepsut diente kurze Zeit als Co-Regentin mit dem Kleinkind. Schließlich übernahm sie selbst den Thron.

Sie regierte nahezu zwei Jahrzehnte lang. Sie blühte auf, und Ägypten blühte auf. Hatschepsut organisierte eine große Handelsexpedition zu dem fernen Lande Punt (möglicherweise Äthiopien, aber das weiß niemand mit Sicherheit zu sagen), und ihre Schiffe kehrten zurück, beladen mit Weihrauch und Myrrhe, mit Elfenbein, Ebenholz, Silber, Malachit, Lapislazuli und Gold, und mit Vieh, mit Menschenaffen und anderen Affen.[19]

Sie errichtete Monumente über die gesamte Ausdehnung Ägyptens, vor allem in Theben. Dort gab sie auch Obelisken und Statuen in Auftrag, und ihr Meisterstück, den riesigen Tempel, den Champollion erkundete. Herausgeschnitten aus Klippen über dem Nil, wies er Säulengänge auf drei verschiedenen Ebenen auf. Der finale Zugang erfolgte über eine prächtige Avenue, gesäumt von Sphinx-Statuen, über einhundert an der Zahl, die sich über einen halben Kilometer erstreckte.[20]

Wie ist die Gewalt zu erklären, die sich gegen ihre Bildnisse richtete? Der Befehl, alle Beweise für Hatschepsuts Existenz zu vernichten, kam von ihrem Stiefsohn, Thutmosis III., der ihr auf den Thron nachfolgte. Es war sein Name – oder manchmal auch der Name von Hatschepsuts Vater, Thutmosis I. –, der denjenigen Hatschepsuts in ihren Kartuschen ersetzte.

Aber bei der Frage nach dem Motiv sind die Experten in zwei Lager gespalten. Nach Ansicht von Bob Brier und seinen geistigen Verbündeten musste Hatschepsut ausgelöscht werden, weil die bloße Vorstellung von einem weiblichen Pharao der natürlichen Ordnung zuwiderlief. Eine solche Verirrung musste geleugnet werden, als hätte es sie nie gegeben.[21]

Andere Wissenschaftler glauben fest daran, dass die Erklärung mehr mit dynastischer Politik zu tun haben musste als mit Abscheu.[22] Sie verweisen darauf, dass Thutmosis III. immerhin zwanig Jahre lange regierte, bevor er sein gegen Hatschepsut gerichtetes Dekret verkündete. Würde man mit einem solchen Racheakt wirklich so lange warten? Die eigentliche Frage war nach Ansicht dieser Skeptiker, wer als Nächstes herrschen würde. Einige Historiker glauben, es gab rivalisierende Kandidaten. Einer davon war Thutmosis' Sohn; die anderen waren mit Hatschepsut verwandt und hatten damit bessere Stammbäume vorzuweisen. Konnte es eine bessere Gelegenheit für Thutmosis geben, den Weg zur Nachfolge für seinen eigenen Sohn zu ebnen, als dafür zu sorgen, dass kein Rivale eigene Ansprüche stellen konnte?

Selbst wenn alle Hatschepsut-Statuen intakt erhalten geblieben wären, wüssten wir nicht, wie sie aussah. In der ägyptischen Kunst hatte die moderne Vorstellung von einem »Porträt« keinen Platz. Herrscher wurden als idealisierte Gestalten dargestellt, nicht als Individuen. Könige, die alt und gebrechlich geworden waren, wurden als jung und imposant dargestellt; dasselbe galt für kleine Jungen, die zufällig den Thron geerbt hatten. Im

Abbild eines Pharaos nach Anhaltspunkten für seinen Charakter zu suchen, so der Kunsthistoriker E. H. Gombrich, wäre so, »als wollte jemand das Alter oder die Laune des Königs auf dem Schachbrett erfragen.«[23]

Auf der Suche nach Geschichte haben die Archäologen allerdings endlose Stunden mit dem Zusammenpuzzeln von Hatschepsuts zerstörten Statuen verbracht. Aus Tausenden Bruchstücken haben sie viele Dutzende Statuen gerettet, oder doch zumindest teilweise gerettet.

Hatschepsut wird mal als männlich, mal als weiblich dargestellt, und manchmal auch als weiblich mit dem traditionellen Drum und Dran männlicher Autorität, einschließlich eines königlichen Spitzbarts, der so unübersehbar falsch war wie Grouchos aufgemalter Schnäuzer.[24] (Der Name *Hatschepsut* bedeutet »Sie ist die erste unter den vornehmen Frauen«, es ging also gewiss nicht darum, ihre Identität zu verschleiern.)

Die besten der Statuen sind Schätze der Weltkultur. Die großartigste von allen ist vielleicht eine ca. 3,30 Meter lange, sieben Tonnen schwere Sphinx aus Granit mit Hatschepsuts Gesicht (nebst königlichem Kopfschmuck und Bart) und dem Körper eines Löwen. Zusammengesetzt aus zahllosen Fragmenten blickt sie heute gelassen auf die Besucher des New Yorker Metropolitan Museum of Art herab.

Diese atemberaubende Statue wurde vor über dreieinhalb Jahrtausenden geschaffen, an einem Ort, der rund 10 000 Kilometer von ihrem heutigen Standort entfernt liegt. Vieles in dieser Geschichte bleibt rätselhaft. Was wir jedoch wissen, verdanken wir Champollions zufälliger Beobachtung eines winzigen Buchstabens, des *t*, an einer Stelle, an die er nicht hingehörte.

EPILOG

Der Rest der Geschichte ist rasch erzählt. Champollion hatte gewaltige Fortschritte gemacht, aber er hatte sich ein riesiges und vielfältiges Thema vorgenommen, und er ließ ganze Themenfelder undurchschaubar oder falsch verstanden zurück. Mit mehr Zeit hätte er gewiss diese ganzen Dinge auf die Reihe gebracht. Aber diese Zeit hatte er nicht.

Champollion hatte seine erste und bekannteste Arbeit, den *Brief an Monsieur Dacier*, im Alter von 31 Jahren veröffentlicht. Danach hatte er nur noch zehn Jahre zu leben.

Die Aufgabe, diese Mission weiterzuführen, sollte einer Reihe von Nachfolgern vorbehalten bleiben, vor allem einem Gelehrten namens Richard Lepsius, der sich selbst als den »deutschen Champollion« titulierte.[1] Es war Lepsius, der den unumstößlichen Beweis für die Korrektheit von Champollions Entschlüsselung fand.

1866 gehörte Lepsius zu einem archäologischen Team, das in Ägypten tätig war. In den Ruinen der antiken Stadt Tanis unweit von Alexandria – Tanis war die im Sand versunkene Stadt im ersten Indiana-Jones-Film, *Jäger des verlorenen Schatzes* – entdeckte Lepsius ein Gegenstück zum Stein von Rosette.

Niemand hatte ahnen können, dass ein solches Stück existiert, bis Lepsius es ausgrub. Dieser neue Stein enthielt eine lange Passage mit griechischem Text und dieselbe Passage auf Demotisch und in Hieroglyphen. Die Botschaft, die ein paar Jahre vor dem Stein von Rosette angebracht wurde, ist nicht weiter bemerkenswert – sie preist den Pharao und spricht von Korrekturen bestimmter Ungenauigkeiten im Kalender. Aber der Inhalt der Botschaft war nicht der springende Punkt.

Der springende Punkt des Steins von Kanopus (benannt nach der Stadt, in der die Inschrift angefertigt wurde) war, dass der Text sich von dem auf dem Stein von Rosette unterschied. Warum war das so wichtig? Weil es vor der Entdeckung des Kanopus-Dekrets, wie die Botschaft auch genannt wird, möglich gewesen wäre, Champollions Entschlüsselungswerk als ausgeklügelten Selbstbetrug abzutun.

Dafür hätte es gewiss eine ordentliche Portion Borniertheit gebraucht – Champollions Übersetzungen beruhten auf Regeln und Systematik, nicht auf Inspiration; er hatte ein elementares Buch dazu geschrieben und nicht in eine Kristallkugel geschaut. Dennoch war es immerhin *möglich*, dass die Botschaft, die er in einer Reihe Hieroglyphen gelesen hatte, den Ägyptern, die die Botschaft einst geschrieben hatten, niemals in den Sinn gekommen wäre. Wie konnte man sicher sein? Champollions gelehrte Vorgänger hatten immerhin im Brustton der Überzeugung von ägyptischen »Übersetzungen« berichtet, die mit seiner Interpretation nicht das Geringste gemein hatten.

Und von Anfang an wiesen einige Denker Champollion aus philosophischen Gründen zurück. Ihr Problem war nicht, dass Champollions Übersetzungen keinen Sinn ergeben hätten. Ihr Problem war: Sie ergaben *zu viel* Sinn. Wo lag da die mystische Tiefe in diesen banalen Botschaften?

Ralph Waldo Emerson beispielsweise hatte das sichere Gefühl, Champollion hätte den Kern der Hieroglyphen übersehen. Er pries durchaus Champollions Errungenschaften – stellte ihn gar auf eine Stufe mit Aristoteles, Leibniz und Goethe –, fühlte sich aber dennoch verpflichtet, Champollions wissenschaftliche Durchbrüche zu relativieren. Zweifellos hatte Champollion die Namen sämtlicher Arbeiter sowie den Preis jedes einzelnen Tonziegels im alten Ägypten entdeckt, spottete Emerson, aber die wahre Weisheit der Ägypter war ihm nicht aufgegangen.[2]

Aber dann kam Kanopus, und die ganze Krittelei wurde schlicht irrelevant. Bis zu Lepsius' Fund hatte sich Champollion in der Position eines frühen Genies befunden, das eine Theorie der Arithmetik verkündete, als noch niemand zu einer solchen Leistung in der Lage gewesen wäre. Gebt diesem brillanten Kopf Zahlen zum Addieren oder Multiplizieren oder Dividieren, und er kann euch erklären, wie die Lösung berechnet wird. Er behauptete, jedes Mal richtig zu liegen, aber wie konnte man das wissen? Kanopus lieferte nun das Äquivalent zu einem Arithmetik-Schulbuch mit Lösungsschlüssel im Anhang.

Damit konnte man Champollion unmittelbar auf die Probe stellen – nehmen wir den Hieroglyphentext auf dem Kanopus-Dekret und übersetzen ihn à la Champollion, und dann vergleichen wir das Resultat mit der griechischen Übersetzung auf dem Stein von Kanopus selbst.

Die Experten taten genau das. Die Übereinstimmung war nahezu perfekt.

»Es ist«, staunte ein Gelehrter jener Zeit, »als wäre ein alter Ägypter plötzlich seiner eigenen Mumie entstiegen, um mit uns zu reden und festzustellen, dass wir seine Sprache sprechen.«[3]

Weder Young noch Champollion lebten lang genug, um noch etwas vom Kanopus-Dekret mitzubekommen. Young starb über drei Jahrzehnte vor Lepsius' Entdeckung. In seinen letzten Tagen war er zu schwach, um noch das Bett zu verlassen, aber noch immer arbeitete er an der Korrektur der Druckfahnen seiner *Rudiments of an Egyptian Dictionary*. (Er schrieb seine Korrekturen mit der Feder, bis er mit Tinte und Tintenfass nicht mehr umgehen konnte, dann wechselte er zum Bleistift.)[4]

In seiner Einführung zu dem *Wörterbuch* pries Young Champollions Entdeckungen. Bis zuletzt jedoch wies er dessen wichtigste Schlussfolgerung weit von sich. Champollion hatte gezeigt, dass auch in gewöhnlichen Wörtern, und eben nicht nur beim Ausbuchstabieren von Namen aus fremden Sprachen, Hieroglyphen Laute abbildeten. Young bestritt dies noch bis fast zu seinem letzten Atemzug. Champollions »phonetische Zeichen« mögen als eine Art Kurzschrift »zur Gedächtnisstütze« dienen, aber damit hatte es sich dann auch.[5]

Er erzählte Gurney, seinem lebenslangen Freund, dass diese letzte Arbeit eine war, »die er, wenn er am Leben bleiben würde, mit großer Genugtuung fertigstellen würde«, aber es sollte nicht sein, und das war ihm klar.[6] Die Ärzte konnten nicht viel Hilfe anbieten, noch nicht einmal eine verlässliche Diagnose, abgesehen von »einer extremen Fehlfunktion des Herzens.«[7]

Young kam bis Seite 96 in seinem *Wörterbuch,* dann legte er zum letzten Mal den Stift aus der Hand.[8] Wie immer behielt er seine Emotionen unter Kontrolle. Mediziner bis zum Ende, begnügte sich Young mit der Feststellung – und mit gelinder Verwunderung –, »er [hätte] noch nie ein Leiden erlebt, das sich offenbar derart rasch verschlimmert.« Er starb im Mai 1829 im Alter von 55 Jahren.

Champollion überlebte Young gerade einmal um drei Jahre. Er war nie der Robusteste gewesen, und die Schwächeanfälle, die schon seine Jugend geprägt hatten, setzten sich auch im Erwachsenenalter fort. Dasselbe galt für das rastlose Auf und Ab zwischen ekstatischen Höhen und deprimierenden Tiefpunkten. Manche Biographen haben versucht, eine Verbindungslinie zwischen den körperlichen und den emotionalen Symptomen zu ziehen, und porträtierten Champollion als ein wenig wie eine jener zarten Maiden in viktorianischen Melodramen, die notorisch anfällig für Ohnmachtsanfälle waren. (Besonders englische Autoren bevorzugten diese Sicht auf den kapriziösen Franzosen.) Medizinhistoriker, die versuchten, Champollions Symptome zu deuten – die Familie zog es vor, von einer Autopsie abzusehen –, neigen zu eher pragmatischen Diagnosen. Das Problem war vermutlich irgendeine Gefäßerkrankung und weniger ein Temperament, das für den Trubel der Welt einfach nicht stabil genug war.[9]

Champollion kehrte Ende 1829 von seiner Ägyptenreise nach Frankreich zurück und nahm eine Stellung als Professor für Ägyptologie – die weltweit erste Professur auf diesem Gebiet – am Collège de France an.

Genau wie Young auf seinem Sterbebett arbeitete auch Champollion an einem monumentalen Text über Ägypten praktisch bis zum letzten Atemzug. »Nur ein Monat mehr – und meine 500 Seiten wären fertig«, schrieb er seinem Bruder im November 1831, »aber man muss sich abfinden und mit dem zufrieden sein, was möglich ist.«[10]

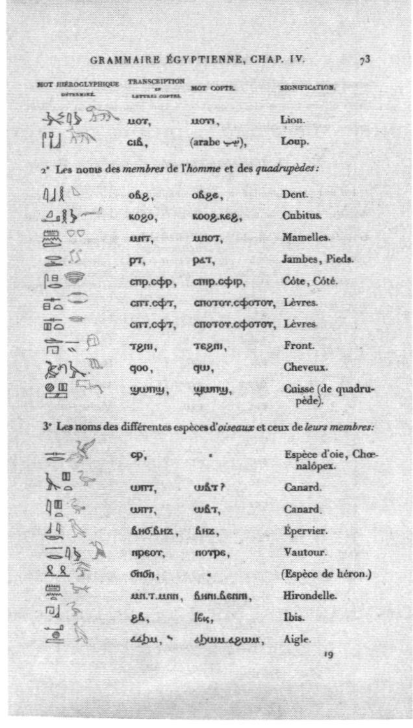

GRAMMAIRE ÉGYPTIENNE, CHAP. IV. 73

MOT HIÉROGLYPHIQUE DÉTERMINÉ.	TRANSCRIPTION EN LETTRES COPTES.	MOT COPTE.	SIGNIFICATION.
	ⲙⲟⲩ,	ⲙⲟⲩⲓ,	Lion.
	ⲥⲓⲃ,	(arabe ذيب),	Loup.
2° Les noms des *membres* de l'*homme* et des *quadrupèdes :*			
	ⲟⲃϩ,	ⲟⲃϩⲉ,	Dent.
	ⲕⲟϩⲟ,	ⲕⲟⲟϩ.ⲕⲉϩ,	Cubitus.
	ⲙⲛⲧ,	ⲙⲛⲟⲧ,	Mamelles.
	ⲣⲧ,	ⲣⲁⲧ,	Jambes, Pieds.
	ⲥⲡⲣ.ⲥⲫⲣ,	ⲥⲡⲓⲣ.ⲥⲫⲓⲣ,	Côte, Côté.
	ⲥⲡⲧ.ⲥⲫⲧ,	ⲥⲡⲟⲧⲟⲩ.ⲥⲫⲟⲧⲟⲩ,	Lèvres.
	ⲥⲡⲧ.ⲥⲫⲧ,	ⲥⲡⲟⲧⲟⲩ.ⲥⲫⲟⲧⲟⲩ,	Lèvres.
	ⲧϩⲛ,	ⲧⲉϩⲛⲓ,	Front.
	ϥⲟⲟ,	ϥⲱ,	Cheveux.
	ϣⲱⲡϣ,	ϣⲱⲡϣ,	Cuisse (de quadrupède).
3° Les noms des différentes espèces d'*oiseaux* et ceux de *leurs membres:*			
	ⲥⲣ,	•	Espèce d'oie, Chœnalôpex.
	ⲱⲡⲧ,	ⲱⲃⲧ ?	Canard.
	ⲱⲡⲧ,	ⲱⲃⲧ,	Canard.
	ⲃⲏϭ.ⲃⲏϫ,	ⲃⲏϫ,	Épervier.
	ⲛⲣⲉⲟⲩ,	ⲛⲟⲩⲣⲉ,	Vautour.
	ϭⲛϭⲛ,	•	(Espèce de héron.)
	ⲙⲛ.ⲧ.ⲙⲛⲛ,	ⲃⲏⲛⲓ.ⲃⲉⲛⲛⲓ,	Hirondelle.
	ϩⲃ,	ⲓⲃⲓⲥ,	Ibis.
	ⲁϧⲙ,	ⲁϧⲱⲙ.ⲁϩⲱⲙ,	Aigle.

19

Eine Seite aus Champollions Werk auf dem Sterbebett, Ägyptische Grammatik

Seine monumentale *Ägyptische Grammatik* sollte er nicht zu Ende bringen. Sein stets loyaler Bruder veröffentlichte sie posthum. Anfang Dezember 1831 brach Champollion während eines Vortrags zusammen. Eine Woche später war er nach einem Schlaganfall teilweise gelähmt.

Am 23. Dezember, seinem 41. Geburtstag, bat er darum, in den Raum in der Rue Mazarine gebracht zu werden, wo er ein Jahrzehnt zuvor seinen *Heureka*-Moment erlebt hatte. »Denn dort«, erinnerte er sich bewegt, »ist meine Wissenschaft geboren.«[11]

Das Ende war nicht mehr fern. Zehn Jahre zuvor hatte John Keats geklagt, der Tod hätte ihn viel zu früh geholt: »Wenn Furcht mich fasst, mein Dasein könne enden, / Noch eh' die Feder, was mein Hirn erdachte, / In Schrift, in Büchern wusste zu vollenden«, beginnt eines seiner Sonette. Nun stand Champollion vor dem gleichen Schicksal. »Zu früh«, klagte er im Januar 1832. Er hob die Hand zur Stirn und rief: »es ist hier noch so viel!«[12] Das war Keats' schmerzerfülltes Klagelied, weniger kunstvoll und überfließend von Kummer.

Im gleichen Monat, er konnte noch sprechen, sich aber kaum noch bewegen, übergab Champollion mit größter Mühe das unvollendete Manuskript seiner *Ägyptischen Grammatik* seinem Bruder.

Hier war nun sein letztes Vermächtnis, unvollendet, aber doch beinahe fertig, eine klarsichtige und elegante Darlegung der Entdeckungen eines ganzen Lebens. Er hatte sein Möglichstes getan. »Was sich auch ereignen möge«, sagte er, »Ich werde der Nachwelt meine Visitenkarte hinterlassen haben.«[13]

Von frühesten Zeiten an war Ägypten geradezu besessen von der Idee der Unsterblichkeit. Die endlos wiederholte Botschaft lautete, dass der Tod bezwungen werden und das Leben neu erwachen konnte. Die turmhohen Gebirge aus Steinblöcken, die die Pharaonen beschützen sollten, die ausgeklügelten Rituale der Mumifizierung, die enzyklopädischen Bücher mit Zaubersprüchen, alles beruhte auf dem Glauben, dass der Tod nicht das Ende sei.

Priester zelebrierten lange, rituelle Gebete in der sicheren Gewissheit, die Passwörter zur Ewigkeit gefunden zu haben. Pharaonen füllten ihre Grabstätten mit Brettspielen und Jagdspeeren zum Zeitvertreib im Leben danach, und für die himmlischen Tafeln verstauten sie Stücke edlen Fleisches und Krüge köstlichen Weines.

Für einen Ungläubigen wie Champollion waren derlei Riten nichts weiter als altehrwürdiger Aberglaube. Trotz seiner inbrünstigen Hingabe zu Ägypten blieb er ein treuer Sohn des revolutionären Frankreich – die Vorstellung von einem Leben nach dem Tod bot ihm keinerlei Reiz.

In einer Hinsicht jedoch ehrte Champollions Lebenswerk die religiösen Überzeugungen der Ägypter trotz allem. Nicht indem er sich die antiken religiösen Ansichten zu eigen machte, versteht sich. Nein, seine Arbeit demonstrierte eine tiefere, aber damit zusammenhängende Wahrheit – individuelle Unsterblichkeit war nicht die einzige Art von Unsterblichkeit. In seinem allzu kurzen Leben erweckte Jean-François Champollion eine tote Sprache und eine lange begrabene Kultur wieder zum Leben.

ANMERKUNGEN

Im Folgenden finden sich Quellenangaben zu Zitaten und Aussagen, die ggf. schwer aufzufinden sein könnten. Um diese Anmerkungen in überschaubaren Grenzen zu halten, habe ich Fakten, die sich in Standardquellen rasch und mühelos nachprüfen lassen, nicht in jedem Einzelfall dokumentiert. Detailangaben zur Publikation sind nur bei den Büchern und Artikeln angegeben, die nicht in der Bibliographie aufgeführt sind.

Mehrere Bücher und Artikel, aus denen ich zitiere, sind in gedruckter Form nur schwer zugänglich (da sie entweder sehr alt oder unklar sind oder dem Autor nicht in englischer Sprache vorlagen). Diese sind jeweils als Online-Quellen angegeben.

Widmung

1 Hier zitiert aus: Briefe aus dem Orient (projekt-gutenberg.org)

1 Der Einsatz

1 Herodot, Historien, 2. Buch, Kapitel 35. Hier zitiert aus der zweisprachigen Reclam-Ausgabe (Griechisch-Deutsch), S. 47, 49.
2 Die Passage findet sich im »Amarna-Brief Nr. 26« an Königin Teje, die Großmutter Tutanchamuns. Hier zitiert aus: Teje (nefershapiland.de).
3 Der Reisende war Evliya Çelebi, zitiert in Hornung, The Secret Lore of Egypt, S. 189.
4 Brier, Egyptomania, S. 63.
5 Seyler, The Obelisk and the Englishman, S. 89.
6 Es handelte sich um einen Franzosen namens Paul Lucas (1664–1737), zitiert in Thompson, Wonderful Things: A History of Egyptology, Bd. 1, Kindle location 1489.
7 Thompson, Wonderful Things, Bd. 1, Kindle location 924.
8 Pope, Die Rätsel alter Schriften, S. 100.
9 Fox, The Riddle of the Labyrinth, S. 16.
10 Pope, Die Rätsel alter Schriften, S. 23f.
11 Pharr et al. (Hg.), The Theodosian Codes, S. 472.
12 Mertz, Temples, Tombs and Hieroglyphs, S. 304.

2 Der Fund

1 Siehe den ausgezeichneten Essay »Boney the Bogeyman: How Napoleon Scared Children« der Autorin und Historikerin Shannon Selin. Online verfügbar unter: https://tinyurl.com/y5wl7ayo. Selin zitiert mehrere Memoiren, darunter Lucia Elizabeth Abell, Recollections of the Emperor Napoleon, during the First Three Years of His Captivity on the Island of St. Helena (London, 1844), S. 12.
2 Solé und Valbelle, Rosetta Stone, S. 1.
3 Interview des Autors mit Bob Brier, 8. April 2019.
4 Vgl. Pope, Die Rätsel alter Schriften, S. 70.
5 Young, Recent Discoveries, S. 277.

3 Die Herausforderung

1 Caesar, Der Gallische Krieg, S. 78:
2 Schiff, Cleopatra, S. 67.
3 Das Zitat entstammt dem »Peasants« von Ricardo Caminos, in The Egyptians, herausgegeben von Sergio Danadoni.
4 Manguel, Eine Geschichte des Lesens, S. 62.

4 Stimmen aus dem Staub

1 Baker, *Der Anthologist*, S. 118.
2 Manguel, Eine Geschichte des Lesens, S. 14f.
3 Eiseley, *The Star Thrower*, S. 41.

4 McWhorter, The Power of Babel, S. 254.
5 Online verfügbar unter: https://tinyurl.com/y670arwq.
6 Annie Dillard, *For the Time Being* (New York: Vintage, 2000), S. 98.
7 Whitehead, Wissenschaft und Moderne Welt, S. 33.
8 Ray, *Rosetta Stone*, S. 122.
9 Petrie, Pyramids and Temples, S. 150.
10 In einem Essay des Ägyptologen Richard Parkinson mit dem Titel »Egypt: A Life Before the Afterlife«, Guardian, 5. November 2010.
11 Parkinson, Cracking Codes, S. 193f.
12 Aus einem Interview mit der Ägyptologin Elizabeth Frood. Online verfügbar unter https://tinyurl.com/y5576sxh.
13 Romer, *Ancient Lives*, S. 33.
14 Cerny, »The Will of Naunakhte«, Journal of Egyptian Archeology. Die Passage findet sich noch augenfälliger auf Mark Millmores brillant kuratierter Website: egytianhieroglyphs.co.uk, in einem Abschnitt unter dem Titel »Love, Marriage, and Family«.
15 Vgl. die Website »Oxyrhynchus Online« der University of Oxford unter: https://tinyurl.com/yy9bw8dq.
16 Parsons, Die Stadt des Scharfnasenfisches, S. 54.
17 Elisabeth Peters, *Im Schatten des Todes*, S. 132. Es handelt sich um einen Roman, der in Ägypten spielt (und der auch als eine der 100 besten jemals geschriebenen Mystery-Geschichten angeführt wurde!), den Mertz unter dem Pseudonym Elizabeth Peters schrieb.
18 Peet, *Literatures of Egypt, Palestine, and Mesopotamia*, S. 120. John Barth zitierte die Passage in einem Essay des Atlantic, von ihm stammt die Anmerkung zu Homer: John Barth, »Do I Repeat Myself?«, Atlantic, August 2011.

5 So nah und doch so fern

1 Green, »Tut-Tut-Tut«, New York Review of Books, 11. Oktober 1979.
2 Brier, Der Mordfall Tutanchamun, S. 54.
3 Ebenda, S. 28.
4 Wilson, *Ancient Egypt*, S. 148.
5 Nightingale, *Once Out of Nature*, S. 51.
6 Vgl. Romer, *Ancient Lives*, S. 75.
7 David, *Religion and Magic*, S. 131.
8 Der griechische Philosoph Strabon, in etwa ein Zeitgenosse von Jesus von Nazareth, erzählt die Geschichte in seinen *Geographika*, Buch XVII. In englischer Sprache online verfügbar unter https://tinyurl.com/y4a8t2ql
9 Mertz, Red Land, Black Land, S. 55:
10 »Tutankhamun for the Twenty-first Century: Modern Misreadings of an Ancient Culture.« Das war ein Vortrag von Robert K. Ritner, gehalten im Field Museum of Natural History am Donnerstag, 26. Oktober 2006.
11 Bei dem bedeutenden Historiker handelt es sich um Richard Parkinson, einen Ägyptologen am British Museum und Autor von »The Painted Tomb Chapel of Nebamun«.
12 Wilkinson, *Aufstieg und Fall des Alten Ägypten*. Wilkinson bespricht den Bau der Pyramiden in Kapitel 4, »Der Himmel auf Erden.«
13 Bulliett, *Wheel*, S. 41.
14 Interview des Autors, 8. April 2019.
15 Ikram, *Death and Burial*, S. 89.
16 Williams, »Animals Everlasting«, National Geographic, November 2009.
17 Frankfort, Ancient Egyptian Religion, S. 8.
18 Mary Renault, »Living for ever«, London Review of Books, 18. September 1980.
19 Schama paraphrasierte hier G. M. Trevelyan. Online verfügbar unter: https://tinyurl.com/y3yytdyk

20 Parsons, *Scharfnasenfisch*, S. 59.
21 Michael Levenson, »Fifty-one Years Later, Coded Message Attributed to Zodiac Killer Has Been Solved, FBI Says«, New York Times, 11. Dezember 2020. Siehe auch ein YouTube-Video des Teams, das den Code knackte. Online verfügbar unter: https://tinyurl.com/y2bymlp6.
22 Ray, Rosetta Stone, S. 20.
23 Diffie und Fischer, »Decipherment versus Cryptanalysis«, in Parkinson, *Cracking Codes*.

6 Der große Eroberer

1 Roberts, Napoleon, S. 158.
2 Ebenda.
3 Strathern, *Napoleon in Egypt*, S. 3.
4 John Allegro, »The Discovery of the Dead Sea Scrolls, « in Brian Fagan (Hg.), *Eyewitness to Discovery*, S. 151.
5 Fagan, *Lord and Pharaoh*, S. 57.
6 Ray, *Rosetta Stone*, S. 25.
7 Strathern, *Napoleon in Egypt*, S. 113. Meine Ausführungen über die Schlacht bei den Pyramiden und die Seeschlacht bei Abukir beruhen in hohem Maße auf Stratherns faszinierender und akribisch recherchierter Geschichte.
8 Roberts, *Napoleon*, S. 171.
9 Moorehead, *Blue Nile*, S. 89.
10 Strathern, *Napoleon in Egypt*, S. 100.

7 Feuer an Deck

1 Keegan, Intelligence in War.
2 Strathern, Napoleon in Egypt, S. 100.

3 Warner, Battle of the Nile, S. 95.
4 Roberts, Napoleon, S. 178.
5 Strathern, Napoleon in Egypt, S. 174.
6 Gillispie and Dewachter (Hgg.), The Monuments of Egypt, S. 5.
7 Roberts, Napoleon, S. 179.
8 Sole und Valbelle, Rosetta Stone, S. 5.
9 Strathern, Napoleon in Egypt, S. 335.
10 Roberts, Napoleon, S. 192.
11 Gillispie, Science and Polity in France, S. 372; Sole und Valbelle, Rosetta Stone, S. 3.
12 Parkinson, Cracking Codes, S. 20.
13 Ray, Rosetta Stone, S. 164.
14 Bevan, The House of Ptolemy. Diese Passage stammt aus Kapitel VII, »Ptolemy IV, Philopator (221–203 BC)«. Online verfügbar unter: https://tinyurl.com/yy7jsx49.
15 Die englische Übersetzung stammt aus Ray, Rosetta Stone, S. 164.
16 Urbanus, »In the Time of the Rosetta Stone«, Archaeology, Nov/Dec 2017.
17 Wilkinson, Aufstieg und Fall des Alten Ägypten, S. 605f.
18 Brier, Ancient Egypt, S. 41.
19 Ray, Rosetta Stone, S. 137.
20 Diese Übersetzung stammt aus Ray, Rosetta Stone, S. 164.

8 Der diskrete Abschied des Monsieur Smith

1 Herold, *Bonaparte in Egypt*, S. 191.
2 Gillispie, »Scientific Aspects of the French Egyptian Expedition, « *Proceedings of the American Philosophical Society*, Dezember 1989.
3 Sole und Valbelle, *Rosetta Stone*, S. 7.
4 Die Zeitung ist online verfügbar unter: https://tinyurl.

com/yyhzfuvk.
5 *Courier de l'Egypte*, 15. September 1799. Online verfügbar unter: https://tinyurl.com/yyhzfuvk.
6 Burleigh, *Mirage*, S. 140.
7 White, *Atrocities*, S. 263.
8 Strathern, *Napoleon in Egypt*, S. 36.
9 Roberts, *Napoleon*, S. 201.
10 Burleigh, *Mirage*, S. 94.
11 Brier, *Egyptomania*, S. 60.
12 Roberts, *Napoleon*, S. 177.
13 Burleigh, *Mirage*, S. 181.
14 Ebenda, S. 182.
15 Pierre Rosenberg (Hg.), »Napoleon's Eye«. So stand es im Katalog zu einer Ausstellung im Louvre (Oktober 1999 – Januar 2000).
16 Thompson, *Wonderful Things*, Bd. 1, Kindle location 1875.
17 Rosenberg, »Napoleon's Eye«.
18 Gillispie and Dewatchter (Hgg.), *The Monuments of Egypt*, S. 30.
19 Ebenda., S. 39.
20 Thompson, *Wonderful Things,* Bd. 1, Kindle location 1879.

9 Eine Berühmtheit aus Stein

1 Sole und Valbelle, *Rosetta Stone*, S. 27.
2 Herold, *Bonaparte in Egypt*, S. 404; Strathern, *Napoleon in Egypt*, S. 413f.
3 Strathern, *Napoleon in Egypt*, S. 35.
4 Herold, Bonaparte in Egypt.
5 Strathern, *Napoleon in Egypt*, S. 414. Andere Historiker nehmen an, Menou verbarg den Stein von Rosette in einem Lagerhaus. Siehe Ray, *Rosetta Stone*, S. 35, und Parkinson, *Cracking Codes*, S. 22.

6 Burleigh, *Mirage*, S. 216.
7 Ebenda.
8 Sole und Valbelle, *Rosetta Stone*, S. 32.
9 John Howard (Hg.), *Letters and Documents of Napoleon, Volume 1: The Rise to Power*, S. 173. Zitiert von Shannon Selin in »Napoleon's Looted Art.« Online verfügbar unter: https://tinyurl.com/y3a6nqls.
10 Burleigh, *Mirage*, S. 213.
11 Ebenda.
12 Sole und Valbelle, *Rosetta Stone*, S. 35.
13 *Gentleman's Magazine* 72, Teil 2 (1802), S. 726. Online verfügbar unter: https://tinyurl.com/y2gdpsoo.
14 Vgl. die Beschreibung des British Museum. Online verfügbar unter: https://tinyurl.com/y4cplaws.
15 Fagan (Hg.), *Eyewitness to Discovery*, S. 89.
16 Delbourgo, *Collecting the World*, S. 315.
17 Parkinson, *Cracking Codes*, S. 23.
18 Richard Parkinson in einem Vortrag über den Stein von Rosette, Minute 7:30. Online verfügbar unter: https://tinyurl.com/yytufuj8.
19 Beard, »Souvenirs of Culture«, *Art History* 13, Nr. 4 (Dezember 1992).

10 Erste Deutungsversuche

1 Allen, »The Predecessors of Champollion«, *Proceedings of the American Philosophical Society* 104, Nr. 5 (17. Oktober 1960), Sp. 546.
2 Franzo Law II et al., »Vocabulary Size and Auditory Recognition in Preschool Children«, *Applied Psycholinguistics* 38, Nr. 1 (Januar 2017). Online verfügbar unter: https://tinyurl.com/y2vf4hr4.
3 Ray, *Rosetta Stone*, S. 24.
4 Picci, Ascani und Buzi (Hgg.), *The Forgotten Scholar*, S. 172.
5 White, *Atrocities*, S. 259.

6 Parkinson, *Cracking Codes*, S. 22.
7 Jacob Mikanowski, »Language at the End of the World«, *Cabinet*, Sommer 2017. Online verfügbar unter: https://tinyurl.com/y4k6c2h7.
8 Young schrieb an den Vater von William Bankes und bat ihn, die Nachricht an seinen Sohn weiterzuleiten. Der Brief ist online verfügbar unter: https://tinyurl.com/y5my4l78.
9 Sole und Valbelle, *Rosetta Stone*, S. 49.
10 Thompson, *Wonderful Things*, Bd. 1, Kindle location 2087.
11 Der Autor war Robert Southey, zitiert in Judith Pascoe, *The Hummingbird Cabinet: A Rare and Curious History of Romantic Collectors* (Ithaca, NY: Cornell University Press, 2006), S. 112.
12 Gillispie und Dewachter (Hgg.), *Monuments of Ancient Egypt*, S. 1.
13 Sole und Valbelle, *Rosetta Stone*, S. 44.
14 Ebenda.
15 Thomasson, *Life of J.D. Akerblad*, S. 249.

11 Die Rivalen

1 Glynn, Elegance in Science, S. 108.
2 Ebenda., S. 42.
3 Hilts, »Autobiographical Sketch«, S. 248. Gegen Ende seines Lebens verfasste Young einen autobiographischen Essay, von dem er hoffte, er würde nach seinem Tod in die Encyclopedia Britannica aufgenommen. Dazu kam es nie, aber im Jahr 1978 veröffentlichte der Wissenschaftshistoriker Victor Hilts Youngs Essay zusammen mit einem erläuternden Kommentar.
4 Peacock, Life of Thomas Young, S. 124.
5 Ray, Rosetta Stone, S. 59.
6 Young, Recent Discoveries, S. 79.
7 Ray, Rosetta Stone, S. 56. Der vollständige Brief (auf

Französisch) findet sich in Hermine Hartleben (Hg.), Lettres et Journaux de Champollion le Jeune, Band 2, S. 161.

8 Herodot, Historien, 2. Buch, Kapitel 36, S. 49.

9 Herodot, Historien, 2. Buch, Kapitel 66, S. 83.

10 Herodot, Historien, 2. Buch, Kapitel 69, S. 87.

11 Aime Champollion-Figeac, Les Deux Champollion, S. 90. Das gesamte Buch (auf Französisch) ist online verfügbar unter: https://tinyurl.com/y4d6t4sg.

12 Hilts, »Thomas Young's Autobiographical Sketch‹«, S. 252.

13 Robinson, Cracking the Egyptian Code, S. 83.

14 Jean Lacouture, »Champollion, a Hero of the Enlightenment«, UNESCO Courier, Oct. 1989. Lacoutures Biographie ist zu finden in Champollion: Une vie de lumieres.

15 Ray, Rosetta Stone, S. 51.

16 Lacouture, »Champollion«, UNESCO Courier.

17 Thompson, Wonderful Things, Bd. 1, Kindle location 2395.

18 Ebenda., Kindle location 2130.

19 Vgl. Pope, Die Rätsel alter Schriften, S. 41.

20 Hamilton, The Copts and the West, S. 195.

21 Iversen, The Myth of Egypt, S. 91.

22 Kramer, The Sumerians, S. 7.

23 Iversen, The Myth of Egypt, S. 91.

24 Adkins and Adkins, The Keys of Egypt, S. 87.

25 Ebenda.

26 Robinson, Cracking the Egyptian Code, S. 61.

27 Adkins and Adkins, The Keys of Egypt, S. 83.

28 Humphry Davy, »Characters, by Sir Humphry Davy«, The Gentleman's Magazine (Oktober 1837), S. 367. Online verfügbar unter: https://tinyurl.com/y4fc9n8t.

29 Hilts, »›Autobiographical Sketch‹«, S. 250.

30 Peacock, Life of Thomas Young, S. 118.

31 Ray, Rosetta Stone, S. 41.

32 Wilson, Signs and Wonders Upon Pharaoh, S. 18.

33 Hilts, »›Autobiographical Sketch‹«, S. 249.

34 James Gleick, Genius: The Life and Science of Richard Feynman (New York: Pantheon, 1992), S. 10.

12 Thomas Young ist beinahe überrascht

1 »A Letter from W. E. Rouse Boughton to the Reverend Stephen Weston Respecting Some Egyptian Antiquities« (aus *Archeologia*, Bd. XVIII), S. 1. Online verfügbar unter: https://tinyurl.com/yz9l7wp4.

2 Peacock, *Life of Thomas Young*, S. 261.

3 Young, »Egypt«, in *Miscellaneous Works of the Late Thomas Young*, Bd. 3, S. 130. Online verfügbar unter: https://tinyurl.com/y68yvwmw.

4 Ebenda, S. 132.

5 Peacock, *Life of Thomas Young*, S. 261.

6 Ebenda.

7 Ebenda, S. 264.

8 Sole und Valbelle, *Rosetta Stone*, S. 65.

9 Wood, *Thomas Young*, S. 211.

10 Ebenda.

11 Robinson, Cracking the Egyptian Code, S. 76.

12 Ebenda, S. 84. Young erzählt die Geschichte mit dem falsch adressierten Brief in seinen *Recent Discoveries*, S. 40. Online verfügbar unter: https://tinyurl.com/y6p2q8t4.

13 Peacock, *Life of Thomas Young*, S. 262.

14 Ebenda, S. 264.

15 Charlotte Higgins, »How to Decode an Ancient Roman's Handwriting«, *New Yorker*, 1. Mai 2017.

16 Damrosch, *Buried Book*, S. 30.

17 Tyndall, *Thomas Young*, S. 23. Hierbei handelte es sich um einen Vortrag des Physikers John Tyndall bei der Royal Institution of Great Britain im Jahr 1886. Online verfügbar unter: https://tinyurl.com/y2rhqkmz.

18 Robinson, Cracking the Egyptian Code, S. 86.

19 Mertz, Red Land, Black Land, S. 132.

20 Die Bemerkung erscheint in »Egypt«, Young Essay aus dem Jahr 1819 in der *Encyclopedia Britannica*, S. 135. Online verfügbar unter: https://tinyurl.com/y3h707bv.

21 Robinson, Cracking the Egyptian Code, S. 89.

13 Archimedes in seiner Wanne, Thomas Young in seinem Landhaus

1 Kevin Brown, *Penicillin Man: Alexander Fleming and the Antibiotic Revolution* (Stroud, Gloucestershire, UK: The History Press, 2017), S. 2.
2 Nicholas Wroe, »Jonathan Miller: A Man of Many Talents«, *Guardian*, 9. Januar 2009.
3 Peacock, *Life of Thomas Young*, S. 272 (Fußnote).
4 Fleming bespricht den misslungenen Besuch kurz in *Barrow's Boys*. Alain Peyrefitte lietet einen umfassenden und faszinierenden Blick auf die kulturelle Kollision zwischen den Briten und den Chinesen in *The Immobile Empire* (New York: Vintage, 2013).
5 Fleming, *Barrow's Boys*, S. 4.
6 Adkins und Adkins, *Keys of Egypt*, S. 294.
7 Die beiden Biographien sind The Last Man Who Knew Everything: Thomas Young, the Anonymous Polymath Who Proved Newton Wrong, Cured the Sick and Deciphered the Rosetta Stone von Andrew Robinson, und The Last Man Who Knew Everything von Mike Hockney. Robinson ist ein brillanter Autor, und ich habe wiederholt diese Biographie und seine anderen großartigen Bücher über den Stein von Rosette, Sprache und Schrift als Quellen herangezogen.
8 Matthew Stewart, The Courtier and the Heretic: Leibniz, Spinoza, and the Fate of God in the Modern World (New York: Norton, 2007), S. 12.

14 Der Konkurrenz voraus

1 Adkins und Adkins, *Keys of Egypt*, S. 109.

2 Ebenda, S. 134. Das Zitat steht erstmals in Aime Champollion-Figeac, *Les Deux Champollion*, S. 88. Das gesamte Buch (in französischer Sprache) ist online verfügbar unter: https://tinyurl.com/y4d6t4sg.

3 Ceram, Gods, Graves, and Scholars, S. 115.

4 Die Stelle stammt aus *Idyll Nummer* 17 von Theokrit. Hier zitiert aus: *Die Idyllen des Theokritos*, Übers. Friedrich Zimmermann, Stuttgart 1859, S. 112.

5 Young, »Egypt«, in *Miscellaneous Works of the Late Thomas Young*, Bd. 3, S. 159. Online verfügbar unter: https://tinyurl.com/y68yvwmw.

6 Peacock, *Life of Thomas Young*, S. 314.

7 Ebenda, S. 254.

8 Adkins und Adkins, *Keys of Egypt*, S. 154.

15 Verloren im Labyrinth

1 Peacock, *Life of Thomas Young*, S. 119.

2 Ebenda, S. 486.

3 Sole und Valbelle, *Rosetta Stone*, S. 56.

4 Fox, *Riddle of the Labyrinth,* S. 218. Die Geschichte stammt von Leonard Cottrell, »Michael Ventris and his Achievement«, *Antioch Review* 25, Nr. 1, Sonderausgabe Griechenland (Frühjahr 1965).

5 Dies entstammt einer BBC-Dokumentation über Ventris, *A Very English Genius*. Online verfügbar unter: https://tinyurl.com/y2ymnykv.

6 BBC, *A Very English Genius*, Teil 5. Online verfügbar unter: https:/tinyurl.com/y4w9qdvh.

7 Thompson, *Wonderful Things*, Bd. 1, Kindle location 1653.
8 Robinson, Cracking the Egyptian Code, S. 67.
9 Ebenda, S. 76.
10 Einsteins Bemerkung entstammt einem Vortrag im Jahr 1933 unter dem Titel »Über die Ursprünge der Allgemeinen Relativitätstheorie«, gehalten an der Universität Glasgow.
11 Budiansky, *Battle of Wits*, S. 136.
12 Dies entstammt einem Essay mit dem Titel »An Introduction to Methods for the Solution of Ciphers«. William F. Friedman ist als einziger Autor angegeben, allerdings war Elizebeth Friedman Co-Autorin des Essays.
13 Budiansky, *Battle of Wits*, S. 136.
14 Robinson, Cracking the Egyptian Code, S. 33.
15 Andrew Robinson untersucht die Geschichte auf gewohnt klare und sorgfältige Weise und beweist, dass sie »fast sicher falsch« war. *Cracking the Egyptian Code*, S. 49-53.
16 Hilts, »Autobiographical Sketch«, S. 249.
17 Ebenda, S. 250.
18 Ebenda.
19 Young, »On the Mechanism of the Eye«.
20 Budiansky, *Battle of Wits*, S. 137.
21 Beard, »What was Greek to Them?«
22 Richard Westfall, *Never at Rest: A Biography o Isaac Newton* (New York: Cambridge University Press, 1983), S. 105.
23 Ebenda, S. 192.
24 John Maynard Keynes, »Newton, the Man«. Online verfügbar unter: https://tinyurl.com/y9lmmwj3.
25 Diese Information stammt aus einem TED Talk von Sapolsky mit dem Titel »The Uniqueness of Humans«. Die Anmerkung zu den Schachgroßmeistern befindet sich bei Minute 10. Online verfügbar unter: https://tinyurl.com/y53vj2ua.
26 Adkins, Empires of the Plain, S. 61.
27 Fox, Riddle of the Labyrinth, S. 207.
28 Chadwick, *Linear B*, S. 2.

29 E. A. Wallis Budge, *The Rise and Progress of Assyriology* (London: Clay & Sons, 1925), S. 153. Das gesamte englische Buch ist online verfügbar unter: https://tinurl.com/ollt3vt. (Hier zitiert aus: Greenblatt, *Adam und Eva*, S. 59f.
30 Fagone, The Woman Who Smashed Codes, S. 75.

16 Alte Weisheit

1 Robinson, Cracking the Egyptian Code, S. 121.
2 Oliver Wendell Holmes Sr., The Poet at the Breakfast Table. Online verfügbar unter: https://tinyurl.com/yyzmfrx.
3 Dieckmann, »Renaissance Hieroglyphics«.
4 Iversen, The Myth of Egypt, S. 49.
5 Horapollon, Zwei Bücher über die Hieroglyphen, S. 43.
6 Ebenda, S. 47f.
7 Ebenda, S. 77.
8 Ebenda, S. 63.
9 Ebenda, S. 61.
10 Ebenda, S. 81.
11 Ebenda, S. 49.
12 Der Ägyptologe John Ray nahm an einer Dokumentation des History Channel unter dem Titel *The Rosetta Stone* teil. Rays Besprechung der Leistung Horapollons beginnt etwa bei Minute 22. Online verfügbar unter: https://tinyurl.com/yxwucubh.
13 Vgl. Pope, Die Rätsel alter Schriften, S. 18.
14 Ebenda, S. 29.
15 Iversen, The Myth of Egypt, S. 45.
16 Ebenda.
17 Glassie, Man of Misconceptions, S. 46.
18 Pope, Die Rätsel alter Schriften, S. 35.
19 Ray, Rosetta Stone, S. 20.
20 Glassie, Man of Misconceptions, S. 135.

21 Bauer, Unsolved, S. 35.
22 Vgl. Iversen, The Myth of Egypt, S. 92.
23 Ebenda., S. 96.
24 Ucko und Champion (Hgg.)., The Wisdom of Egypt.
25 Iversen, The Myth of Egypt, S. 49.
26 Coe, Das Geheimnis der Maya-Schrift, S. 195f.

17 »Eine Chiffre und eine Geheimschrift«

1 Dirk J. Struik, *A Concise History of Mathematics* (New York: Dover, 1967), S. 26.
2 Brier, *Ancient Egypt*, S. 61.
3 Ebenda.
4 Ray, *Rosetta Stone*, S. 19.
5 Haycock, *Science, Religion, and Archaeology in Eighteenth Century England*, vor allem Kapitel. 4, »The Macrocosm«. Online verfügbar über die fantastische Website »The Newton Project« unter: https://tinyurl.com/y37nbd92.
6 Westfall, *Never at Rest*, S. 434.
7 Yates, Giordano Bruno and the Hermetic Tradition, S. 1.
8 Ebenda, S. 5.
9 Ebenda.
10 McMahon, *Divine Fury*, S. 4.
11 John Aubrey, *The Natural History of Wiltshire* (London: Nichols, 1847). Erstmals veröffentlicht im Jahr 1685. Aubreys Anmerkung stammt aus dem Vorwort.
12 Toby Wilkinson, »The Tradition of the Pharaohs Lives On«, *Wall Street Journal*, 5. Februar 2011.
13 Vgl. Brier, Der Mordfall Tutanchamun, S. 24.
14 Vivant Denon, *Travels in Upper and Lower Egypt*, Bd. 2 (London: Longman, 1803).
15 Geoffrey Wall, *Flaubert: A Life* (New York: Farrar, Straus and Giroux, 2007), S. 176.
16 William P. Dunn, *Sir Thomas Browne: A Study in Reli-*

gious Philosophy (Minneapolis: University of Minnesota Press, 1950), S. 95.

17 Steven Levy, Crypto: How the Code Rebels Beat the Government—Saving Privacy in the Digital Age (New York: Penguin, 2002), S. 7.

18 Holly Haworth, »The Fading Stars: A Constellation«, *Lapham's Quarterly* (Winter 2019). Online verfügbar unter: https://tinyurl.com/y7t9tw7a.

19 Hugh Blair, *Lectures on Rhetoric and Belles Lettres* (London: Lockwood and Son, 1857), Lecture 7: »Rise of Progress of Language, and of Writing«, S. 57. Das gesamte Buch, erstmals veröffentlicht im Jahr 1783, ist online verfügbar unter: https://tinyurl.com/yxogepvm.

18 Exil

1 Sebba, *Exiled Collector*, S. 17.

2 Ebenda, S. 114.

3 Ebenda., S. 115.

4 Das stammt aus einem Brief aus dem Jahr 1820. George Gordon Byron, *Byron's Letters and Journals: The Complete and Unexpurgated Text*, Bd. 1 (Cambridge, MA: Harvard University Press, 1973), S. 110, Fußnote 9.

5 Finati, *Life and Adventures*, Bd. 2, S. 78.

6 Finati erzählt die Geschichte vom Schlangenbeschwörer in seinen Memoiren, Finati, *Life and Adventures*, Bd. 2, S. 99.

7 Wir haben Augenzeugenberichte aus zwei unterschiedlichen Memoiren, eine von Belzoni und die andere von Giovanni Finati, der vier Jahre lang gemeinsam mit Bankes unterwegs war.

8 Ebenda., S. 308.

9 Belzoni, Entdeckungsreisen in Ägypten 1815–1819, S. 203.

10 Ebenda., S. 203.

11 Ebenda., S. 205.
12 Finati, *Life and Adventures*, Bd. 2, S. 309.
13 Sebba, *Exiled Collector*, S. 174.
14 Patricia Usick, »William John Bankes' Collection of Drawings and Manuscripts Relating to Ancient Nubia«, S. 40. Dabei handelt es sich um eine Doktorarbeit an der University of London aus dem Jahr 1998. Online verfügbar unter: https://tinyurl.com/y6hhdqrq.
15 Wie im Text ausgeführt, fand die letzte Hinrichtung wegen Sodomie auf englischem Boden im Jahr 1835 statt. Naomi Wolf löste 2019 einen enormen Wirbel aus, als sie fälschlicherweise schrieb, England hätte bis zur Mitte des 19. Jahrhunderts Menschen wegen Sodomie exekutiert.
16 Morrison, *The Regency Years*, S. 161.
17 A. D. Harvey, »Prosecutions for Sodomy in England at the Beginning of the Nineteenth Century«, *Historical Journal* 21, Nr. 4 (1978).
18 Ebenda.
19 Sebba, *Exiled Collector*, S. 177.
20 Ebenda., S. 157.
21 Ebenda., S. 188.
22 Anna Sebba erzählt die Geschichte von Bankes' zwei Verhaftungen und seinem Exil überzeugend detailgenau in den Kapiteln 7 und 8 ihrer Biographie.
23 Sebba, *Exiled Collector*, S. 231.

19 Hier kommt Champollion

1 LaBriere (Hg.), *Champollion Inconnu*, S. 65. Das gesamte Buch ist online verfügbar unter: https://tinyurl.com/y65ylw7s.
2 Young, »Discoveries in Hierographical Literature«, in *Miscellaneous Works of the Late Thomas Young*, Bd. 3, S. 292. Online verfügbar unter: https://tinyurl.com/

y68yvwmw.

3 Champollion, *Lettre à M. Dacier*, S. 4. Online verfügbar unter: https://tinyurl.com/y6mrk2my.

4 Diese Beschreibungen der Hieroglyphen stammen von Champollion selbst, aus seinem *Lettre à M. Dacier*, S. 4f.

5 Ebenda., S. 30, Fußnote 22.

6 Young, Recent Discoveries, S. 49.

7 Thomas Huxley, *Collected Essays*, Bd. 8, S. 229. Online verfügbar unter: https://tinyurl.com/y9mcunw7.

20 »Ein veritables Chaos«

1 Manlio Simonetti (Hg.), *Ancient Christian Commentary on Scripture: Matthew 14–28* (Westmont, IL: InterVarsity Press, 2002), S. 102.

2 Daniel Luckenbill, *Ancient Records of Assyria and Babylonia*, Bd. 2 (Chicago: University of Chicago Press, 1927), S. 319.

3 Andrew George (Übers. und Hg.), *The Epic of Gilgamesh* (New York: Penguin, 2003), S. xxii.

4 Greenblatt, *Adam und Eva*, S. 56.

5 Hansen, Reise nach Arabien, vgl. S. 131–136); Guichard, Jr., Niebuhr in Egypt, S. 1.

6 Wilson, *Signs and Wonders*, S. 31.

7 Hilts, »Autobiographical Sketch«, S. 254.

8 Peacock, *Life of Thomas Young*, S. 356.

9 Hilts, »Autobiographical Sketch«, S. 253.

10 Daniel Mendelsohn, »Arms and the Man«, *New Yorker*, 28. April 2008.

11 Pope, Die Rätsel alter Schriften, S. 84.

12 Ebenda.

13 Champollion, *Précis du Système Hiéroglyphique*, S. 255. Vgl. Pope, S. 86.

21 Die Geburt der Schrift

1 Ebenda.
2 Man, *Alpha Beta*, S. 19.
3 Diese Beobachtung verdanke ich Michael Cook. Vgl. sein Buch *Brief History of the Human Race* (New York: Norton, 2005), S. 45.
4 Tim Harford, »50 Things That Made the Modern Economy«, BBC World Service, Folge »Cuneiform«, ausgestrahlt am 30. April 2017.
5 Schmandt-Besserat, »The Evolution of Writing«, S. 9. Online verfügbar unter: https://tinyurl.com/y72ynmqz.
6 Schmandt-Besserat, *How Writing Came About*, S. 9.
7 Michael Coe zitiert Paul Revere in *Das Geheimnis der Maya-Schrift*, S. 28.
8 Die Formulierung entstammt Platons *Philebos*, hier zitiert aus der kommentierten Werkausgabe, Göttingen 1997, S. 21.
9 Ludwig Morenz, »The Origins of Egyptian Literature« in Manley (Hg.), *Seventy Great Mysteries*, S. 211.
10 James B. Pritchard, *Ancient Near Eastern Texts Relating to the Old Testament with Supplement* (Princeton, NJ: Princeton University Press, 2016), S. 245 und 245, Fußnote 12.
11 Ian Shaw (Hg.), *The Oxford History of Ancient Egypt* (Oxford, UK: Oxford University Press, 2003), S. 118ff.

22 Der Gigant aus Padua

1 Jean-Francois Champollion, *De l'écriture hiératique des anciens eyptiens*, S. 2. Das ist der vierte und letzte Punkt einer von Champollion zusammengestellten Liste seiner

wichtigsten Erkenntnisse. (Der erste Punkt war, dass Hieroglyphen »in keiner Weise alphabetisch« waren.) Online verfügbar unter: https://tinyurl.com/y5p2ek2w.

2 Champollion, *Précis du système hiéroglyphique des anciens égyptiens*, S. 266. Online verfügbar unter: https://tinyurl.com/y2cbjcqz.

3 Francois Pouillion (Hg.), *Dictionnaire des Orientalistes de langue Française* (Paris: IISMM, 2008), »Remusat«, S. 810.

4 Ebenda.

5 Pope, Die Rätsel alter Schriften, S. 86.

6 Ebenda.

7 Jill Sullivan, *Popular Exhibitions, Science and Showmanship, 1840–1910* (Abingdon-on-Thames, Oxfordshire, UK: Taylor & Francis: 2015), S. 202.

8 Mayes, *Belzoni*, S. 20.

9 Belzoni, Entdeckungsreisen in Ägypten 1815–1819, S. 96f.

10 Mertz, Temples, Tombs, and Hieroglyphs, S. 72.

23 Abu Simbel

1 Moorehead, *Blue Nile*, S. 145.

2 Burckhardt, *Reisen in Nubien,* S. 136f. Das gesamte Buch ist (auf Englisch) online verfügbar unter: https://tinyurl.com/y5l5tkso.

3 Wilson, *Ancient Egypt*, S. 252.

4 Der Zeh hat einen Durchmesser von 37,3 Zentimetern. Flinders Petrie, *Tanis, Part I, 1883–4* (London: Trubner, 1889), S. 22.

5 Die Geschichte mit der Eintragung »König (verstorben)« geht auf die Ägyptologin Rosalie David zurück. Vgl. das Interview aus dem Jahr 2010 in einem Newsletter der University of Manchester, https://tinyurl.com/y6l7jo5z. Die Geschichte könnte im Lauf der Jahre gewachsen

sein. In ihrem ein Jahrzehnt zuvor, anno 2000 erschienen Buch *Conversations with Mummies: New Light on the Lives of Ancient Egyptians*, schrieb David (auf Seite 108), »laut Gerüchten« hätte Ramesses einen Reisepass mit dem Eintrag »König (verstorben)« mit sich geführt.

6 »Engineering Egypt«, eine DVD von *National Geographic*. Peter Brand, Ägyptologe an der Universität Memphis, kommt ca. in Minute 77 zu Wort.

7 Brier, *Ancient Egypt*, S. 37.

8 Belzoni, Entdeckungsreisen in Ägypten 1815–1819, S. 115.

9 Petrie, The Pyramids and Temples of Gizeh, S. 151.

10 Petrie, Seventy Years in Archeology, S. 21.

11 Drower, *Petrie*, S. 319.

12 Stiebing, *Uncovering the Past*, S. 80.

13 Adams, Millionaire and the Mummies, S. 97f.

14 Belzoni, Entdeckungsreisen in Ägypten 1815–1819, S. 62.

15 Thompson, *Wonderful Things*, Bd. 1, Kindle location 2565.

16 Sebba, *Exiled Collector*, S. 99.

17 Seyler, The Obelisk and the Englishman, S. 176.

24 Heureka!

1 Thompson, *Wonderful Things*, Bd. 1, Kindle location 2197.

2 Ray, *Rosetta Stone*, S. 88.

3 Die Passage wird hier zitiert aus: PHAIDROS (opera-platonis.de).

4 Budge, *The Gods of the Egyptians*, Bd. 1, S. 414.

5 Wilkinson, Aufstieg und Fall des Alten Ägypten, S. 282.

6 Darnell und Manassa, *Tutankhamun's Armies*, S. 18.

7 Adkins und Adkins, *Keys of Egypt*, S. 87.

25 Die Enthüllung

1 Aime Champollion Figeac, *Les deux Champollion*, S. 41.
2 Ebenda., S. 57.
3 Hartleben, Champollion: Sein Leben und Sein Werk, S. 422. (Band 1)
4 Young, Recent Discoveries, S. 38.
5 Ebenda., S. 39.
6 Champollion, *Lettre à M. Dacier*, S. 7.
7 Ebenda., S. 12.
8 Ebenda., S. 12f.
9 Ebenda., S. 15.
10 Ebenda., S. 16.
11 LaBriere (Hg.), *Champollion Inconnu*, S. 71.
12 Hartleben (Hg.), *Lettres de Champollion le Jeune*, Bd 1, S. iv.
13 Peacock, *Life of Thomas* Young, S. 322.
14 Young, *Miscellaneous Works*, Bd. 3, S. 222.
15 Ebenda., S. 220.
16 Ebenda.
17 Champollion, *Lettre à M. Dacier*, S. 15.
18 Ebenda.

26 Eine Ente könnte jemandes Mutter sein

1 Young, *Miscellaneous Works*, Bd. 3, S. 77.
2 Ebenda.
3 Vgl. Pope, Die Rätsel alter Schriften, S. 94.
4 James Geary, *Wit's End: What Wit Is, How it Works, and Why* (New York: Norton, 2018), S. 5.
5 Fallows, *Dreaming in Chinese*, S. 44.
6 Gardiner, *Egyptian Grammar*, S. 7.

7 Helen Keller, Die Geschichte meines Lebens, S. 23.
8 Parkinson, *Cracking Codes*, S. 63.
9 Champollion, *Précis du systeme hiéroglyphique*, S. 327. (Robinson übersetzt die Passage ins Englische in *Cracking the Egyptian Code*, S. 15.)

27 Hört, hört!

1 Young, Recent Discoveries, S. 39.
2 Ebenda.
3 Ebenda., S. 42.
4 LaBriere (Hg.), *Champollion Inconnu*, S. 66.
5 Ebenda.
6 Ebenda.
7 Ebenda., S. 65.
8 Champollion, *Lettre à M. Dacier*, S. 30 Fußnote 22.
9 Ebenda.
10 Baruch A. Levin, »Notes on an Aramaic Dream Text from Egypt«, Journal of the American Oriental Society 84, Nr. 1 (Januar-März 1964).
11 Interview des Autors mit Amir Zeldes, 20. Oktober 2018.
12 Die Anmerkung entstammt einer Notiz von Simon Wilken, dem Herausgeber einer Ausgabe von Thomas Brownes Vulgar Errors aus dem Jahr 1852. Siehe »Of the Hieroglyphical Pictures of the Egyptians«, Buch V, Kapitel XX. Online verfügbar unter: https://tinyurl.com/y6dgljst.
13 Jeffrey Bloomer, »Why Everyone Thought Aladdin Had a Secret Sex Message«, Slate, 24. Mai 2019. Online verfügbar unter: https://tinyurl.com/yxu3jgdo.
14 Dave Tompkins, How to Wreck a Nice Beach: The Vocoder from World War II to Hip Hop, The Machine Speaks (Chicago: Stop Smiling Books, 2010).
15 Fallows, Dreaming in Chinese, S. 40.
16 Everett, *Don't Sleep, There Are Snakes*, S. 185. Beide

Wörter bestehen aus den gleichen drei Silben, aber Freund hat zwei hochtonige Silben, Feind nur eine.

17 Gleick, The Information, S. 23.

18 »Niemals« ist möglicherweise übertrieben. Die New York Times berichtete im Januar 2020 über ein Wissenschaftlerteam, das versucht hatte, die Stimme eines mumifizierten ägyptischen Priesters namens Nesyamun zu rekonstruieren. Die letzten 200 Jahre hatte Nesyamuns Mumie im Leeds City Museum in England gelegen. Nesyamun starb vor ungefähr 3000 Jahren, um das Jahr 1100 v. Chr. (Eine Inschrift auf seinem Grab nannte ihn »Nesyamun, die Stimme«.) Ein Großteil des Mund- und Rachenbereichs der Mumie blieben intakt, und ein Teil der jüngsten Experimente bestand darin, einen 3D-Ausdruck von Nesyamuns Kehlkopf zu fertigen und zu versuchen, den Klang seiner Sprechstimme zu reproduzieren. Bisher ist es den Wissenschaftlern gelungen, einen einzigen Laut – etwas wie »ah« – zu synthetisieren. Das war eine schwierige Aufgabe, auch was die Evaluierung der Ergebnisse betraf. War das nun ein kleiner Hüpfer oder die erste Stufe einer Reise zum Mond? (Siehe Nicholas St. Fleur, »The Mummy Speaks: Hear Sounds from the Voice of an Ancient Egyptian Priest«, in: New York Times, 23. Januar 2020.)

19 Website der Library of Congress, »History of the Cylinder Phonograph«. Online verfügbar unter: https://tinyurl.com/zcbn7jh.

20 Richard Osborne, Vinyl: A History of the Analogue Record (Abingdon, UK: Routledge, 2012), S. 23.

21 Online verfügbar unter: https://tinyurl.com/y5trmalz.

22 Vermutlich war diese Wiederbelebung eine einmalige Sache, wenngleich einige optimistische Forscher die Hoffnung hochhalten, dass manche altertümlichen Gespräche unabsichtlich aufgezeichnet worden sein könnten. Ihr Szenario beginnt mit einem Töpfer vergangener Zeiten, der einen spitzen Stab an sein Töpfergut hielt, während dieses sich auf der Töpferscheibe drehte, um ein Muster oder eine Verzierung auf dem Töpfergut anzubringen.

Könnte es sein, dass er damit unbewusst die Geräusche aus der Töpferwerkstatt aufgenommen hat? Mindestens ein Archäologe behauptet, vielversprechende Experimente durchgeführt zu haben, die in diese Richtung gehen.

Der amerikanische Philosoph Charles S. Peirce scheint als Erster auf den Gedanken eines solchen nachträglichen Lauschangriffs gekommen zu sein. »Geben Sie der Wissenschaft bloß noch hundert weitere Jahrhunderte des Wachstums in geometrischem Verlauf«, schrieb er ca. 1902, »und sie wird vielleicht sogar herausfinden, dass sich die Klangwellen von Aristoteles' Stimme irgendwie selbst aufgezeichnet haben.«

23 Zitiert in Parkinson, Cracking Codes, S. 42.

24 Gerald Davis, Beowulf: The New Translation (Bridgeport, CT: Insignia, 2013), S. 13.

25 Josephine Livingstone, »Old English«, New York Times Magazine, 6. Januar 2019.

26 John McWhorter, »Don't Use the Word ›Emolument‹«, Atlantic, 24. Oktober 2019. Online verfügbar unter: https://tinyurl.com/y3rkm8c8.

28 Statistische Häufung

1 Interview des Autors mit Bob Brier, 8. April 2019.

2 Budge, *Rosetta Stone,* S. 14. Dabei handelt es sich um ein Büchlein, das das British Museum 1913 herausbrachte. Online verfügbar unter: https://tinyurl.com/y6s92hbr.

3 Interview des Autors vom 20. Oktober 2018. Alle Zitate von Zeldes in diesem Kapitel gehen auf dieses Interview zurück. Zeldes ist außerordentlicher Professor für Computerlinguistik in Georgetown und Mitherausgeber eines Koptisch-Wörterbuchs.

4 John Hennig, »Our Daily Bread«, *Theological Studies* 4,

Nr. 3 (1. September 1943).
5 Die Formulierung stammt aus *Heinrich IV, Erster Teil.*
6 In »The Awful German Language«, ein Anhang zu *A Tramp Abroad.*
7 Siehe dazu das Online Etymology Dictionary, online unter: https://www.etymonline.com/word/alligator.
8 Ray, *Rosetta Stone*, S. 90.

29 Ein Paar gehender Beine

1 Der erste von Champollion identifizierte »determinatif« war ein Sternsymbol, das einen Zeitabschnitt markierte. Siehe Hartleben (Hg.), *Lettres et Journaux de Champollion,* Band 2, S. 117.
2 Parkinson, *Cracking Codes*, S. 65.
3 Ebenda., S. 62.
4 Darnell, Tutankhamen's Armies, S. 59.
5 Breasted, *History of Egypt*, S. 99. (In der deutschen Übersetzung wurde die Stelle mit dem Sprichwort, S. 85, offenbar weggelassen. Eigentlich erstaunlich, denn das Buch datiert von 1910, da war die Prügelstrafe in der Schule hierzulande jedenfalls nichts Ungewöhnliches, Anm. d. Übers.)
6 Kahn, *The Codebreakers*, S. 290.
7 Chadwick, *Linear B*, S. 32.
8 Parkinson, *Cracking Codes*, S. 59.
9 Ebers, *Egypt: Historical, Descriptive, and Picturesque*, S. 8. Die Bemerkung steht im Vorwort, welches der Ägyptologe Samuel Birch beigesteuert hatte. Dieses Vorwort, und damit auch das Zitat, fehlen im deutschen Original von 1878/79 natürlich, deshalb hier nur der Verweis auf das englische Buch.

30 Saubere Kleidung und weiche Hände

1 John Noble Wilford, »Discovery of Egyptian Inscriptions Indicates an Earlier Date for Origin of the Alphabet«, *New York Times*, 13. November 1999.

2 Gnanadesikan, *Writing Revolution*, S. 145.

3 Ebenda.

4 Battiscombe Gunn, »Notes on the Naukratis Stela«, *Journal of Egyptian Archaeology* 29 (Dezember 1943), S. 56.

5 Ebenda.

6 Interview des Autors, 22. Januar 2019.

7 Cook, A Brief History of the Human Race, S. 45.

8 Bill Manley, *Egyptian Hieroglyphs for Complete Beginners* (London: Thames & Hudson, 2012), S. 21. Das Erlernen der Hieroglyphen außerhalb eines Schulraums ist furchtbar schwierig. Die beiden besten Lehrbücher sind Manleys Buch und Bridget McDermotts *Decoding Egyptian Hieroglyphs: How to Read the Secret Language of the Pharaohs* (New York: Chartwell, 2016).

9 Vgl. Manguel, Eine Geschichte des Lesens, S. 57.

10 Lynch, You Could Look It Up.

11 Der Historiker Joel Mokyr erwähnt dieses Beispiel in James Fallows, »The Fifty Greatest Inventions Since the Wheel«, *Atlantic*, November 2013. Online verfügbar unter: https://tinyurl.com/ybnnnzp6.

12 Der vollständige englische Text ist online verfügbar unter: https://tinyurl.com/y5gz3tef.

13 Mertz, Red Land, Black Land, S. 127.

14 Romer, *History of Ancient Egypt*, Bd. 2, S. 34.

15 LaBriere (Hg.), *Champollion Inconnu*, S. 83. Dies englische Übersetzung steht in Romer, *History of Ancient Egypt*, Bd. 2, S. 36.

31 Arbeitslos

1 Renouf, »Young and Champollion«, S. 189. Renouf zitierte John Leitch, den Herausgeber von Youngs *Miscellaneous Works*.
2 Pope, Die Rätsel alter Schriften, S. 76.
3 Ray, *Rosetta Stone*, S. 45.
4 Renouf, »Young and Champollion«, S. 189.
5 Ray, *Rosetta Stone*, S. 54.
6 Ray erschien als Berichterstatter in einer Dokumentation des History Channel mit dem Titel »Secrets of the Rosetta Stone«. Die Bemerkung findet sich etwa in Minute 29.
7 Peacock, *Life of Thomas Young*, S. 450.
8 Ebenda., S. 253.
9 Young, Rudiments of an Egyptian Dictionary, S. v.
10 Young, *Rudiments of an Ancient Egyptian Dictionary*, S. v. Online verfügbar unter: https://tinyurl.com/yyqqvcpb.
11 Wood, *Thomas Young*, S. 247. Andrew Robinson weist in *The Last Man Who Knew Everything* darauf hin, dass Youngs erster Biograph, George Peacock, den identischen Brief zitierte, aber aus irgendeinem Grund den Satz »mir weit mehr Aufmerksamkeit geschenkt, als ich jemals einem anderen lebenden Wesen entgegengebracht habe oder entgegenbringen konnte«. Robinson meint, Peacock hätte den Satz möglicherweise weggelassen, um Youngs Ehefrau nicht zu verletzen.
12 Champollion, Précis du Système Hiéroglyphique, S. 252.

32 Der verlorene Pharao

1 Peacock, *Thomas Young*, S. 477.
2 Hartleben (Hg.), *Lettres et Journaux de Champollion*, Bd. 2, S. 34.
3 Ebenda., S. 39.
4 Ebenda., S. 123.
5 Ebenda., S. 120, 123.
6 Ebenda., S. 27.
7 Ebenda., S. 150.
8 Ebenda., S. 181.
9 Ebenda., S. 329f. Diese Übersetzung stammt aus Joyce Tyldesleys *Hatchepsut: The Female Pharaoh.*
10 Wilkinson, Aufstieg und Fall des Alten Ägypten, S. 295.
11 Ian Shaw (Hg.), *The Oxford History of Ancient Egypt* (Oxford, UK: Oxford University Press, 2000), S. 233.
12 Breasted, *Geschichte Ägyptens,* S. 241.
13 Interview des Autors mit Bob Brier, 4. März 2019.
14 Wilkinson, Aufstieg und Fall des Alten Ägypten, S. 293.
15 Arnold, »The Destruction of the Statues of Hatshepsut«, S. 270, 273.
16 Interview des Autors mit Bob Brier, 4. März 2019.
17 Vgl. Wilkinson, Aufstieg und Fall des Alten Ägypten, S. 63.
18 Interview des Autors mit Bob Brier, 4. März 2019.
19 Tyldesley, *Hatchepsut*, S. 153.
20 Arnold, »The Temple of Hatshepsut«.
21 Brier, *Ancient Egypt*, S. 331.
22 Dorman, »The Proscription of Hatshepsut«, S. 267.
23 E. H. Gombrich, *Art and Illusion* (New York: Phaidon, 1977), S. 114.
24 Roth, »Models of Authority«, S. 9.

Epilog

1 Romer, History of Ancient Egypt, Bd. 2, S. 52.
2 Die Passage stammt aus Emersons »History«, einem Essay aus dem Jahr 1841. Online verfügbar unter: https://tinyurl.com/yxjv3krx.
3 Francois Chambas, Voyage d'un Egyptien: en Syrie, en Phenicie, En Palestine (originally published in Paris: Dejussieu, 1866. Reprinted Whitefish, MT: Kessinger, 2010), S. viii. Die englische Übersetzung stammt aus Sole und Valbelle, Rosetta Stone, S. 107.
4 Gurney, »Memoir«, enthalten in Youngs Rudiments of an Egyptian Dictionary, S. 41.
5 Ebenda., S. vi.
6 Gurney, »Memoir«, S. 42.
7 Ebenda., S. 41.
8 Robinson, Last Man, S. 235.
9 Nadim Nasser und David Savitzki, »What Caused Jean-François Champollion's Premature Death?«, Medical Case Reports, 21. Dezember 2015.
10 Robinson, Cracking the Egyptian Code, S. 235.
11 Hartleben, *Champollion*, Band 2, S. 520.
12 Ebenda, S. 522.
13 Ebenda., S. 517.

DANK

Zwanzig Jahre lang hatte ich eine Ansichtskarte mit dem Stein von Rosette an meiner Pinnwand hängen. Sie diente als Andenken an eine Reise nach London und als Emblem genialer Detektivarbeit, ähnlich wie die berühmte Mütze von Sherlock Holmes. Ich habe mir die Karte nie wirklich genau angesehen. Ich kannte die Geschichte des Steins, aber nur in ganz groben Umrissen, und in der ganzen Zeit kam ich nie auf die Idee, mich zu fragen, wie genau es jemals irgendjemand geschafft hat, die geheimnisvollen Symbole darauf zu entziffern.

Diese Frage nahm letztendlich in einem Thai-Restaurant auf der Seventh Avenue in Brooklyn konkrete Gestalt an. Ich überflog die Speisekarte. Da stand *pad Thai* und *pad see ew*. Mir dämmerte, es müsste doch zu schaffen sein, das Wort *pad* auch verborgen in der ebenso hübschen wie kryptischen thailändischen Schrift auf der Speisekarte aufzuspüren. *Schön, und was dann?*

Damit begann die mehrjährige Suche danach, wie Genies eines vergangenen Jahrhunderts es geschafft hatten, den Stein von Rosette zu entschlüsseln. Ich ließ mich dabei von Berichten und Briefen der beiden Helden unserer Geschichte leiten, Thomas Young und Jean-François Champollion, und stützte mich auch auf eine Vielzahl weiterer Wissenschaftler, die ihre Karriere der

Beurteilung der Beiträge und großen Leistungen dieser beiden Rivalen gewidmet haben.

Mein Dank geht an Legionen von Bibliothekarinnen und Bibliothekaren, Rechercheurinnen und Rechercheuren am British Museum, am Metropolitan Museum of Art, am Brooklyn Museum und in der New York Public Library. Vor allen anderen schulde ich zwei großzügigen Wissenschaftlern unendlichen Dank. Der eine ist Amir Zeldes, Sprachwissenschaftler an der Georgetown University, der ganz unschuldig die gezielte Frage eines Fremden über Homonyme im Koptischen beantwortete und danach über mehrere Monate mit endlosen Nachfragen belagert wurde. Der andere ist Bob Brier, ein renommierter Ägyptologe, Autor eines ganzen Regals voller Bücher über das Alte Ägypten, und ein Wissenschaftler, der mit so viel Begeisterung und so viel Kenntnissen über jeden Aspekt der Geschichte und Kultur Ägyptens ausgestattet ist, dass seine Sammlung mit Büchern und Artefakten inzwischen für seine eigene Wohnung zu groß geworden ist und ein eigenes Apartment einnimmt. Er überprüfte akribisch Entwürfe, ging obskuren Quellen nach und entwirrte zahllose Rätsel. Vor allem lernte er, dass es tatsächlich so etwas gibt wie eine dumme Frage. Die verbliebenen Fehler gehen allesamt auf mein Konto, nicht auf seines.

Marion Leydier half mir bei den Übersetzungen. Adam Okrasinski zeichnete und perfektionierte endlos Hieroglyphen und Kartuschen. Carl Berke, Barbara Berke und Michael Golden bewiesen sich als wunderbare Reisebegleitung. Daniel Loedel steuerte von den ersten Tagen dieses Buches an begeistert Unterstützung bei. Colin

Harrison und Sarah Goldberg standen mir mit klugem Rat und Hilfestellung bei allen möglichen großen und kleinen Dingen zur Seite. Aja Pollock redigierte das Buch mit akribischem und aufmerksamem Auge. Flip Brophy, mein Agent und mein Freund, verfügt über mehr Energie und mehr Ideen als ein Dutzend andere Menschen zusammengenommen.

Meine beiden Söhne sind Autoren, und ich suche ihren Rat und stütze mich auf sie bei jeder Gelegenheit. Bessere Verbündete kann man sich gar nicht wünschen.

Lynn verdient mehr Dankbarkeit, als ich in Worten ausdrücken kann.

BIBLIOGRAPHIE

A'Beckett, G. A, »Bonaparte at Miss Frounce's School«, in: *The Illuminated Magazine* 1 (Mai – Oktober 1843).

Adams, John M, The Millionaire and the Mummies: Theodore Davis's Gilded Age in the Valley of the Kings. New York: St. Martin's, 2013.

Adkins, Lesley, Empires of the Plain: Henry Rawlinson and the Lost Languages of Babylon. New York: Thomas Dunne, 2004.

Adkins, Lesley, und Roy Adkins, *The Keys of Egypt: The Race to Crack the Hieroglyph Code*. New York: HarperCollins, 2000.

Allegro, John, »The Discovery of the Dead Sea Scrolls«, in: Brian M. Fagan (Hg.), *Eyewitness to Discovery: First-person Accounts of More Than Fifty of the World's Greatest Archeological Discoveries*. New York: Oxford University Press, 1996.

Allen, Don Cameron, »The Predecessors of Champollion«, in: *Proceedings of the American Philosophical Society* 104, Nr. 5 (17. Oktober 1960).

Arnold, Dieter, »The Temple of Hatshepsut at Deir el-Bahri«, in: Catherine H. Roehrig (Hg.), *Hatshepsut: From Queen to Pharaoh*. New York: Metropolitan Museum of Art, 2005.

Arnold, Dorothea, »The Destruction of the Statues of Hatshepsut from Deir el-Bahri«, in: Catherine H. Roehrig (Hg.), *Hatshepsut: From Queen to Pharaoh*. New York: Metropolitan Museum of Art, 2005.

Baker, Nicholson, *Der Anthologist,* Ü: Matthias Göritz. München 2010.

Bauer, Craig P., Unsolved: The History and Mystery of the World's Great Ciphers from Ancient Egypt to Online Secret Societies. Princeton, NJ: Princeton University Press, 2017.

BBC-Dokumentation über Michael Ventris, »A Very English Genius«, 2006. Online verfügbar in mehreren Teilen unter: https://tinyurl.com/y2ymnykv.

Beard, Mary, »Souvenirs of Culture: Deciphering in the Museum«, in: *Art History* 13, Nr. 4 (Dezember 1992).

Dies., »What Was Greek to Them?« *New York Review of Books*, 5. Dezember 2013.

Belzoni, Giovanni, Entdeckungsreisen in Ägypten und Nubien 1815–1819. Köln 1982.

Berman, Joshua, »Was There an Exodus?" *Mosaic*, 2. März 2015.

Bevan, Edwin, *The House of Ptolemy*. London: Methuen, 1927.

Blair, Hugh, Lectures on Rhetoric and Belles Lettres. Dublin, 1783.

Breasted, James Henry, *Geschichte Ägyptens,* Ü: Herbert Ranke, Berlin 1910.

Brier, Bob, *Ancient Egyptian Magic*. New York: Quill, 1981.

Ders., Egyptomania: Our Three Thousand Year Obsession with the Land of the Pharaohs. New York: Palgrave Macmillan, 2013.

Ders., *Der Mordfall Tutanchamun,* Ü: Wolfgang Schuler, München, Zürich 2001.

Brier, Bob, und Hoyt Hobbs, *Ancient Egypt: Everyday Life in the Land of the Nile*. New York: Sterling, 2013.

Brooks, Peter, »Napoleon's Eye«, in: *New York Review of Books*, 19. November 2009.

Budge, E. A. Wallis. The Gods of the Egyptians: Or, Studies in Egyptian Mythology, Bd. I. London: Methuen, 1904.

Ders., The Rise and Progress of Assyriology. London: Clay & Sons, 1925.

Ders., *The Rosetta Stone*. London: British Museum, 1913.

Budiansky, Stephen, Battle of Wits: The Complete Story of Codebreaking in World War II. New York: Simon & Schuster, 2002.

Bulliet, Richard, *The Wheel: Inventions and Reinventions*. New York: Columbia University Press, 2016.

Burckhardt, Johann Ludwig, Johann Ludwig Burckhardt's Reisen in Nubien, Weimar 1820.

Burleigh, Nina, Mirage: Napoleon's Scientists and the Unveiling of Egypt. New York: Harper Perennial, 2008.

Camino, Ricardo, »Peasants«, in: Sergio Danadoni (Hg.), *The Egyptians*. Chicago: University of Chicago Press, 1997.

Ceram, C. W., Gods, Graves, and Scholars: The Story of Archaeology. New York: Knopf, 1951.

Cerny, Jaroslav, »The Will of Naunakhte and the Related Documents«, in: *Journal of Egyptian Archeology* 31 (1945).

Chadwick, John, *The Decipherment of Linear B*. Cambridge, UK: Cambridge University Press, 2014.

Champollion, Jean-François, *Grammaire Egyptienne*. Paris: Fermin-Didot Freres, 1836.

Ders., *Lettre à M. Dacier.*, Paris: Firmin Didot, Ather & Sons, 1822.

Ders., Précis du Système Hiéroglyphique des Anciens Egyptiens. Paris: Treuttel et Wurtz, 1824.

Champollion-Figeac, Aime, *Les Deux Champollion: Leur Vie et Leurs Oeuvres*. Grenoble, France: Drevet, 1887.

Coe, Michael D., *Das Geheimnis der Maya-Schrift,* Reinbek bei Hamburg 1995.

Damrosch, David. The Buried Book: The Loss and Rediscovery of the Great Epic of Gilgamesh. New York: Henry Holt, 2006.

Darnell, John Coleman und Colleen Manassa, *Tutankhamun's Armies: Battle and Conquest during Ancient Egypt's Late 18th Dynasty*. Hoboken, NJ: John Wiley & Sons, 2007.

David, Rosalie, Conversations with Mummies: New Light on the Lives of Ancient Egyptians. New York: Morrow, 2000.

Dies., Religion and Magic in Ancient Egypt. New York: Penguin, 2003.

Delbourgo, James, Collecting the World: Hans Sloane and the Origins of the British Museum. Cambridge, MA: Harvard University Press, 2019.

Dieckmann, Liselotte, »Renaissance Hieroglyphics«, in: *Comparative Literature* 9, Nr. 4 (Herbst 1957).

Diffie, Whitfield und Mary Fischer, »Decipherment versus Cryptanalysis«, in: Richard Parkinson, *Cracking Codes: The Rosetta Stone and Decipherment*. Berkeley: University of California Press, 1999.

Dorman, Peter F., »The Proscription of Hatshepsut«, in: Catherine H. Roehrig (Hg.), *Hatshepsut: From Queen to Pharaoh*. New York: Metropolitan Museum of Art, 2005.

Drower, Margaret, *Flinders Petrie: A Life in Archeology*. Madison: University of Wisconsin Press, 1995.

Ebers, George, *Egypt: Historical, Descriptive, and Picturesque*. Jazzybee Verlag: 2017. (Erstveröffentlichung 1886.) (Dt.: *Aegypten in Bild und Wort*, Stuttgart u. Leipzig, ohne Jahresangabe.)

Eiseley, Loren, *The Star Thrower*. New York: Random House, 1979.

Everett, Daniel, Don't Sleep, There Are Snakes: Life and Language in the Amazonian Jungle. New York: Vintage, 2009.

Fagan, Brian, Lord and Pharaoh: Carnarvon and the Search for Tutankhamun. London: Routledge, 2016.

Ders., The Rape of the Nile: Tomb Robbers, Tourists, and Archeologists in Egypt. New York: Basic Books, 2004.

Fagone, Jason, The Woman Who Smashed Codes: A True Story of Love, Spies, and the Unlikely Heroine Who Outwitted America's Enemies. New York: HarperCollins, 2017.

Fallows, Deborah, Dreaming in Chinese: Mandarin Lessons in Life, Love, and Language. New York: Walker, 2010.

Finati, Giovanni, *Narrative of the Life and Adventures of Giovanni Finati*, Bd. 2. Herausgegeben von William Bankes. London: J. Murray, 1830.

Findlen, Paula, Athanasius Kircher: The Last Man Who Knew Everything. New York: Routledge, 2004.

Fleming, Fergus. *Barrow's Boys*. Boston: Atlantic Monthly Press, 2000.

Fox, Margalit, The Riddle of the Labyrinth: The Quest to Crack an Ancient Code. New York: Ecco, 2013.

Frankfort, Henri, *Ancient Egyptian Religion: An Interpretation*. New York: Columbia University Press, 1948.

Friedman, William, »An Introduction to Methods for the Solution of Ciphers«, in: *Publication No. 17*. Geneva, IL: Riverbank Laboratories, Dept. of Ciphers, 1918.

Gardiner, Alan, *Egyptian Grammar*. Oxford, UK: Griffith Institute, 1927.

George, Andrew (Hg.), *The Epic of Gilgamesh*. New York: Penguin, 2003.

Gillispie, Charles C., *Science and Polity in France: The Revolutionary and Napoleonic Years* Princeton, NJ: Princeton University Press, 2004.

Ders., »Scientific Aspects of the French Egyptian Expedition 1798–1801«, in: *Proceedings of the American Philosophical Society* 133, Nr. 4 (Dezember 1989).

Gillispie, Charles C. und Michel Dewachter (Hgg.), *The Monuments of Egypt: The Complete Archeological Plates from* La Description de l'Egypte. Princeton, NJ: Princeton Architectural Press, 1987.

Glassie, John, A Man of Misconceptions: The Life of an Eccentric in an Age of Change. New York: Penguin, 2012.

Gleick, James, The Information: A History, A Theory, A Flood. New York: Vintage, 2012.

Glynn, Ian, *Elegance in Science: The Beauty of Simplicity*. New York: Oxford University Press, 2010.

Gnanadesikan, Amalia, *The Writing Revolution: Cuneiform to the Internet*. Hoboken, NJ: Wiley-Blackwell, 2009.

Gordon, John Steele, Washington's Monument: And the Fascinating History of the Obelisk. New York: Bloomsbury, 2016

Green, Peter, »Tut-Tut-Tut«, in: *New York Review of Books*, 11. Oktober 1979.

Greenblatt, Stephen. *Swerve: How the World Became Modern*. New York: Norton, 2012.

Ders., Die Geschichte von Adam und Eva: Der mächtigste Mythos der Menschheit, Ü: Klaus Binder, München 2018.

Guichard Jr., Roger H., *Niebuhr in Egypt: European Science in a Biblical World*. Cambridge, UK: Lutterworth Press, 2014

Gunn, Battiscombe, »Notes on the Naukratis Stela«, in: *Journal of Egyptian Archaeology* 29 (Dezember 1943).

Gurney, Hudson, »Memoir«, in: In Thomas Young. Rudiments of an Ancient Egyptian Dictionary in the Ancient Enchorial Character. London: J. & A. Arch, 1831.

Hansen, Thorkild, Reise nach Arabien: Die Geschichte der Königlich-Dänischen Jemen-Expedition 1761–1767, Hamburg 1965.

Harrison, Simon, *Hunting and the Enemy Body in Modern War.* New York: Berghahn, 2012.

Hartleben, Hermine (Hg.), *Lettres et Journaux de Champollion le Jeune*, 1, 2. Paris: Leroux, 1909.

Dies., *Champollion: Sein Leben und Sein Werk.* Weidmannsche Buchhandlung: Berlin, 1906.

Haycock, David Boyd, William Stukeley: Science, Religion and Archaeology in Eighteenth-Century England. Woodbridge, Suffolk, UK: Boydell Press, 2002.

Herodot, *Historien – 2. Buch Griechisch/Deutsch.* Übersetzt und herausgegeben von Kai Brodersen, Stuttgart 2005.

Herold, J. Christopher, *The Age of Napoleon.* New York: Mariner Books, 2002.

Ders., *Bonaparte in Egypt.* Tucson, AZ: Fireship Press, 2009.

Higgins, Charlotte, »How to Decode an Ancient Roman's Handwriting«, in: *New Yorker*, 1. Mai 2017.

Hilts, Victor L., »Thomas Young's ›Autobiographical Sketch‹«. *Proceedings of the American Philosophical Society* 122, Nr. 4 (18. August 1978).

Horapollo, *Zwei Bücher über die Hieroglyphen (In der lateinischen Übersetzung von Jean Mercier nach der Ausgabe Paris 1548),* bearbeitet, mit einer deutschen Übersetzung versehen und kommentiert von Helge Weingärtner, 2. Auflage, Erlangen 2005.

Hornung, Erik, *The Secret Lore of Egypt: Its Impact on the West.* Ithaca, NY: Cornell University Press, 2001.

Hume, Ivor, *Belzoni: The Giant Archeologists Love to Hate.* Charlottesville: University of Virginia Press, 2011.

Ikram, Salima. *Death and Burial in Ancient Egypt.* Cairo: American University in Cairo Press, 2015.

Iversen, Erik, *The Myth of Egypt and its Hieroglyphs.* Princeton, NJ: Princeton University Press, 1961.

Kahn, David, The Codebreakers: The Story of Secret Writing. London: Sphere Books, 1973.

Keegan, John, Intelligence in War: Knowledge of the Enemy from Napoleon to al-Qaeda. New York: Knopf Doubleday, 2003.

Keller, Helen, *Die Geschichte meines Lebens,* Ü: P. Seliger. Stuttgart 1905.

Kember, Joe, John Plunkett und Jill Sullivan (Hgg.), *Popular Exhibitions, Science and Showmanship, 1840–1910*. New York: Routledge, 2012.

Kramer, Samuel Noah, *The Sumerians: Their History, Culture, and Character.* Chicago: University of Chicago Press, 1971.

La Briere, Leon de, *Champollion Inconnu: Lettres Inédites*. Paris: Plan, 1897 Leal, Pedro Germano, »Reassessing Horapollon: A Contemporary View on *Hieroglyphica*«, in: *Emblematic* 21 (2014).

Livingstone, Josephine, »Old English«, in: *New York Times Magazine*, 6. Januar 2019.

Luckenbill, Daniel, *Ancient Records of Assyria and Babylonia*, Bd. 2. Chicago: University of Chicago Press, 1927.

Lynch, Jack, You Could Look It Up: The Reference Shelf from Ancient Babylon to Wikipedia. New York: Bloomsbury, 2016.

Man, John, Alpha Beta: How 26 Letters Shaped the Western World. New York: Barnes & Noble, 2005.

Manetho, *History of Egypt*. Translated by W. G. Waddell. Cambridge, MA: Harvard University Press, 1940.

Manguel, Alberto, *Eine Geschichte des Lesens,* Berlin 1998.

Mayes, Stanley. The Great Belzoni: The Circus Strongman Who Discovered Egypt's Ancient Treasure. London: Tauris Parke, 2006.

McDowell, Andrea, Village Life in Ancient Egypt: Laundry Lists and Love Songs. New York: Oxford University Press, 1999.

McMahon, Darrin, *Divine Fury: A History of Genius*. New York: Basic Books, 2013.

McWhorter, John, The Language Hoax: Why the World Looks the Same in any Language. New York: Oxford University Press, 2014.

Ders., The Power of Babel: A Natural History of Language. New York: Henry Holt, 2001.

Mertz, Barbara, *Red Land, Black Land: Daily Life in Ancient Egypt.* New York: William Morrow, 2008.

Dies., Temples, Tombs and Hieroglyphs: A Popular History of Ancient Egypt. New York: Morrow, 2009.

Moorehead, Alan, *The Blue Nile.* New York: Harper Perennial, 2000.

Morenz, Ludwig, »The Origins of Egyptian Literature«, in: Bill Manley (Hg.), *The Seventy Great Mysteries of Ancient Egypt.* London: Thames & Hudson, 2003.

Morrison, Robert, The Regency Years: During Which Jane Austen Writes, Napoleon Fights, Byron Makes Love, and Britain Becomes Modern. New York: Norton, 2019.

Nightingale, Andrea. *Once Out of Nature: Augustine on Time and the Body.* Chicago: University of Chicago Press, 2011.

Parkinson, Richard, »Egypt: A Life Before the Afterlife«, in: *Guardian*, 5. November 2010.

Ders., *Cracking Codes: The Rosetta Stone and Decipherment.* Berkeley: University of California Press, 1999.

Ders., *The Painted Tomb Chapel of Nebamun.* London: British Museum Press, 2008.

Parsons, Peter, Die Stadt des Scharfnasenfisches: Alltagsleben im antiken Ägypten, Ü: Yvonne Badal, München 2009.

Peacock, George, Life of Thomas Young, M.D., F.R.S. , & C. London: J. Murray, 1855.

Peet, T. Eric, A Comparative Study of the Literatures of Egypt, Palestine, and Mesopotamia: Egypt's Contribution to the Literatures of the Ancient World. Eugene, OR: Wipf and Stock, 1997.

Petrie, Flinders, *Seventy Years in Archeology.* London: Low, Marston, 1931.

Ders., The Pyramids and Temples of Gizeh. London: Field & Tuer, 1883.

Pharr, Clyde, Theresa Sherrer Davidson und Mary Brown Pharr (Hgg.), *The Theodosian Codes and Novels and the Sirmondian Constitutions.* Princeton, NJ: Princeton University Press, 1952.

Picchi, Daniela, Karen Ascani und Paola Buzi (Hgg.), The Forgotten Scholar: Georg Zoega (1755–1809): At the Dawn of Egyptology and Coptic Studies. Leiden, Netherlands: Brill, 2015.

Pope, Maurice, *Die Rätsel alter Schriften,* Ü: Anita Rieche, Bergisch Gladbach 1978.

Ray, John, *The Rosetta Stone and the Rebirth of Ancient Egypt.* Cambridge, MA: Harvard University Press, 2007.

Reid, Donald Malcolm, Whose Pharaohs?: Archeology, Museums, and Egyptian National Identity from Napoleon to World War I. Berkeley: University of California Press, 2003.

Renouf, Peter le Page, »Young and Champollion«, in: *Proceedings of the Society of Biblical Archeology* 19 (4. Mai 1897).

Ritner, Robert K., »Tutankhamun for the Twenty-first Century: Modern Misreadings of an Ancient Culture«. Vortrag beim Field Museum of Natural History, Chicago, am 26. Oktober 2006. Online verfügbar unter: tinyurl.com/4z6vh6oh.

Roberts, Andrew, *Napoleon: A Life.* New York: Penguin, 2015.

Robinson, Andrew, Cracking the Egyptian Code: The Revolutionary Life of Jean-François Champollion. New York: Oxford University Press, 2012.

Ders., Lost Languages: The Enigma of the World's Undeciphered Scripts. New York: McGraw-Hill, 2002.

Ders., Sudden Genius?: The Gradual Path to Creative Breakthroughs. New York: Oxford University Press, 2010.

Ders., The Last Man Who Knew Everything: Thomas Young, the Anonymous Genius Who Proved Newton Wrong and Deciphered the Rosetta Stone, Among Other Surprising Feats New York: Plume, 2007.

Ders., The Man Who Deciphered Linear B: The Story of Michael Ventris. London: Thames & Hudson, 2012.

Ders., *Die Geschichte der Schrift* Ü: Martin Rometsch, Düsseldorf 2004.

Roehrig, Catharine H. (Hg.), *Hatshepsut: From Queen to Pharaoh.* New York: Metropolitan Museum of Art, 2005.

Romer, John, A History of Ancient Egypt, Volume 2: From the Great Pyramid to the Fall of the Middle Kingdom. New York: Thomas Dunne, 2017.

Ders., Ancient Lives: Daily Life in Egypt of the Pharaohs. New York: Holt, Rinehart and Winston, 1984.

Roth, Ann Macy, »Models of Authority: Hatshepsut's Predecessors in Power«, in: Catharine H. Roehrig (Hg.), *Hatshepsut: From Queen to Pharaoh.* New York: Metropolitan Museum of Art, 2005.

Salt, Henry, *Essay on Dr. Young's and M. Champollion's Phonetic System of Hieroglyphics.* Cambridge, UK: Cambridge University Press, 2014. (Erstveröffentlichung 1823.)

Schiff, Stacy, *Cleopatra: A Life.* Boston: Little, Brown, 2010.

Schmandt-Besserat, Denise. »The Evolution of Writing«. Online verfügbar unter: https://tinyurl.com/y72ynmqz.

Dies., *How Writing Came About.* Austin: University of Texas Press, 1992.

Sebba, Anne, The Exiled Collector: William Bankes and the Making of an English Country House. Dovecote, UK: Dovecote Press, 2009.

Selin, Shannon, »Boney the Bogeyman: How Napoleon Scared Children«. Online verfügbar unter: https://tinyurl.com/y5wl7ayo.

Seyler, Dorothy U., The Obelisk and the Englishman: The Pioneering Discoveries of Egyptologist William Bankes. Amherst, NY: Prometheus Books, 2015.

Shaw, Ian (Hg.) *The Oxford History of Ancient Egypt.* New York: Oxford University Press, 2003.

Sole, Robert und Dominique Valbelle, *The Rosetta Stone: The Story of the Decoding of Hieroglyphics.* New York: Four Walls Eight Windows, 2002.

Stiebing Jr., William H., *Uncovering the Past: A History of Archeology.* New York: Oxford University Press, 1993.

Strabons *Geographika,* mit Übersetzung und Kommentar herausgegeben von Stefan Radt, Göttingen 2009.

Strathern, Paul, *Napoleon in Egypt.* New York: Bantam, 2009.

Thomasson, Fredrik, The Life of J. D. Akerblad: Egyptian Decipherment and Orientalism in Revolutionary Times. Leiden, Netherlands: Brill, 2013.

Thompson, Jason, Wonderful Things: A History of Egyptology, Volume 1: From Antiquity to 1881. Cairo: American University in Cairo Press, 2015.

Ders., Wonderful Things: A History of Egyptology, Volume 2: The Golden Age: 1881–1914. Cairo: American University in Cairo Press, 2016.

Ders., Wonderful Things: A History of Egyptology, Volume 3: From 1914 to the Twentyfirst Century. Cairo: American University in Cairo Press, 2018.

Tyldesley, Joyce, *Hatchepsut: The Female Pharaoh.* London: Penguin, 2008.

Dies., Myths and Legends of Ancient Egypt. New York: Viking, 2010.

Tyndall, John, »Thomas Young. A Discourse«. Vortrag bei der Royal Institution in London am 22. Januar 1886. Online verfügbar unter: https://tinyurl.com/y2rhqkmz.

Ucko, Peter und Timothy Champion (Hgg.), *The Wisdom of Egypt: Changing Visions Through the Ages.* Abingdon, UK: Routledge, 2003.

Urbanus, Jason, »In the Time of the Rosetta Stone«, in: Archaeology, November/Dezember 2017.

Usick, Patricia, William John Bankes' Collection of Drawings and Manuscripts Relating to Ancient Nubia. University of London, Doktorarbeit 1998. Online verfügbar unter: https://tinyurl.com/y6hhdqrq.

Walker, C. B. und James Chadwick, *Reading the Past: Ancient Writing from Cuneiform to the Alphabet.* Berkeley: University of California Press, 1990.

Warner, Oliver, *The Battle of the Nile.* New York: Macmillan, 1960.

White, Matthew, Atrocities: The 100 Deadliest Episodes in Human History. New York: Norton, 2012.

Wilkinson, Toby, *Aufstieg und Fall des Alten Ägypten,* Ü: Enrico Heinemann u. Karin Schuler, München 2012.

Ders., *Writings from Ancient Egypt.* New York: Penguin, 2017.

Williams, Ann. »Animals Everlasting«, in: *National Geographic*, November 2009.

Wilson, John A., Signs and Wonders Upon Pharaoh: A History of American Egyptology. Chicago: University of Chicago Press, 1964.

Wood, Alexander, *Thomas Young: Natural Philosopher.* Cambridge, UK: Cambridge University Press, 1954.

Yates, Frances, *Giordano Bruno and the Hermetic Tradition.* Abingdon, UK: Routledge, 1999.

Young, Thomas, »Egypt«, in: *Encyclopedia Britannica*, Ergänzungsband 4, 1819. In: John Leitch (Hg.), *Miscellaneous Works of the Late Thomas Young.* London: J. Murray, 1855.

Ders., »On the mechanism of the eye«, in: *Philosophical Transactions of the Royal Society of London* 91 (Part I, 1801).

Ders., An Account of Some Recent Discoveries in Hieroglyphical Literature and Egyptian Antiquities including the Author's Original Alphabet as Extended by Mr. Champollion with a Translation of Five Unpublished Greek and Egyptian Manuscripts. London: J. Murray, 1823.

Ders., Rudiments of an Ancient Egyptian Dictionary in the Ancient Enchorial Character. London: J. & A. Arch, 1831.

BILDNACHWEIS

S. 17: Jan Wlodarczyk / Alamy Stock Photo
S. 19: Nikreates / Alamy Stock Photo
S. 24: SuperStock / Alamy Stock Photo
S. 25: SuperStock / Alamy Stock Photo
S. 25: SuperStock / Alamy Stock Photo
S. 27: © Trustees of the British Museum
S. 45: Evren Kalinbacak / Alamy Stock Photo
S. 49: Smith Archive / Alamy Stock Photo
S. 51: Wikimedia Commons
S. 57: © Trustees of the British Museum
S. 62 (oben links): Cairo Egyptian Museum
S. 62 (oben rechts): © Trustees of the British Museum
S. 62 (unten rechts): Metropolitan Museum of Art, Gift of Darius Ogden Mills, 1904
S. 62 (unten links): Wikimedia Commons
S. 69: Palast von Versailles
S. 94 (oben): Wikimedia Commons
S. 94 (unten): The Print Collector / Alamy Stock Photo
S. 106: © Trustees of the British Museum
S. 108: A. Astes / Alamy Stock Photo
S. 112: Wikimedia Commons
S. 122 (links): Hi-Story / Alamy Stock Photo
S. 122 (rechts): Wikimedia Commons
S. 150: SuperStock / Alamy Stock Photo
S. 175: © Trustees of the British Museum
S. 189: Wikimedia Commons
S. 196: © Trustees of the British Museum
S. 207: Sammlung des National Trust
S. 211: The National Trust/The Bankes of Kingston Lacy & Corfe, Castle Archives, Dorset Record Office

S. 246 (links): © Trustees of the British Museum

S. 246 (rechts): © Trustees of the British Museum

S. 254 (links): © Trustees of the British Museum

S. 254 (rechts): Wellcome Collection, Attribution 4.0 International (CC BY 4.0)

S. 255: Wikimedia Commons

S. 265: © Trustees of the British Museum

S. 285: © Musée du Louvre, Dist. RMN Grand Palais / Christian Decamps / Art Resource, NY

S. 287: Wikimedia Commons

S. 293: © The Metropolitan Museum of Art. Image source: Art Resources, NY

S. 358: Bibliothèque Nationale de France